21世纪普通高等教育
法学系列教材

金融法学（第四版）

主　编　岳彩申　盛学军

撰稿人（以撰写章节先后为序）
王怀勇　甘　强　文建国　张书清　刘志伟
盛学军　陈鹏飞　冯　博　陈　治　邓　纲
陈　蓉　陈斌彬　缪心毫

中国人民大学出版社
· 北京 ·

图书在版编目（CIP）数据

金融法学 / 岳彩申，盛学军主编．--4 版．--北京：中国人民大学出版社，2024．3
21 世纪普通高等教育法学系列教材
ISBN 978-7-300-32614-6

Ⅰ．①金…　Ⅱ．①岳…　②盛…　Ⅲ．①金融法—法学—中国—高等学校—教材　Ⅳ．①D922．280．1

中国国家版本馆 CIP 数据核字（2024）第 053038 号

21 世纪普通高等教育法学系列教材
金融法学（第四版）
主　编　岳彩申　盛学军
Jinrong Faxue

出版发行	中国人民大学出版社		
社　址	北京中关村大街 31 号	**邮政编码**	100080
电　话	010－62511242（总编室）		010－62511770（质管部）
	010－82501766（邮购部）		010－62514148（门市部）
	010－62515195（发行公司）		010－62515275（盗版举报）
网　址	http://www.crup.com.cn		
经　销	新华书店		
印　刷	北京市鑫霸印务有限公司	**版　次**	2010 年 6 月第 1 版
开　本	787 mm×1092 mm　1/16		2024 年 3 月第 4 版
印　张	23 插页 1	**印　次**	2024 年 3 月第 1 次印刷
字　数	410 000	**定　价**	65.00 元

主编简介

岳彩申，男，1965年出生，山东省嘉祥县人，获西南政法大学经济法专业博士学位，1998—1999年在美国梅西大学（Mercer University）法学院进修；现为西南政法大学教授、博士生导师，重庆市“两江学者”特聘教授，西南政法大学副校长、西南政法大学经济法研究中心主任、重庆市首届高校创新团队带头人、重庆市高校优秀中青年骨干教师；主要学术兼职有中国法学会银行法学研究会副会长、中国法学会经济法学研究会常务理事、第四届重庆市人民政府立法评审（行政复议咨询）专家委员会主任委员、温州金融研究院学术委员会副主任等。先后在《中国社会科学》《中国法学》《现代法学》《法学》《政法论坛》《法学评论》《法商研究》《解放日报》《社会科学报》等核心期刊及报刊上发表论文五十余篇，多篇论文被《光明日报》《高等学校文科学术文摘》、人民网、光明网等媒体转载，出版《论经济法的形式理性》《跨国银行法律制度研究》《金融经营体制改革与金融控股公司法律制度的构建》《经济法》《金融法》《证券法》等著作二十余部，主持和承担国家社会科学基金重大项目、教育部哲学社会科学重大课题招标项目、国家社会科学基金一般项目、重庆市研究生教育教学改革研究重大项目以及省部级项目多项，获重庆市优秀博士论文奖、重庆市第四届高教优秀成果一等奖、重庆市第八届哲学社会科学优秀成果一等奖、重庆第二届教学成果二等奖等奖励。

盛学军，教授，法学博士，博士生导师。法国马赛第三大学博士后、英国牛津大学访问学者、澳大利亚新南威尔士大学高级研究学者；教育部“新世纪优秀人才支持计划”人选、巴渝学者特聘教授、重庆市“百千万工程领军人才”。现任西南政法大学经济法学科带头人、金融创新与法制研究中心执行主任。兼任中国法学会经济法学研究会常务理事、中国银行法学研究会常务理事、中国证券法学研究会常务理事、重庆市民法经济法研究会副会长、重庆市人民政府立法评审专家。主持和主研国家社科基金重点项目等课题近三十项，公开发表《证券公开规制研究》《欧盟证券法研究》《全球化背景下的金融监管法律问题研究》等科研成果八十余项，其中数篇论文被《新华文摘》《中国社会科学文摘》、中国人民大学复印报刊资料转载；领衔建设的“经济法学”课程先后入选教育部“精品资源共享课”、重庆市“在线开放课程”。获得国家级教学成果奖二等奖、全国法学教材与科研成果奖二等奖、中国法学优秀成果奖二等奖、中国法学教育研究成果奖三等奖、重庆市教学成果奖一等奖等省部级以上奖励十多项。

第四版修订说明

金融是现代经济的核心。伴随金融一体化、金融现代化进程的加快，国内外经济与金融形势正在酝酿巨变。金融混业经营、金融形态创新与金融监管制度改革在推动我国金融法治建设的同时，也对以金融法律现象为主要研究对象的金融法学提出更高要求。

本书自2010年出版以来，历经四次修订，是由在西南政法大学、天津财经大学、长安大学、温州大学、华侨大学等高校内从事金融法教学与研究的教师以及金融实务部门工作的专家，在充分考虑金融法具有较强回应性、开放性以及多学科交叉性等特色的基础之上编写而成的。本次修订在保持原有专业化体例结构的同时，及时反映了近年来金融监管体制改革、金融监管主体调整及金融立法演变等多方面的制度变化，同时对书中以案例为主的实践素材以及学术专著等参考书目作了进一步丰富，力图以实例教学与理论延展相结合的方式，避免教材中可能存在的理论与实际相脱节的弊端。

本书分为四篇：第一篇为金融法总论，简明精要地介绍了金融法的产生、特点、体系及功能等基本理论问题，为学生走进金融法学殿堂奠定坚实法理基础；第二篇为金融机构及业务法，着重讨论了银行机构、保险机构、证券机构、信托机构、投资基金、其他金融机构及其各自相应业务的法律制度；第三篇为金融调控与监督管理法，重点阐述了货币政策与金融监督管理法律制度；第四篇为涉外金融法，主要介绍了外资国内证券市场投资、境内资金境外投资、境内企业境外上市等法律制度。后三篇整体构成严密的金融法律制度体系，以科学性及专业性为价值主导，对金融法领域实用性较强的法律规范进行了系统且全面的呈现。

本书由西南政法大学岳彩申教授、盛学军教授担任主编，负责第四版修订的策划、协调、分工及定稿等工作。各章的具体分工如下：

王怀勇（西南政法大学教授、博士研究生导师）撰写第一章、第二章；

甘强（西南政法大学副教授、硕士研究生导师）撰写第三章、第十一章；

文建国（西南政法大学副教授、硕士研究生导师）撰写第四章；

张书清（北京启元资本市场发展服务有限公司董事长）撰写第五章；

刘志伟（西南政法大学副教授、硕士研究生导师）撰写第六章；

盛学军（西南政法大学教授、博士研究生导师）撰写第七章；

陈鹏飞（西南政法大学讲师，法学博士）撰写第八章；

冯博（天津财经大学法学院副教授、硕士研究生导师）撰写第九章；

陈治（西南政法大学教授、博士研究生导师）撰写第十章；

邓纲（西南政法大学教授、博士研究生导师）撰写第十二章；

陈蓉（长安大学法学院教授、硕士研究生导师）撰写第十三章；

陈斌彬（华侨大学法学院教授、硕士研究生导师）撰写第十四章；

缪心毫（温州大学法学院副教授、硕士研究生导师）撰写第十五章、第十六章、第十七章。

本书第四版的编写中，所有作者都对自己所撰写的章进行了修订。此外，本书借鉴和引用了诸多专业学者的成果，对他们致以诚挚的谢意！

本书纰漏之处，敬请广大读者批评指正，以使本书不断完善。

编写组

2024 年 2 月

前　　言

伴随着中国市场经济和法治建设的发展，金融法已经成为中国社会主义市场经济法治建设的重要组成部分，成为高等院校法学专业本科生和硕士研究生的重要选修课程，同时也是经济学专业和管理类专业的选修课程。为了提高金融法的教学水平，国内近年来出版了不少的金融法教材，推动了经济法教学质量的提高。但由于具有较强的时势性、开放性及多学科交叉性等特点，与传统法律部门相比较，金融法具有更高的专业化程度，而且在体系化程度与规范性程度上存在明显的差异，所以，如何针对金融法的特点及本科生的需要，编写一部适合他们学习使用的金融法教材，并不是一件容易的事。

本教材由西南政法大学岳彩申教授和盛学军教授牵头，组织西南政法大学、清华大学、重庆大学、天津财经大学、长安大学、温州大学、集美大学等高校中从事金融法教学和研究的教师及部分博士研究生，在充分考虑金融法特点的基础上编写而成。本教材以金融法的特点为核心，以国家（政府）与市场的均衡为框架，以法律规范体系的内在联系为标准，分为金融法总论、金融机构及业务法、金融调控与监督管理法、涉外金融法四个部分。这四个部分都是金融法体系的核心内容，充分体现了金融法的知识特色。在总论部分，比较简要地阐明了金融法的产生、特点、渊源、功能等基本理论问题，为学生应用金融法奠定法理基础。在具体制度部分，根据金融法专业知识的特点，选择针对性强、实用性强、关联性强的法律制度，采用比较科学的划分方法，形成比较严密的体例结构。在金融机构及业务法部分，重点探讨了银行机构及业务法、保险机构及业务法、证券机构及业务法、信托机构及业务法、投资基金及业务法、其他金融机构及业务法等金融机构及业务法律制度。在金融调控与监督管理法部分，重点介绍了货币政策法和监督管理法律制度。在涉外金融法部分，主要介绍了外资国内证券市场投资、境内资金境外投资、境内企业境外上市等法律制度。同时，本教材引入最新的社会科学知识，将理论与制度、原理与案例恰当地结合起来，避免了教材中可能存在的理论与制度相脱节的弊端。

本教材还突出了以下特色：一是强调教材的基本框架和内容回归到金融法的核心知识体系上来，不搞“大杂烩”；二是强调体系与内容的实用性、创新性与科学性；三是采用案例分析的方法，帮助学生对原理深入理解；四是将基本理论与具体制度研究结合起来；五是后三篇分别专门用一章介绍和评价相关金融法律制度的改革状况，便于学生更为全面和及时地了解金融法律制度的最新发展。

各章编写分工如下：王怀勇撰写第一章、第二章，甘强撰写第三章、第十一章，文建国撰写第四章，张书清撰写第五章，胡光志撰写第六章，盛学军撰写第七章，陈鹏飞撰写第八章，冯博撰写第九章，陈治撰写第十章，邓纲撰写第十二章，陈蓉撰写第十三章，陈斌彬撰写第十四章，缪心毫撰写第十五章、第十六章、第十七章。

由于时间和水平所限，书中难免有不当之处，敬请读者提出批评意见。

作　者

2010 年 3 月 30 日

目　录

第一篇　金融法总论

第二篇　金融机构及业务法

第一篇

金融法总论

第一章
金融法的产生与特点

本章要点

1. 金融法的概念及调整对象
2. 金融法的特点

第一节　金融法的产生与发展

任何法律都是基于一定社会关系的调整需要而产生的，金融法也不例外。金融法是随着金融活动的发展而产生的，它从最初的习惯与契约，到后来的银行法，再到现代的金融法，经历了一个逐渐演变的过程。可以说，金融法的产生与发展就是适应金融活动不断变化的规范要求。

一、古代社会的金融法

在金融的发展变迁过程中，最早出现的是货币。通说认为，货币是从商品中分离出来的固定的充当一般等价物的特殊商品。① 货币的出现，是商品交换过程中矛盾发展的必然结果，并有效推进了社会经济生活中信用和信用中介的产生与发展。在商品生产的初级发展阶段中，逐渐形成了货币兑换、货币收支、货币借贷的某些规则。"这些规则起初表现为习惯，人们依据这些习惯从事各种金融活动。这种社会习惯和当事人之间成立的各种契约是金融法律制度的萌芽。"② 之后，伴随货币信用与金融活动的进一步发展，为了维护统治阶级的利益，代表奴隶主阶级利益的奴隶制国家开始采用法律的形式对金融活动予以规范，并通过国家的强制力保障其实现。

---

① 参见魏敬淼：《金融法学》，2 版，8 页，北京，中国政法大学出版社，2022。
② 刘定华主编：《金融法教程》，3 版，16～17 页，北京，中国金融出版社，2010。

不过，奴隶制社会的金融法主要以不成文的习惯法为其表现形式。

在封建制社会，统一的货币制度为金融法的发展发挥了重要的作用，金融法也从习惯法的形式向成文法的形式过渡。一方面，统一的货币制度将社会成员之间的借贷、货币收支、汇兑、结算限制在统一的货币法律制度中，使各种金融行为规则法律化；另一方面，伴随信用形式的进一步充分发展，借贷关系中用以明确借贷双方之间的债权债务关系的契约开始大量产生，这些都不是仅仅依靠习惯法就可以解决的，而是需要在法律上通过文字对其产生的权利义务予以明确规范。[①] 不过，早期的金融关系比较弱小，内容较为单一，在整个社会经济中的影响并不算太大，因此，金融法的发展也受到了很大的限制。

二、资本主义社会的金融法

现代意义上的金融法是人类社会发展进入资本主义社会之后产生的。1694 年英国伦敦创办的英格兰银行，是世界上第一个真正意义上的资本主义银行。它的建立使职能资本家从银行取得低息贷款的愿望得到实现，标志着资本主义的银行信用制度的建立。[②] 1844 年，英国国会通过了由政府首相皮尔提出的《英格兰银行条例》（又称《皮尔条例》）。这是世界上第一部银行法，也是第一部专门性的金融法律规范。此后，法国、德国、瑞典、美国、日本等市场经济国家先后制定了大量的有关银行的法规，包括普通银行法与中央银行法。之后，由于股份公司的大量涌现和国债制度的发展，证券交易所纷纷建立，财务公司、租赁公司、证券公司大量出现，存款、贷款、汇兑、信托、证券、保险等金融业务蓬勃兴起，客观上要求由统一、权威的行为规范加以调整。经过长时间的演变，在发达工业化国家或地区基本上形成了在法治基础上，以国家金融主管机关为监管中心，以商业银行和证券机构为主体，与信托、保险等其他金融机构并存，以货币、证券和保险等市场为枢纽的金融体制。[③]

（一）银行立法

世界各国银行立法大多有两种模式：一种是混合式，即对中央银行与普通银行统一立法，统称银行法；另一种是分立式，即单独制定中央银行法和普通银行法。目前，绝大多数国家采用分立式银行立法模式。

1. 中央银行法

在现代市场经济条件下，中央银行居于一国金融体系的主导地位，是一国金融

① 参见刘定华主编：《金融法教程》，3 版，17 页，北京，中国金融出版社，2010。
② 参见上书，17 页。
③ 参见唐波主编：《新编金融法》，4 版，13 页，北京，北京大学出版社，2021。

体制中的核心机构，因此，各国都十分重视中央银行立法。世界上第一个中央银行是成立于1656年的瑞典里克思银行，第一部中央银行法则是1844年英国的《英格兰银行条例》，该条例规定：英格兰银行作为发行的银行，享有英镑的垄断发行权；作为银行的银行，统一保管各普通银行的存款准备金，充当各金融机构的票据清算中心，并担当（承担）最后贷款者的职能；作为政府的银行，接受政府存款，经理国库。《英格兰银行条例》为其后各国中央银行的建立和中央银行法的制定奠定了法律基础。

之后，西方各发达国家先后设立了中央银行，并制定和颁布了中央银行法。第二次世界大战后，随着世界经济格局的发展变化，各发展中国家亦相继效仿西方市场经济体制，建立中央银行，并颁布中央银行法。目前，世界各国基本上都制定了中央银行法，如《美国联邦储备法》(1913年)、《瑞士联邦银行法》(1934年)、《日本银行法》(1942年)、《德意志联邦银行法》(1957年)、《新加坡金融管理局法》(1970年)、《法国银行法》(1973年)。

2. 普通银行法

普通银行主要指商业银行。商业银行是一种特殊的货币经营企业，以货币为经营对象，以存、贷款为主要业务，与社会经济中的其他行业之间建立了紧密的联系，实际上已经成为促进社会稳定与发展的重要力量。因此，各国都十分重视对商业银行的管理，通过大量的法律法规予以规范。

目前，世界上的普通银行法主要有：美国的《国民通货法》(1863年)、《国民银行法》(1864年)，日本的《普通银行法》(1981年)，德国的《德国银行法》(1961年)，法国的《法国银行法》(1984年)，加拿大的《加拿大银行法》(1871年)，新加坡的《银行法》(1971年）等。

（二）证券立法

证券市场是直接融通资金的场所，是现代金融市场的重要组成部分，在现代市场经济中发展最为迅速。因此，为了发挥证券市场的积极作用，抑制和消除证券市场的消极作用，各国政府无不采用法律调整的方式来规范证券资金市场。

世界上最早进行证券立法的国家是美国。面对1929年—1933年的世界经济危机，美国决心加强对证券市场的管理，控制市场风险。因此，在1933年，美国国会通过了《证券法》；在1934年通过了《证券交易法》。这两部法律奠定了美国证券法的法律基础，也为后来各国制定证券法提供了范本。此后，美国陆续颁布了一系列证券法律法规，以调整证券融资关系，主要有：《公用事业控股公司法》(1935年)、《信托契约法》(1939年)、《投资公司法》和《投资顾问法》、《投资咨询法》(1940

年)、《统一证券法》(1956 年)、《证券投资者保护法》(1970 年)、《内幕交易制裁法》(1984 年)、《政府证券法》(1986 年) 等。继美国之后，日本在 1947 年制定了《证券交易法》，韩国在 1962 年颁布、实施了《韩国证券和交易法》，新加坡在 1986 年制定、颁布了新的《新加坡证券业法》。

英国没有统一的证券法，其对证券融资关系的调整规范主要包含在《公司法》(1948 年)、《防止欺诈投资法》(1939 年)、《公平交易法》(1973 年) 和《金融服务法》(1986 年) 等法律中。此外，德国、法国等西欧国家也没有制定专门的证券法，其内容大多也包含在各自的公司法与投资法中。

（三）票据立法

票据法作为商事领域中重要的部门法，调整的是平等主体之间的票据关系以及与票据关系有关的其他社会关系。法国是世界上最早制定成文票据法的国家。1673 年，法国国王路易十四颁布了《陆上商事条例》，以专章规定票据规则。1807 年，法国又颁布了《法国商法典》，系统规定了汇票与本票规则。1865 年，法国又制定了支票法。

在统一前，德国各邦均有自己的票据法，但是很不统一。1847 年，德国以普鲁士邦法为基础，制定了统一的《普通票据条例》，几经修订，在 1871 年公布、施行，即为《票据法》。1908 年，德国另行制定了《支票法》。德国现行的票据法是 1933 年制定、颁布的《票据法》与《支票法》。英国在 1882 年颁布了《票据法》，对汇票、本票和支票的内容加以规定。1957 年，英国颁布了《支票法》以作为补充。美国于 1896 年制定了《统一流通证券法》，于 1952 年制定、颁布了《统一商法典》，其中第三编“商业证券”规定了汇票、本票和支票。

1910 年和 1912 年，荷兰政府在海牙主持召开了两次统一票据法会议，制定了统一票据规则和统一支票规则。1930 年和 1931 年，国际联盟在日内瓦召开了统一票据法会议，通过了《统一汇票本票法公约》和《统一支票法公约》。不过，英美两国并未参加这两个公约。

（四）信托立法

信托法是调整信托关系的法律规范的总称。英国是世界上最早进行信托立法的国家，其立法侧重于信托基本法，如《受托人条例》(1893 年)、《司法受托人法》(1896 年)、《公共受托人法》(1906 年)、《财产法》(1925 年)、《慈善信托确认法》(1954 年)、《公共受托人报酬法》(1957 年)、《信托变更法》(1958 年)、《受托人投资法》(1961 年)、《信托承认法》(1987 年)、《受托人委托法》(1999 年)、《受托人法》(2000 年)、《慈善法》(2006 年) 等。日本在 1922 年制定了《信托法》和《信托业法》，并在 1943 年通过了《普通银行兼营信托业务法》。

（五）保险立法

保险法是从海上保险制度发展起来的。现代意义的保险法形成于 15 世纪以后。1435 年西班牙《巴塞罗那法令》是世界上最早关于海上保险的成文法律规定，之后，意大利城邦的法规、1681 年法国的《海事条例》以及 1731 年《汉堡保险和海损条例》均以专章对海上保险进行规定。

日本最早颁布、实施《保险业法》，在 2008 年予以修订。新加坡在 1967 年公布《保险业法》，在 1986 年、1992 年、1993 年相继进行了修订。美国在 1974 年颁布了《保险公司法》，且美国各州也制定了保险法规，其中，以 1939 年公布的《纽约州保险法》最为完备。

三、中国的金融法

中国金融业的发展具有悠久的历史。在早期社会，由于借贷行为及其关系的发展，为了有效规范当事人之间的权利与义务，国家通过法律或法令的形式对双方订立的各种合同或契约予以固定。例如，在楚国的《宪令》、秦国的《秦律》中，都有关于高利贷的相关规定。此后，伴随商品经济的不断发展，我国古代社会的金融业也有了飞速的进步，例如，在南北朝时期出现了提供“典当”业务的寺院，在唐朝中期出现了专业金融机构“柜坊”，在宋代发明了世界上最早的纸币——交子并已有专门经营货币的钱铺，在元、明时期高利贷盛行、典当业相当发达，在明朝中期以后出现了经营钱币兑换的“钱庄”，在清朝出现了办理汇兑业务的“票号”[①]。不过，在当时诸法合体的时代，我国并没有以金融法的名义出现的法律法规，相关规定大多被包含在奴隶制或封建制国家的统一法典中。

到了近代，我国开始出现专门的金融法规。1908 年清政府颁布的《大清银行则例》，是我国第一部金融法。同年，清政府颁布了《银行通行则例》，规定银行业务；此后于 1909 年颁布《通用银钱章程》，于 1910 年颁布《兑换纸币则例》。民国时期，北洋政府在 1913 年颁布了《中国银行则例》，于 1914 年颁布了《交通银行则例》，国民政府则在 1928 年—1937 年陆续颁布了《中央银行法》、《中国银行条例》、《中华民国票据法》、《交易所法》等许多金融法规。不过，纵观中国近代金融立法，主要是在对西方国家金融法的学习与借鉴的基础上建构起来的，殖民色彩较为浓厚。

中华人民共和国成立后，我国的金融法根据不同阶段的需要，逐步建立与发展

① 马亮、方元主编：《金融法》，12 页，北京，中国政法大学出版社，2020。

起来，并经历了艰难曲折的过程，大体而言，可以分为四个阶段。

（一）计划经济体制下的金融法

在这一时期，由于我国实行高度集中的计划经济体制，不仅金融活动范围狭小，而且对金融的规范与管理以行政手段为主，金融在资源配置上的作用非常有限。既然当时的金融运行主要是靠国家编制计划，通过少数的金融机构的严格执行来实现，那么金融立法也就不可能获得应有的重视，金融法的表现形多为一些行政管理性的法规、规章与政策。

（二）改革开放初期的金融法

改革开放以后，随着金融体制改革的深入与法制建设进程的加快，我国加快了金融立法的步伐。1986 年国务院发布《银行管理暂行条例》，开启了我国大规模金融立法的大门，我国金融立法进入了一个崭新的时期：在金融组织方面，出台了《金融信托投资机构管理暂行规定》（1986 年）、《城市信用合作社管理规定》（1988 年）、《农村信用合作社管理暂行规定》（1990 年）等；在银行立法方面，出台了《借款合同条例》（1985 年）、《中国人民银行金融信托投资机构资金管理暂行办法》（1986 年）、《银行结算办法》（1988 年）、《利率管理暂行规定》（1990 年）、《同业拆借管理试行办法》（1990 年）、《储蓄管理条例》（1992 年）、《中国人民银行对金融机构贷款管理暂行办法》（1993 年）等；在证券立法方面，出台了《企业债券管理条例》（1993 年）、《股票发行与交易管理暂行条例》（1993 年）、《禁止证券欺诈行为暂行办法》（1993 年）等；在票据立法方面，出台了《商业汇票办法》（1993 年）等；在信托立法方面，出台了《金融信托投资机构管理暂行规定》（1986 年）、《金融信托投资公司委托贷款业务规定》（1993 年）等；在保险立法方面，出台了《财产保险合同条例》（1983 年）、《保险企业管理暂行条例》（1985 年）等。此外，我国在人民币、金银、外汇等方面亦出台了一系列的行政法规。

（三）社会主义市场经济条件下的金融法

1992 年 10 月，党的十四大明确了建立社会主义市场经济体制的改革目标，金融体制改革的总体目标得到确立，金融改革得到进一步深化，金融立法也迈入了一个崭新的历史时期。1995 年我国制定、颁布了 5 部金融基本法律：《中国人民银行法》《商业银行法》《票据法》《保险法》《担保法》。此外，我国出台了《全国人民代表大会常务委员会关于惩治破坏金融秩序犯罪的决定》。这些法律和决定对于建构我国社会主义市场经济条件下的金融法律体系发挥了重要的作用，由此我国金融法体系的基本框架初步形成。1998 年，出台了《证券法》，对证券市场予以法律调整；2001 年，出台了《信托法》；2003 年，出台了《证券投资基金法》和《银行业监督管理法》；2022年，出台了《期货和衍生品法》。在这一时期，除了上述金融法律以外，国务院和中国人民银行等还颁布了不少行政法规或其他规范性文件。

同时，我国根据加入世界贸易组织（WTO）的要求和国内外金融发展的现实需要对一些重要的金融法进行了相应的修改。在2002年、2009年、2014年、2015年我国对《保险法》进行了修正或修订；在2003年对《中国人民银行法》进行了修正；在2003年、2015年对《商业银行法》进行了修正；在2004年对《票据法》进行了修订；在2004年、2005年、2013年、2014年、2019年对《证券法》进行了修正和修订；在2012年、2015年对《证券投资基金法》进行了修正。

总之，我国的金融立法是与金融体制的改革同步推进的，金融改革与发展取得了巨大成就，金融立法工作也进入了全新的阶段。

（四）新时期互联网背景下的金融法

近年来，互联网的迅猛发展彻底颠覆了传统的社会生活方式。从金融业来看，金融形式创新化、市场信息流动化、投资渠道多元化的要求反映在互联网时代，即衍生出互联网金融的新概念。然而，互联网金融在实现金融形式创新的同时，也为相应的金融法制建设提出了新的要求。目前，互联网金融主要包括互联网支付、P2P网络借贷、网络小额贷款、股权众筹融资、互联网基金销售、互联网保险、互联网信托和互联网消费金融等业态，随着互联网金融的进一步发展，与之有关的金融立法也逐步展开。2010年6月，中国人民银行发布《非金融机构支付服务管理办法》（该办法成为监管第三方支付的重要法规）。2011年8月，中国银监会发布《关于人人贷有关风险提示的通知》（尽管该文件以提示的方式指出“人人贷”模式的有关风险，但也可以被看作是在行业定性尚不明确的情况下，对“P2P”信贷进行监管的初步尝试）。2015年7月，中国人民银行、工业和信息化部、公安部、财政部、国家工商行政管理总局、国务院法制办、中国银监会、中国证监会、中国保监会、国家互联网信息办公室联合印发《关于促进互联网金融健康发展的指导意见》，确立了互联网支付、网络借贷、股权众筹融资、互联网基金销售、互联网保险、互联网信托和互联网消费金融等互联网金融主要业态的监管职责分工，落实了监管责任，明确了业务边界。同月，中国保监会印发《互联网保险业务监管暂行办法》，以保障互联网金融背景下保险业的健康发展。

2017年12月，中国银监会先后下发《关于印发小额贷款公司网络小额贷款业务风险专项整治实施方案的通知》和《关于规范整顿“现金贷”业务的通知》，对“网络小贷”和“现金贷”进行监管。2020年中国银保监会先后下发《商业银行互联网贷款管理暂行办法》和《关于加强小额贷款公司监督管理的通知》，并发布了

《网络小额贷款业务管理暂行办法（征求意见稿）》。2021 年中国银保监会下发《关于进一步规范商业银行互联网贷款业务的通知》。

应当说，我国的金融立法已经顺应时代的要求，进行了一系列的调整。但就目前来看，仍有相当一部分金融业务处于监管的空白，而在市场运作中也存在着大量亟待解决的问题，因此，互联网金融背景下的金融立法需要继续完善，不断进行思路的转换和制度的升级，从而推进构建现代金融监管框架，加快转变金融发展方式，健全符合我国国情的金融法治体系。①

第二节 金融法的概念和调整对象

金融作为商品经济高度发展和完善的产物，对于国民经济的增长和发展发挥着举足轻重的调节、控制作用。因此，要规范金融运作，促进金融发展，防范金融风险，维护金融秩序，就必须加强与完善金融法。

一、金融法的概念

（一）金融与信用

所谓金融，就是指货币的转移，资金的融通，即商品经济条件下各种金融机构以货币为对象，以信用形式所进行的货币收支、资金融通活动的总称。在现代市场经济条件下，社会资金的财政分配所占比重变得越来越小，而以货币流通与社会信用总和为内容的金融在社会资金的筹措和分配中所占比重则越来越大。可见，金融在一国经济中发挥着举足轻重的作用。一般而言，从参加主体来看，金融主要涉及银行、企业、个人以及国家；从行为来看，金融主要包括货币的发行和回笼，存款的吸收和提取，贷款的发放和收回，国内外汇兑的往来，金银、外汇的买卖，有价证券的发行与交易，保险，信托投资，金融租赁，国内、国际的货币支付结算，等等。② 因此，可以说，金融是一个经济范畴，包括金融活动、金融关系、金融机构、金融市场、金融工具等一切和货币与信用相关的经济关系和活动。

按照不同的标准，可以把金融划分为多种类型，但在这些分类方法中，最具立法意义与实践价值的是将金融分为直接金融和间接金融，其标准在于资金融通中是

---

① 参见《习近平法治思想概论》编写组：《习近平法治思想概论》，280 页，北京，高等教育出版社，2021。

② 参见刘定华主编：《金融法教程》，3 版，1 页，北京，中国金融出版社，2010。

否存在中介。直接金融是投资者和筹资人直接或通过金融经纪机构代理发生的资金融通行为，在立法上主要是以《证券法》为代表予以调整和规范；间接金融是融资双方当事人通过银行金融机构这一媒介而发生的资金融通行为，在立法上主要是以《商业银行法》为中心予以调整和规范。在实践中，直接金融与间接金融的比重大小往往反映出一国金融体制的格局与特色，在一定程度上也标志着该国市场发育与经济发展的水平。一般而言，在市场经济较为发达的国家，直接金融占有较大比例，而在发展中国家和经济落后国家，间接金融比重更大。

金融是货币资金的市场融通，而资金市场融通的基本形式就是信用，因此，要深入把握金融的内涵与外延，还需要对信用作进一步的了解。在人们的日常生活中，信用并不是一个陌生的词汇。事实上，在不同的语境之下，信用有着不同的含义。例如，从道德评判的角度看，信用是指遵守诺言、诚实待人；从心理现象的角度看，信用是指某人值得信任，办事放心。然而，经济学中的信用有其特定的含义，专指借贷行为，包括商品的赊欠买卖与货币借贷。① 由此可见，信用是一个经济范畴术语，是指不同所有权人之间以一定的财物或货币为客体，以偿还和付息为条件的价值单方面的运动。例如，银行向企业提供资金是以企业在一定期限后偿还资金为基础；储户将资金存放在银行同样是以一定期限后银行偿还资金为条件。正是双方主体奉行定期偿还的交易规则，才促成一定价值的暂时让渡。

人类最早的信用，产生于原始社会末期。当时，伴随着社会生产力的发展，私有财产与商品买卖开始出现。在商品交换过程中，商品的买卖与货币的支付在时间上有时并不一致，即出现了赊购赊销的情况。既然有了赊欠，那么信用也就随之出现。可见，信用反映着以还本付息为条件的让渡财物或货币的经济利益关系。根据不同的标准与角度，我们可以把信用划分为多种类型。例如，以信用主体为标准，信用可以被分为商业信用、银行信用、政府信用、个人信用、公司信用等。以信用的对象为标准，信用可以被分为对物信用和对人信用，其中，对物信用又可被细分为动产信用和不动产信用，对人信用又可被细分为无条件对人信用和附条件对人信用即有保证人的信用。以信用的用途为标准，信用可以被分为生产信用、消费信用、财政信用等。以时间长短为标准，信用可以被分为长期信用、中期信用和短期信用等。在现代市场经济条件下，这些不同的信用已经形成了统一的信用体系，主要的信用形式有商业信用、银行信用、政府信用、消费信用、证券信用、信托信用、民间信用等。

信用是现代金融运作的基本形式，没有信用，金融就会失去活力与动力。在现

① 参见盛学军主编：《金融法学》，1～2页，北京，中国政法大学出版社，2007。

代商品经济条件下，信用主要具有两项基本职能：一是资金再分配职能，二是提供与创造货币的职能。具体而言，信用通过资金的再分配、供给和货币的创造两大功能，对社会经济发挥着筹集和分配资金、加速资本周转、节约流通费用、调整经济结构、调节市场货币流通量等影响，从而具有促进国民经济顺利发展的积极作用。[①]所以，金融与信用相伴相随、相辅相成：信用促进了金融的持续、健康和稳定发展，金融业则丰富与充实了信用的时代内涵。

（二）金融市场

市场是买者与卖者相互作用并共同决定商品或劳务的价格和交易数量的机制。金融市场是金融工具的进行交易的场所或机制，也是确定金融工具的价格的场所或机制。[②] 严格来讲，金融市场不仅包括有特定场所的有形市场的资金融通活动，也包括没有特定场所的无形市场的资金融通活动。因此，有学者认为，金融市场是指资金融通赖以展开的场所、交易机制以及各种构成要素组成的综合体系。[③]

金融市场是一个由许多相互独立又相互联系的子市场组成的大市场。根据不同的标准，可以将金融市场分为若干类市场。例如，按照融资期限的长短，可以把金融市场划分为货币市场和资本市场；按照交易对象的差别，可以把金融市场划分为资金市场、外汇市场和黄金市场；按照融资工具的不同，可以把金融市场划分为证券市场、商业票据市场和可转让定期存单市场；按照地域范围与参加主体范围的不同，可以把金融市场划分为国内金融市场和国际金融市场。

在现代市场经济中，作为与商品市场、劳务市场和技术市场并列的生产要素市场，金融市场主要由以下要素构成：

一是交易主体，以金融机构为主。金融市场的交易主体是指参与融资活动的资金供求双方，包括个人、企业、金融机构、政府及其下属部门和中央银行等。这些主体分别以投资者或筹资者的身份参与金融市场活动。

在交易主体中，最为活跃的当属金融机构。金融机构是指专门从事货币流通与信用业务活动的机构，其范围涵盖了商业银行、保险公司、信托投资机构、证券公司、金融租赁公司等。根据金融机构创造货币和支付手段能力的不同，实践中一般把金融机构分为银行金融机构与非银行金融机构两大类。银行金融机构和非银行金融机构是金融市场的主要参与者，也是特殊参与者。它们一方面创造着大量的金融工具，另一方面又大量地购买金融工具。[④]

① 参见强力、王志诚：《中国金融法》，3页，北京，中国政法大学出版社，2010。
② 参见朱宝宪：《金融市场》，1页，沈阳，辽宁教育出版社，2001。
③ 参见盛学军主编：《金融法学》，7页，北京，中国政法大学出版社，2007。
④ 参见张学森主编：《金融法学》，2版，7页，上海，复旦大学出版社，2020。

二是交易对象，即货币资金和金融工具。货币资金主要指实物资产抽象化的价值形态，而不是指实物资产本身。在现代市场经济条件下，作为交易对象的货币资金主要是通过筹资者或金融机构发行的金融工具来融通。金融工具，是指筹资者或金融机构发行的信用工具，即在信用活动中发行与流通的记载金融交易的有关事项、借以证明债权债务关系的书面文件，如投资凭证、存款凭证、其他有价证券（票据）等。金融工具作为资金的载体，是金融市场上交易的客体。虽然不同的融资关系产生了具有不同特点和性质的金融工具，但一般而言，金融工具均具有以下四个基本特性，即期限性、流动性、收益性与安全性。通常情况下，金融工具的安全性与流动性呈正相关，与收益性呈负相关。换言之，流动性强的金融工具，风险小，安全性大，但收益率低；而流动性差的金融工具，风险大，但收益率较高。如钞票具有最大的安全性与流动性，但其收益率为零。①

根据不同的标准，可以把金融工具划分为不同的种类。例如，按照发行机构的性质来划分，金融工具可被分为直接融资工具和间接融资工具，其中，直接融资工具包括票据、股票、债券，间接融资工具包括银行债券、人寿保险单、可转让存单等。按照可接受性来划分，金融工具可被分为具有一般接受性的金融工具和具有有限接受性的金融工具，其中，具有一般接受性的金融工具包括现钞、活期存款等，具有有限接受性的金融工具包括商业票据、股票、债券等。按照所代表的权利的性质来划分，金融工具可被分为所有权凭证和债权凭证，其中，所有权凭证只有股票一种，其他金融工具都是债权凭证。

三是中介机构。中介机构是指为金融市场的融资活动提供服务的各种类型的组织机构，例如，投资咨询机构、资信评级机构、投资信托公司等。中介机构，在为众多分散的资金供给者与需求者之间搭建起磋商交易的场所，提升了金融市场的运行效率，是现代金融市场的重要组成要素。

四是金融调控与监管。金融调控是指以中央银行为代表的宏观调控部门，通过制定和实施货币政策等手段，以调节金融活动为媒介，实现资金供需平衡，最终作用于宏观经济整体的活动。而金融监管是指金融监管主体依法运用行政权力对金融机构和金融活动实施规制与约束，促使其稳健运行的一系列行为的总称。在现代金融市场的发展中，金融调控与金融监管虽同为金融市场的不可或缺的基本要素之一，也共同体现了国家干预的特点，但二者分别属于不同的范畴：金融调控重在实现社会总需求与社会总供给之间的平衡，属于宏观调控的范畴；金融监管重在实现经济安全、防御金融风险，属于经济监管的范畴。

① 参见盛学军主编：《金融法学》，9页，北京，中国政法大学出版社，2007。

（三）金融法

金融法是调整金融关系的法律规范的总称，具体而言，即调整货币流通和资金信用活动中所发生的社会关系的法律规范的总称。众所周知，金融活动是通过银行和其他各类金融机构及客户进行的，这些主体从事金融活动的过程中，必然形成各种各样的金融关系。[①] 因此，为了调整金融机构，规范金融市场，充分发挥金融活动对社会主义建设的促进作用，国家制定了一系列调整金融关系的法律规范，这种体现国家意志的法律规范就是金融法。由于金融法是一个总称，因而在我国并没有以“金融法”来命名的单独的成文法。实践中，立法机关常常根据所涉及的金融行业来对涉及金融活动的法律予以命名，例如，《中国人民银行法》《商业银行法》《证券法》《保险法》《外汇管理条例》等。

在理论上讲，金融法有广义与狭义之分。广义的金融法包括所有涉及金融活动的法律，如银行法、证券法、保险法、票据法、信托法、期货法等；狭义的金融法则特指银行法，这主要是因为银行法是金融法的基本法，金融活动主要是通过银行的各种业务来实现的。需要说明的是，本书所称的金融法，是广义上的金融法。

金融法是金融活动的基本行为规范，本质上属于经济法的范畴。主要理由在于：第一，金融法具有经济法部门法的一般特征，如金融法的主要功能是确认与规范国家调控金融和监管市场的职责权限，促进、引导和实现社会整体目标与个体利益目标的统一，保障社会经济持续、稳定、协调地发展；第二，作为金融法调整对象的金融及金融关系具有强烈的经济属性，是国家在调控经济、监管市场过程中发生的核心经济关系[②]；第三，金融法对金融机构的性质、职责权限、业务范围加以界定，对各类金融机构的组织管理结构、运行机制以及设立、变更及终止加以明确规定，进而确认金融机构的法律地位，为金融活动的健康开展创造前提条件[③]，从而体现出国家干预的经济法性质。

二、金融法的调整对象

金融法是调整金融关系的法律规范，其调整对象就是各类金融关系。具体而言，金融法的调整对象包括金融机构组织关系、金融业务关系和金融管理关系。

（一）金融机构组织关系

金融法的首要功能就是通过立法确认金融机构的法律地位，因此，金融机构组

① 参见朱崇实、刘志云主编：《金融法》，5版，4页，北京，法律出版社，2022。
② 参见张学森主编：《金融法学》，8页，上海，复旦大学出版社，2020。
③ 参见朱大旗：《金融法》，3版，8页，北京，中国人民大学出版社，2015。

织关系构成了金融法调整对象的一个重要方面。金融法中调整金融机构组织关系的法律规范的总和，构成了金融法体系中的金融机构组织法。

具体来讲，金融法调整的金融机构组织关系主要包括两大类：

（1）金融机构的内部组织关系，即与金融机构内部治理相关，在金融机构与其分支机构、职工之间因经营管理而产生的经济关系。金融机构要实现其成立的宗旨，依法开展金融业务经营活动，就必须处理好其内部组织关系。因此，金融法应当对各类金融机构的内部管理制度予以规范，对金融机构与其分支机构的职责也要进行基本的规定。

（2）金融机构的外部组织关系，即与金融机构的法律地位相关，在金融机构的设立、变更及终止过程中发生的经济关系。金融是以银行等金融机构为中心，在信用基础上组织起来的货币流通。金融活动能否顺利开展、有效运行，关键在于金融机构本身是否符合法律要求。因此，金融法需要对金融机构的市场准入、市场运营以及市场退出进行规范，以维护良好的金融秩序。

（二）金融业务关系

金融业务关系是指银行和其他非银行金融机构在法律、法规允许的范围内从事相应业务活动，而与其他金融主体之间所发生的平等主体间的经济关系。由于这种经济关系本质上是一种平等主体之间有偿、自愿的民事关系，因而金融法对这种关系调整的基本要求是：当事人法律地位平等；设立、变更、终止权利义务关系，除法律有特别规定外，应由双方自愿决定；讲诚实，守信用，自动和善意履行义务，不能规避法律与合同，公平合理地处理两者之间的纠纷。① 与其他经济关系相比，金融业务关系具有以下特点：一是当事人之中有一方是金融机构，二是业务活动通常是信用活动或以信用为基础，三是以货币或者金融工具为交易对象。

金融业务关系是一种特殊的债权债务关系，在实践中其类型也十分多样，具体包括以下几种②：

（1）因直接融资业务的开展而发生在证券、信托等非银行金融机构和投资、融资主体之间的发行、交易关系，如证券发行买卖关系、承销关系，证券交易买卖关系、行纪关系，证券发行服务与交易服务关系等。

（2）因间接融资业务的开展而发生在银行等金融机构与存、贷款主体之间的资金融通关系，如存款关系、贷款关系等。

（3）因金融中介业务的开展而发生在银行等金融机构与非金融机构的法人、非

① 参见刘定华主编：《金融法教程》，3版，2页，北京，中国金融出版社，2010。
② 参见唐波主编：《新编金融法学》，6页，北京，北京大学出版社，2021。

法人组织和自然人之间的金融中介服务关系，如结算、汇兑、咨询、信托、租赁、代理等关系。

（4）因开展特殊融资业务而发生的特殊融资关系，如因外汇买卖、期货期权交易、利率互换交易而发生的经济关系。

（5）银行及非银行金融机构等金融机构之间基于同业拆借、再贷款、转贴现、再贴现等金融业务而发生的经济关系。

（6）保险人与被保险人或受益人之间的金融关系。

（三）金融管理关系

金融管理关系是指国家金融主管机关在对金融业实施宏观调控和监督管理过程中所发生的社会关系，具体包括金融调控关系与金融监管关系。

1. 金融调控关系

金融调控是国家金融主管机关运用总量调节的办法，利用各种货币政策工具对金融市场加以调节与控制的活动。金融调控是国家对经济实施宏观调控的基本手段，是现代市场经济条件下金融的基本职能之一。为了实现稳定物价、充分就业、经济增长和国际收支平衡的金融调控目标，以中央银行为代表的宏观调控部门通常会运用以货币政策为主的金融调控手段，对有关金融变量实施调节与控制。典型的货币政策工具包括法定存款准备金政策、再贴现政策、公开市场业务政策、基准利率政策和再贷款政策等。由于金融是现代经济的核心，因而金融调控对于确保中央银行准确制定和实施货币政策，平衡资金供求的总量与结构，实现国家的宏观经济目标，保障国民经济持续、稳定、协调增长，具有不可替代的重要作用。

金融调控关系是国家在展开金融调控活动，对有关金融实施调节和控制的过程中所发生的社会关系，其在公、私法属性方面比较模糊。原因在于：一方面，它具有私法关系的特征，类似于金融业务关系，比如公开市场业务、再贴现和再贷款等政策工具的运用，都是在金融市场之中基于平等、自愿的原则而展开的，但另一方面，金融调控的决策与实施又会受到一定的行政控制，甚至在某些特定的时期，国家还会运用信贷规模、利率管制等类似于指令性计划的直接控制手段来达到调控目标。①

具体而言，作为金融法调整对象的金融调控关系包括以下内容：第一，金融调控部门因制定与实施货币政策、利用货币政策工具而与各类金融机构或非金融机构之间发生的社会关系；第二，金融调控部门因货币发行或货币流通而与各类金融机构或非金融机构之间发生的社会关系；第三，金融调控部门在向政府、金融机构和

---

① 参见盛学军主编：《金融法学》，16页，北京，中国政法大学出版社，2007。

社会各界提供公共服务的过程中所产生的社会关系。

2. 金融监管关系

金融监管关系是指国家金融主管机关为了维护金融秩序的稳定和资金融通的有效运行，在金融监督管理活动中与金融活动参与者之间所形成的社会关系。金融监管关系的特点表现在监管主体与被监管主体之间的法律地位不对等：前者依法对后者实施某种限制，后者对前者必须服从。可见，金融监管法不仅规范、制约、指导保护着金融机构，使其金融活动有了准则，而且使对金融机构的监管活动有了标准、方法和权威性。①

金融业具有的社会公共性、高风险性、外部性等特点，使金融监管的必要性非常突出。② 具体而言，作为金融法调整对象的金融监管关系包括以下内容：第一，金融监管机构因依法审批各类金融机构的设立、资本、业务范围、分支机构、变更、接管、终止以及高管任职资格等，而与有关机构或个人形成的社会关系；第二，金融监管机构依法对各类金融机构的业务活动进行稽核和检查过程中所形成的社会关系；第三，金融监管机关对金融机构、非金融机构和个人非法从事金融活动依法进行查处而形成的社会关系，等等。

第三节 金融法的特点

在我国，金融法是经济法的重要组成部分，属于第三层次的法律部门，在我国整个法律体系中有着不可忽视的重要地位。正是因为金融法属于经济法的范畴，所以与其他部门法，特别是民商法、行政法，相比，它具有以下几个特点。

一、具有宏观调控性

金融法是以实现国家对金融业的调控与监管为目的的法，它的地位是由金融宏观调控在宏观调控体系中日益突出的地位所决定的。在市场经济体制下，国家主要采用间接调控，金融宏观调控已经成为对经济进行调控的主要手段。特别是从市场经济的运行规律来看，无论是商品价值规律还是社会供求规律以及市场竞争规律，都要遵守货币流通规律。只有货币发行总量与流通中货币的必要量成正比，市场经

① 参见顾功耘主编：《经济法教程》，3 版，717 页，上海：上海人民出版社；北京，北京大学出版社，2013。

② 参见陶广峰主编：《金融法》，3 版，9 页，北京，中国人民大学出版社，2020。

济运行才能处于正常状态。由此不难看出金融宏观调控在整个宏观调控体系中的地位与作用。①

金融法以金融关系为调整对象，具有较强的程序法和组织法的特点。金融法通过规定金融调控的机构及其职责，明确金融调控的目标与手段，规定金融调控的原则及工具，确定金融监管机构的地位与职责，规范金融监管机构调控与监管的方式和方法，规定金融违法行为的责任与相应的制裁，来实现对金融关系的调整。由于这些行为对国民经济的走向可以起到“牵一发而动全身”的功效，因而相较于其他法律，金融法的宏观调控性就更加明显。

二、具有公私兼容性

金融法不是传统的法律逻辑的产物，而是一种对现代经济生活的及时归纳与反映。金融法是从经济部门的立场对法律制度所作的一种概括，这就决定了金融法必然全面地反映融资活动中真实存在的各种社会关系，如金融业务关系、金融管理关系等；也就决定了金融法同时囊括了多种性质的法律规范。② 也就是说，金融法所调整的社会关系，既不同于作为私法的民法所调整的完全体现“私法自治”的关系，也不同于作为公法的行政法所调整的完全体现国家行政管理职能的命令与服从的关系。因此，将具有公法成分与私法成分的金融法绝对地划分为公法或私法，都是不恰当的，只能说，金融法是公法与私法相融合的法。

不过，金融法的这种公私兼容性在现代市场经济条件下是相互影响、相互交织，难以截然分开的。考虑到现代国家基于经济社会化要求促成社会意志和利益广泛且深入地介入市场经济活动，当个体利益同社会利益发生冲突时，社会利益必须优先于个体利益。从金融法的角度来看，无论在任何社会形态和年代，金融法作为一般等价物的交换流通规则，其社会属性是很明显的。③ 因此，金融法对金融关系的调整应立足于社会利益。换句话说，无论是国家还是金融机构或非金融机构，都不能片面强调自身利益，置社会利益于不顾。

三、是程序法与实体法的统一

金融法中既有实体性规范也有程序性规范，金融法是程序法与实体法的统一。在具体的金融法规范中，它既规定了作为实体性调整对象的金融主体的职责、权利

---

① 参见刘定华主编：《金融法教程》，3版，5页，北京，中国金融出版社，2010。
② 参见盛学军主编：《金融法学》，17页，北京，中国政法大学出版社，2007。
③ 参见刘隆亨主编：《银行金融法学》，7版，15页，北京，北京大学出版社，2019。

与义务，又规定了实现这些权利与义务的程序、步骤、方法等。例如，票据法是规定与保护票据当事人的权利、义务的法律，因而属于实体法，但同时，因票据的运作注重程序，所以，票据法中也规定了许多程序性规范，如具体结算规则，从而体现出明显的程序法特征。①

不过，在金融法体系中，有的法律以行为规范为主，如担保法等。但总的来讲，金融法还是体现了较强的程序法与实体法统一的特点。

四、以强制性规范为主

金融的脆弱性及其引发的连锁性社会经济危机是金融破坏力的集中体现。金融与实体经济存在内在联系，一旦信用链条碎裂，金融危机会使金融市场全面瘫痪，因而破坏整个社会经济秩序。由此可见，金融产品的流动性、快速跨时空聚散特性，使金融行业成为一个需要特别关注并加强干预的行业。② 因此，安全问题成为金融行业发展与金融立法首先要面对的难题。正如习近平总书记在十八届中央政治局第四十次集体学习时所指出的："维护金融安全，是关系我国经济社会发展全局的一件带有战略性、根本性的大事。"世界各国都通过金融法对金融机构及其金融活动予以严格的规范与监督。可以看到，从市场准入、业务范围、权利与义务，到经营中的标准合同等多方面，都不同程度地受到了来自国家法律的强制性约束或限制。也就是说，由于金融法较多体现了国家干预的色彩，因而在金融法体系中必然存在大量的强制性规范。

不过，我们也要看到，自 20 世纪 70 年代以来，以金融立法放松管制为特征的金融自由化浪潮在发达资本主义国家产生、发展，并带动许多新兴的发展中国家先后走上了方式不同的金融自由化之路。政府通过金融法律与监管制度的革新，摒弃了对金融服务业的种种直接限制，使金融机构与其他部门进行业务合作成为可能。一系列眼花缭乱的金融创新不仅改变了金融机构提供的服务产品，还改变了金融机构的服务方式，使各国的金融结构和运行机制都发生了根本性的变化。

案例与思考

1. 综合案例

2023 年 10 月 30 日至 31 日，中央金融工作会议在北京举行。会议强调：要全面加强金融监管，有效防范化解金融风险。切实提高金融监管有效性，依法将所有

① 参见张学森主编：《金融法学》，9 页，上海，复旦大学出版社，2020。

② 参见李昌麒主编：《经济法》，246 页，北京，法律出版社，2004。

金融活动全部纳入监管，全面强化机构监管、行为监管、功能监管、穿透式监管、持续监管，消除监管空白和盲区，严格执法、敢于亮剑，严厉打击非法金融活动。及时处置中小金融机构风险。防范化解金融风险，要把握好权和责的关系，健全权责一致、激励约束相容的风险处置责任机制；把握好快和稳的关系，在稳定大局的前提下把握时度效，扎实稳妥化解风险，坚决惩治违法犯罪和腐败行为，严防道德风险；对风险早识别、早预警、早暴露、早处置，健全具有硬约束的金融风险早期纠正机制。要在金融系统大力弘扬中华优秀传统文化，坚持诚实守信、以义取利、稳健审慎、守正创新、依法合规。要加强金融法治建设，及时推进金融重点领域和新兴领域立法，为金融业发展保驾护航。

通过本章学习思考以下内容：

（1）请问当下中国金融监管有何新变化？

（2）如何理解金融法在中国特色社会主义法治体系中的重要性？

2. 思考题

（1）简述金融法的概念与调整对象。

（2）简述金融法的特点。

参考书目

1. 托马斯·梅耶，等．货币、银行与经济．洪文金，等译．上海：上海三联书店，上海人民出版社，1994.

2. 卡门·M. 莱因哈特，肯尼斯·S. 罗格夫．这次不一样?：800 年金融荒唐史．綦相，译．北京：机械工业出版社，2010.

3. 海曼·P. 明斯基．稳定不稳定的经济：一种金融不稳定视角．石宝峰，张慧卉，译．北京：清华大学出版社，2015.

4. 弗兰克·B. 克罗斯，罗伯特·A. 普伦蒂斯．法律与公司金融．伍巧芳，高汉，译．北京：北京大学出版社，2011.

5. 吴志攀．金融法概论．5 版．北京：北京大学出版社，2011.

6. 徐孟洲．金融法．2 版．北京：高等教育出版社，2012.

7. 朱大旗．金融法．3 版．北京：中国人民大学出版社，2015.

8. 韩龙．金融法与国际金融法前沿问题．北京：清华大学出版社，2018.

9. 邢会强．金融消费者权利的法律保护与救济．北京：经济科学出版社，2016.

第二章

金融法的渊源与体系

本章要点

1. 金融法的渊源
2. 金融法体系的含义
3. 金融法体系的主要内容

第一节　金融法的渊源

法的渊源，亦称法的形式。金融法的渊源，就是有关金融的各种具体法律规范性文件的表现形式。根据我国金融立法的现状，金融法的渊源主要包括国内渊源和国际渊源两大类。其中，国内渊源是指我国现行的有关金融的法律、法规，国际渊源是指我国参加或缔结的有关条约、协定以及具有广泛影响的国际惯例。

一、国内渊源

（一）宪法

宪法是国家的根本大法，它集中反映各种政治力量的实际对比关系，规定了国家的根本任务和基本制度即社会制度、国家制度的原则和国家政权的组织，以及公民的基本权利、义务等内容。我国宪法由全国人民代表大会按照特殊程序制定与修改，具有最高的法律地位与法律效力，是其他一切法律的立法依据。

宪法作为金融法的渊源，主要是指宪法中涉及调整金融关系的法律条文，如我国《宪法》第 15 条规定："国家实行社会主义市场经济。""国家加强经济立法，完善宏观调控。""国家依法禁止任何组织或者个人扰乱社会经济秩序。"《宪法》第 18 条规定："中华人民共和国允许外国的企业和其他经济组织或者个人依照中华人民共和国法律的规定在中国投资，同中国的企业或者其他经济组织进行各种形式的经济合作。”“在中国境内的外国企业和其他外国经济组织以及中外合资经营的企业，都必须遵守中华人民共和国的法律。它们的合法的权利和利益受中华人民共和国法律的保护。”这些规定都是金融法的立法依据，金融法的立法与实施都必须在宪法的指导下进行，因此，宪法“可以说是我国金融法律规范的最高表现形式，是我国金融立法的基础”①。

（二）金融法律

金融法律是由国家最高权力机关及其常设机关依法制定的调整金融关系的规范性文件，是一国金融法的主要渊源，如各国制定的中央银行法、商业银行法、证券法、保险法、票据法、信托法等。当然，作为金融法渊源的，并不以上述的专门法律为限，刑法中有关金融犯罪及其刑事处罚的规定，也是金融法的法律渊源。②

在我国，金融法律包括金融基本法律和金融普通法律两大类。金融基本法律是指由全国人民代表大会依法制定和颁布的调整金融机构及其业务活动的规范性法律文件，如 1995 年 3 月 18 日全国人大常委会通过的《中国人民银行法》，除此之外，与金融法相关的基本法律还有《民法典》中关于民事主体、财产所有权、债权等方面的法律规定。金融普通法律是由全国人大常委会依法制定和通过的，如《商业银行法》《证券法》《票据法》《保险法》《信托法》《银行业监督管理法》等。除此之外，其他普通法律中也有涉及金融活动的有关规定，如《公司法》中关于公司组织形式的规定等等。

金融法律不得与宪法相抵触。在整个金融法体系中，金融法律位阶最高，其权威性、效力层次仅次于宪法。

（三）金融行政法规

金融行政法规，是指国家最高行政机关为了实施金融法律，依法制定的调整金融关系的各种规范性文件。金融行政法规也是一国金融法的重要渊源。

在我国，金融行政法规主要是指国务院依照法定权限、法定程序制定、颁布的调整金融机构及其业务活动的规范性文件。根据我国《宪法》与《立法法》的规定，国务院有权根据宪法、法律或全国人大及其常委会授权，制定行政法规、发布决定与命令。金融行政法规是我国金融法的重要表现形式，如《中国人民银行货币政策委员会条例》、《人民币管理条例》、《储蓄管理条例》、《股票发行与交易管理暂行条例》、《外汇管理条例》、《金融机构撤销条例》、《非法金融机构和非法金融业务活动取缔办法》（1998 年通过，2011 年修订）、《外资保险公司管理条例》、《期货交易管

① 朱大旗：《金融法》，3 版，12 页，北京，中国人民大学出版社，2015。
② 参见盛学军主编：《金融法学》，17 页，北京，中国政法大学出版社，2007。

理条例》等。

金融行政法规在效力上低于宪法、金融法律，不得与宪法、金融法律相抵触。

（四）金融行政规章

金融行政规章，是指国家金融监管部门（机构）根据金融法律、法规的规定或授权制定的有关金融活动的规范性文件。

在我国，金融行政规章主要是由中国人民银行和金融监管机构等主管金融工作的行政部门根据法律和行政法规的规定，在职权范围内制定和颁布的调整金融机构及其业务活动的规范性文件。《宪法》第 90 条第 2 款规定，各部、各委员会根据法律和国务院的行政法规、决定、命令，在本部门的权限内，发布命令、指示和规章。对此，我国《立法法》第 91 条第 1 款作了进一步规定：国务院各部、委员会、中国人民银行、审计署和具有行政管理职能的直属机构以及法律规定的机构，可以根据法律和国务院的行政法规、决定、命令，在本部门的权限范围内，制定规章。在我国，这些金融监管机构有中国人民银行、国家金融监督管理总局和中国证监会。这些金融监管机构为执行金融法律、行政法规制定了大量规章，如中国人民银行发布的《支付结算办法》《贷款通则》《人民币利率管理规定》《票据管理实施办法》《中国人民银行金融消费者权益保护实施办法》等，中国银监会发布的《电子银行业务管理办法》《商业银行服务价格管理办法》《中国银监会行政处罚办法》《信托公司管理办法》等，中国证监会发布的《期货交易所管理办法》《证券交易所管理办法》《证券发行上市保荐业务管理办法》《首次公开发行股票注册管理办法》等，中国保监会发布的《保险公司管理规定》等，中国银保监会公布的《商业银行理财业务监督管理办法》等。

金融行政规章的数量非常庞大，是各类金融主体进行金融活动时必须遵守的法律规范。金融行政规章在效力上低于宪法、金融法律和金融行政法规，不得与宪法、金融法律和金融行政法规相抵触。

（五）金融地方性法规和规章

金融地方性法规、规章是指由地方国家权力机关和地方国家行政机关在法定权限内依照宪法、法律和行政法规制定并颁布的，在本行政区域内有效的调整金融关系的规范性文件。依照我国《宪法》和《立法法》的有关规定，省、自治区、直辖市的人民代表大会及其常务委员会根据本行政区域的具体情况和实际需要，在不同宪法、法律、行政法规相抵触的前提下，可以制定地方性法规。省、自治区、直辖市和设区的市、自治州的人民政府，可以根据法律、行政法规和本省、自治区、直辖市的地方性法规，制定规章。例如，我国的金融地方性法规有《深圳经济特区金融发展促进条例》《重庆市促进开放条例》等，金融地方性规章有《上海市住房公积金个人购房贷款管理办法》等。

金融地方性法规、规章的制定，是对金融法律、法规的具体化，因此，其必须以金融法律、金融行政法规为依据。同时，金融性地方性法规、规章只在本行政区域内生效，并不得与宪法、法律、行政法规相抵触。

（六）金融自律性规范

金融自律性规范是由金融业的行业协会、市场组织机构等制定的，约束其内部成员及市场参加者的具有自治自律性质的行为规范，如我国银行业协会、证券业协会、保险业协会、信托业协会的章程和自律性规则，上海、深圳证券交易所的股票上市规则等。当前，我国金融行业组织正处于构建和完善的进程中，与此同时，各方面的市场管理体制也在逐步加强，所以，金融自律性规范的重要性日渐引起人们的关注与重视。不过，也有学者并未将金融行业自律性规范纳入金融法的法律渊源。① 但我们认为，金融自律性规范在一定的行业协会和业务范围内，具有一定的内部约束力和强制规范力，对金融秩序的稳定发挥着重要作用，因此，金融自律性规范在理论上应当被视为金融法的渊源。

（七）金融司法解释

司法解释属于法律的正式解释或有权解释，是司法机关基于宪法与法律的授权而对法律所作出的解释。在我国，最高人民法院和最高人民检察院在适用金融法律的过程中所作出的规范性文件，也是调整金融关系的法律渊源。我国典型的金融司法解释，如最高人民法院《关于审理票据纠纷案件若干问题的规定》《关于审理存单纠纷案件的若干规定》等。

二、国际渊源

（一）国际条约

国际条约，是指国际法主体之间依国际法所缔结的，据以确定其在相互间金融关系中的权利和义务的书面协议，对缔约国具有约束力。②

在我国，凡是我国缔结或者加入的有关金融活动的双边或多边条约、协定，除我国声明保留的条款之外，都构成我国金融法的国际渊源。随着世界经济全球化、国际金融一体化的发展，国际条约、协定在国际金融交往中发挥着越来越重要的作

① 参见朱崇实、刘志云主编：《金融法》，5版，28页，北京，法律出版社，2022。

② 参见张学森主编：《金融法学》，17页，上海，复旦大学出版社，2020.

用。目前我国缔结或加入的国际金融条约、协定主要有：《国际货币基金组织协定》、《国际复兴开发银行协定》、《国际复兴开发银行协定附则》、《国际金融公司协定》、《国际金融公司协定附则》、《国际复兴开发银行贷款和国际开发协会信贷采购指南》、世界贸易组织的有关协定等；此外，还包括我国与一些国家达成的清算支付协定、贷款协定等。

我国缔结或者加入的国际条约与我国法律规定有不同规定的，根据国际条约在效力上优于国内法的原则，适用该国际条约的规定。

（二）国际惯例

国际金融惯例是指国际金融交往实践中逐渐形成的不成文规则，它通常指人们在长期的国际金融实践中经反复的类似行为而形成，并被从事有关实践的当事人普遍认为具有法的约束力的习惯做法和通例。① 由于国际惯例是国际金融交往实践中经双方确认的习惯规范，其所表现的行为规范在实际适用过程中难免会发生解释上的分歧，因而为了有效促进国际惯例的统一化，一些国际组织与学术团体对某些国际金融惯例进行了整理与系统编纂，从而形成了规范的国际惯例文件。目前，在世界范围内具有普遍影响力的国际惯例包括：国际商会的《商业单据托收统一规则》《跟单信用证统一惯例》，世界银行的《国际复兴开发银行贷款协定和担保协定通则》《合同担保统一规则》，巴塞尔银行监管委员会的系列《巴塞尔资本协议》，国际保理商联合会的《国际保理通则》等。此外，国际金融惯例还包括国际金融活动中的一些习惯，如贷款协定中的格式条款和订立程序等。

我国国内法规定了国际惯例的效力，即中华人民共和国法律和缔结或者参加的国际条约没有规定的，可以适用国际惯例。

第二节 金融法的体系

一、金融法体系的含义

在法理学中，法律体系是指一国的全部现行法律规范，依照一定的标准和原则，被划分为不同的法律部门而形成的内部和谐一致、有机联系的整体。法律体系是一种客观存在的社会生活现象，反映了法的统一性和系统性。对法律体系展开研究，在科学地进行立法预测、立法规划，正确地适用法律解决纠纷，全面地进行法律汇

① 参见张学森主编：《金融法学》，17 页，上海，复旦大学出版社，2020。

编、法典编纂，合理地划分法律学科、设置法学课程等方面，都具有重要的意义。

结合以上论述，我们认为，金融法体系是指在金融法的基本原则指导下，由调整金融关系不同侧面的宪法、金融法律、金融行政法规、金融行政规章、金融地方性法规和规章、金融自律性规范等金融法律规范，分类、组合为不同的金融法律制度，共同实现金融法的任务，而形成的相互连接、和谐统一、层次分明的统一整体。它是一个多层次的结构体。①

一般说来，金融法体系主要有如下特点：

第一，金融法体系是调整金融关系的国内法律规范的总体。如前所述，金融法的渊源甚广，包括国内渊源和国际渊源，具体又可以分为宪法、金融法律、金融行政法规、金融行政规章、金融地方性法规和规章、金融自律性规范、国际条约和国际惯例等。但是，金融法的体系和金融法的渊源有所区别。根据国内通说，法律体系仅指一国现行国内法构成的体系，并不包括完整意义的国际法。因此，对于国际条约和国际惯例，我们认为不宜纳入金融法体系。除此之外，在对金融法体系进行探讨时，应该将宪法、金融法律、金融行政法规、金融行政规章、金融地方性法规和规章、金融自律性规范均包括在内，以求体系上的完备和准确。

第二，金融法体系受到金融法基本原则的指导。金融法的基本原则，是金融立法活动、金融业务活动、金融调控和监督管理活动、金融司法活动中必须遵循的行为准则。它有揭示金融法本质、统合金融法内容的普遍指导作用。在不同性质的国家以及同一国家经济发展的不同时期，金融法的基本原则均会有所不同，但是毋庸置疑，金融法体系始终都要受到金融法基本原则的指导。

第三，金融法体系内容的分类方法具有多样性。由于世界各个国家和地区所处的经济发展阶段、金融立法的具体任务和规制重点均有所差异，加之金融法的内容十分庞杂，因而各国的金融法体系各有特点。为了更好地把握金融法体系，学者都倾向于采用“类型化”的研究方法，但是在对其内容的分类方法上呈现多样性的特征。

第四，金融法体系应该为实现金融法的任务而相互连接、和谐统一、层次分明。国家进行金融立法，是为了确认金融机构的法律地位，规范金融主体的行为，从而实现资金融通的个体效益目标和社会整体效益目标的统一。因此，金融法应该努力实现其本身的任务，如加强金融宏观调控、促进经济增长、防范和化解金融风险、维护金融秩序等。为了实现其任务，不同位阶的金融规范性法律文件在总体精神上应保持一致，相生共融，而不应彼此矛盾、相互冲突。同时，不同内容的金融规范

① 参见朱大旗：《金融法》，3版，18页，北京，中国人民大学出版社，2015。

性文件亦“术业有专攻”，有不同的侧重方面，因此学者应当进行有针对性的研究，以发挥其最大功效。

二、金融法体系的主要内容

由于金融法体系内容庞杂，因而学者倾向于通过“类型化”的方法对其进行研究，但是，对金融法体系内容的分类方法具有多样性。例如，有的学者将之划分为银行法、货币法（包括货币法、外汇管理法、金银管理法）、信贷法、票据法、证券法、保险法、信托法、融资租赁法。有的学者则划分为金融主体法（组织法）、金融调控法、间接融资法、直接融资法、期货期权与外汇法（特殊融资法）、金融中介业务法六个部分。也有学者建议从法学理论和立法实践角度入手，分为金融法理论体系（金融法学体系）和金融法立法体系（金融法规体系），其中前者又分为金融组织法、金融监管法、金融业务法，后者又分为银行法、货币法、票据法、证券法、金融衍生品法、信托法、投资基金法、保险法、网络金融法、国际金融法。

参考国内各学者对金融法体系主要内容的分类方法，大致可看出三大派别。第一，以立法者的观点为标准进行划分（如上述第一种分类）；第二，依研究者的观点，在法学理论上以金融法的调整对象和调整方法为标准进行划分（如上述第二种分类）；第三，折中派，即对前两种分类方法兼收并蓄（如上述第三种分类）。显然，为了进一步展开对金融法的研究，明确金融法的体系是十分必要的。依据不同的分类标准，我们可以对金融法规范作出不同的分类。不过，需要说明的是，对金融法体系的主要内容进行划分与立法活动是有区别的：立法是拥有立法权的国家机关依照法定职权和程序，制定、修改和废止法律与其他规范性法律文件及认可法律的活动。其强调的是结果性和规范性，即最终制定出一部规范性的法律文件，该法律文件拥有一个相对独立的调整空间。而对金融法体系的主要内容进行划分，更多的是出于法学研究上的便利，因此，其重点应在于一定的归纳性和抽象性。如果对二者不进行区分，会导致将两种活动的目的和特性混淆，从而不利于金融法学研究的深入开展。同时，我国自古以来讲求“中庸”之道，反映在研究方法上，便是“折中说”的盛行。“折中说”有其自身独到的优势，即“大而全”——似乎能够包罗万象，无所遗漏，采各家之长，避各方之短。但是，换一个角度观之，也可认为其将各类观点的弊端杂糅其中，反而更容易受人攻讦。而且，其缺乏独创性观点，实际上给使用者带来困难。因此，我们不采纳折中的划分方法。

我们认为，关于金融法体系的划分，应当以金融法的调整对象为标准，其主要内容具体包括金融机构组织法、金融业务法、金融调控法和金融监管法四个部分。

对于该划分方法，我们欲作如下说明。

第一，根据调整对象的不同，金融法体系的主要内容具体包括金融机构组织法、金融业务法、金融调控法和金融监管法四个部分。其中，金融机构组织法的调整对象是金融机构的组织关系，其强调的是金融主体的性质、法律地位等方面的内容，更加着眼于从静态来研究金融活动的主体；金融业务法的调整对象是金融机构在从事金融业务活动过程中所形成的金融关系，其强调的是有偿、平等、自愿等性质的内容；金融调控法的调整对象是以中央银行为代表的宏观政策部门在展开金融调控活动、对有关金融实施调节和控制的过程中所发生的社会关系，其强调的是一种克服市场机制内在问题的政府干预行为；金融监管法的调整对象是公共管理机关在金融监管活动过程中同市场主体之间所产生的社会关系，其体现了监管主体与被监管主体之间法律地位不对等的特点。

第二，对金融法体系的主要内容进行分类只是一种相对的理论研究活动，为了避免“为了分类而勉强为之”的尴尬局面，我们虽然将金融法体系的主要内容分为四类，但这并非一种绝对的分割。相反，其乃相互连接、和谐统一、层次分明的统一整体。特别是在当今，一部规范性文件中并非仅包含一种性质的规范。因此，我们不赞成简单地把一部规范性文件归为以上四者之一，进行单一化定性和归类，而是强调应当根据每一章节甚至每一条款的具体情况进行分类。如《证券法》中的证券发行、证券交易、上市公司的收购这三章，基本上可归为金融业务法；证券交易场所、证券公司、证券登记结算机构、证券服务机构、证券业协会这五章可作为金融机构组织法的内容；证券监督管理机构这一章中的大部分内容可作为金融调控法和金融监管法的内容。但是，为了论述的方便，在下面对金融法体系的主要内容分类的论述中，不作此种详细区分，兹作此说明。

下面将对金融法体系主要内容的四个部分进行详细论述。

（一）金融机构组织法

金融机构是金融活动中不可或缺的主体，是金融关系的参与者。无论是平权型的金融关系，还是纵向管理型的金融关系，其当事人中往往有一方是金融机构。因此，金融机构在金融体系中居于核心地位，也是金融法予以规范和监管机关进行监管的主要对象，可以说，没有金融机构这一主体也就不存在讨论相应行为的余地；相应地，金融机构组织法也是金融法的基础。

金融机构组织法，又称金融组织法或金融主体法，是用以确认银行和其他金融机构的法律地位，明确它们的性质、任务、职权、业务范围、组织机构等的金融法律规范的总称。根据金融机构的性质和业务范围的不同，金融机构组织法又可以进一步被划分为中央银行组织法（在我国即为中国人民银行法）、商业银行组织法（又称普通银行法）、政策性银行组织法、非银行金融机构组织法和外资金融机构组织法等。在市场经济条件下，由于现代金融业主要包括银行业、证券业、信托业、保险业这四大支柱产业，因而可以说，现代金融机构体系是由银行业金融机构和非银行业金融机构所组成的。在这个意义上讲，金融机构组织法的内容，从理论而言，包括银行业机构组织法、保险机构组织法、证券机构组织法、信托机构组织法、投资基金机构组织法、其他金融机构组织法等。这些法律规范散见于《中国人民银行法》、《商业银行法》、《证券法》（关于证券公司设立的规定）、《信托法》（关于信托公司的规定）、《金融机构撤销条例》、《保险公司管理规定》、《信托公司管理办法》、《证券交易所管理办法》等金融法律、金融行政法规和金融行政规章中。

（二）金融业务法

金融业务法，又称金融行为法或金融交易法，是调整金融机构与客户之间各种具体金融业务活动的法律规范的总称。其学理范围包括银行业业务法、保险业业务法、证券业业务法、信托业业务法、投资基金业业务法、其他金融机构业务法等。以下分述之。

1. 商业银行法

商业银行是一国金融业的主要机构，是经营间接融资业务的基本组织形式。因此，商业银行法成为金融法最重要的组成部分。商业银行法是调整商业银行经营关系的金融法律规范的总称，其调整范围包括国有商业银行、合作银行、外资银行、合资银行和其他商业银行等。在我国，商业银行法调整商业银行经营关系的法律规范主要集中在《商业银行法》和其实施细则中。

2. 政策性银行法

政策性银行是指由政府创办的、不以营利为目的的、专门经营政策性贷款业务的银行机构。它是为适应贯彻国家产业政策、调控宏观经济的需求而产生的。政策性银行不同于政府的中央银行，其作用主要在于弥补商业银行在资金配置上的缺陷，从而健全和优化国家金融体系的整体功能。因此，政策性银行法是指调整政策性银行经营关系的金融法律规范的总称。目前，我国尚未制定“政策性银行法”。

3. 证券法

证券法是调整有价证券的发行、交易以及相关行为的法律规范的总称。作为资本市场交易活动的基本法律规范，证券法涉及的资本证券的范围极其广泛，包括股票、公司债券、政府债券、金融债券、认股权证、基金凭证、期货等。[①] 证券法是

---

① 参见盛学军主编：《金融法学》，17页，北京，中国政法大学出版社，2007。

金融法的重要组成部分。我国《证券法》于1998年12月29日由第九届全国人大常委会审议通过，自1999年7月1日开始实施；2004年8月28日经第十届全国人大常委会第一次修正，2005年10月27日经第十届全国人大常委会重新修订，自2006年1月1日起施行；2013年、2014年经第十二届全国人大常委会修正；2019年12月经第十三届全国人大常委会修订，自2020年3月1日起施行。我国《证券法》的宗旨是规范证券的发行与交易行为，保护投资者的合法权益，维护社会经济秩序和社会公共利益，促进社会主义市场经济的发展。

4. 保险法

保险法是调整在保险活动中形成的社会关系的金融法律规范的总称。根据保险法所调整的内容来划分，保险法可以被划分为保险合同法、保险业法和保险特别法。1995年6月30日，第八届全国人大常委会通过了《中华人民共和国保险法》，这是自中华人民共和国成立以来第一部保险基本法。为了适应我国加入世界贸易组织的形势与需要，履行我国的有关承诺，2002年10月28日第九届全国人大通过了修改《保险法》的决定，修正后的《保险法》自2003年1月1日起施行；2009年2月经第十一届全国人大常委会修订；2014年8月、2015年4月经第十二届全国人大常委会修正。

5. 信托法

信托法是调整信托关系的金融法律规范的总称。它主要包括两大部分的内容：一是信托基本法，即关于信托的设立、信托财产、信托当事人的法律地位以及信托的变更、终止等基本问题的法律规范；二是信托业法，即关于信托投资机构的设立与退出、业务范围、风险管理等业务活动的法律规范。2001年4月28日第九届全国人大常委会通过的《中华人民共和国信托法》，是我国调整信托关系的基本法。此外，目前调整信托业的法律依据还有2007年1月23日中国银监会颁布的《信托公司管理办法》。

6. 外汇法

外汇法是调整外汇管理关系与外汇流通关系的金融法律规范的总称，其目的在于稳定本国货币的对外汇率，防范外汇风险，保护国内市场，促进经济发展。自新中国成立以来，我国一直实行严格的外汇管理。目前，我国的外汇管理体制基本上属于部分外汇管制，主要的法律规范为国务院于1996年1月29日颁布，于1997年1月14日、2008年8月1日修订的《外汇管理条例》。与此同时，中国人民银行、国家外汇管理局先后发布了一系列外汇管理方面的规章和规范性文件，从而形成了我国较为全面的外汇管理制度。

7. 票据法

票据法是指调整票据关系以及与票据关系有关的其他社会关系的金融法律规范的总称。整个现代票据法律制度都是建立在票据流通与信用基础之上的。1995 年 5 月 10 日，第八届全国人大常委会审议通过了《中华人民共和国票据法》，自 1996 年 1 月 1 日起施行。在《票据法》施行以后，经国务院批准，中国人民银行于 1997 年 8 月 21 日发布了《票据管理实施办法》(2011 年 1 月修改)。2004 年 8 月 28 日，第十届全国人大常委会对《票据法》作出修正。

8. 证券投资基金法

证券投资基金法是调整证券投资基金流通关系及监督管理关系的金融法律规范的总称，其主要内容包括投资基金的设立、募集、交易、运作和监管等方面的具体规定。为明确与调整基金当事人之间的权利义务关系，保护投资人的合法权益，促进我国基金业的健康、规范发展，我国于 1997 年颁布了《证券投资基金管理暂行办法》(2004 年 8 月被废止)。2004 年 6 月 29 日中国证监会颁布了《证券投资基金管理公司管理办法》，自 2004 年 10 月 1 日起施行；2012 年 6 月 19 日经中国证监会修订，2020 年 3 月 20 日经中国证监会修订。2003 年 10 月 28 日第十届全国人大常委会颁布了《中华人民共和国证券投资基金法》，自 2004 年 6 月 1 日起施行；2012 年 12 月 28 日经第十一届全国人大常委会修订；2015 年 4 月经第十二届全国人大常委会修正。

9. 金融衍生品法

金融衍生品是一种金融合约，其基本种类包括远期、期货、期权与互换。金融衍生品法是调整金融衍生品交易关系与监管关系的金融法律规范的总称，其主要包括金融衍生品交易法和金融衍生品交易监管法等。在我国，1995 年 2 月，中国证监会和财政部颁布了《国债期货交易管理暂行办法》(已废止)，标志着我国金融衍生品法律制度的起步。2022 年 4 月 20 日第十三届全国人大常委会通过了《中华人民共和国期货和衍生品法》，自 2022 年 8 月 1 日起施行。此法补齐了我国期货和衍生品领域的法律“短板”，为促进规范行业和市场发展，保护投资者权益，推动期货市场更好服务实体经济提供了强有力的法律保障。

（三）金融调控法

金融调控法作为宏观调控法的重要组成部分，是指调整中央银行在控制与调节货币供应量、利率、贷款量等过程中所发生的金融宏观调控关系的法律规范的总称，其任务在于明确金融调控目标、确定调控机构、规范调控手段、维护货币金融秩序。金融是现代经济的核心，金融调控对国民经济走向可以起到“牵一发而动全身”的功效，因而是最重要的宏观调控手段。[①] 金融调控法以金融调控关系为调整对象，具有较强的程序法和组织法的特点。金融调控法确定金融调控机构的职责，明确金融调控的目标与手段，规定金融调控的原则与工具，涉及与金融调控相关的各个金融领域。一般来说，金融调控法律规范集中体现在一国的中央银行法中，典型的宏观调控手段有法定存款金政策、基金利率政策、再贴现和再贷款政策、公开市场业务等。

在我国，《中国人民银行法》是我国金融调控法的主要规范性文件。在《商业银行法》、《银行业监督管理法》中，为执行货币政策、防范和化解金融风险、维护金融稳定，对存贷款利率、同业拆借、境外贷款、系统性银行业风险等作了规定。除此之外，我国关于金融调控法的法律规范还包括《人民币管理条例》、《外汇管理条例》、《外资银行管理条例》（2019 年修订）、《国家货币出入境管理办法》、《中国人民银行货币供应量统计和公布暂行办法》等。

（四）金融监管法

金融监管法属于经济法中经济监管法的核心组成部分。在现代市场经济中，金融调控法以中央银行法为核心，而金融监管法以银行业监管法律制度为核心。[②] 具体而言，金融监管法是指调整国家金融监管机构对金融机构及其金融活动进行监督管理所产生的社会关系的法律规范的总称。其内容包括金融监管体制、对金融机构的监管、对投资人和融资人的监管、对金融市场活动和交易品种的监管，以及金融监管的国际合作等。[③] 金融监管法通过对金融机构的准入、经营行为、退出机制以及金融监管机构的职能、权限的规定，对整个金融市场进行调节[④]，从而规范、约束、指引与保障各种金融机构的行为。经过多年的改革与发展，我国已经初步建立起了“分业经营，分业监管”的金融业监督管理体系，从而有利于专业化监管机构发挥其各自的专业优势，保障行业之间的协调发展，杜绝不同金融行业之间的风险传播。我国现行的金融监管机关呈多元化结构，即除中国人民银行执行与货币政策有关的监管职能以外，还有国家金融监督管理总局、中国证监会等分业监管机关。

近些年来，随着众多金融法律法规的出台，我国的金融监管法律体系已经初步形成。1995 年我国出台《中国人民银行法》和《商业银行法》，从而确立了我国银行业经营与发展的模式。1995 年出台《保险法》，1998 年出台《证券法》，2003 年出台《银行业监督管理法》，从而形成了我国初步意义上的现代金融监管立法体系。

---

① 参见张学森主编：《金融法学》，50～51 页，上海，复旦大学出版社，2020。

② 参见张学森主编：《金融法学》，49 页，上海，复旦大学出版社，2020。

③ 参见顾功耘主编：《经济法教程》，717 页，上海，上海人民出版社；北京，北京大学出版社，2013。

④ 参见李昌麒主编：《经济法学》，531 页，北京，法律出版社，2007。

除此之外，我国还有一系列关于金融监督管理的行政法规和行政规章，如《外汇管理条例》《股票发行与交易管理暂行条例》《外资保险公司管理条例》《外资银行管理条例》《国有重点金融机构监事会暂行条例》等。这些法规、规章中关于金融监管机构的职责、职权以及监管措施等方面的规定，都是我国金融监管法的重要表现形式。

三、涉外金融法

涉外金融法是调整涉外金融关系的法律规范的总称。涉外金融关系是以涉外金融活动为特定内容的经济关系，而涉外金融活动是相对于国内金融活动而言的一种跨越国界的金融活动，是国家间一切与货币、信用有关的经济活动的总称。从涉外金融法律关系的主体、客体或内容应有一个或一个以上涉外因素这一标准来衡量，涉外金融法律关系的范围可谓非常广泛，牵涉到涉外金融活动的各个领域。因此，涉外金融法作为调整涉外金融关系的子法律部门，是有关涉外金融活动的公法规范和私法规范的综合体。

随着经济全球化、金融国际化的迅速发展，跨国商品与服务交易及国际资本流动规模和形式迅速增加，技术的广泛传播所促成的世界各国经济的相互依赖性亦日益增强。世界各国的金融业发展既相互依赖、相互促进，同时也相互影响、相互竞争，从而在根本上改变了各国之间金融关系的性质与格局。一个国家，绝不能逃避经济全球化的现实，相反，应当以积极的姿态融入国际金融活动，同时稳定国内金融秩序，减少金融风险，防范金融危机。因此，各国都需要制定相应的涉外金融法。在这个意义上讲，学习和研究金融法，不能不包括涉外金融法。不过，由于涉外金融活动与纯粹国内金融活动相比，关系国家主权和国家经济安全，因而我们认为，有必要将它单独分立出来予以重点说明。

前已提及，在讨论金融法的体系时，本书不将国际法范围内的金融规范纳入其中，但它仍是金融法的渊源之一。同时，对于国际私法中涉及金融的内容要具体分析，若该内容属于统一实体规范，因不属于国内法范畴，故不纳入金融法体系范围内，自然也不可纳入涉外金融法；而一国在国内金融法中作出的冲突规定，属于国内法范畴，因此是涉外金融法的内容。

涉外金融法的内容在理论上而言可包括外资国内证券市场投资法、国内资金海外投资法、国内企业境外上市法。从我国规范性法律文件来看，其具体包括《外国保险机构驻华代表机构管理办法》《外资银行管理条例实施细则》《外商投资证券公司管理办法》《外资保险公司管理条例实施细则》等。不能否认的是，我国现行涉外金融立法还普遍存在着立法层次低、稳定性差、内容零散，缺乏统一性、可操作性的问题。有鉴于此，我们以为，国内学者应立足于中国国情，大胆借鉴和采用国际金融监管惯例，努力构建一套既反映我国金融市场特点又与国际惯例接轨，既充分维护我国经济和政治利益又全面体现对外开放基本国策，既有稳定性、权威性、统一性又具有适当灵活性、操作性、适用性的涉外金融法律体系。

思考题

1. 简述金融法的渊源。
2. 简述金融法的体系。
3. 涉外金融法的概念与内容。

参考书目

1. 拉里·哈里斯．监管下的交易所．上海证券交易所，译．北京：中信出版社，2010.

2. 费伦．公司金融法律原理．罗培新，译．北京：北京大学出版社，2012.

3. 理查德·斯考特·卡内尔，等．美国金融机构法：上下册．高华军，译．北京：商务印书馆，2016.

4. 王贵国．国际货币金融法．3版．北京：法律出版社，2007.

5. 彭冰．中国证券法学．2版．北京：高等教育出版社，2007.

6. 沈朝晖．证券法的权力分配．北京：北京大学出版社，2016.

7. 缪因知．中国证券法律实施机制研究．北京：北京大学出版社，2017.

第三章

金融法的原则与功能

本章要点

1. 我国金融法的原则
2. 金融法的功能

第一节　金融法的原则

一、金融法原则的含义

在现代汉语中，原则的公共含义是观察问题、处理问题的准绳。在《布莱克法律词典》（*Black's Law Dictionary*）中，所谓原则，是指法律的基本真理或准则，一种构成其他规则的基础或根源的总括性原理或准则。所以，金融法原则的含义应当是渗透和贯穿于金融法中，起根本性和统率性作用的规则、精神与原理。如果我们要给出一个定义，那么可以说，金融法原则是金融立法的指导思想，是调整金融关系、从事金融调控监管活动和金融业务活动所应遵循的根本准则。它集中体现了金融法的本质和精神，是确立金融法律制度的基础，对金融立法、执法和司法具有普遍意义与指导作用。

金融法原则并不统一，在不同性质的国家或同一国家的不同历史阶段都可能有不同的表述，这是由经济发展水平、货币政策目标等多种因素所共同决定的，是一国特定金融环境在法律上的反映。根据我国经济发展的情况以及现行金融立法的基本内容，我国金融法的原则主要有四个，分别是在稳定币值的前提下促进经济发展原则、防范和化解金融风险原则、保护投资者利益原则和与国际惯例接轨原则。

二、我国金融法的基本原则

（一）在稳定币值的前提下促进经济发展原则

金融是现代经济的核心，它对于国民经济的总量控制和经济结构优化具有积极有效的调控作用。金融要促进经济的发展，就必须受到经济规律的制约，其中最重要的一条就是必须保持货币价值的稳定。这一原则的确立是多年来国内外经济发展的经验总结。对于经济发展的认识，人们最初是采用单因素的发展观，认为经济发展就是指经济的高速增长，但此后人们逐渐认识到，经济发展应当是指经济持续、稳定、健康、协调地发展，如果一国只注重经济的高速增长，从而非经济地增大货币发行量，也许能在短期内刺激消费和投资、增加就业，但这种经济繁荣只能是表面的、暂时的经济繁荣，因为“物价的稳定是经济发展的大前提。从长远的眼光看，物价不稳定，就不会有持续的景气”[①]。从实践来看，无论是西方发达国家还是发展中国家，都有过不少深刻的教训。例如，不少西方发达国家曾奉行凯恩斯主义的经济政策，以低通货膨胀刺激有效需求，但最终都误入“滞胀”的泥淖和怪圈；很多拉美国家牺牲物价稳定，以图经济的超快攀升，然而，欲速则不达，反使经济良性发展的机制遭到破坏。相反，一些新兴工业化国家重视货币稳定，反倒更快地实现了高增长率。[②] 所以，货币的稳定是经济持续、稳定、健康和协调发展的必要条件。在我国现阶段，发展经济无疑是最为重要的目标之一，但经济发展不能以通货膨胀为代价来刺激增长，必须在稳定币值的前提下，扎扎实实地促进经济增长。为此，《中国人民银行法》第 3 条把“保持货币币值的稳定，并以此促进经济增长”明确规定为我国的货币政策目标，从而使其成为我国金融法的重要原则。

所谓保持币值稳定，对内而言，就是指物价水平不发生显著的或急剧的波动，既没有明显的通货膨胀，也没有明显的价格下跌；对外而言，就是指保持人民币汇率的稳定。而要稳定币值，就必须贯彻货币制度独立、统一的方针，执行经济发行的原则。[③] 货币制度的独立是指货币政策的制定和实施要与其他政策相对独立，货币的发行必须与财政发行、政府信用分开，即财政部门不得向中国人民银行透支，中国人民银行不得直接认购、包销国债和其他政府债券，不得向地方政府、各级政府部门提供贷款。统一是指货币的发行与管理要统一由中国人民银行负责，其他银行非依法律规定或经特别授权，不得发行任何形式的银行券。稳定货币是与经济发展相联系的，是指货币的发行只能满足生产和流通的正常需要，使货币的总供给与总需求保持平衡，从而保证货币币值的稳定，防止通货膨胀。当然，稳定币值并非最终的目标，也就是说金融调控并不是为了稳定币值而稳定币值，而是为了促进经济稳定增长而稳定币值，最终的目标是在稳定币值的基础上促进经济发展。

---

① ［日］铃木淑夫：《日本的金融政策》，张云方等译，6～7 页，北京，中国发展出版社，1995。

② 参见刘颖等：《论金融法的基本原则》，载《经济师》，2002（12）。

③ 参见朱大旗：《金融法》，2 版，13 页，北京，中国人民大学出版社，2007。

（二）防范和化解金融风险原则

这一原则通常又被表述为“维护金融稳定原则”。金融业是从事货币融通的具有高度社会公共性的特种行业，它时刻面临多种类型风险的威胁，在金融环境日益多样化、金融创新层出不穷、金融业务日益复杂的情况下，金融业面对的风险也日益增加。所谓风险，是指经济可能发生的损害和危险。金融风险是指资本在运动过程中一系列不确定因素导致价值或收益损失的可能性。[①] 金融风险具有客观性和普遍性，只要存在金融活动，就必然存在金融风险。这些风险包括信用风险、国家和转移风险、市场风险、利率风险、流动性风险、操作风险、法律风险、声誉风险等。按照巴塞尔银行监管委员会于2004年公布的《巴塞尔资本协议Ⅱ》，依据最低资本要求的计量方法的不同，金融风险被分为三类，即信用风险、操作风险和市场风险。与普通的经济风险不同，金融风险具有隐蔽性、扩散性、加速性等特征。金融风险并非在金融危机爆发时才发生，它可能因信用活动的特点而被掩盖，然而一旦金融机构经营失败，就必然导致众多储蓄者和投资者的损失，不仅危及金融机构自身的生存与发展，还会引起多家金融机构的连锁反应，并加速整个金融业的危机，进而危及整个国民经济的健康发展和社会稳定。因此，防范和化解金融风险，确保金融机构稳健和审慎经营，化解金融风险隐患，防止金融机构倒闭引发大规模的金融危机，历来是各国金融法的基本原则之一。

防范和化解金融风险原则，必须贯穿于金融立法、执法、守法和对外交往过程的始终。在立法方面，必须科学、合理地建立金融法律制度，完善金融法律体系，为防范和化解金融风险提供良好的法律规范环境；在执法方面，应当强化金融监管部门的地位和职权，改进金融监管的方式、方法，严格按照有关风险防范的要求，完善有关资本充足率、贷款损失准备金、资产集中度、关联人贷款、流动性管理、风险管理、金融企业信息披露等方面的监管程序，切实加强非现场检查、现场检查、聘用外部审计和综合报表监管等措施；在守法方面，金融机构自身应当依法健全法人治理结构，完善内部风险控制机制，按照合法、合规和审慎的原则开展业务；在金融对外开放方面，必须积极稳妥，立足于国家主权和经济安全，切实做好涉外金融业务的经营和监管工作，防范国际金融风险的渗透和转移。[②]

党的二十大报告提出，加强和完善现代金融监管，强化金融稳定保障体系，依法将各类金融活动全部纳入监管，守住不发生系统性风险底线。必须按照党中央决策部署，深化金融体制改革，推进金融安全网建设，持续强化金融风险防控能力。

① 参见王顺主编：《金融风险管理》，6页，北京，中国金融出版社，2004。

② 参见朱大旗：《金融法》，2版，15页，北京，中国人民大学出版社，2007。

党的二十届二中全会通过的《党和国家机构改革方案》，在具体改革方面涉及金融监管与发展的内容就有六项，而关于国家数据局的组建也涉及部分金融改革的内容，如数字金融的发展与监管。可见，我国金融监管与发展的相关改革已经到了破题的重要时刻。此次改革确立了“双峰式”的金融监管体制，不仅有助于从制度上防范区域性、系统性经济金融风险的发生，也有助于金融助力经济高质量发展。

（三）保护投资者利益原则

投资者是指在金融交易中购入金融工具融出资金的所有个人和机构，包括存款人。从公平的角度来讲，金融市场上的任何主体的合法权益都应当受到保护，但在各国的金融法中，投资者的利益均受到特别保护，这是基于以下几个方面的原因：首先，金融的基本功能是通过银行等金融中介机构把投资者的资金聚集起来发放给生产组织，因此投资者的资金是金融交易的主要来源，如果其利益不能得到公平、有效的保护，投资者就没有信心进入金融市场，从而最终导致资金融通的资源枯竭。其次，相较于金融机构，投资者属于“弱势群体”，需要金融法的特别保护。因为投资者大部分是个人投资者，他们不但不具有专业的金融知识，而且高度分散、力量单薄，并通常欠缺信息渠道和准确判断市场变化的能力。所以金融法突出对投资者利益的保护，更能体现出法律的实质公平理念。再次，金融工具具有的流通性特征决定了金融工具的持有人具有不特定性和广泛性的特征，也就是说投资者数量众多，所以投资者利益的保护，事关金融秩序乃至社会的稳定。最后，投资者是金融市场不可忽视的社会监督力量，用以保护投资者利益的各项法律措施，有助于提高金融市场透明度及规范运作的程度。例如在美国，证券投资者被称为“私人检察官”，因为证券投资者对违法行为的起诉可以起到广泛而有效的监督作用。这样，不仅可以有效保护金融市场的秩序并促进发展，而且可以大量地节约国家直接支付的社会监督成本，提高社会监督效率。①

我国金融立法也十分重视这一原则，在《商业银行法》《证券法》等重要法律中都规定有相关制度，这些制度主要有：（1）信息披露制度。其核心是赋予金融市场筹资主体及金融机构依法公开法定信息的义务，以保证投资者公平地获取信息，并使其在全面、准确掌握信息的基础上进行投资决策。（2）银行保密制度。金融机构必须保守客户秘密，除法律另有规定外，不得向任何人披露所掌握的客户财务资料和其他信息，否则，须赔偿客户由此遭受的损失。（3）存款保险制度。由专门的政策性存款保险机构在投保金融机构倒闭时对其存款人提供补偿。这一制度不仅为存

① 参见何立惠：《论我国金融法的基本原则》，载《甘肃政法成人教育学院学报》，2005（2）。

款人，特别是小额存款人，提供了利益保障，而且能够有效控制系统性风险，即防止信任危机的全面爆发和金融风潮的扩散。[①]

（四）与国际惯例接轨原则

国际惯例是在国际经济交往实践中逐渐形成的不成文规则，它通常是指人们在长期的国际金融实践中经重复的类似行为而形成的，并被从事有关实践的当事人普遍认为具有法的拘束力的习惯做法或通例。因国际惯例“不成文”的特点，其所表现出的行为规则在实际适用过程中往往会引发解释上的分歧。为了促进惯例规则的统一化，一些国际组织和学术团体对某些国际金融惯例加以收集、整理并系统编纂，形成某些国际惯例文件。[②] 所谓与国际惯例接轨，就是要消除国与国之间在金融交往上的障碍，这就要求我们的金融法在立法、执法、司法以及守法等各方面都要与国际惯例的做法和要求相一致。

我国法律之所以要与国际惯例接轨，是因为随着经济全球化、一体化的发展，任何国家的经济发展都不可能脱离全球经济发展而独立进行，现我国已经加入世界贸易组织多年，市场经济体制必须进一步与国际经济体制接轨。具体到金融法与国际惯例接轨，主要是因为以下三个方面的原因[③]：首先，国际惯例通常是成熟的金融交易和金融监管经验的结晶，与国际惯例接轨，可以有效地避免立法失误，提高我国金融立法的水平和金融监管的质量。其次，与国际惯例接轨，有助于改善我国的金融法制环境，减少和降低涉外金融交往中与外方不必要的冲突和摩擦，促进金融进一步对外开放，为积极引进和利用外资创造条件。最后，放眼世界，谋求各国金融制度某种程度的统一，确立最低的国际金融监管标准，并以此降低因各国制度差异所形成的竞争扭曲的程度，已然成为一段不可逆转的国际潮流，而国际惯例无疑是各国金融制度趋同化的方向。

近些年来，我国已经在立法中自觉地与国际惯例接轨，从先后出台的有关金融法律来看，在很多方面都吸取了国际惯例中的合理成分。例如，中国参照《关于统一国际银行资本衡量和资本标准的协议》，在《商业银行资本充足率管理办法》中规定了不低于8%的商业银行资本充足率的标准。当然，在许多方面还需进一步完善[④]：第一，进一步加强中国人民银行的独立性，建立以中央银行为领导，以商业银行、政策性银行为主体，以其他各类银行和外资金融机构为补充的金融体制，从而使我国的金融市场主体规范化，符合国际惯例的要求。第二，改善国家金融宏观

① 参见汪鑫：《金融法若干基本原则探析》，载《法学评论》，1997（4）。
② 参见刘丹冰主编：《金融法》，12页，北京，经济科学出版社，2008。
③ 参见刘颖等：《论金融法的基本原则》，载《经济师》，2002（12）。
④ 参见朱崇实主编：《金融法教程》，13～14页，北京，法律出版社，2005。

调控手段，对信贷的管理由直接控制改为间接控制，运用经济、法律手段控制货币供应总量，将存款准备金、再贴现率和公开市场业务作为宏观调控的主要手段。第三，制定外资银行法，对外资银行在中国开业的资格认证、经营范围、享受的待遇等作出明确规定，允许外资银行在适当范围内同中国金融机构进行平等竞争。

第二节　金融法的功能

一、金融法功能的含义

"功能"（function）一词在不同学科中用法不同，但它们有共通之处。法的功能中的"功能"之词义源于社会学中"功能"之意。社会学对功能研究的发端起源于孔德的社会观，他指出，"我将把社会有机体的构成要素明确地分为家庭——它们是真正的要素或细胞，接下来是阶级或喀斯特（castes）——它们是专门组织，最后是城市和社区——它们是实际器官"[①]。这一将社会与有机体类比的思想对后来的社会学产生了很大影响。斯宾塞认为，社会是一个由不同部分组成的超级有机体，对于整个系统的运作而言，每一部分都有功用，并把人或事物引起的社会后果称为功能。依据这样的观点，社会是一个持久、稳定的结构，各种社会要素密切关联并共同构成一个和谐的整体，每一个构成要素都具有一定的功能，其使命是以自身的行动对整体发展作出贡献。由此可见，对功能的理解应当从系统与构成要素或整体与部分的关系中来理解，并强调部分对整体产生的后果。所以法的功能，是指法作为社会体系的部分或要素，基于其内在结构属性对社会整体或其他部分或要素，通过自身活动造成的积极的影响或后果。金融法的功能，就是指立法者为达到对社会经济发展的调控目标，在一定的价值观或立法目的指引下，预设于金融法中，并期望通过金融法的实施，而造成一种积极的客观社会后果，并有利于实现法律的目的或价值。

二、金融法的具体功能

从总体来讲，金融法的功能在于促进社会经济的发展，因此，对金融法的功能主要是从经济，尤其是金融领域来分析的。从结构上来讲，金融法的功能具有递进的三个层次：首先，推动和促进金融市场健康发展；其次，完善和加强宏观经济调控体系；最后，在整体层面维护和实现整体经济利益。

---

① J. H. Turner, *The Structure of Sociological Theory*, California: Wadsworth Publishing Company, 1998, p. 10.

（一）推动和促进金融市场健康发展

健全和完善社会主义市场经济体制，是我国经济体制改革的目标和战略任务，而要健全和完善社会主义市场经济体制，不仅要建立和完善商品市场、技术市场和劳务市场等，还必须要发展和完善我国的金融市场。

金融市场是现代市场经济发展的产物，也是现代市场经济的特征，并为促进市场经济发展服务。要健全和完善金融市场，就需要健全能够保证良好的金融秩序的法律环境。这是因为[1]，金融市场是融通资金、买卖有价证券的场所，它种类繁多，包括货币市场、资本市场、外汇市场、金银市场、期货期权市场，等等，而且每一完善的金融市场必须具备交易主体、交易对象、交易工具、交易价格四大要素，只有通过立法对各类要素加以规范，克服市场规模狭小、信息不对称、道德风险等方面的难题，才能健全和完善各类各层次的金融市场。金融法就具有这样的功能，它根据社会对金融业的多向度、多层次、多样化的个性服务需求，合理设置具有不同功能的全能化、专业化的商业性金融机构和合作金融机构，以及具有特定目的的政策性金融机构，建立不同类型的货币市场、多层次的资本市场和其他金融市场；同时，通过设置市场监管制度来规范金融交易行为，防范系统性、全局性金融风险，使货币的收付、汇兑、结算、信贷等活动迅速、及时、准确，加速资金的流动和循环，从而为健全统一开放、有序竞争、充满生机的金融市场提供可靠的法律保障。

（二）完善和加强宏观经济调控体系

宏观经济调控是指国家从经济运行的全局出发，运用各种宏观经济手段，对国民经济总体的供求关系进行调节和控制。宏观经济调控的手段主要包括财政政策、货币政策、产业政策、价格政策以及对外经济政策等，因此我国的宏观调控体系也应当是由财政、金融、计划、对外经济政策等相互配合和制约的系统工程。在现代社会里，金融是现代经济的核心，金融业是事关经济全局、事关千家万户的公共性行业，金融市场是瞬息万变、充满了不确定性的市场，任何一个金融机构的金融活动开展，已经超越了交易个体自身的范围，这就需要通过金融法对金融业进行宏观调控。[2] 由此可见，金融调控是整个宏观经济调控的重要组成部分，通过金融立法使金融调控与其他调控政策相互配合，对社会总供给与总需求进行平衡，对于完善宏观经济调控体系具有重要的意义。具体来讲，金融法通过以下方面来完善宏观经济调控体系。[3]

第一，金融法对贯彻和稳定货币政策提供法律保证，有助于国家宏观调控目标的实现。例如《中国人民银行法》就是围绕货币政策这个中心，通过法律的规定使

① 参见朱大旗：《金融法》，2版，11、14页，北京，中国人民大学出版社，2007。
② 参见朱大旗：《金融法》，2版，11页，北京，中国人民大学出版社，2007。
③ 参见徐孟洲：《金融法》，2版，11～12页，北京，高等教育出版社，2007。

我国的货币政策具体化、条文化和法定化，从而使国家的货币政策具有普遍的约束力，也使国家在使用货币政策调控经济时更有权威和保障。

第二，金融法通过明确银行和其他金融机构的法律地位与具体权利义务，强化中央银行的地位，有利于加强对金融机构活动的宏观管理。例如《中国人民银行法》第2条第1款规定：中国人民银行是中华人民共和国的中央银行。第7条规定：中国人民银行在国务院领导下依法独立执行货币政策，履行职责，开展业务，不受地方政府、各级政府部门、社会团体和个人的干涉。我国《商业银行法》等其他金融法律也都从不同侧面规范银行行为，引导和管理金融活动符合国家宏观经济调控的大目标，既保障金融的活力，又使金融业活而不乱。党的二十大报告中指出要“建设现代中央银行制度”，离不开金融法的完善和其功能的发挥。

第三，金融法可以克服金融领域的“市场失灵”现象，保持宏观经济的稳定。市场经济的发展历史表明，在资源配置上，市场机制能够发挥有效作用，激发经济活力，但同时市场也存在自发性、盲目性和滞后性的负面作用，也就是说存在市场失灵的现象，包括垄断、负外部性、信息不对称，等等。金融法的许多规定都可以克服“市场失灵”。例如，《证券法》第78条第2款规定，信息披露人依法披露的信息，必须真实、准确、完整，不得有虚假记载、误导性陈述或者重大遗漏。由此无疑可以克服信息失灵。再如，《商业银行法》第9条规定：商业银行开展业务，应当遵守公平竞争的原则，不得从事不正当竞争。这一规定的目的无疑是控制垄断。

（三）维护和实现整体经济利益

美国著名法学家庞德认为：法律的功能在于承认、确定、实现和保障利益，或者说以最小限度的阻碍和浪费来尽可能满足各种相互冲突的利益。[①] 所以金融法最根本的功能也在于维护和实现整体经济利益。整体经济利益是整体经济关系对法律的客观要求，对它的维护与实现有利于一国综合国力的提高和社会和谐的达成。而金融在现代整体经济中占据主导性地位，是现代经济的核心。金融活动的好坏、金融秩序稳定与否，直接决定着国家整体经济的运行状况，也攸关人民大众的生活福祉，并最终影响到所有社会主体的经济利益。[②]

金融法对整体经济利益的保护，主要是从维护整体经济效率、经济秩序和经济安全三个方面来实现的。[③]

第一，维护整体经济效率。现代社会经济效率的提高取决于整个社会综合效率

---

① 参见沈宗灵：《现代西方法理学》，291页，北京，北京大学出版社，1992。

② 参见朱大旗：《金融法》，2版，14页，北京，中国人民大学出版社，2007。

③ 参见刘少军：《金融法概论》，8页，北京，中国政法大学出版社，2005。

的提高，而金融产业是现代社会的主导性产业，没有整个金融产业效率的提高，就难有整个社会经济效率的提高。在市场经济条件下，金融法的调整可以节约交易成本，节约资源消耗，节约权力配置的费用，而这些成本、费用的节约有助于提高金融市场的有效运作。

第二，维护经济秩序。经济秩序是经济效率实现的前提，没有良好的经济秩序就难以有较高的经济效率。而金融秩序对经济秩序有重要的影响，因为金融活动是以货币或其衍生产品为客体的财产经营活动，现代货币是一种没有物化的价值符号，而货币衍生物是以货币为基础创制的虚拟资产，它们的流动或融通体系是社会统一的完整体系，没有良好的金融秩序就必然带来经济秩序的紊乱，而金融法可以通过金融制度的制定、金融机构的设置、金融市场的建构和金融监管调控行为来保障金融秩序，进而实现经济秩序的稳定。

第三，维护经济安全。“经济安全是一切经济活动的基本前提，是指一个国家的经济主权及基本经济秩序以及经济主体在经济活动中利益或行为的保障程度及其遭受损害的可能性。”① 在现代社会追求经济安全目标的过程中，最突出的就是金融安全问题，这是由金融业的经营对象和经营方式决定的。金融产业是整个社会资金流通与融通的中心，这就使金融业面临着巨大的系统风险，一旦金融产业出现安全问题，很快就会波及整个社会。金融法通过完善金融监管体制、实行市场准入监管、实施金融谨慎监管、建立金融安全网与危机处理制度来确保金融安全，从而保证整体经济的安全。②

法律应用

“百年一遇”的金融危机事件大事记

2007 年 4 月开始的美国“次贷危机”迅速波及全球经济，成为全球性的金融海啸。深入了解这次金融危机以及各国政府应对金融危机而采用的金融调控手段，有利于我们理解金融法的基本原则和功能。

（1）2007 年大事记

4 月 2 日，美国第二大次级抵押贷款机构——新世纪金融公司申请破产保护。

8 月 6 日，美国第十大抵押贷款机构住房——抵押贷款投资公司申请破产保护。

8 月 9 日，“次贷危机”波及欧洲。

9 月 18 日，美联储进入“降息周期”。

① 单飞跃：《经济法的法价值范畴研究》，载《现代法学》，2000（2）。

② 参见张忠军：《论金融法的安全观》，载《中国法学》，2003（4）。

（2）2008 年大事记

2 月 12 日，美国六大房贷商提出“救生索计划”。2 月 13 日，布什正式签署一揽子经济刺激法案。

3 月，贝尔斯登被摩根大通以 2.4 亿美元低价收购，“次贷危机”持续加剧并首次震动华尔街。

7 月，美联储和财政部宣布救助两大房贷融资机构房利美和房地美，美国国会批准 3 000 亿美元住房援助议案，授权财政部无限度提高“两房”贷款信用额度，必要时可不定量收购其股票。

9 月，美国政府宣布接管“两房”；雷曼兄弟宣布申请破产保护；美国银行宣布将以 440 亿美元收购美林；美国政府出资 850 亿美元救助美国国际集团（AIG）；美联储批准高盛和摩根士丹利转为银行控股公司的请求，华尔街投行退出历史舞台。华盛顿互惠银行被美国联邦存款保险公司（FDIC）查封、接管，成为美国有史以来倒闭的规模最大的银行。30 日，美国三大股指暴跌，纳指创历史最大日跌幅，道指创单日最大下跌点数。

10 月，欧洲各国提高个人存款担保额度；富通集团的比利时和卢森堡业务被巴黎银行收购；冰岛遭遇“国家破产”危机；英国政府宣布向本国四大银行注资 350 亿英镑；乌克兰和匈牙利接受国际货币基金组织（IMF）紧急贷款，危机已经扩散至整个欧洲。当月，全球主要中央银行先后两次同步降息；西方七国集团（G7）财政部长会议承诺用“一切可用手段”对抗当前的金融危机。

11 月，欧洲央行和英国央行分别降息 50 个和 150 个基点；日、欧经济正式步入衰退；中国出台 4 万亿元人民币经济刺激计划；欧盟提出 2 000 亿欧元经济刺激计划。当月第三周，花旗集团股价累计跌去 60%，美国财政部、美联储和联邦储蓄保险机构联合宣布，将为花旗 3 060 亿美元问题资产提供担保；美国政府拨款 8 000 亿美元刺激消费者信贷市场。二十国集团（G20）财政部长和中央银行行长 2008 年年会呼吁国际社会协调一致，共同应对国际金融危机。

12 月，全球多家央行再度同步大幅降息。新当选的美国总统奥巴马宣布制定“经济复兴”计划；美国非农就业人数创 24 年来新低，金融危机对实体经济的影响显著。

（3）2009 年大事记

2 月 13 日，美国国会通过了自第二次世界大战以来最大规模的经济刺激方案，议案总额为 7 870 亿美元。17 日，美国总统奥巴马签署总额为 7 870 亿美元的经济刺激计划，使之成为法律。这成为美国政府干预经济的一个新的里程碑。

思考题

1. 什么是金融法的原则？我国金融法的基本原则有哪些？

2. 金融法在现代生活中具有哪些功能？

参考书目

1. 刘少军．金融法概论．北京：中国政法大学出版社，2005.

2. 刘亚天，刘少军．金融法．北京：中国政法大学出版社，2002.

3. 席月民．浅析我国金融法的基本原则．中国社会科学院院报，2006－06－08.

4. 徐强胜．我国金融法功能主义倾向的反思//王保树．中国商法年刊（2008）．北京：北京大学出版社，2009.

5. 管斌．金融法的风险逻辑．北京：法律出版社，2015.

6. 朱崇实．金融法教程．北京：法律出版社，2017.

第二篇

金融机构及业务法

第四章
银行机构及业务法

本章要点

1. 银行的概况及银行在经济中的作用
2. 中国人民银行的法律地位、职能
3. 商业银行的定义、特征及业务规定
4. 政策性银行的定义、种类及业务规定

第一节 银行机构及业务概述

一、银行及其在现代经济领域中的作用

作为现代金融体系的核心，银行从事存款、贷款与结算等中间业务，是经济活动中的信用中介与支付中介机构。

近现代意义上的银行起源于11世纪意大利的威尼斯，是为了满足当时国际贸易活动中各国商人铸币兑换的需要应运而生的。在满足了早期的贸易支付工具的需求后，随着经济活动的发展，中世纪的货币兑换商将大量货币用于存款、贷款等具有现代银行信用中介本质的经营业务，拉开了近现代银行的帷幕。在此货币兑换与信用中介耦合的情形下，历史上第一家以“银行”命名的金融机构——威尼斯银行于1580年正式成立。此后，银行由意大利传至欧洲其他国家，并逐渐形成现代银行的存款、贷款与结算等传统业务。

中央银行则由近现代的商业银行演变而来。最早的中央银行是1688年的瑞典国家银行，源自对商业银行里克斯银行的国有化。1844年，英国颁布《英格兰银行条例》，确立了英格兰银行作为英国中央银行的法律地位。英国的中央银行同样来自对1694年成立的商业银行英格兰银行的国有化。

自20世纪30年代以来，随着现代金融活动的创新及金融服务走向多元化，以政策性银行为代表的专业银行在各国的经济活动中亦占据重要的地位。政策性银行由政府创办或参股，不以营利为目的，主要开展以实施国家特定的产业政策和经济政策为目的的政策性贷款业务。

从经济学的角度分析，银行存在的必然性之一在于解决融资中的信息不对称问题。经济领域中的不同经济单位，尤其是资金盈余方需要展开合理的投资活动，同时资金短缺方需要筹集资金。现代金融体系的主要作用在于为资金短缺方与资金盈余方提供有效的资金融通渠道，银行的基本作用在于为资金的周转提供间接融资的中介服务。

直接融资是指资金盈余方与资金短缺方通过一定的金融工具，直接形成债权债务关系的金融行为。在直接融资中，金融媒介的作用是帮助资金盈余方与资金短缺方形成债权债务关系。间接融资是指资金盈余方与资金短缺方通过金融中介机构，间接实现资金融通的行为。在间接融资中，资金的供求双方不直接形成债权债务关系，而是由金融中介机构分别与资金供求双方形成两种各自独立的债权债务关系。直接融资通常在资本市场完成，被称为“市场机制”；间接融资通常在信贷市场完成，被称为“银行机制”。

一般情形下，直接融资成本较低。间接融资虽然成本稍高，但也有其不可替代的优势，即银行可以有效地解决直接融资中的逆向选择与道德风险问题。两者都与信息不对称有关，银行能比金融市场更有效地应对信息不对称的问题。银行可借助其掌握的大量信息通过贷前审查避免资金短缺方（借款人）的逆向选择问题，通过有效的贷后风险监控解决道德风险问题。

二、银行法的概念和调整对象

作为当代中国法律体系的组成部门，银行法指调整货币流通和货币信用活动中的各种社会关系的法律规范的总称，包括《中国人民银行法》《商业银行法》及其他相关的法律文件。

银行的活动包括货币流通和银行信用活动：前者指货币的发行、流通与调节，后者指以信用工具为载体的借贷行为。因此，银行法的适用范围包括货币的发行、流通和回笼，存款的吸收与支付，贷款的发放与回收，票据的承兑与贴现，银行间的同业拆借，金银和外汇的买卖，国内、国际货币收支与结算等银行业务活动。

银行法的调整对象是指银行法所调整的社会关系的范围，即在货币流通和信用活动中各主体之间的社会关系，包括主体（机构）地位、业务活动关系以及监督管理关系。鉴于教材体系的设置，本章主要介绍银行主体地位和银行业务关系。银行的主体地位涉及银行的内部组织结构，指银行的性质、地位、设立、变更、接管、终止等；银行业务关系指银行之间以及银行与其客户之间，在货币流通和银行信用活动中所形成的社会关系。

第二节　中央银行

一、中央银行的法律地位

从历史的角度来看，中央银行的出现晚于商业银行。早期的瑞典国家银行以及稍后的英格兰银行的前身皆为私人资本形式的银行。1844 年英国通过的《英格兰银行条例》是世界上首部界定中央银行的性质、地位、职能的中央银行立法。此后，世界上其他国家都基本采用了中央银行制度。[①] 虽然中央银行在各国有名称上的差异，但纵观中央银行的历史现状以及当今各国立法，中央银行是代表国家发行货币并制定和实施货币政策、管理货币市场，同时又承担一定监督职能的金融机构。

中国人民银行是中国的中央银行，成立于 1948 年 12 月 1 日，是在原华北银行、北海银行、西北农民银行合并的基础上于石家庄建立的。2003 年修正后的《中国人民银行法》第 2 条规定："中国人民银行是中华人民共和国的中央银行。中国人民银行在国务院领导下，制定和执行货币政策，防范和化解金融风险，维护金融稳定。"该规定明确界定了中国人民银行的法律地位，为中国人民银行履行相关的职责提供了法律依据；同时也确定了其与国务院的法律关系。中国人民银行作为我国的中央银行，是国务院领导下的一个主管金融工作的部级政府机关，是在国务院领导下主管金融事业的行政机关，是国家货币政策的制定者和执行者，同时也承担对金融市场的一定监管职能。它的全部开支来源于财政，其从事公开市场业务的收入全部上缴国库。

二、中央银行的职责

《中国人民银行法》第 4 条第 1 款规定了中国人民银行的职责：（1）发布与履行其职责有关的命令和规章。（2）依法制定和执行货币政策。（3）发行人民币，管理人民币流通；监督管理银行间同业拆借市场和银行间债券市场。（4）实施外汇管理，监督管理银行间外汇市场；监督管理黄金市场。（5）持有、管理、经营国家外汇储

① 参见李昌麒主编：《经济法学》，438 页，北京，法律出版社，2007。

备、黄金储备。(6) 经理国库；维护支付、清算系统的正常运行；指导、部署金融业反洗钱工作，负责反洗钱的资金监测。(7) 负责金融业的统计、调查、分析和预测。(8) 作为国家的中央银行，从事有关的国际金融活动。(9) 国务院规定的其他职责。

2003 年 4 月 28 日中国银监会（现为国家金融监督管理总局）成立后，原来由中国人民银行行使的对金融机构的审批权和监管权转交给了中国银监会。制定和执行货币政策，对国民经济进行宏观调控，防范和化解金融风险，维护金融稳定成为中国人民银行的主要职责。中国人民银行与中国银监会在金融职责上的调整，强化了中国人民银行制定和执行货币政策的职能，突出了其在宏观调控中的作用。监管职能分离后，中国人民银行的职责以调控金融市场和维护金融体系稳定为中心，对金融业的整体风险、金融控股公司以及交叉性金融业务的风险进行监测和评估，切实履行“最后贷款人”职责，防范和化解系统性金融风险。

根据现行法律规定，中国人民银行的职责主要有两类：一类是经济监督管理职责，即中国人民银行作为国家的宏观调控机关所享有的规章制定权、金融秩序维护权等。如在中国银监会成立以后，中国人民银行仍保留对银行间同业拆借市场和银行间债券市场、外汇、黄金市场的监督管理职责。另一类是金融调控职责，即通过制定和执行货币政策，对金融及国民经济进行宏观调控，并维持币值的稳定。

三、中央银行的组织机构

根据《中国人民银行法》的规定，中国人民银行的组织机构涉及领导、内设部门和分支机构以及咨询机构等内容。

中国人民银行实行行长负责制。行长领导中国人民银行的工作，副行长协助行长工作。行长由国务院总理提名，由全国人民代表大会（或全国人大常委会）决定，由国家主席任免。副行长由国务院总理任免。每届任期 5 年，可以连任。中国人民银行行长的职责权限为：召集主持行务工作会议，讨论决定中国人民银行的重大问题；负责中国人民银行的全面工作，签署中国人民银行上报国务院的重要文件，签发给各分支机构的文件和指示；根据国务院有关规定，发布中国人民银行令和重要规章。

目前世界各国的中央银行大多采取总分行制的组织结构：全国设独家中央银行，其总行下设若干分支机构，构成一国的中央银行组织体。中国人民银行同样采用总分行制：总行设在北京，并于 2005 年 8 月 10 日成立中国人民银行上海总部。中国人民银行总行内设机构包括：办公厅（党委办公室）、货币政策司、调查统计司、金融市场司、会计财务司、国际司（港澳台办公室）、支付结算司、人事司（党委组织部）、内审司（党委巡视工作领导小组办公室）、科技司、条法司、金融稳定局、货币金银局（保卫局）、征信管理局、反洗钱局、国库局以及研究局、金融消费权益保护局等。中国人民银行在全国31个省（自治区，直辖市）设立省级分行，在深圳、大连、宁波、青岛、厦门设立计划单列市分行。这些分支机构作为中国人民银行的派出机构，根据总行的授权，依法维护本辖区的金融稳定，承办有关业务。在法律地位上，各分支机构不具有独立法人资格，不享有独立的权利；在领导体制上，中国人民银行实行垂直领导制，总行管一级分行，一级分行管支行，分支机构的人事任免由上级行负责。

货币政策委员会是中国人民银行制定货币政策的咨询议事机构，其职责是在综合分析宏观经济形势的基础之上，依据国家的宏观经济调控目标，对下列货币政策事项进行讨论，并提出建议：(1) 货币政策的制定、调整；(2) 一定时期内的货币政策控制目标；(3) 货币政策工具的运用；(4) 有关货币政策的重要措施；(5) 货币政策与其他宏观经济政策的协调。

四、中央银行的业务

中国人民银行作为我国的中央银行，为履行其职责，根据法律的规定，可以开展法律授权范围内的业务活动。根据《中国人民银行法》第四章规定的中国人民银行的法定业务范围，中国人民银行的基本业务之一是运用货币政策工具，即通过存款准备金、基准利率、再贴现、向商业银行提供贷款，以及通过公开市场业务买卖国债和外汇等，执行货币政策。具体而言：(1) 存款准备金制度，指商业银行按照中央银行规定的比例，将其吸收的存款总额的一定比例款额，缴存在中央银行指定的账户；(2) 中央银行基准利率，指中央银行贷款给商业银行的利率；(3) 再贴现，中央银行根据一定比率从现款中扣取自贴现日至票据到期日的利息，这一比率即为再贴现率；(4) 公开市场业务，是指中央银行在公开市场（金融市场）上公开买卖有价证券或外汇影响金融机构的头寸，吞吐基础货币，从而起到调节信用与货币供给作用的一种业务活动；(5) 对在中国人民银行开立账户的商业银行办理贷款，解决商业银行临时性资金头寸不足的流动性危机。

除运用货币政策工具外，中国人民银行还依法开展以下业务：(1) 代理财政部向金融机构组织发行、兑付国债和其他政府债券；(2) 依照法律、行政法规的规定经营国库；(3) 组织或者协助组织银行业金融机构相互之间的清算系统，协调银行业金融机构相互之间的清算事项，提供清算服务；(4) 中国人民银行可以根据需要，为银行业金融机构开立账户，但不得对银行业金融机构的账户透支。（5）法律、行政法规规定的其他业务。

根据《中国人民银行法》第29～30条的规定，中国人民银行不得从事以下活动：（1）对政府财政透支，直接认购、包销国债和其他政府债券；（2）向地方政府、各级政府部门提供贷款，向非银行金融机构以及其他单位和个人提供贷款，但国务院决定中国人民银行可以向特定的非银行金融机构提供贷款的除外；（3）向单位和个人提供担保。

第三节　商业银行

一、商业银行法概述

（一）商业银行的性质和职能

商业银行是指依照商业银行法和公司法设立的吸收公众存款、发放贷款、办理结算等业务的企业法人。商业银行是公司制的法人，具有法人资格。商业银行具有信用中介、支付中介、信用创造、金融服务等职能。

1. 信用中介

商业银行借助广泛的分支网点，通过银行的负债业务，把社会上的各种闲散货币集中到银行，再通过银行的资产业务，把它投向社会经济各部门，实现资金盈余方和资金短缺方的间接融通。商业银行借助这两种债权债务关系中的利差空间来获得经营利润。

2. 支付中介

商业银行除作为信用中介，融通货币资本以外，还执行着货币经营的职能，主要表现为汇兑、代收、代付等专业业务。

3. 信用创造

商业银行在信用中介职能和支付中介职能的基础上，产生了信用创造职能。商业银行是在吸收存款的基础上，向借款人发放贷款，在支票流通和转账结算的基础上，贷款又转化为存款。在这种存款不提取现金或不完全提现的基础上，就增加了商业银行的资金来源，最后在整个银行体系，形成数倍于原始存款的派生存款，实现对信用的创造。

4. 金融服务

经济的发展和社会生活的进步对商业银行的经营提出了金融服务的要求。在激烈的业务竞争中，各商业银行也不断开拓服务领域，通过金融服务业务的发展，进一步促进资产负债业务的扩大，并把资产负债业务与金融服务结合起来，开拓新的业务领域。目前，金融服务已在许多市场体系发达国家的商业银行的经营中占据越来越重要的地位。

（二）商业银行法的调整对象

商业银行法是调整商业银行的设立、变更、接管、终止以及商业银行在开展业务活动中所发生的各种社会关系的法律规范总称。各国的商业银行法虽然在结构体系上有一定差异，但其内容主要涉及商业银行的法律地位、商业银行的资本，商业银行的设立、变更与终止，商业银行的经营范围、商业银行的财务会计等。我国的商业银行法是于1995年制定并于2015年修正的《中华人民共和国商业银行法》，该法为商业银行取得金融市场的主体资格及开展银行业经营活动提供了法律依据。

二、商业银行的设立、变更、接管和终止

（一）商业银行的设立

商业银行的设立是指按照法律规定的条件和程序取得从事商业银行合法经营资格的行为。我国《商业银行法》第11条规定：设立商业银行，应当经国务院银行业监督管理机构审查批准。未经国务院银行业监督管理机构批准，任何单位和个人不得从事吸收公众存款等商业银行业务，任何单位不得在名称中使用“银行”字样。

1. 商业银行设立的条件

根据《商业银行法》和《公司法》的规定，设立商业银行应当具备以下条件：(1) 符合《商业银行法》和《公司法》规定的章程。(2) 符合《商业银行法》规定的注册资本最低限额。设立全国性商业银行的注册资本最低限额为10亿元人民币，设立城市商业银行的注册资本最低限额为1亿元人民币，设立农村商业银行的注册资本最低限额为5 000万元人民币，且注册资本必须为实缴资本。(3) 具备任职专业知识和业务经验的董事长（行长）、总经理和其他高级管理人员。(4) 有健全的组织机构和管理制度。(5) 有符合要求的营业场所、安全防范设施和与业务有关的其他设施。

2. 设立的程序

按照商业银行市场准入相关法律的规定，我国对商业银行的设立采取严格准则主义。商业银行的设立应按照《商业银行法》的规定取得国务院银行业监督管理机构的营业许可审批，再凭营业许可向公司登记机关领取营业执照，取得法人人格，从而具有民事权利能力和民事行为能力，并以其法人财产承担民事责任。

《商业银行法》第19条第1款第1、2句规定："商业银行根据业务需要可以在中华人民共和国境内外设立分支机构。设立分支机构必须经国务院银行业监督管理机构审查批准。"商业银行设立分支机构应向国务院银行业监督管理机构提交下列文件、资料：(1)申请书。申请书应当载明拟设立的分支机构的名称、营运资金额、业务范围以及总行与分支机构所在地等。(2)申请人最近两年的财务会计报告。(3)拟任职的高级管理人员的资格证明。(4)经营方针和计划。(5)营业场所、安全防范措施和与业务有关的其他设施的资料。(6)国务院银行业监督管理机构规定的其他文件、资料。

经批准设立的商业银行分支机构，由国务院银行业监督管理机构颁发经营许可证，并凭该许可证向市场监督管理部门办理登记，领取营业执照。商业银行对其分支机构实行全行统一核算、统一调度资金、分级管理的财务制度。商业银行分支机构不具有法人资格，在总行授权范围内依法开展业务，其民事责任由总行承担。根据民事诉讼法的相关规定，领取营业执照的商业银行的分支机构可以自己的名义参加诉讼活动。

（二）商业银行的变更

商业银行的变更是指商业银行在存续期间，发生法定事项时，应向国务院银行业监督管理机构履行相应的变更手续。按照《商业银行法》的规定，商业银行有下列变更事项之一的，应当经国务院银行业监督管理机构批准：变更名称；变更注册资本；变更总行或者分支行所在地；调整业务范围；变更持有资本总额或者股份总额5%以上的股东；修改章程；国务院银行业监督管理机构规定的其他变更事项。

商业银行的分立、合并，适用公司法的规定。商业银行的分立、合并，应当经国务院银行业监督管理机构审查批准。

（三）商业银行的接管

商业银行的接管是指在经营过程中，商业银行已经或者可能发生信用危机，严重影响存款人的利益时，由国务院银行业监督管理机构对该银行实行接管。接管的目的是对被接管的商业银行采取必要措施，以保护存款人的利益，恢复商业银行的正常经营能力。被接管的商业银行的债权债务关系不因接管而变化。接管自接管决定实施之日起开始。自接管开始之日起，由接管组织行使商业银行的经营管理权利。接管期限届满，国务院银行业监督管理机构可以决定延期，但接管期限最长不得超过2年。

（四）商业银行的终止

商业银行的终止是指因商业银行出现解散、被撤销和被宣告破产等法律规定的情形而消灭其法律主体资格的法律行为。根据《商业银行法》第七章的规定，商业银行终止的情形有以下几类。

1. 解散

商业银行因分立、合并或者出现银行章程规定的解散事由需要解散的，应当向国务院银行业监督管理机构提出申请，并附解散的理由、支付存款的本金和利息等债务清偿计划，经国务院银行业监督管理机构批准后解散。

2. 被撤销

商业银行因被吊销经营许可证被撤销的，国务院银行业监督管理机构应当依法及时组织成立清算组进行清算，按照清偿计划及时偿还存款本金和利息等债务。

3. 被宣告破产

商业银行不能支付到期债务，经国务院银行业监督管理机构同意，由人民法院依法宣告其破产。商业银行被宣告破产的，由人民法院组织国务院银行业监督管理机构等有关部门和有关人员成立清算组，进行清算。

三、商业银行的组织形式与组织机构

（一）组织形式

根据《商业银行法》的规定，商业银行的组织形式、组织机构适用《公司法》的规定。据此，我国商业银行的组织形式主要为有限责任公司和股份有限公司等企业形态。有限责任公司形式的商业银行是指由 2 个以上 50 个以下股东共同出资设立，股东以其出资额为限对银行承担责任，银行以其全部资产对银行债务承担责任的商业银行。股份有限公司形式的商业银行是指银行的全部资本分为等额股份，股东以其所持股份为限对银行承担责任，银行则以全部资产对银行债务承担责任的商业银行。

（二）组织机构

根据《商业银行法》第二章的规定，结合《公司法》的相关规定，我国商业银行的组织机构包括股东会或股东大会、董事会、监事会、行长或总经理。

1. 股东会或股东大会

商业银行的股东会或股东大会作为商业银行的权力机构，依法行使职权。国有独资商业银行不设股东会，由国家授权投资的机构或国家授权的部门授权董事会行使股东会的部分职权，决定重大事项，但商业银行的合并、分立、解散、增减资本和发行金融债券，必须由国家授权投资的机构或国家授权的部门决定。

2. 董事会

董事会是商业银行的常设机构，对股东会或股东大会负责，依法行使职权，董事长是商业银行的法定代表人。

3. 监事会

商业银行应当设立监事会，国有独资银行的监事会成员由国务院银行业监督管理机构、政府有关部门的代表、有关专家和本行工作人员的代表组成。监事会对国有独资商业银行的信贷资产质量、资产负债比例、国有资产保值增值等情况，以及高级管理人员违反法律、法规或章程的行为和损害银行利益的行为进行监督。

4. 行长或总经理

商业银行的行长或总经理由董事会聘任或解聘，对董事会负责，依法行使职权。

四、商业银行的经营活动

商业银行作为金融企业，以金融资产和负债为经营对象，以追求利润最大化为企业目标。但作为经营特殊商品——货币资本的企业，为保障商业银行的规范和稳健运行，维护稳定的货币资本市场，商业银行在开展金融业务活动过程中必须遵循一定的经营原则和指导方针。《商业银行法》第 4 条规定：商业银行以安全性、流动性、效益性为经营原则，实行自主经营，自担风险，自负盈亏，自我约束。商业银行依法开展业务，不受任何单位和个人的干涉。商业银行以其全部法人财产独立承担民事责任。

（一）商业银行的经营原则

1. 安全性原则

安全性原则是指商业银行应当依法维护金融资产质量、收回资产的可靠程度。根据《巴塞尔资本协议Ⅲ》关于银行自有资本的要求，各国商业银行从事的资产业务的资金多来源于其吸收的存款或其他负债，因此，为保证银行资金的安全及存款人的合法权益，法律规定了许多措施来保证银行经营过程中的安全性，有关存款准备金、资本充足比例、流动资金比例、分业经营、限制银行进入证券业和信托业以及开展房地产业务等的法律规定，都是为了确保银行经营的安全，保证金融市场的稳定。

2. 流动性原则

流动性原则是指商业银行应当保持较高程度的资金经常流动的状态，以便及时充分地满足存款和发放贷款的需要。法律规定商业银行对存款人要保证支付，避免公众挤兑；商业银行贷款按照合同约定的履行期限执行。因此，为了保证商业银行的支付能力，商业银行必须保证资产的适度流动性。《商业银行法》第 39 条中规定，商业银行的流动性资产余额与流动性负债余额的比例不得低于 25％。

3. 效益性原则

效益性原则是指银行应当以利润最大化为主要经营目标。作为企业法人，商业银行的传统收益来自存款与贷款之间的利差。此外，随着现代经济和社会对多元化金融服务的要求，商业银行利用自己的专业能力和广泛网络为客户提供的中间业务也成为其重要的利润来源。效益不仅包括商业银行本身的经济效益，而且包括国家宏观经济和产业政策指导的金融业整体效益。

4. 自主经营、自担风险、自负盈亏的原则

自主经营原则是指商业银行作为资本市场的企业主体，具有完全独立的法人资格，其依法开展银行业务活动，不受任何单位和个人的干涉。

自担风险及自负盈亏原则是指商业银行作为民商事主体，以其全部法人财产独立承担民事责任。《商业银行法》第 2 条规定，商业银行的法律性质是企业法人。根据我国《公司法》的有关规定，有限责任公司和股份有限公司是企业法人。有限责任公司和股份有限公司都强调公司的独立法人人格，即股东以其出资额为限承担有限责任，公司以其全部财产独立承担责任。

5. 自我约束的原则

自我约束的原则是指商业银行在经营中要自律经营行为。商业银行的自我约束主要体现在两个方面：一是商业银行组成同业公会或协会，制定同业组织章程，参加同业组织的金融机构都要自觉遵守；二是银行内部监察部门、法律部门和安全保卫部门对本行经营活动的自律约束。

（二）商业银行的主要业务

1. 商业银行的资产业务

资产业务是指商业银行运用各种资金（包括存款和资本金）进行经营活动及取得收益，主要包括现金资产、投资银行、贷款、固定资产和其他资产等几部分。在商业银行的资产业务中，各种期限结构的信贷资产占其业务的绝大比重，即商业银行将其所吸收的资金，按一定的利率发放给客户，并约定到期后客户还本付息。

商业银行的信贷资产发放应当坚持分级、分类授权的原则，实行统一授信制度，对客户的信用进行等级评定，并且评级、授信与贷款实行分离。信贷资产的规范流程应包括贷款调查、贷款审查、贷款审批、贷款发放和贷后管理、档案管理等。

投资也是商业银行的资产业务之一。在商业银行的业务中，投资是指将资金较长期地投放于有价证券的行为，是不包括二级准备金在内的证券买卖投资。在我国，对商业银行投资证券的种类有严格的限制，仅限于信用可靠、安全性好、流动性强的政府债券（如国库券等）、金融债券，而禁止从事股票、企业债券的投资。

按照我国“分业经营、分业监管”的金融体制，《商业银行法》第 43 条规定：商业银行在中华人民共和国境内不得从事信托投资和证券经营业务，不得向非自用

不动产投资或者向非银行金融机构和企业投资，但国家另有规定的除外。

2. 商业银行的负债业务

负债业务是指商业银行形成资金来源的业务，是商业银行进行资产业务和中间业务的基础，主要由自有资本、存款和借款构成。

自有资本是指银行成立时所筹集的资本、储备资本和未分配利润。任何商业银行在开业登记注册时必须筹集一定的资本额，称为法定资本。未达到注册资本，不予开业。《商业银行法》第39条规定了商业银行应遵循的资产、负债比例；并根据《巴塞尔资本协议Ⅲ》的要求，规定商业银行的资本充足率不得低于8%。

存款是商业银行最重要的资金来源，也占银行负债业务的绝大比重。商业银行吸收的存款有不同的利率期限和利率结构，商业银行的资产负债管理要求商业银行根据收益曲线得出不同期限的资金成本，使商业银行的资产期限和利率与负债的期限和成本相匹配。

借款主要解决商业银行经营过程中的临时流动性不足的问题，具体包括：同业拆借，即金融机构之间发生的短期或临时性的借贷活动；向中央银行借款，即中央银行作为最后贷款人，向其发放贷款，以解决商业银行融通资金的需要；其他借款，即商业银行向其他金融机构借款，如向国际金融市场借款。

3. 商业银行的中间业务（fee-based banking business）

中间业务又称为表外业务，是指其收入不被列入商业银行资产负债表，商业银行不运用自有资产而以中介人身份凭借技术、信誉、资质、机构、信息优势，在存款、贷款和投资之外代理承办收付和其他委托事项或提供各种金融服务，而收取佣金和手续费的业务。此种业务与资产业务、负债业务构成商业银行的三大业务范围。商业银行的中间业务主要包括结算、信用证、代理、银行卡以及咨询等业务。

结算业务是指商业银行通过为客户设置银行账户的方式，为本行和他行的客户办理各种资金的汇兑、收付，并以此清算和了结各方债权、债务的中介行为。根据结算的工具和区域的不同，结算可被分为票据结算和非票据结算、国内结算和国际结算。根据相关规定，银行与被代理客户作为银行结算法律关系的双方当事人，应当遵循“恪守信用、履约付款”“谁的钱进谁的账，由谁支配”“银行不垫款”等原则。双方应按照《民法典》《商业银行法》《人民币银行结算账户管理办法》等履行各自的合约义务。

信用证业务是指商业银行用以保证买方或进口方有支付能力的凭证签发及流转的行为。尤其是在国际贸易活动中，商业银行介入国际贸易的跨国支付结算，以银行信用代替商业信用。信用证独立于贸易合同，银行在审单时强调的是信用证与基础贸易相分离的书面形式上的认证，只要单证相符，开证行就应无条件付款。

按照《跟单信用证统一惯例》（UCP 600）的规定，在采用信用证的国际结算方式下，银行有条件保证付款。根据国际惯例，买方先凭其在当地银行的授信情况，向银行申请开立信用证，通知卖方开户银行转告卖方，卖方按合同和信用证规定的条款发货，银行审核单证后代买方付款。信用证常见的分类有：

（1）可撤销信用证和不可撤销信用证。可撤销信用证是指开证行对所开信用证不必征得受益人同意有权随时修改或撤销的信用证；不可撤销信用证是指信用证一经开出，在有效期内非经信用证有关当事人同意，开证行不能片面修改或撤销的信用证。不可撤销信用证由于对受益人较有保障，因而在国际贸易结算中使用得最多。

（2）跟单信用证和光票信用证。跟单信用证是指凭跟单汇票或仅凭单据付款的信用证。由于货运单据代表着货物的所有权，控制单据就意味着控制了货物，故国际贸易结算中使用的信用证绝大部分是跟单信用证。光票信用证是凭不附货运单据的汇票付款的信用证。

（3）保兑信用证和不保兑信用证。保兑信用证是指开证行开出不可撤销的信用证以后，再由另一家银行加具保函，对符合信用证条款的单据履行付款。对信用证加具保函的银行称为保兑行。保兑行一经保兑，就和开证行一样承担付款责任。所以，保兑信用证是一种有双重保证的信用证，对出口方安全收汇是非常有利的。不保兑信用证是未经保兑的信用证，即一般的不可撤销信用证。

（4）可转让信用证和不可转让信用证。可转让信用证是指开证行授权通知行，在受益人要求下，可将信用证的全部或一部分金额转让给一个或数个第二受益人即受让人。这种信用证的第一受益人通常是中间商，而第二受益人通常是实际供货人。可转让信用证必须注明“可转让”字样，否则，只能作为不可转让信用证使用。不可转让信用证是指受益人不得将所持信用证的权利转让给任何人的信用证。

代理业务是指商业银行借助其网点代收煤气费、代收税款、代收电费、代收取暖费、代收水费、代发工资等服务行为。

第四节　政策性银行

一、政策性银行概述

政策性银行主要是指由政府创立或担保，以贯彻国家产业政策和区域发展政策为目的，具有特殊的融资原则，不以营利为目的的金融机构。在 20 世纪 30 年代，美国、德国、日本等国家开始建立政策性银行。[①] 为了从第二次世界大战的破坏中迅速恢复经济，各国为解决商业银行在资金配置上的缺陷，提高财政资金对产业经济的扶植力度，设立了一批政策性银行，建立了各自的政策性银行体系。我国的政策性银行体系始于1993年12月25日国务院发布的《关于金融体制改革的决定》。1994年，我国组建了三家政策性银行，即国家开发银行、中国进出口银行、中国农业发展银行，均直属国务院领导。

政策性银行不同于中央银行，在性质、业务等方面也区别于商业银行。与商业银行相比，其具有如下特征。

1. 资金来自政府

政策性银行由政府创办或参股，属于政府的金融机构。如《德国复兴开发银行》规定，复兴开发银行为政府所有，其中联邦政府占80%的股份，各州政府占20%的股份。我国的三家政策性银行的注册资本，都由财政部核拨。

2. 不以营利为目的

政策性银行不以营利为目的，而以贯彻国家产业政策和区域发展政策为目的。在经济发展过程中，为了扶持对国民经济发展、社会稳定具有重要意义，投资规模大、周期长、经济效益见效慢、资金回收时间长的项目，政府往往实行各种鼓励措施，各国通常采用的办法是设立政策性银行，专门为这些项目融资。但政策性银行的资金并不是财政资金，政策性银行也必须考虑盈亏，坚持银行管理的基本原则，力争保本微利。

3. 主要从事资产业务

政策性银行主要从事资产业务，不吸收存款。政策性银行的资金来源主要是政府提供的资金以及通过发行政策性金融债券筹集的资金，政策性银行从事的资产业务主要集中在商业银行不愿参与的长期项目。因此，在银行资产业务方面，政策性银行不以商业银行为直接竞争对手。

政策性银行法是关于政策性银行的地位、性质、设立宗旨、经营目标、业务范围，以及变更、终止等各项社会关系的法律规范的总称。

二、政策性银行的相关法律规定[②]

（一）中国农业发展银行的法律规定

中国农业发展银行于1994年4月经国务院批准成立。中国农业发展银行成立的

① 参见李昌麒主编：《经济法学》，451页，北京，法律出版社，2007。

② 本部分内容参考了中国人民银行官方网站的相关信息。

宗旨是完善农村金融服务体系，贯彻国家的农业政策，集中财力解决农业和农村经济发展的合理的政策性资金需要，促进主要农产品收购资金的封闭运行。

按照国务院《关于金融体制改革的决定》和《中国农业发展银行章程》的规定，中国农业发展银行注册资本金为200亿元人民币，一部分从中国农业银行、中国工商银行现有信贷基金中划拨，其余部分由财政部划拨。

中国农业发展银行实行行长负责制，行长、副行长由国务院任免；在机构设置上实行法人体制下的总分行授权管理，总行设在北京，国内设有两千多家分支机构。中国农业发展银行设立监事会，监事会由财政部、中国人民银行、农业农村部以及审计署等有关部门选派的人员组成，并报国务院批准，由国务院任命监事会主席一人。

中国农业发展银行实行独立核算，自主、保本经营，企业化管理的经营方针。其主要任务是：按照国家有关法律、法规和方针、政策，以国家信用为基础，筹集农业政策性信贷资金，承担国家规定的农业政策性金融业务，代理财政性支农资金的拨付。

目前，中国农业发展银行依据国家有关法律、法规、产业政策，实行“库贷挂钩、钱随粮走、购贷销还、封闭运行”的信贷原则，即：发放的收购贷款额要与收购的粮棉油库存值相一致，销售粮棉油的收入中所含贷款要全部收回，防止收购资金被挤占挪用，保证收购资金及时、足额供应，保护农民的生产积极性，促进粮棉油生产和粮食购、销、调、存等方面工作的顺利开展。

中国农业发展银行的资金主要来源于中央银行的再贷款。其业务范围主要包括办理粮食、棉花、油料、食糖、猪肉、化肥等重要农产品收购、储备、调控和调销贷款等，此外，还办理中央和省级政府财政支农资金的代理拨付，为各级政府设立的粮食风险基金开立专户并代理拨付。

（二）中国进出口银行的法律规定

中国进出口银行于1994年4月经国务院批准正式成立，具有法人资格，实行自主、保本经营和企业化管理的经营方针。中国进出口银行的主要职责是按照国际惯例运用出口信贷、担保等通行做法，扩大机电产品，特别是大型成套设备和高新技术、高附加值产品的出口，合理促进对外贸易的发展，创造公平、透明、稳定的对外贸易环境。

中国进出口银行注册资本金为33.8亿元人民币，由国家财政全额拨付。中国进出口银行只设总行，在国内现有32家营业性分支机构，境外有6家代表处和一家分行，负责调查统计和监督代理等事宜。

中国进出口银行设董事会。董事会设董事长一人，并可视情况设置副董事长。董事长可兼任行长。董事长、行长由国务院任免。中国进出口银行设监事会。监事会由财政部、中国人民银行、审计署等有关部门选派的成员组成。

中国进出口银行的主要任务是：执行国家产业政策和外贸政策，为扩大我国机电产品和成套设备等资本性货物的出口提供政策性金融支持。

中国进出口银行依据国家有关法律、法规、外贸政策、产业政策和自行制定的有关制度，独立评审贷款项目。其资金主要通过以市场方式向国内外发行金融债券筹集，业务范围主要是为成套设备、技术服务、船舶、工程承包、其他机电产品和非机电高新技术的出口提供卖方信贷和买方信贷支持。同时，该行还办理中国政府的援外贷款及外国政府贷款的转贷款业务。

案例与思考

1. 典型案例

2006年6月14日，上海一家外资企业的邓小姐持中国建设银行与中国银联股份有限公司共同发行的建行龙卡到交通银行上海漕河泾支行、中国工商银行上海市漕河泾开发区支行的ATM机查询时，发现每次查询后都会自动扣费。邓小姐向银行工作人员询问后方得知，包括中国建设银行、交通银行、中国工商银行在内的几大商业银行根据中国银联的规定，决定从2006年6月1日起对银行卡跨行查询收取手续费每笔0.3元。邓小姐认为，自己办卡时银行承诺跨行查询是免费的，中国建设银行也从未告知或提醒过将来有可能要收取银行卡跨行查询费，在对方的银行卡章程和办卡合约上也都没有提及将会收费，现在竟在未经用户同意的情况下，突然擅自收取跨行查询手续费，显然是侵犯了储户的合法财产权益。邓小姐随即一纸诉状将交通银行上海漕河泾支行、中国工商银行上海市漕河泾开发区支行、中国建设银行上海市分行和中国银联股份有限公司一起告上上海市徐汇区人民法院，请求法院判：四被告返还银行卡跨行查询手续费人民币1.5元；停止侵权，取消银行卡跨行查询收费并承担本案的诉讼费用。

根据本章的学习，结合关于银行业务的法律规定，思考以下问题：

（1）如何理解银行与储户之间的法律关系？

（2）银行金融产品的定价权应如何合理配置？

（3）储户合法权益的救济机制如何建立？

（4）如何理解中国人民银行、国务院银行业监督管理机构、中国银联、商业银行、金融产品消费者之间的法律关系？

2. 思考题

(1) 中国人民银行有哪些职能？

(2) 商业银行的终止情形有哪些？

(3) 什么是政策性银行？中国的两家政策性银行业务范围有哪些？

参考书目

1. 李玫．银行法．北京：对外经济贸易大学出版社，2007.

2. 王一平．银行法基本问题研究．北京：人民法院出版社，2005.

3. 刘隆亨．中国银行业监督管理法理解与适应．北京：红旗出版社，2004.

4. 孙国华．银行法律基础知识．北京：中国金融出版社，2005.

5. 中国银行业协会保理专业委员会．银行保理业务理论与实务．北京：中国金融出版社，2013.

6. 郭庆平．中央银行法的理论与实践．北京：中国金融出版社，2016.

7. 朱大旗．金融法．北京：中国人民大学出版社，2015.

8. 张炜．银行业法制年度报告 2015．北京：中国金融出版社，2015.

第五章

保险机构及业务法

本章要点

1. 保险法的概念和特点
2. 保险机构的类型
3. 财产保险合同的内容
4. 人身保险合同的主要条款
5. 保险理赔的程序

第一节　保险机构及业务概述

一、保险与保险法

（一）保险

1. 保险的概念

“保险”（insurance）作为一个专业术语，不同于我们日常生活中所指的办事稳妥、安全可靠等意思，而是有其特定的内涵和深刻的意义。对保险概念，应从两方面来分析、理解。从经济学的角度看，保险是以大数法则为基础，通过合理计算参加者应缴保险费建立保险基金，对特定危险事故或特定事件发生导致的损失进行补偿或给付的一种互助共济制度。从法学的角度看，保险是依据法律规定或双方当事人的约定，一方以承担支付保险费的义务，换取另一方对危险事故或特定事件出现造成的损失承担保险责任的法律行为。因此，在现代社会生活中，保险作为一项社会化的制度安排，是经济关系与法律关系的统一。

保险有狭义与广义之分。《中华人民共和国保险法》[1]（以下简称《保险法》）第2条规定："本法所称保险，是指投保人根据合同约定，向保险人支付保险费，保险人对于合同约定的可能发生的事故因其发生所造成的财产损失承担赔偿保险金责任，或者当被保险人死亡、伤残、疾病或者达到合同约定的年龄、期限等条件时承担给付保险金责任的商业保险行为。"这是狭义的保险概念，仅指商业保险。而广义的保险不仅包括商业保险，还包括社会保险。

保险作为分散危险、协力共济的一种社会经济制度，应具备以下要素：（1）必须有危险存在。无危险则无保险，危险的客观存在与发展是保险制度形成、发展的前提。但并非所有的危险都可以承保，只有具备一定条件、能够被保险公司接受的危险才是保险合同意义上的危险。（2）必须有互助共济关系。互助共济是保险存在的基础。"保险之旨趣，乃根据危险分散之法则，亦即相互性之原理，将集中于少数人之危险，由多数人分担其损失，寓有'我为人人，人人为我'之旨意，可谓人类社会以协同协力为基础之各种社会经济制度中最为普遍而有效的一种制度。"[2]（3）必须对危险造成的损失给予经济补偿。这是保险的目的所在，保险作为一种善后对策，通过对损失的补偿确保社会经济生活的安定。所谓经济补偿，是指这种补偿不是恢复已毁灭的原物，也不是赔偿实物，而是进行货币补偿。但人身保险与财产保险有所不同，因为人的身体、健康与生命是无法计算其价值并用货币衡量的，所以人身保险一般采用定额方式，当发生保险事故时，按照约定的方式予以金钱给付。

2. 保险的分类

以上对保险概念内涵的分析有助于理解保险的本质及功能，而对保险外延的考察，则在于把握保险的表现形式及具体内容。

（1）以开展保险事业的目的为标准，保险可分为商业保险与社会保险。商业保险是保险人采用商业化经营方式并以营利为目的开展的保险。依据《保险法》的规定，商业保险以自愿保险为原则，以强制保险为例外。社会保险是国家依据法律规定强制实施的，为劳动者的生老病死等提供基本生活保障的非营利性保险。与商业保险的保险费完全由投保人负担不同，社会保险的保险费一般由政府、单位与个人分担，社会保险实质上是借用保险形式施行的一种社会保障制度。

① 1995年6月30日，第八届全国人大常委会第十四次会议通过了《保险法》。这是自新中国成立以来我国的第一部保险基本法，采用了保险业法和保险合同法为一体的立法体例，是一部较为完整、系统的保险法律。根据我国加入世界贸易组织的承诺，2002年10月28日第九届全国人大常委会第三十次会议对《保险法》作了首次修改，并于2003年1月1日起实施；后分别于2009年、2014年、2015年进行了三次修改。

② 陈云中：《保险学》，7页，台北，五南图书出版公司，1985。

（2）以保险实施形式为标准，保险可分为强制保险与自愿保险。强制保险又称法定保险，是指国家颁布法令强制施行的保险。我国的社会保险与铁路、飞机、轮船的旅客意外伤害保险以及机动车辆的第三者责任保险都属于强制保险。自愿保险则是依据投保人的意愿，由投保人与保险人在平等互利、协商一致的基础上签订合同而实现的一种保险。自愿保险是商业保险实施的主要形式。

（3）以保险标的为标准，商业保险可分为财产保险与人身保险。财产保险是指以财产以及同财产相关的利益为标的的保险。人身保险是指以人的生命或身体为标的的保险。根据《保险法》第95条的规定，财产保险包括财产损失保险、责任保险、信用保险、保证保险等保险业务，人身保险包括人寿保险、健康保险、意外伤害保险等保险业务。

（4）以保险人承担责任的次序为标准，商业保险可分为原保险与再保险。原保险又称第一次保险，是指保险人对被保险人因保险事故所受的损害承担直接的、原始的赔偿或给付责任的保险。再保险也称分保，是指保险人将其承保的保险业务的部分或全部分散给其他保险人承担的保险。我国《保险法》第28条第1款只允许保险人将其承担的保险责任部分转移给其他保险人。

（二）保险法

1. 保险法的概念

保险法是调整保险关系的法律规范的总称。保险法有狭义和广义之分。狭义的保险法是指保险法典或民商法中有关保险的法律规范，即商业保险法。而广义的保险法是指以保险关系为调整对象的一切法律规范的总称，包括社会保险法与商业保险法。

我国现行的《保险法》即为商业保险法，其调整对象为商业保险关系，包括：一是保险合同关系，即保险合同当事人及关系人之间的权利义务关系。这是商业保险中适用最广的保险关系。二是保险中介关系，包括保险人与保险代理人之间的保险代理关系，保险人、投保人与保险经纪人之间的保险经纪关系，以及保险人、被保险人与保险公估人之间的保险公估关系。三是保险监督管理关系，即保险监督管理机构与保险人及保险中介人之间的监督管理关系。四是保险人之间因再保险合同所形成的协作关系。

2. 保险法的特征

保险本身的性质决定了保险法在金融法中的与众不同的特征，主要表现为以下几点。

（1）社会性。保险法的社会性特征是由保险业的分散危险、协力共济的特点决定的，保险法更多地关注对投保人利益的保障，抑制保险人对营利性的过分追求，毕竟保险关系涉及的公众面较广，处理得当与否直接影响到经济社会生活的稳定。因此，保险法对保险人从资本、人员、财务、经营、再保险到合同订立、履行、解释等各方面加以规制，以保护处于弱势地位的社会公众的利益。

(2) 强制性。因保险法具有社会性，故法律规定中多有一些强制性规范，关乎保险宗旨或社会利益，其效力不允许当事人变更或限制。如对财产保险合同中的超额保险，《保险法》第55条第3款规定，保险金额不得超过保险价值；超过保险价值的，超过的部分无效，保险人应当退还相应的保险费。

(3) 技术性。保险是以数理计算为基础形成的一种经济补偿制度，因此保险法中有较多的技术性规定。如关于保险费率的厘定、事故损失的计算，保险人的资本金、责任准备金以及保险人的承保责任限制等，各国保险法均有相应规定。

(4) 伦理性。保险合同是射幸合同[①]，极易诱发道德风险，故保险合同的订立必须出于善意，具有伦理性。如保险法中的保险利益、保险人代位权、重复保险分摊规则等制度，都是为避免被保险人和受益人不当谋求超出其损失的利益，防范其道德风险而设计的。

二、保险经营机构

(一) 保险经营机构的类型

保险经营机构的类型，是指依照法律规定的程序与条件设立的、专门经营保险业务的组织或个人。由于各国保险市场的发展水平不同，经营保险业务的机构类型也不尽相同，组织形式多种多样。

按照组织结构的不同，可分为公司制与非公司制保险机构。公司制保险机构又可分为有限责任公司、股份有限公司与相互保险公司等。非公司制保险机构则包括相互保险社、保险合作社与个人保险组织等。相互保险公司与一般保险公司的区别在于，相互保险公司的投保人同时也是公司的所有人。而相互保险社则是一种传统的保险组织，与相互保险公司的区别在于是否为法人组织。保险合作社与相互保险社有些类似，但最大区别在于其成员未必与合作社建立保险关系，但相互保险社以此为要件；此外，两者在成员构成、业务范围与资金来源方面也有不同。而对于个人保险组织，除英美等少数国家外，一般都禁止个人经营保险业务。

---

① 射幸，本意为碰运气。射幸合同是指当事人一方是否履行义务有赖于偶然事件的出现的一种合同，这种合同的核心特点是不确定性。

（二）保险公司的设立、变更与终止

1. 保险公司的设立

由于经营的保险业务是风险业务，因而世界各国大都对保险公司的设立规定了较为严格的条件与程序。我国《保险法》规定设立保险公司必须经国务院保险监督管理机构批准，并规定了具体的设立条件与程序等。

无论是股份有限保险公司、有限责任保险公司还是国有独资保险公司，其设立都应当具备以下条件：（1）公司章程。保险公司的章程是关于公司组织及行为的基本准则。章程需符合相关法律规定，经发起人或公司创立大会通过并经登记机关核准后方能生效。（2）注册资本。资本是公司运营的物质基础，是公司对债权人的财产担保，也是公司股东承担责任的限额。我国《保险法》规定设立保险公司的注册资本的最低限额为人民币 2 亿元，且必须为实缴货币资本。（3）高级管理人员。保险业务的专业性与技术性决定了保险从业人员必须具备相关的专业知识与业务经验，因此，各国对于保险公司高级管理人员的任职资格都规定了明确要求。（4）组织机构。这是保险公司正常经营管理的组织保证。我国保险公司的组织机构由股东会（国有独资保险公司不设股东会）、董事会与监事会组成。此外，还应具有完备的内部管理制度。（5）营业场所等硬件设施。这是保险公司开展业务经营，保障公司正常运转的必要条件。

保险公司的设立不仅应当具备相应条件，还应符合法定的程序，一般需要经过如下几个阶段：（1）申请。发起人应当向主管机关提交设立申请书、可行性研究报告及其他必要的文件资料。（2）筹建。设立保险公司的申请经初步审查合格，申请人应当依照《保险法》与《公司法》的规定进行筹建，提交正式申请表及相关的文件资料。（3）审查批准。主管机关自收到正式申请文件之日起 6 个月内，应当作出批准或者不批准的决定。（4）公司登记。经批准同意设立的，由批准部门颁发经营保险业务许可证，并凭此证向市场监督管理部门办理登记，领取营业执照。如保险公司自取得许可证之日起 6 个月内，无正当理由未办理公司设立登记的，其经营保险业务许可证自动失效。

此外，保险公司在境内设立分支机构的，必须经保险监督管理机构批准后，方可设立；在境外设立子公司、分支机构的，依照有关规定在完成设立后 20 个工作日内，向国务院保险监督管理机构报告。

2. 保险公司的变更

保险公司的变更是指在保险公司依法成立之后，在经营过程中某些原因导致有关事项发生变动。我国《保险法》第 84 条规定，保险公司有下列变更事项之一的，

须经保险监督管理机构批准：（1）变更名称；（2）变更注册资本；（3）变更公司或者分支机构的营业场所；（4）撤销分支机构；（5）公司分立或者合并；（6）修改公司章程；（7）变更出资额占有限责任公司资本总额5%以上股份的股东，或变更持有股份有限公司5%以上股份的股东；（8）保险监督管理机构规定的其他变更事项。

保险公司更换董事长、总经理的，应当报经保险监督管理机构审查其任职资格。

3. 保险公司的终止

保险公司的终止是指当保险公司在经营过程中出现章程或法律规定的特定情形时，依法消灭其主体资格的法律行为。导致保险公司终止的情形包括解散、撤销与被宣告破产等。

（1）解散，是指已经成立的保险公司，基于公司自己的意志而自愿消灭其法人资格的行为。当章程规定的解散事由、股东会的决议及公司的合并与分立等情形出现时，经保险监督管理机构批准，均可导致公司的解散。保险公司应当依法成立清算组，进行清算。但法律严格限制经营人寿保险业务的保险公司的自愿解散行为，规定其除分立、合并外，不得解散。

（2）撤销，是指因保险监督管理机构的命令保险公司的法人资格被强制消灭的行为。当保险公司在经营过程中严重违反相关法律法规，被保险监督管理机构吊销经营保险业务许可证时，应依法撤销，并由撤销机构依法及时组织清算组，进行清算。

（3）被宣告破产，是指保险公司财务状况严重恶化，不能支付到期债务，经保险监督管理机构同意，由人民法院依照法定程序消灭其法人资格的行为。保险公司被宣告破产的，由人民法院组织保险监督管理机构等有关部门和有关人员成立清算组，进行清算。

但经营人寿保险业务的保险公司被撤销或宣告破产的，其持有的人寿保险合同及责任准备金，必须转让给其他经营人寿保险业务的保险公司；不能同其他保险公司达成转让协议的，由国务院保险监督管理机构指定经营人寿保险业务的保险公司接受转让。转让或者由国务院保险监督管理机构指定接受转让前述人寿保险合同及责任准备金的，应当维护被保险人、受益人的合法权益。

（三）保险公司经营制度

保险公司的经营规则是指保险公司及其工作人员在经营保险业务活动过程中应当遵循的基本准则。

1. 经营范围制度

根据我国的法律规定，保险公司不得经营保险业务以外的其他业务，并且同一保险人不得同时兼营财产保险业务和人身保险业务。法律之所以规定不得兼营两种保险业务，是因为二者在标的、期限、保险费与保险金赔付等方面截然不同，混合经营极易导致保险公司顾此失彼，难以稳健经营或损害投保人的利益。但对于短期健康保险业务和意外伤害保险业务，经国务院保险监督管理机构核定，财产保险公司可以同时经营。

2. 提取准备金制度

为维护被保险人的利益，保证保险公司的稳健经营，保险公司除按照注册资本总额的 20%提取保证金外，还必须依法提取和转存各项责任准备金、公积金、保险保障基金等，并依法管理使用。

3. 风险防范制度

首先，保险公司应当具有与其业务规模和风险程度相适应的最低偿付能力，其净资产不得低于国务院保险监督管理机构规定的数额。其次，对于保险公司承担保险业务的自留风险与再保险业务的分担风险法律都有明确的规定，以控制保险业务的经营风险。对于保险公司的当年自留保险费，《保险法》第 102 条规定不得超过其实有资本金加公积金总和的 4 倍，以防止其过度追求盈利。同时对于一次保险事故可能造成的最大损失范围内所承担的责任，《保险法》第 103 条规定不得超过其实有资本金加公积金总和的 10%；对超过的部分，应当办理再保险。办理再保险分出业务，应当依法进行。最后，保险公司的资金运用必须稳健，遵循安全性原则，限于在银行存款，买卖债券、股票、证券投资基金份额等有价证券，投资不动产以及国务院规定的其他资金运用形式。

4. 诚信经营制度

保险公司及其工作人员在从事保险业务活动过程中不得从事以下行为：欺骗投保人、被保险人或者受益人；对投保人隐瞒与保险合同有关的重要情况；阻碍投保人履行《保险法》规定的如实告知义务，或者诱导其不履行《保险法》规定的如实告知义务；故意编造未曾发生的保险事故进行虚假理赔，骗取保险金等。

5. 公平竞争制度

依据我国《反不正当竞争法》《反垄断法》《保险法》的相关规定，保险公司在经营过程中，应当公平竞争，维护市场秩序，促进保险市场良性发展；不得从事降价排挤、诋毁商誉、不当利诱、商业贿赂、虚假宣传、侵犯商业秘密等不正当竞争，不得从事达成垄断协议、滥用市场支配地位以及具有排除、限制竞争效果的经营者集中的垄断行为，如保险公司不得承诺向投保人、被保险人或者受益人给予保险合同规定以外的保险费回扣或者其他利益而从事不正当竞争行为。

三、保险中介机构

（一）保险代理人

保险代理人是根据保险人的委托，向保险人收取代理手续费，并在保险人授权范围内代为办理保险业务的机构和个人。保险代理人实质上是代表保险人的利益从事保险中介活动，其代理权来源于保险人的委托授权，代理的行为后果由保险人承受。

1. 保险代理人的类型

按照保险代理的经营方式，保险代理人可被分为个人保险代理人、兼业保险代理机构与专业保险代理机构三大类型。

（1）个人保险代理人，是指根据保险人的委托，向保险人收取代理手续费，在保险人授权的范围内代为办理保险业务的个人。根据我国《保险法》及相关法律的规定，个人保险代理人应当品行良好，具有从事保险代理业务所需的专业能力，并且在代为办理人寿保险业务时，不得同时接受两个以上保险人的委托。

（2）兼业保险代理机构，是指受保险人的委托，在从事自己业务的同时，指定专人为保险人代办保险业务的单位。依据我国《保险代理人监管规定》的规定，兼业保险代理人须有同经营主业直接相关的保险代理业务来源，按照“保险兼业代理许可证”核定的代理范围，在其主业营业场所内从事保险代理业务，且只能为一家保险公司代理保险业务。

（3）专业保险代理机构，是指专门从事保险代理业务，具有独立主体资格的保险代理组织。依据我国《保险代理人监管规定》的规定，专业保险代理机构的组织类型有有限责任公司、股份有限公司两种。专业保险代理人须符合法定条件，取得“经营保险代理业务许可证”之后，方可依法代理保险业务。

2. 保险代理业务的经营规则

（1）代理人的业务规则。业务范围包括销售保险产品、收取保险费、相关保险业务的损失勘察和理赔以及法定的其他业务，只是不同类型的保险代理人其业务范围会有所不同。并且保险代理人应当有自己的经营场所，设立专门账簿记载保险代理业务的收支情况，接受保险监督管理机构的监督。

（2）委托代理协议规则。保险代理人从事保险代理业务，应当与保险人签订委托代理协议，约定双方的权利、义务及其他代理事项。保险代理人依据授权办理的保险业务的行为后果由保险人承担，并且适用《民法典》中有关表见代理的规定，保险代理人的行为后果仍然由保险人承担。

（3）代理人的行为规则。保险代理人在办理保险业务的活动中，应当诚实守信，不得有下列行为：欺骗保险人、投保人、被保险人或者受益人；隐瞒与保险合同有关的重要情况；阻碍投保人履行《保险法》规定的如实告知义务，或者诱导其不履行《保险法》规定的如实告知义务；给予或向投保人、被保险人或者受益人承诺给予保险合同规定以外的其他利益；利用行政权力、职务或者职业便利以及其他不正当手段强迫、引诱或者限制投保人订立保险合同等。

（4）保险公司的行为规则。保险公司应当加强对保险代理人的培训和管理，提高保险代理人的职业道德和业务素质，不得唆使、误导保险代理人进行违背诚信义务的活动。同时，保险公司对个人保险代理人有培训和管理的责任，以确保个人保险代理人的职业道德和业务素质。

（二）保险经纪人

保险经纪人是指基于投保人的利益，为投保人与保险人订立合同提供中介服务，并依法收取佣金的主体。保险经纪人实质上是代表投保人、被保险人的利益，以自己的名义独立从事保险经纪活动，向保险人收取佣金的保险中介机构。[①] 按照组织形式，保险经纪人可以被分为个人保险经纪人与公司保险经纪人两种类型。

（1）个人保险经纪人，是指以个人名义从事保险经纪业务活动的自然人。个人保险经纪人在英、美、日等国普遍存在，并须符合严格的资格条件。但根据我国《保险经纪人监管规定》的规定，在我国不允许以自然人名义从事保险经纪业务活动。

（2）公司保险经纪人，是指以公司形式设立的保险经纪组织。依据我国法律，公司保险经纪人有有限责任公司与股份有限公司两种形式。其必须符合法定条件，取得“经营保险经纪业务许可证”之后，方可依法从事保险经纪业务活动。

（三）保险公估人

保险公估人是指接受保险当事人（保险人或投保人、被保险人）的委托，专门从事保险标的的评估、勘验、鉴定、估损、理算等业务，并据此向委托人收取合理费用的单位。

根据我国《保险公估人监管规定》，保险公估人的组织形式包括合伙企业、有限责任公司及股份有限公司三种类型，并且均须符合法定设立条件，备案公告之后，方可依法从事保险公估业务。

---

① 这与我国《民法典》有关中介合同的规定有所不同。根据《民法典》第961条的规定，向委托人报告订立合同机会或者提供订立合同媒介服务的，应由委托人向中介人（经纪人）支付报酬，而《保险法》中关于保险经纪人向保险人收取佣金的规定，与保险特性及传统有关，各国在保险实务与保险法律中通常规定由保险人支付佣金。

保险公估人经国务院保险监督管理机构备案公告后，可以经营保险标的承保前的检验、估价及风险评估，保险标的出险后的查勘、检验、估损及理算以及法定的其他业务。有关保险公估人的经营规则，还包括禁止性行为、保证金缴存及商业秘密保守等。

第二节 保险合同

一、保险合同概述

（一）保险合同的概念与特点

保险合同是投保人向保险人支付约定的保险费，保险人对承保标的因保险事故所造成的损失，在保险金额范围内承担赔偿责任，或在合同约定期限届满时，承担给付保险金义务的协议。根据我国《保险法》的规定，保险合同是投保人与保险人约定保险权利义务关系的协议。

保险合同相对于一般合同，除具有诺成性、有偿性、双务性等特点外，还具有如下特点。

1. 保险合同是射幸合同

依照民法原理，有偿合同可被分为实定合同与射幸合同。实定合同中双方当事人的权利、义务是确定对等的，而射幸合同中一方当事人义务的履行取决于偶然事件的发生，具有不确定性。保险合同中，投保人交付保险费的义务是确定的，而保险人履行赔付保险金的义务则取决于约定的保险事故是否发生，是不确定的。

2. 保险合同是最大诚信合同

任何合同都应遵守诚信原则，保险合同之所以较一般合同对当事人的诚信要求更为严格，是因为保险事故的发生具有不确定性，除受客观因素影响外，还与合同主体是否如实告知密切相关，任何违背诚信原则的行为都可能加重对方的风险。

3. 保险合同是附和合同

附和合同即格式合同。保险合同的主要条款由保险人事先拟定，投保人一般只能作出是否同意的意思表示，并无协商的余地。这是由保险的技术性、行业垄断性及保险经营的客观需要决定的。

（二）保险合同的法律关系

1. 保险合同的主体

保险合同的主体是指保险合同的参加者，主要是保险合同的当事人与关系人。

另外，还有保险合同的辅助人，即保险中介。

保险合同的当事人包括保险人与投保人。保险人又称承保人，是指与投保人订立保险合同，并承担赔偿或者给付保险金责任的保险公司。投保人是指与保险人订立保险合同，并按照保险合同负有支付保险费义务的人。投保人必须对保险标的具有保险利益，即投保人对保险标的具有法律上承认的利益，否则，保险合同无效。

保险合同的关系人包括被保险人与受益人。被保险人是指保险事故发生时遭受损失，享有赔偿请求权的人。被保险人与投保人可以是同一人，也可以不是。受益人是指由投保人或被保险人在合同中指定的保险事故发生时享有保险金请求权的人，一般仅存在于人身保险中。投保人与被保险人均可是受益人。

2. 保险合同的客体

保险合同的客体是指保险合同双方当事人的权利、义务共同指向的对象。有学者认为保险合同的客体是保险标的，即作为保险对象的财产及其有关利益或者人的寿命和身体。[①] 我们认为其混淆了保险标的与保险合同标的这两个概念。因为保险合同权利人享有的是债权请求权，而非对物的支配权，所以，保险合同的客体应当是行为，即保险人向被保险人就保险标的提供保险保障的行为。

3. 保险合同的内容

保险合同的内容是指保险合同双方当事人的权利、义务，主要体现在双方签订的保险合同条款，可分为基本条款与特约条款。基本条款是指依据不同险种，规定合同当事人的权利、义务基本事项的必备条款，包括当事人的姓名、住所、保险标的、保险金额、保险费、保险责任、保险期限等。特约条款是指在基本条款基础上所附加的用以扩大或限制基本条款中所规定的权利、义务的补充条款。

（三）保险合同的订立、变更与终止

1. 保险合同的订立

订立保险合同，需经过要约与承诺阶段，方可成立保险合同。一般采用投保单、暂保单、保险单、保险凭证作为书面凭证，但经双方协商同意，也可采用其他书面形式。订立保险合同时，保险人应当向投保人说明合同内容，特别是有关保险人责任免除的条款，未向投保人说明的，该条款无效。而投保人也应履行如实告知义务，否则，将可能导致合同解除、责任自负或不退保险费等严重后果。

2. 保险合同的变更

在保险合同有效期内，双方经协商，可以变更保险合同有关内容，应采取在原

---

① 参见李玉泉：《保险法》，2版，144页，北京，法律出版社，2003。

保险合同上批注或附贴批单及另行签订书面协议等形式进行变更。

3. 保险合同的终止

引起保险合同终止的原因主要有合同期限届满、合同解除、合同失效与合同履行等。

二、财产保险合同

（一）财产保险合同的概念与类型

财产保险合同是指投保人依约缴付保险费，保险人按照约定对被保险人因自然灾害、意外事故所遭受的经济损失或依法应承担的民事责任承担补偿责任的合同。财产保险合同包括物质财产保险合同、责任保险合同、信用保险合同、保证保险合同等类型。

（1）物质财产保险合同，即以有形财产为保险标的的合同。依据投保标的不同，物质财产保险合同可被分为企业或家庭财产保险、运输工具保险、货物运输保险等几类。

（2）责任保险合同，即以被保险人对第三人依法应承担的民事损害赔偿责任为保险标的的合同，通常包括雇主责任保险合同、公众责任保险合同、产品责任保险合同、职业责任保险合同等种类。

（3）信用保险合同与保证保险合同。二者均是以特定的信用风险为保险标的的合同，不同之处在于，信用保险合同是保险人为债务人的还款风险向债权人提供担保的保险合同，保证保险合同则是保险人为被保证人的履约风险向权利人提供担保的保险合同。

（二）财产保险合同的保险责任与除外责任

保险责任是指保险人依法应承担的对保险财产的损失的赔偿责任。保险人应承担保险责任的范围主要包括：（1）自然灾害所致损失，如地震、海啸、龙卷风、洪水、泥石流等自然现象所造成的损失。（2）意外事故所致损失，如火灾、爆炸、空中运行物坠落等无法预见或抗拒的事件所造成的损失。（3）其他保险事故所致损失。

除外责任是指依照法律规定或合同约定，保险人不负赔偿责任的范围。财产保险合同中常见的除外责任有被保险人的故意违法行为、战争或敌对行为、保险标的的自然损耗等。

（三）财产保险合同的内容

1. 投保人、被保险人的权利、义务

投保人、被保险人的权利包括：（1）合同解除权。除法律另有规定或合同有约定外，保险合同成立后，投保人可以解除合同。保险责任开始前，投保人要求解除合同的，应当向保险人支付手续费，保险人应当退还保险费。保险责任开始后，投保人要求解除合同的，保险人可以收取自保险责任开始之日起至合同解除之日止期间的保险费，将剩余部分退还投保人。但是，于货物运输保险合同和运输工具航程保险合同，保险责任开始后，合同当事人不得解除合同。（2）合同终止权。保险标的发生部分损失的情况下，在保险人赔偿后30日内，投保人可以终止合同，并可获得未受损失部分的保险标的在终止合同之后的剩余保险费。（3）保险金请求权。发生保险事故后，被保险人享有请求保险人赔偿损失的权利，任何单位或个人不得限制被保险人行使其合法权利。

投保人、被保险人的义务包括：（1）如实告知义务与通知义务。投保人应将保险标的的有关情况，如实地告知保险人，不得隐瞒，否则，保险人不承担赔付责任或有权解除合同；投保人知道保险事故发生后，应及时通知保险人；重复保险的投保人应将重复保险的有关情况通知各保险人；保险标的转让时，被保险人应通知保险人，经保险人同意继续承保后，依法变更合同，但货物运输保险合同和另有约定的除外。在合同有效期内，保险标的的危险程度增加时，被保险人应及时通知保险人，否则，因保险标的危险程度增加而发生保险事故的，保险人不承担赔偿责任。（2）支付保险费义务。投保人应按照合同约定的方式、时间向保险人支付保险费。（3）遵守国家规定维护保险标的安全的义务。被保险人应当遵守国家有关消防、安全、生产操作、劳动保护等方面的规定，维护保险标的的安全。（4）提供索赔单证与施救义务。保险事故发生后，投保人、被保险人应依照保险合同向保险人提供其所能提供的与确认保险事故的性质、原因、损失程度等有关的证明和资料，并且有责任维护保险事故现场，尽力采取必要的措施，防止或减少损失。（5）协助保险人行使代位求偿权的义务。被保险人不得放弃其向对保险事故负有责任的第三人请求赔偿的权利，并应向保险人提供代位求偿所需的文件以及其所知道的有关情况，协助保险人行使代位求偿权。

2. 保险人的权利、义务

保险人的权利包括：（1）收取保险费权。财产保险合同成立后，保险人有权依照具体约定向投保人收取保险费。投保人未依约缴付保险费的，保险人可通过催缴、诉讼的方式催缴保险费。（2）调查询问权。保险人可就保险标的的情况向投保人提出询问；检查保险标的的安全状况；经被保险人同意，采取必要措施维护保险标的的安全；发生保险事故后，对有关情况进行调查。（3）合同解除权与增加保险费权。投保人未履行如实告知义务，足以影响保险人决定是否同意承保或者提高保险费率的，保险人有权解除合同。被保险人谎称发生保险事故，向保险人索赔，以及故意制造保险事故的，保险人有权解除合同。投保人、被保险人未依约履行对保险标的安全义务的，保险人有权要求增加保险费或者解除合同。保险标的的危险程度增加，保险人有权要求增加保险费或解除合同。(4) 合同免责权。除合同约定的免责事由外，对于投保人故意违反告知义务，对于解除保险合同前发生的保险事故，以及发生保险事故后，被保险人以伪造、变造的有关证明、资料或其他证据编造虚假的事故原因或夸大损失程度的，保险人对其虚报的部分，不承担赔偿责任。此外，对于被保险人在保险人赔偿保险金之前，放弃对第三人的索赔权的，保险人亦不承担赔偿责任。(5) 代位求偿权。因第三人对保险标的的损害而造成保险事故后，保险人自向被保险人赔偿保险金之日起，在赔偿金额范围内可行使代位求偿权，向第三人请求赔偿。

保险人的义务包括：(1) 保险赔偿义务。这是保险人的基本义务。(2) 合同说明义务。订立保险合同时，保险人应当向投保人说明合同条款的内容，特别是对于责任免除条款，应当向投保人明确说明，未明确说明的，该条款不产生效力。(3) 拒赔通知义务。对于不属于保险责任的事故，保险人应向被保险人发出拒绝赔偿保险金通知书。(4) 保密义务。保险人对于在办理保险业务时知悉的投保人的业务、财产情况及个人隐私，负有保密的义务。(5) 降低、退还保险费义务。除合同另有约定外，对于因据以确定保险费率的有关情况发生变化，保险标的危险程度明显降低或保险标的的保险价值明显减少的情形，保险人应当降低保险费，并退还相应的保险费。(6) 承担合理费用义务。保险人承担为查明和确定保险事故的性质、原因和保险标的的损失程度所支付的必要的、合理的费用。除合同另有约定外，保险人承担因就责任保险申请仲裁或提起诉讼所支付的费用以及其他必要的、合理的费用。

三、人身保险合同

(一) 人身保险合同的概念与类型

人身保险合同是指以人的生命或身体为保险标的，保险人按照被保险人的年龄、健康状况向投保人收取保险费，并在被保险人死亡、伤残、疾病或达到合同约定的年龄、期限时，向被保险人或受益人支付保险金的合同。人身保险合同主要有人寿保险合同、意外伤害保险合同和健康保险合同三大类。

1. 人寿保险合同

此即以被保险人在一定期限内死亡或生存为给付保险金条件的保险合同。根据保险事故不同，人寿保险合同可被分为死亡保险合同、生存保险合同与生死两全保险合同。死亡保险合同是以被保险人的死亡为给付保险金条件的合同。生存保险合同是以被保险人在规定期限内生存为给付保险金条件的合同。生死两全保险合同又称储蓄保险合同，是指被保险人在一定期限内死亡或在期限届满时仍生存，保险人均需给付保险金的合同。

2. 意外伤害保险合同

此即以被保险人遭受意外伤害导致伤残或死亡为给付保险金条件的保险合同。按照承保条件，意外伤害保险合同可被分为普通意外伤害保险合同与特种意外伤害保险合同：前者是指为被保险人因意外事故导致伤害提供保险保障的合同；后者是指为被保险人在特定时间、特定地点或因特定原因导致伤害提供保险保障的合同，如旅游意外伤害保险合同、飞机旅客意外伤害保险合同等。

3. 健康保险合同

健康保险合同是以被保险人发生医疗疾病、失能收入损失、护理以及医疗意外等为给付保险金条件的保险合同。

（二）人身保险合同的主要条款

人身保险合同除应当具备一般保险合同的基本条款外，还因人身保险的特点而具有如下一些特殊条款。

1. 不可抗辩条款

不可抗辩条款又称不可争条款，是指人身保险合同中，自合同成立之日起满 2 年后，保险人将不得以投保人在投保时违反如实告知义务为理由，主张合同无效或拒绝给付保险金。基于保险法的最大诚信原则，投保人应履行如实告知义务，否则，保险人有权解除合同。但多数人身保险合同属于长期性合同，经过一定时间后很难查清投保人在投保时是否如实告知，若不加以限制，保险人就可能滥用这一权利，而使被保险人的利益无法得到保障。我国《保险法》第 32 条第 3 款对于投保人申报的被保险人年龄不真实情况的处理即为不可抗辩条款。

2. 年龄误告条款

这主要是针对投保人申报的被保险人年龄不真实，而真实年龄又符合合同限制年龄的情况而设立的。因为在人身保险合同中，被保险人的年龄是确定保险费率与测定危险的重要依据，所以投保人应如实告知。但是，对于不同原因的年龄误告应作出不同处理。我国《保险法》第 32 条进行了全面规定：对于被保险人的真实年龄超过合同约定的承保年龄限制的，合同无效，但自合同成立之日起逾 2 年的除外；对于被保险人的真实年龄大于误告年龄但其真实年龄又符合合同约定的年龄限制，致使少缴保险费的，投保人应按真实年龄补缴保险费或调整原定的保险给付金额；对于被保险人的真实年龄小于误告年龄，致使多缴保险费的，保险人应退还多收的保险费。

3. 宽限期条款

这是指对于分期支付保险费的保险合同，在支付首期保险费后，投保人虽未按合同约定的时间缴付保险费，在合同约定的或法定的缴费宽限期内，保险合同仍然有效。依据我国《保险法》第 36 条的规定，宽限期除合同另有约定外，为 60 天，自应缴当期保险费之日算起。超过宽限期后，投保人未支付当期保险费将导致：一是保险合同的效力中止，二是由保险人按照合同约定的条件减少保险金额。但是，保险人对人身保险的保险费，不得以诉讼方式要求投保人支付。

4. 复效条款

复效条款是指投保人在宽限期届满后，仍未缴纳应付保险费的，致使保险合同的效力中止后，在法定的期限内，经保险人与投保人协商并达成协议，在投保人补缴保险费后，合同效力恢复。但自合同效力中止之日起 2 年内未达成协议的，保险人有权解除合同。复效条款对投保人来讲，要比重新订立保险合同更为有利。

5. 自杀条款

我国《保险法》第 44 条第 1 款规定：以被保险人死亡为给付保险金条件的合同，自合同成立或合同效力恢复之日起 2 年内，被保险人自杀的，保险人不承担给付保险金的责任，但被保险人自杀时为无民事行为能力人的除外。该条第 2 款规定：保险人依照前款规定不承担给付保险金责任的，应当按照合同约定退还保险单的现金价值。

6. 不丧失价值任选条款

人身保险带有储蓄性质，因为投保人所缴付的保险费中，除去费用开支与当年给付的保险金外，剩余部分充作责任准备金，以便将来给付被保险人或受益人。投保人缴付保险费若干年后，其保险单就具有现金价值。当投保人不愿意继续缴纳保险费时，投保人有权选择有利于自己的方式来处理这笔现金价值，如申请退保要求给付现金、要求办理减额保险或要求办理展期定期保险等。

7. 保单贷款条款

如上所述，因为保险单具有的现金价值，投保人可以以质押方式，在保险单积存的责任准备金的累计金额范围内，向其投保的保险人申请贷款。保单贷款通常是投保人以保险单作质押向保险人贷款，贷款数额按有关法律规定或合同约定确定，一般不超过保单现金价值的一定比例。如果债权人（贷款人）不是其投保的保险人，应通知该保险人。另外，根据《保险法》的规定，以死亡为给付保险金条件的保险合同，非经被保险人同意，投保人不得将保险单进行质押。

8. 保单转让条款

人身保险单具有现金价值，且逐年增加，投保人可以按有价证券转让给他人，实质即为投保人的变更。但是出于防范道德风险的原因，根据我国《保险法》第34条第2款的规定，依照以死亡为给付保险金条件的合同所签发的保险单，未经被保险人书面同意，不得转让或者质押。此外，在保险单转让时，保险单所有人应书面通知保险人，由保险人批单生效。

9. 受益人条款

在人身保险合同中受益人是指享有给付保险金请求权的独立主体，因此，法律对其有专门的规定。受益人可由被保险人或投保人指定。但投保人指定受益人时须经被保险人同意，并且被保险人或投保人可以指定一人或者数人为受益人。未确定受益份额的，受益人按照相等份额享有受益权。变更受益人的，被保险人或投保人应书面通知保险人，且投保人变更受益人时，须经被保险人同意。

10. 战争条款

将战争和军事行动作为保险人的免责条款，是因为在战争中往往有大量的人员死亡，其死亡率远远超过正常的死亡率。对于按照正常死亡率收取保险费的保险人而言，无法承担由此带来的给付责任。因此，人身保险合同一般都将战争作为合同的除外责任。

第三节　保险索赔及理赔

一、保险索赔及理赔概述

发生保险事故后，被保险人或受益人要向保险人提出索赔，保险人要进行理赔。索赔与理赔是保险赔偿与给付的两个不同侧面，是保险合同履行的重要组成部分。

（一）保险索赔与理赔的概念

保险索赔是指被保险人或受益人在保险标的遭受保险事故造成财产损失或人身伤害，或者在保险合同期限届满之后，依据保险合同向保险人请求赔偿损失或给付保险金的行为。

保险理赔是指保险人按照保险索赔人的请求，依据保险合同的约定，对其提供的资料进行审核、调查，处理有关保险赔偿事务的行为。

其中，被保险人或受益人提出索赔要求，是基于保险合同所享有的主要权利，是行使债权请求权的行为。而保险人进行理赔，是基于保险合同应尽的义务，是履行保险责任的行为。

（二）保险赔付的近因原则

被保险人或受益人提出索赔以及保险人进行理赔，除应具备保险合同并且合同合法有效外，还应当坚持近因原则。所谓近因，是指造成某一事件的最直接、有效、起决定性作用的原因，并非指时间上、空间上的最近原因。

近因原则是保险理赔过程中必须遵循的原则。这是因为保险事故的发生并不意味着保险人一定要承担保险责任，而保险人是否赔偿损失或给付保险金，还要看导致危险事故发生的原因是否属于保险人承担的风险范围，以及所承保的风险与事故的发生有无因果关系。但危险事故的发生，不仅存在一因一果情况，还有一因多果、多因一果及多因多果情况。这时，何种原因导致事故的出现，就成为保险索赔与理赔的关键，进而对于被保险人或受益人能否获得赔偿起至关重要的作用。各国保险立法与实践均普遍认为，只有导致保险事故发生的最直接、最有效、起主导作用或支配作用的因素出现，保险人才应承担保险责任。我国虽未明确规定近因原则，但《保险法》第 2 条的规定实际上确立了有关保险赔付的近因原则。

二、保险索赔的要件与程序

（一）保险索赔的要件

被保险人或受益人在向保险人行使索赔请求权时，应当具备下列条件，才能为保险人接受而赔偿损失或给付保险金。

1. 保险合同合法有效

这是保险索赔的合法依据。保险合同有效与否，应当以我国《保险法》与《民法典》的相关规定为依据。

2. 索赔权利人主体适格

这是保险索赔的主体要件。保险合同为双务合司，保险人所承担的保险责任是与投保人或被保险人应履行的义务相对应的。只有投保人或被保险人在合同成立之后，按照合同约定忠实履行各项义务，没有违反合司的相关约定，被保险人或受益人才是适格的保险索赔请求权人。

3. 存在保险事故且造成损失或合同期限届满

这是保险索赔的客观要件。只有存在保险责任范围内的保险事故且造成损失或合同约定的期限业已届满，保险人才能接受请求，予以理赔，并且保险事故与保险责任之间存在因果关系。如前所述，两者之间不仅必须存在因果关系，而且必须存在近因关系。

4. 索赔权利人在法定期限内提出请求

索赔是一项民事权利。为督促权利人及时行使权利，法律规定了索赔权利行使的诉讼时效。我国《保险法》第 26 条规定：人寿保险以外的其他保险的被保险人或者受益人，向保险人请求赔偿或者给付保险金的诉讼时效期间为 2 年，自其知道或应当知道保险事故发生之日起计算。人寿保险的被保险人或者受益人向保险人请求给付保险金的诉讼时效期间为 5 年，自其知道或应当知道保险事故发生之日起计算。

（二）保险索赔的一般程序

在不同的保险合同中，提出索赔的具体程序有所不同，但是，一般均需经过如下几个步骤。

1. 通知保险人

在保险事故发生后或保险合同期限届满后，被保险人或受益人应当及时通知保险人，告知保险人有关被保险人或受益人姓名或名称、保险单号码，事故发生的时间、地点、原因以及损失等基本情况。应注意，被保险人或受益人通知保险人不等于向保险人提出索赔请求，因为，通知保险人是被保险人或受益人应尽的义务，而索赔则是其权利。

2. 提出索赔请求

为防止保险人以仅收到通知而未提出索赔请求为由不予理赔，被保险人或受益人最好在通知出险或合同期限届满的同时，向保险人提交出险通知书或给付请求书，提出索赔请求。

3. 合理施救，保护现场

合理施救是索赔权利人应承担的义务。特别是对于财产保险，当合同约定的保险事故发生时，被保险人有责任尽力采取必要的措施，防止或者减少损失。同时，对于发生保险事故的现场，应当尽力保护、积极配合，使保险人的现场勘验得以顺利进行，为日后理赔得及时、准确、合理打下基础。

4. 提供索赔单证

向保险人提供单证的过程，也是被保险人或受益人承担举证义务的过程。被保险人或受益人应向保险人提供其所能提供的与确认保险事故的性质、原因以及损失程度等有关的证明和资料。

三、保险理赔的程序与其他规定

（一）保险理赔的一般程序

1. 受领事故发生通知

在索赔权利人通知保险人后，保险人应立即接受该通知，详细记录被保险人或受益人姓名或名称、保险单号码，事故发生的时间、地点、原因以及损失等基本情况。保险人不接受事故通知的，不影响其承担保险责任。

2. 审核索赔单证

保险人在收到有关索赔单证后，应立即进行审核以确定保险单是否有效、资料是否齐全、索赔人是否享有索赔权利、出险通知时间是否在有效期间内、出险事故是否属于承保的保险事故等。经审核后，初步认为符合索赔条件的，应立即继续进行理赔工作；认为不符合索赔条件的，直接拒绝其请求。

3. 现场调查

保险人在接受事故通知并初步审核索赔单证后，认为可能需要赔付的，应及时赶到事故发生现场，着手进行损失调查。调查的方法主要是对现场的查看检验。现场调查的主要内容包括：查勘事故发生的地点、时间、原因及经过；查明保险标的损失后果，计算损失数额；组织施救与救助工作，以减少损失。在现场调查结束后，保险人或受托检验人应制作查勘报告或检验报告。

4. 责任审定

经过前期工作后，保险人应根据现场调查资料与保险合同等有关单证的内容，确定保险人是否应当承担责任以及应承担多大的保险责任。对于确定应当承担保险责任的，保险人还需进一步核对损失清单与赔付金额；经过审核后，认为不应当承担保险责任，决定拒绝赔付的，根据我国《保险法》第 24 条的规定，保险人应当向被保险人或受益人发出拒绝赔偿或者拒绝给付保险金通知书，并说明理由。另外，我国《保险法》第 27 条规定了保险人有权拒绝赔付的三种情形：一是保险欺诈。被保险人或受益人在未发生保险事故的情况下，谎称发生了保险事故，向保险人提出赔偿或者给付保险金的请求的，保险人有权解除保险合同，并不退还保险费。二是故意制造保险事故。对于投保人、被保险人或受益人故意制造保险事故的，保险人有权解除保险合同，不承担赔偿或者给付保险金的责任，也不退还保险费。但对于人身保险合同中投保人、受益人故意造成被保险人死亡、伤残或疾病，同时已缴足 2 年以上保险费的，保险人虽不承担给付保险金的责任，但应当按照合同约定向其他享有权利的受益人退还保险单的现金价值。三是虚报损失。保险事故发生后，投保人、被保险人或受益人以伪造、变造的有关证明、资料或其他证据，编造虚假的事故原因或夸大损失程度的，保险人对其虚报的部分不承担赔偿或给付保险金的责任。投保人、被保险人或受益人有以上行为之一，致使保险人支付保险金或支出费用的，应当退回或者赔偿。

5. 金额确定

确定应当承担保险责任的，保险人应根据前期收集的情况，计算应当支付的保险金数额。对于人身保险合同，因其实行定额保险，有关保险金数额在合同中有明确的约定，一般容易确定。而对于财产保险合同，因其实行损失补偿原则，故赔偿数额的确定需要综合考虑保险价值、实际损失、保险金额与可保利益等，最终确定保险赔偿金额。保险价值即保险标的的价格，一般可以由当事人约定或按市场价格计算。实际损失就是经过现场调查之后确定的保险标的损失数额，一般以损失当时的市场价格为依据进行确定。保险金额是指保险合同双方在合同中约定的保险人赔偿的金额，即在事故发生后，保险人承担赔偿或给付保险金责任的最高限额。可保利益是投保人或被保险人对保险标的所具有的利益。依照我国《保险法》第55条的规定，保险标的的保险价值，可以由投保人和保险人约定并在合同中载明，也可以按照保险事故发生时保险标的的实际价值确定。保险金额不得超过保险价值；超过保险价值的，超过的部分无效。保险金额低于保险价值的，除合同另有约定外，保险人按照保险金额与保险价值的比例承担赔偿责任。

6. 保险金给付

在确定应当赔付或给付的金额之后，保险人应及时赔偿损失或给付保险金。我国《保险法》第23条第1、2款规定：保险人收到被保险人或受益人的赔偿或给付保险金的请求后，应当及时作出核定，并将核定结果通知被保险人或者受益人；对属于保险责任的，在与被保险人或者受益人达成有关赔偿或者给付保险金额的协议后10日内，履行赔偿或者给付保险金义务。保险合同对赔偿或者给付保险金的期限有约定的，保险人应当依照约定履行赔偿或者给付保险金义务。保险人未及时履行前述义务的，除支付保险金外，应当赔偿被保险人或者受益人因此受到的损失。

7. 损余处理

这主要是针对财产保险合同理赔而言的。所谓损余，是指发生保险事故的保险标的遭受损失后，尚存的具有经济价值的财产部分。对于保险损余的归属，应当按照保险合同的约定进行处理。在保险实践中，一般是在保险理赔的过程中，由保险人向被保险人或受益人发出损余处理意见，经双方协商后处理。

（二）保险理赔中的其他规定

1. 保险金的先予支付

保险金的先予支付是指保险人对索赔的证明、资料进行审核后，认为应当承担保险责任的，在最终确定赔偿金额或给付金额之前，向被保险人或受益人预先支付能够确定的最低数额赔付或给付的制度。这是因为对于某些保险理赔案件来说，并不能很快地确定最终的赔付或给付金额，有时可能需要一年或更长的时间，但被保险人或受益人在遭受损失或合同期限届满后，往往又非常迫切需要资金来恢复生产或生活。如果保险理赔的时间过长，可能会导致生产停顿、企业破产或个人生活陷入窘境，从而也就失去了保险的互助共济的意义。

因此，我国《保险法》第 25 条规定：保险人自收到赔偿或者给付保险金的请求和有关证明、资料之日起 60 日内，对其赔偿或者给付保险金的数额不能确定的，应当根据已有证明和资料可以确定的数额先予支付；保险人最终确定赔偿或者给付保险金的数额后，应当支付相应的差额。也即保险金的先予支付应符合下列条件：前提条件，即保险人应当对业已发生的保险事故承担保险责任；时间条件，即经过审核在特定时间内难以确定最终的赔付或给付金额；数额条件，即预先支付的仅是根据当前情形能够确定的数额；补偿性条件，即为保障双方当事人的公平，预先支付的金额要从最终确定的赔付或给付金额中扣除。

2. 代位求偿

代位求偿是指财产保险中，第三人的过错导致保险事故发生的，保险人在对被保险人在保险责任范围内所遭受的损失予以赔偿后，依法取得向对财产损失负有责任的第三人进行追偿的权利的制度。该制度是从财产保险的补偿性原则中派生出来的，是为避免被保险人在财产保险中获得双重补偿，维护财产保险合同双方当事人的利益平衡。

保险人获得代位求偿权应当具备如下条件：(1) 被保险人享有对第三人因保险事故造成损失的赔偿请求权，即保险标的的损失是第三人的侵权行为造成的，否则也就失去了代位求偿的前提，并且被保险人尚未依法向侵权的第三人提出赔偿请求。(2) 保险人依据财产保险合同对于保险标的的损失同时也负有赔偿责任，即保险标的的损失是由保险事故造成的，保险人有义务予以赔付。(3) 被保险人在事故发生后，并未豁免第三人的赔偿责任。我国《保险法》第 61 条第 1、2 款规定：保险事故发生后，保险人未赔偿保险金之前，被保险人放弃对第三人的请求赔偿的权利的，保险人不承担赔偿保险金的责任。保险人向被保险人赔偿保险金后，被保险人未经保险人同意放弃对第三人请求赔偿的权利的，该行为无效。(4) 保险人已经向被保险人就事故损失在保险责任范围内进行了赔偿。

保险人在获得代位求偿权之后，在向第三人追偿的过程中，还应注意如下问题：(1) 保险人应在赔偿金额的限度内行使代位追偿权。保险人行使代位求偿权，不影响被保险人就未取得赔偿的部分向第三人请求赔偿的权利。如果保险人向第三人取得的赔款金额超过保险人的赔偿金额，超过赔偿金额的部分应归被保险人所有。(2) 保险事故发生后，被保险人已经从第三人处取得损害赔偿的，保险人赔偿保险金时，可以相应扣减被保险人从第三人处已取得的赔偿金额。(3) 被保险人的过错致使保险人不能行使代位请求赔偿的权利的，保险人可以相应扣减保险赔偿金。（4）被保险人有义务协助保险人行使代位追偿权。我国《保险法》第 63 条规定：在保险人向第三人行使代位请求赔偿的权利时，被保险人应当向保险人提供必要的文件和其所知道的有关情况。（5）除被保险人的家庭成员或其组成人员故意对保险标的进行损害而造成保险事故以外，保险人不得对被保险人的家庭成员或其组成人员行使代位求偿权。

思考题

1. 保险的要素包括哪些？
2. 保险合同的当事人、关系人有哪些？
3. 保险人解除保险合同的要件有哪些？
4. 重复保险如何分摊损失？
5. 保险赔付的近因原则是什么？

参考书目

1. 袁宗蔚．保险学：危险与保险．北京：首都经济贸易大学出版社，2000.

2. 乔治·E. 瑞达，迈克尔·J. 麦克纳马拉．风险管理与保险原理．刘春江，译．北京：中国人民大学出版社，2015.

3. 孙祁祥．保险学．北京：北京大学出版社，2021.

4. 李玉泉．保险法．北京：法律出版社，2019.

5. 王静．保险案件裁判精要．北京：法律出版社，2019.

6. 周玉华．保险公司合规管理与风险控制实务指引．北京：法律出版社，2022.

第六章

证券机构及业务法

本章要点

1. 证券公司的法律特征和业务范围
2. 证券公司的风险管理和内部控制制度
3. 证券交易场所的法律特征
4. 证券交易场所的自律管理与政府监管

第一节　证券机构及业务概述

一、证券机构的概念和特征

证券机构是指依法成立的从事证券发行、交易、监管等活动或者为证券的发行、交易、监管等活动提供各种专业服务的机构，包括证券发行机构、证券投资机构、证券公司、证券交易场所、证券登记结算机构、证券投资咨询机构等。

与一般机构相比，证券机构具有下列特征：

（1）是依法成立的组织。首先，无论是证券交易的当事人，还是证券交易的代理人、证券交易的服务者，抑或证券业的监管者，都必须具有合法的主体资格。因此，非依法成立的组织不能成为证券机构。其次，作为一种机构，它总是具有社会组织性，而不能是个别的自然人。虽然如律师、会计师、审计师等在从事证券服务时个体特色比较鲜明，但他们最终仍然要以事务所的名义开展工作。

（2）从事证券及其相关业务。证券机构从事的是与证券相关的业务。在我国，证券业务是国务院证券监督管理机构根据法律、行政法规规定的资格和条件审查批准的一种特许经营业务。不过，这里的证券与民商法上所称的证券有所不同，它主要是指资本证券，即根据证券权利可以取得资本性收益而将其作为投资工具的有价证券。各证券机构围绕资本证券分别进行证券提供、证券交易、证券交易服务、证券交易监管等业务活动。

（3）具有独立性和相互间的合作性。各证券机构都是独立的机构，具有独立的法律主体资格，其职能也具有自己的特征，它们在证券市场的不同运行阶段参与市场运行，发挥自己独特的作用。但各证券机构的业务又密切相连；证券发行机构的证券发行是首要环节，证券交易场所为证券交易提供场所、设施和规则，证券投资者、证券发行人通过证券公司的平台进行交易，而证券监管机构的监管和证券公司、证券服务机构的服务贯穿始终。各机构分工合作，共同促进证券市场的良好运行。

二、证券机构的种类及业务活动

依照不同的标准可以对证券机构进行不同的分类。根据证券机构的性质，可以将证券机构分为证券发行机构、证券交易机构（企业）、证券服务机构和证券监管机构。根据证券机构的业务范围与性质，可以把证券机构分为证券发行机构、证券投资机构、证券公司、证券交易场所、证券服务机构和证券监管机构。

证券发行机构发行证券、筹集资金，是证券的原始供应者，一般包括企业、金融机构、政府部门和其他经济组织。

证券投资机构是指从事证券买卖的单位，它是证券市场上的资金供给者和证券需求者。

证券公司是证券市场最主要的参与者。一方面，它是沟通发行人和投资者、投资者与投资者的桥梁，是连接证券市场各个主体的纽带，是实现资金融通的重要渠道；另一方面，它自身有时也是机构投资者，直接参与证券市场资金的流转以及资源的合理配置。证券公司业务活动广泛，包括：证券经纪；证券投资咨询；与证券交易、证券投资活动有关的财务顾问；证券承销与保荐；证券融资融券；证券做市交易；证券自营；其他证券业务。在我国现行法律环境下，证券投资机构不能直接进入证券交易场所进行交易，只有通过证券公司提供的证券经纪业务，才能完成证券交易，因此，证券经纪业务是证券公司的主要业务。

证券交易场所为证券交易提供固定设施、场所以及规则。它有一系列完善的设施、严密的上市规则和交易规则，为集中交易提供必要的物质保障、制度保障和安全保障。证券交易场所是证券交易最集中、最重要的交易场所，在证券市场中占据核心地位。

证券服务机构为证券的发行、承销、上市和交易提供各种专业化的中介服务，包括证券登记结算机构、证券投资咨询机构、资信评估机构、资产评估机构等。证券服务机构根据各自的性质和职能为证券市场提供相应的服务，帮助发行人实现筹资目标，引导投资者理性投资，降低证券市场的风险，是证券市场正常运行不可或缺的组成部分。

证券监管机构根据证券法律法规和行业规定，对证券发行、交易活动及其他市场参与者的行为进行监督和管理，以保护投资者的合法权益。证券监管机构包括政府监管机构、证券交易场所、证券商协会等。政府监管机构是其中最主要的组成部分。我国的政府监管机构是国务院证券监督管理机构，经过授权，其地方派出机构也可在一定范围内行使监管职能。证券监管机构是维护证券市场有序、高效运行的重要主体。

第二节 证券公司

一、证券公司的概念和法律特征

在我国，证券公司是指按照《公司法》和《证券法》等法律法规规定的设立条件，经国务院证券监督管理机构批准并经公司登记机关登记设立的、从事证券业务的公司。

证券公司与普通公司有许多共同属性，但作为专门从事证券经营业务的商业组织，证券公司又具有以下特征。

（1）经营业务的特殊性。普通公司从事的经营业务范围非常广泛，而证券公司专门从事证券经营业务以及其他相关业务。根据《证券法》（2019 年修订）的规定，证券公司经营的业务主要包括证券经纪，证券投资咨询，与证券交易、证券投资活动有关的财务顾问，证券承销与保荐，证券融资融券，证券做市交易，证券自营和其他证券业务。这些业务多数属于金融服务领域，服务对象主要是发行人、证券投资者为主，涉及金额大，风险高。

（2）设立条件的特殊性。普通公司的设立只要满足《公司法》规定的有关有限责任公司或股份有限公司设立的条件即可，证券公司还要满足《证券法》的特殊规定，如主要管理人员和业务人员的任职资格、固定的经营场所和合格的交易设施等。另外，2005 年修订的《证券法》提高了证券公司最低注册资本限额的标准。严格设定证券公司的设立条件，可以增强证券公司的责任心，提高其抗风险能力，有助于保护投资者的利益。

（3）设立程序的特殊性。根据《公司法》的规定，普通公司的设立采取登记制，即公司股东或者发起人签署公司设立文件并提交给公司登记机关，公司登记机关经审核合格后，向申请人签发企业法人营业执照，公司即告成立。而设立证券公司除要符合《公司法》的规定外，还应当符合《证券法》的相关规定，即设立证券公司除要履行《公司法》规定的登记程序外，还应当办理前置批准程序和登记后许可程序。没有完成前置审批程序，任何人不得设立证券公司；没有履行登记后许可程序，任何人不得经营证券业务。

（4）管理制度的特殊性。出于防范风险的目的，证券公司的管理标准远远严于普通公司的管理标准。首先，普通公司的管理制度主要来自公司内部约束，由公司内部的组织机构负责。证券公司的管理制度，不仅来自公司内部，而且来自公司外部，要遵循法律的强行性规范，接受国务院证券监督管理机构的监督。其次，证券公司的管理制度突出风险控制，普通公司无此要求。

二、证券公司的种类和业务范围

根据不同的标准可以将证券公司分为不同的种类。如根据组织形式，可以把证券公司分为证券有限责任公司和证券股份有限公司等；根据股东境内外来源的不同，可以将证券公司分为中资证券公司和中外合资证券公司等。

从业务角度探讨证券公司的分类最具现实意义，也是国际通行的做法。我国《证券法》（2019 年修订）采取了按具体证券业务分别管理的制度，于第 120 条规定，经国务院证券监督管理机构批准，证券公司可以经营下列部分或者全部业务：证券经纪，证券投资咨询，与证券交易、证券投资活动有关的财务顾问，证券承销与保荐，证券融资融券，证券做市交易，证券自营，其他证券业务。据此，证券公司相应地被分为证券经纪公司、证券投资咨询公司、证券承销保荐公司、证券融资融券公司、证券做市交易公司、证券自营公司等，而可经营几种证券业务的是证券综合公司。

证券经纪业务是指证券公司在核定业务范围内，执行客户委托，以自己的名义从事证券交易的业务活动。这是证券公司最主要的一项业务。证券投资咨询业务是指证券公司根据客户委托向证券投资者或者客户提供证券投资信息分析、预测、建议的业务活动。与证券交易、证券投资活动有关的财务顾问业务是指证券公司在限定范围内，根据委托人的委托，向客户提供证券投资融资、资本运作等财产方面的建议的业务活动。证券承销业务是指证券公司通过证券承销协议，在规定的证券发行有效期内协助证券发行人销售证券的业务活动。证券保荐业务是指证券公司对发行人的发行、上市文件进行实质性核查，推荐符合条件的发行人的证券发行、上市，并对所推荐公司督促、指导和信用担保的业务活动。证券融资融券业务是指证券公司向客户出借资金供其买入证券或者出借证券供其卖出，并收取担保物的经营活动。证券做市交易业务是指在证券市场上，由具备一定实力和信誉的证券公司作为特许交易商，不断向公众投资者报出某些特定证券的买卖价格，并在该价位上接受公众投资者的买卖要求，以其自有资金和证券与投资者进行证券交易的业务活动。证券自营业务是指证券公司以自己的名义和自有资金为了自己的利益进行证券买卖的业务活动。除上述业务之外，证券公司还可以经营国务院证券监督管理机构核准的其他证券业务。

三、证券公司的设立、变更和终止

世界范围内，证券公司的设立有三种制度，即审批制、注册制和承认制。我国《证券法》（2019 年修订）第 118 条规定，设立证券公司，应当具备本条规定的条件，并经国务院证券监督管理机构审查批准。因此，我国对证券公司的设立采取审批制。实行审批制可以防止信誉不好、资产不良的证券公司进入证券市场，有利于净化市场环境、防范市场风险、增加交易安全。

根据《证券法》（2019 年修订）第 118 条和第 119 条的规定，设立证券公司，应当具备下列条件：有符合法律、行政法规规定的公司章程；主要股东及公司的实际控制人具有良好的财务状况和诚信记录，最近三年无重大违法违规记录；有符合《证券法》规定的公司注册资本；董事、监事、高级管理人员、从业人员符合《证券法》规定的条件；有完善的风险管理与内部控制制度；有合格的经营场所、业务设施和信息技术系统；法律、行政法规和经国务院批准的国务院证券监督管理机构规定的其他条件。证券公司的设立除依照《公司法》规定的设立程序进行外，还需要经过申请、国务院证券监督管理机构审批、设立登记、国务院证券监督管理机构许可四个步骤。

证券公司的变更是指证券公司的名称、住所、业务范围、注册资本等发生变化。对于一般事项的变更，公司自主决定，无须经过审批，只需要到公司登记机关办理变更登记手续即可。对于重要事项的变更，特别是经过核准的事项发生的变更，须履行报批手续：（1）变更证券业务范围；（2）变更主要股东或者公司的实际控制人。

证券公司的终止是指依法成立的证券公司因特定事由丧失民事主体资格。我国《公司法》规定的证券公司的终止事由有两类：解散和被宣告破产。解散有四种原因：公司章程规定的营业期限届满；股东会决议解散；因合并、分立而解散；因违反法律法规而解散。《证券法》在总结经验的基础上，为关闭证券公司这一强制性措施设置了缓冲：对于违法经营或者出现重大风险，严重危害证券市场秩序、损害投资者权益的证券公司，可以采取责令停业、指定其他机构托管、接管或撤销等监管措施，以免因风险的系统性、复杂性、社会性和关闭的刚性对证券市场造成较大的冲击。

四、证券公司的风险管理和内部控制制度

证券市场是一个充满风险的市场，为防范风险，必须要求证券公司建立风险控制制度。《证券法》（2019 年修订）第 118 条明确规定，要有完善的风险管理与内部控制制度。风险管理制度主要包括投资者保护基金制度、资产负债比例管理制度、交易风险准备金制度、业务风险管理制度等。

证券投资者保护基金是指依法筹集形成的在防范和处置证券公司风险中用于保护投资者利益的资金。《证券法》（2019 年修订）第 126 条规定：国家设立证券投资者保护基金。证券投资者保护基金由证券公司缴纳的资金及其他依法筹集的资金组成，其规模以及筹集、管理和使用的具体办法由国务院规定。将证券投资者保护基金法定化是 2005 年《证券法》修订时的一项重大举措。

资产负债比例管理制度是指国务院证券监督管理机构规定的证券公司的净资本和其他风险控制指标。《证券法》（2019 年修订）及其配套监管规范确立了以净资本和流动性为核心指标的风险控制指标体系，是顺应时代潮流的进步之举。

交易风险准备金，也称营业保证金，是指证券公司按照法定比例提取和缴纳的，用于弥补证券交易损失、承担法律责任的准备金。我国的风险准备金是由证券公司以货币形式从每年的业务收入中提取的，具有较强的变现能力，适合弥补证券交易的损失。

业务风险管理制度是指为防范风险、规范管理，对不同证券公司规定的业务规则，如：对证券经纪公司实行的严禁挪用客户交易结算资金、信用交易要经过批准、禁止接受客户全权委托等规则；对证券自营业务实行的自主经营、采取实名制等规则。

证券公司内部控制制度是针对近些年证券公司“挪用客户资金问题”日益严重而出台的一项制度。《证券法》（2019 年修订）规定：证券公司应当建立健全内部控制制度，进行业务分开办理，不得混合操作。采取有效隔离措施，防范公司与客户之间、不同客户之间的利益冲突。此外，《证券法》（2019 年修订）还规定了对证券业务的“一司一批”制度以配合“分开操作”业务；改革了结算资金制度，以防范公司与客户之间的利益混同；增加了“分户管理、单独立户”制度，以明晰客户与客户之间的利益。

第三节　证券交易场所

一、证券交易场所的概念和法律特征

证券交易场所是指经依法登记，取得法人资格的，为证券集中交易提供场所和设施，组织和监督证券交易，实行自律管理的证券交易所、国务院批准的其他全国性证券交易场所。

证券交易场所具有以下法律特征：

（1）以集中交易为主要交易方式。集中交易是指在买方和卖方均为多数的情况下，采用当事人公开报价的方式，依照时间优先、价格优先等标准，合理地确定证券交易价格。集中交易最大限度地实现了证券的流通性，是证券交易场所采取的基本交易方式。需要注意的是，集中交易并非证券交易场所唯一的交易方式。《证券法》（2019 年修订）第 38 条规定，证券在证券交易所上市交易，应当采用公开的集中交易方式或者国务院证券监督管理机构批准的其他方式。这是 2005 年修订的《证券法》适应证券市场的发展趋势，为协议收购、大宗交易等非集中交易预留了一定的法律空间。

（2）为证券交易提供设施、场所和规则。证券交易场所是进行证券交易所必需的空间、设施和规则的完整体系。证券交易场所通常具有比较完备和固定的交易场所与交易设施、安全的交易服务网络、规模较大的管理人员和从业人员，还制定了大规模证券集中交易所需要的管理规则、交易规则和各项组织制度，为证券交易的实现提供制度保障。各国法律一般要求证券交易场所为有形市场，但是，伴随着通信技术、计算机和互联网技术的发展，证券的电子化交易和网络交易日益频繁，证券交易场所呈现无形化的趋势。

（3）具有证券交易组织者和管理者的双重身份。作为证券市场的重要组成部分，证券交易场所具有多重身份。首先，证券交易场所是证券交易的组织者。除提供必要的设施和场所外，证券交易场所还在其职权范围内制定和修改证券交易的具体规则，如上市规则、交易规则、会员管理规则、监管规则等，以保证证券交易有组织地进行。因为具有这些职能，证券交易场所也同时具有被监管者的身份，需要接受国务院证券监督管理机构的监督。其次，证券交易场所实行自律管理，是证券交易的自律监管者。证券交易场所不是为某一参与者的利益而是为各方参与者的利益提供服务，这就从客观上确立了证券交易场所具有的中立监管功能。证券交易场所通过接受上市、日常监管、决定终止上市等措施，督促各方当事人按照公开、公正、公平的原则进行交易。

（4）法律性质为依法成立的法人。证券交易场所所有职能的完成都有赖于证券交易场所的独立地位。根据各国证券立法的通行做法，证券交易场所无论采取何种组织形式，均应具备法人资格，独立享有权利、履行义务和承担责任，成为独立的法律主体。从另一个角度讲，正是因为证券交易场所具有法人资格，它才有可能作为证券交易各方的交易活动的媒介，才可能在相当程度上发挥调整证券交易关系的实际作用。法人资格是证券交易场所在证券市场上发挥组织和监督作用的前提条件，也是其进行自律管理的必然要求。

二、证券交易场所的沿革与功能

世界上最早的证券交易场所见于1680年荷兰的阿姆斯特丹，此后，西班牙、德国和法国等国家也陆续出现了各自的证券交易场所。从18世纪60年代至18世纪90年代，伴随着股份经济的迅猛发展，证券交易场所也迅猛发展。我国的证券交易市场最早出现于清朝末年。1891年欧美证券商人在上海成立“上海股份公所”，这是中华人民共和国成立前出现的第一家外商经营的证券交易场所。1914年，北洋政府公布《证券交易所法》。1918年北京证券交易所成立。1919年，北洋政府农商部正式批准设立“上海交易所”。中华人民共和国成立后，为尽快恢复金融市场秩序，“天津市证券交易所”和“北京市证券交易所”先后成立。改革开放后，随着金融体制改革的深入，1990年11月26日上海证券交易所正式成立，1991年4月11日深圳证券交易所成立。与此相适应，我国的证券立法也开始制定。1996年8月21日，国务院证券委员会发布《证券交易所管理办法》。1997年，上海和深圳证券交易所划归中国证监会。1996年8月，中国证监会发布《证券交易所管理办法》。2001年12月，中国证监会根据于1998年颁布的《证券法》修订并发布《证券交易所管理办法》，并分别于2017年、2020年、2021年进行了三次修改。

证券交易场所的功能是创造公开、公平、公正的市场环境，保障证券市场的正常运行。具体而言，证券交易场所通过提供设施、场所形成连续性的证券交易市场；通过集中竞价交易等形式形成公开、合理的证券交易价格；通过交易行情的及时公布，提供权威的交易信息；通过制订规则规范交易行为、维护交易市场秩序。

证券交易场所的上述功能在理论上又可以被归纳为服务功能和监管功能，其中，服务功能是证券交易场所最基础也是最主要的功能，证券交易场所只有在发挥服务功能的基础上，才能谈及监管职能的实现。不过，在证券交易场所的历史发展过程中，服务功能和监管功能在不同的历史发展时期不尽相同，经历了从早期的服务功能为主到如今的服务功能与监管功能并重的演变。早期证券市场发育程度低，证券交易场所多实行会员制，证券交易场所与上市公司之间的关系更像是单纯的民事关系，证券交易场所作为交易设施提供者而存在，服务是证券交易场所的主要功能。随着证券市场的发展，社会公众投资者大量进入证券领域，信息披露日显重要，证券交易场所的自律监管功能日益凸显。

三、证券交易场所的设立和组织形式

证券交易场所的设立需要一定的条件和程序，不同的设立条件和程序常常能反映一个国家对证券市场的干预程度。《证券法》（2019 年修订）规定，“证券交易所、国务院批准的其他全国性证券交易场所的设立、变更和解散由国务院决定”，“证券交易所章程的制定和修改，必须经国务院证券监督管理机构批准”。这些规定表明，我国证券交易场所的设立，采用的是审批制。证券交易场所的设立必须具备如下条件：名称、章程和业务规则；必要的场所、设施和资金；一定数量的会员；适格的管理人员和从业人员。

在世界范围内，证券交易场所按组织形式被分为两种：会员制证券交易场所和公司制证券交易场所。会员制证券交易场所是指证券公司以会员身份自愿出资共同设立的非营利性的证券交易场所。公司制证券交易场所是指由股东共同出资建立的，采取有限责任公司或股份有限公司形式的营利性的证券交易场所。二者的区别是：第一，会员制证券交易场所是社团法人，公司制证券交易场所是企业法人、公司法人。第二，会员制证券交易场所不以营利为目的，公司制证券交易场所以营利为目的。第三，会员制证券交易场所对会员证券公司的管理权来源于会员共同达成的设立契约或入会契约，公司制证券交易场所对入场交易者的管理权来自证券交易场所与证券公司达成的入市交易契约。第四，会员制证券交易场所的组织机构为会员大会、理事会和经理，公司制证券交易场所的组织机构为股东会、董事会、监事会和经理。第五，会员制证券交易场所是由会员缴纳会费设立的，不需要进行利益分配；公司制证券交易场所是由股东出资设立的，税后利润除用于保证证券交易场所的设施运行和更新外，应分配给出资者。这些不同导致会员制证券交易场所比公司制证券交易场所更易于自律管理，但是会员制证券交易场所囿于会员人数，难以因应证券交易场所的国际化发展趋势，这可能会阻碍证券交易的进一步发展。

一般认为，我国的证券交易所属于会员制证券交易所。其主要根据是 2005 年修订前的《证券法》和《证券交易所管理办法》关于组织机构的相关规定中有“会员大会”的规定，如“证券交易所设会员大会、理事会和专门委员会”。但是我国的会员制证券交易所又带有很深的政府主导的烙印，与西方自生自发、自律管理的会员制证券交易所又有明显的区别。2005 年《证券法》修订了 2004 年《证券法》第 95 条第 1 款关于“证券交易所是提供证券集中竞价交易场所的不以营利为目的”的规定，去掉了“不以营利为目的”，改为第 102 条第 1 款：“证券交易所是为证券集中交易提供场所和设施，组织和监督证券交易，实行自律管理的法人。”这意味着证券交易所可以采取非营利的会员制，将来也可以采取营利性的公司制。这些修改顺应了证券市场的发展趋势，为发展公司制证券交易所预留了法律空间。事实上，于 2021 年 9 月 3 日注册成立的北京证券交易所，便是经国务院批准设立的我国第一家公司制证券交易所。值得注意的是，2019 年修订的《证券法》第 99 条第 1 款关于“证券交易所履行自律管理职能，应当遵守社会公共利益优先原则，维护市场的公平、有序、透明”之规定，强化了证券交易所的社会公共性。这是否意味着证券交易所属于行政法上的“具有管理公共事务职能的组织”?

四、证券交易场所的自律管理与政府监管

证券交易场所是实行自律管理的法人。在理论上讲，证券交易场所属于私法上的民事主体，契约关系是其自律管理的理论基础。证券交易场所对会员公司、上市公司和交易活动的监管权，主要来自证券公司以签署章程的方式换取公平有序的交易环境，来自上市公司以公开信息的方式获取广大社会公众的认购，来自投资者对良好市场秩序的追求。[①] 具体依据是交易场所章程、上市协议和交易规则。

从世界范围来看，证券市场的监管模式一般有三种：政府主导型、市场自律型和综合型。不论采用何种监管模式，自律管理始终在一国证券市场监管体系中扮演着重要角色。首先，和政府监管相比，自律管理更加灵活，更能化管理为会员的自觉行为。同时，由于证券交易场所熟悉和掌握市场交易的现状与规律，所以其监管不仅有市场基础，而且有实践经验，从而更加专业。其次，自律管理必须接受政府监督。证券法在赋予证券交易场所自律管理职能的同时，也规定了其必须接受政府监督的义务，这些义务包括：报批和报告义务，提供信息资料义务，接受检查义务，设立风险基金义务，不得分配财产积累义务等。最后，自律管理与政府监管互相补充。证券交易场所不具有行政监管权，自律管理缺乏政府监管的刚性，而政府监管

① 参见叶林：《证券法》，220 页，北京，中国人民大学出版社，2000。

远离市场，专业不足。证券交易场所和政府监管机构应在分工监管的基础上相互协同、紧密合作，双重监管可以最大限度地消除金融风险，鼓励投资。

证券交易场所的自律管理体现在：证券交易场所通过制订具体交易规则、公布交易信息、采取技术性停牌或临时停市和实时监控等方式，对证券公司的交易活动进行监督；通过制订上市规则、上市保荐人制度和终止上市交易等对上市公司进行监督；通过制订会员管理规则、资格席位管理规则、业务财务监督和从业人员管理规则，对会员和从业人员进行监督管理。

第四节　证券登记结算机构

证券登记结算机构是指经国务院证券监督管理机构批准设立，依法登记，取得法人资格，为证券交易提供集中登记、存管与结算服务的机构。证券登记结算机构是随着证券业的发展，为满足登记结算业务从分散到集中的需求而出现的，它有利于降低证券发行和交易成本，提高交易效率。与一般的证券服务服务机构不同，证券登记结算机构是非营利法人，它提供的服务虽然具有有偿性，但它提供服务并不以追求利润为目的。这种定位有利于它正确行使职能，维护证券市场的正常交易秩序。

根据《公司法》和《证券法》，证券登记结算机构的设立应具备以下条件：自有资金不少于2亿元，具有证券登记、存管和结算服务必需的场所和设施以及国务院证券监督管理机构规定的其他条件。证券登记结算机构主要履行下列职能：证券账户、结算账户的设立和管理，证券的存管和过户，证券持有人名册登记及权益登记，证券和资金的清算交收及相关管理，受证券发行人的委托办理派发证券权益等业务，依法提供与证券登记结算业务有关的查询、信息、咨询和培训服务，依法担任存托凭证存托人以及中国证监会批准的其他业务。

证券登记结算机构实行行业自律管理，依据业务规则对证券登记结算业务参与人采取自律管理措施。同时，证券登记结算机构也要接受中国证监会依法对证券登记结算机构及证券登记结算活动进行的监督管理。第一，证券登记结算机构的设立和解散，必须经中国证监会批准。第二，证券登记结算机构为履行职能而制定的证券账户管理、证券登记、证券托管与存管、证券结算、结算参与人管理、自律管理等与证券登记结算业务有关的业务规则，应当报中国证监会批准。第三，证券登记结算机构应当采取下列措施，加强证券登记结算业务的风险防范和控制：制定完善的风险防范制度和内部控制制度；建立完善的技术系统，制定由结算参与人共同遵守的技术标准和规范；建立完善的结算参与人和结算银行准入标准和风险评估体系；对结算数据和技术系统进行备份，制定业务紧急应变程序和操作流程。

2001 年 3 月 30 日，经中国证监会批准，上海、深圳证券交易所依据相关规定，共同发起设立了中国证券登记结算有限责任公司。2005 年，《证券法》进一步明确了证券登记结算机构的法律地位。2006 年 4 月，中国证监会制定、发布了《证券登记结算管理办法》(以下简称《办法》)，以规范证券登记结算行为，保护证券市场安全、高效运行。《办法》在 2009 年得到了部分修订。首先，《办法》明确了证券登记、存管、结算等业务的具体管理办法，更具有操作性。其次，《办法》为证券登记结算的安全和高效提供了法律保障。它规定的实名制开户制度、清算交收中的货银兑付制度，以及证券登记结算机构建立各种风险控制措施的制度，集中体现了保证业务安全的原则。同时，《办法》明确了集中登记原则，规定了结算公司与结算参与人进行证券与资金交收的具体方法，体现了在保证安全的基础上对效率最大化的追求。最后，《办法》在账户体系设计、结算模式选择等方面为产品和制度创新预留了空间，为证券登记结算机构的进一步发展构筑了平台。此后，国务院证券监督管理机构对《办法》进行了两次小幅修改：(1) 在 2017 年删去《办法》第 10 条第 2 项、第 3 项，增加两项，作为第 11 条第 10 项、第 11 项，“(十) 重大国际合作与交流活动、涉港澳台重大事务；(十一) 与证券登记结算有关的主要收费项目和标准的制定或调整”。(2) 在 2018 年拓宽了投资人的范围，并增加了外国人申请开立证券账户的规定。2022 年，中国证监会对《办法》进行了较大幅度的修改，本次修订的主要思路是：一是落实上位法。深入贯彻落实《证券法》的要求，对 2019 年《证券法》新增或修订的涉及证券登记结算的条款，作好衔接修订。二是全力支持货银对付改革。做好改革的法律保障工作，落实改革的法律保障配套制度规则要求。三是解决实际需要。根据近年来资本市场重大改革创新，特别是沪深港通、沪伦通等互联互通、存托凭证试点等涉及证券登记结算机构的职能及相关业务的实际情况，修改相关条款，夯实法律基础。

第五节　证券服务机构

证券服务机构是指依法成立的，为证券的发行、交易及其他相关活动提供各种专业服务的机构。证券服务机构主要包括会计师事务所、律师事务所以及从事证券投资咨询、资信评级、资产评估、财务顾问、信息技术系统服务的机构等。证券服务机构的出现是证券市场专业化的客观需求，这些机构通过专业化服务为整个证券市场的良好运行提供必要的技术支持。

一、会计师事务所

会计师事务所从事的证券业务主要是：为证券的发行、上市、挂牌、交易等证券业务活动制作、出具财务报表审计报告、内部控制审计报告、内部控制鉴证报告、验资报告、盈利预测审核报告；为证券公司及其资产管理产品制作、出具财务报表审计报告、内部控制审计报告、内部控制鉴证报告、验资报告、盈利预测审核报告。按照2019年修订后的《证券法》及其相关规定，会计师事务所须遵守以下行为规则：

（1）备案要求。会计师事务所从事证券服务业务，应当向国务院证券监督管理机构（中国证监会）和国务院有关主管部门（财政部）备案，并保证备案信息的真实、准确、完整、及时。会计师事务所从事证券服务业务备案通过中国证监会会计师事务所和资产评估机构备案系统或财政会计行业管理系统填报备案信息，并应进行首次从事证券服务业务备案、重大事项备案、年度备案等。中国证监会和财政部通过网站等方式公告备案会计师事务所名单及相关信息。为会计师事务所从事证券服务业务备案，不代表对其从事证券服务业务执业能力的认可。

（2）勤勉尽责。会计师事务所及注册会计师应当严格遵守法律法规、监管规则、业务规则以及行业公认的业务标准和道德规范，诚实守信，勤勉尽责，恪尽职守，保护投资者合法权益，审慎履行职责，作出专业判断与认定，对所依据的文件资料内容的真实性、准确性、完整性进行核查和验证，对招股说明书或其他信息披露文件中与其专业职责有关的内容以及其所出具文件的真实性、准确性、完整性负责，对与本专业相关的业务事项履行特别注意义务，对其他业务事项履行普通注意义务，并承担相应法律责任。

（3）报告义务。会计师事务所及注册会计师对在证券交易中发现的禁止的交易行为，应当及时向国务院证券监督管理机构报告。会计师事务所及注册会计师在为信息披露出具专项文件时，发现上市公司、挂牌公司及其他信息披露义务人提供的材料有虚假记载、误导性陈述、重大遗漏或者其他重大违法行为的，应当要求其补充、纠正。信息披露义务人不予补充、纠正的，应当及时向公司注册地证券监督管理机构和证券交易场所报告。

（4）配合监管。国务院证券监督管理机构依法对会计师事务所进行监督检查或者调查，被检查、调查的单位和个人应当配合，如实提供有关文件和资料，不得拒绝、阻碍和隐瞒。国务院证券监督管理机构对会计师事务所出具的文件的真实性、准确性、完整性有疑义的，可以要求会计师事务所作出解释、补充，并调阅其工作底稿。会计师事务所及其执业人员应当配合国务院证券监督管理机构的监督管理，在规定的期限内提供、报送或披露相关资料、信息，并保证其提供、报送或披露的资料、信息真实、准确、完整，不得有虚假记载、误导性陈述或者重大遗漏。

二、律师事务所

2002年12月，司法部和中国证监会联合发布了《关于取消律师及律师事务所从事证券法律业务资格审批的通告》，正式取消了证券律师资格审批制度，所有合法登记注册的律师事务所及执业律师都可以从事证券业务。2007年3月，司法部和中国证监会联合发布了《律师事务所从事证券法律业务管理办法》。2010年10月，司法部和中国证监会联合发布了《律师事务所证券法律业务执业规则（试行）》以及《律师事务所证券投资基金法律业务执业细则（试行）》。以上三项部门规章和其他规范性文件对律师事务所及其指派的律师从事证券法律业务作出了详细要求。

律师事务所及其指派的律师从事证券法律业务的执业活动包括开展核查和验证（以下简称查验），以及制作和出具法律意见书等。查验的事项主要包括申请人所附文件是否齐备、真实，公司筹备是否符合要求，章程有无明显瑕疵，股东结构及所持股比例是否符合法律要求，资产评估、盈利预测是否合理，公司重大涉诉案件、未了结案件可能会出现什么判决结果等。律师应当依据法律、行政法规和中国证监会的规定，在查验相关材料和事实的基础上，以书面形式对受托事项的合法性发表明确、审慎的结论性意见，并制作法律意见书。根据《证券法》（2019年修订）的规定，凡是公开披露的文件涉及法律事项的，应当由律师事务所出具法律意见书。因此，以上与证券市场的信息披露相关的业务活动，才是《证券法》所规定的证券法律业务。此外，律师还可以审查、修改、制作与证券发行、上市和交易有关的法律文件，包括审查、修改和制作公司章程、招股说明书、债券募集办法、上市申请书、上市报告书、重大事件报告书、证券承销协议以及股东会决议。律师事务所从事证券业务除了对客户资料负有保密业务，还要遵循股票交易限制规则；在违反信息披露业务时承担相应的责任。律师事务所进行证券业务服务必须严格执行相关规则程序，接受司法部和中国证监会的监管。

三、投资咨询机构

证券投资咨询机构是指经国务院证券监督管理机构核准而依法设立，为证券投资者和客户的投资、融资、证券交易活动提供专家性咨询服务的有限责任公司和股份有限公司。由于证券筹资和证券投资是一种技术性非常强的业务活动，客观上需要一个专门从事证券事务的专业咨询机构，因而证券投资咨询机构的产生是证券市场发展的必然要求。

在现代证券市场上，证券投资咨询机构的作用日益重要：证券投资咨询机构向投资者公布各类报告，有利于提高证券市场的透明度；证券投资咨询机构向投资者或客户提供证券投资分析、预测和建议，有利于减少投资者的盲目性，引导投资者理性投资；证券投资咨询机构发表分析报告、文章，对于规范上市公司经营运作起到监督和促进作用。

目前我国关于证券投资咨询业的法律规范除《证券法》（2019 年修订）外，还有 1997 年国务院证券委员会发布的《证券、期货投资咨询管理暂行办法》、2001 年中国证监会发布的《关于规范面向公众开展的证券投资咨询业务行为若干问题的通知》等，这些规范性文件对证券投资咨询机构的设立、业务范围等作了较为详细的规定。

证券投资咨询机构的设立需要具备以下条件：分别从事证券或者期货投资咨询业务的机构，有 5 名以上取得证券、期货投资咨询从业资格的在职人员；同时从事证券和期货投资咨询业务的机构，有 10 名以上取得证券、期货投资咨询从业资格的专职人员，其高级管理人员中，至少有 1 名取得证券或者期货投资咨询从业资格；有 100 万元人民币以上的注册资本额；有固定的业务场所和与业务相适应的通讯及其他信息传递设施；有公司章程；有健全的内部管理制度；符合中国证监会要求的其他条件。

证券投资咨询机构的服务形式主要有：接受投资人或者客户委托，提供证券投资咨询服务；举办有关证券投资咨询的讲座、报告会、分析会等；在报刊上发表证券投资咨询的文章、评论、报告，以及通过电台、电视台等公众媒体提供证券投资咨询服务；通过电话、传真、电脑网络等电信设备系统，提供证券投资咨询服务等；中国证监会认定的其他形式。

我国的证券投资咨询业还不完善，主要表现为传播信息质量不高、业务活动不够规范、缺乏强有力的自律管理。因此，加强对证券投资咨询的监管显得尤为重要。据现行法律法规的规定，目前对证券投资咨询业务和从业人员的监管主要包括：首先，明确规定与业务活动相关的规则，对咨询的资料运用、程序履行进行规定；同时，对业务进行了限制和禁止，如规定禁止非法或变相从事证券交易，禁止与委托人约定分享证券投资收益或者分担证券投资损失。其次，规定了从业人员的资格条件和行为规则，如证券投资咨询机构及其执业人员在与自身有利害冲突的情况下应当进行执业回避，证券投资咨询机构从业人员必须具备证券专业知识，并且有从事证券业务或者证券服务业两年以上的经验。《证券法》（2019 年修订）第 161 条、《证券、期货投资咨询管理暂行办法》第 24 条以禁止性规范，规定了证券投资咨询机构及其从业人员不得从事的业务活动。

四、资信评级机构

证券资信评级机构又称证券资信评估机构，是指根据规范的指标体系和科学的评估方法，以客观、公正的立场，对证券的质量、投资价值进行综合评估，并以一定的符号表示其资信等级的专业机构。证券资信评级机构的作用在于监督发行人提高经济效益，帮助公司融资；向投资者提供证券信用信息，提高投资的安全性和收益性等。

2019 年 11 月，为统一信用评级行业监管标准，中国人民银行牵头，联合国家发展改革委、财政部和中国证监会共同制定了《信用评级业管理暂行办法》。《信用评级业管理暂行办法》明确了中国人民银行为信用评级行业主管部门、中国证监会等部门为信用评级业务管理部门，明确了信用评级机构对人员、业务管理的基本要求，以及信用评级程序、信息披露、利益冲突防范等方面的基本执业规范。2020 年 3 月，2019 年修订的《证券法》正式施行，取消了资信评级机构从事证券评级业务的行政许可，改为备案管理。为落实 2019 年修订的《证券法》的要求，同时做好与《信用评级业管理暂行办法》的衔接，中国证监会将其于 2007 年颁行的《证券市场资信评级业务管理暂行办法》调整为《证券市场资信评级业务管理办法》，并于 2021 年进行了系统修订。

资信评级机构从事证券市场资信评级业务，是指对下列评级对象开展资信评级服务：经中国证监会依法注册发行的债券、资产支持证券；在证券交易所或者经中国证监会认可的其他证券交易场所上市交易或者挂牌转让的债券、资产支持证券，国债除外；证券的发行人、发起机构、上市公司、非上市公众公司、证券期货经营机构；中国证监会规定的其他评级对象。经中国证监会备案的资信评级机构，从事证券评级业务，应当遵循独立、客观、公正和审慎性原则，并制定科学的评级方法、完善的质量控制制度，认真遵守行业规范、职业道德和业务规则，勤勉尽责，恪尽职守，审慎分析，充分揭示相关风险。证券资信评级机构及其评级从业人员应当在对评级对象相关风险进行充分分析的基础之上独立得出评级结果，防止评级结果受到其他商业行为等因素的不当影响。证券资信评级机构应当通过中国证券业协会网站和公司网站进行信息披露，评级结果还应当在受评级证券上市交易或者挂牌转让的证券交易场所网站进行披露。

中国证监会及其派出机构应当对证券资信评级机构的内部控制、管理制度、经营运作、风险状况、从业活动、财务状况等进行非现场检查或者现场检查，证券资信评级机构及其有关人员应当配合检查，提供的信息、资料应当真实、准确、完整。对违反《证券市场资信评级业务管理办法》的规定的机构和人员，中国证监会及其派出机构可采取责令改正、监管谈话、出具警示函、责令公开说明、责令定期报告等相关监管措施。对违反《证券市场资信评级业务管理办法》的规定的机构和人员依法应予行政处罚的，中国证监会及其派出机构依照《证券法》《行政处罚法》《信用评级业管理暂行办法》等法律法规和中国证监会的有关规定进行处罚；对于涉嫌犯罪的，依法移送司法机关，追究其刑事责任。另外，依据《证券法》（2019 年修订）第 163 条的规定，证券资信评估机构制作、出具的资信评级报告有虚假记载、误导性陈述或者重大遗漏，给他人造成损失的，应当与委托人承担连带赔偿责任，但是能够证明自己没有过错的除外。

五、资产评估机构

证券资产评估机构是指对证券公开发行、上市交易的企业提供资产评估，以及对其他与证券业务有关的资产提供评估服务的机构。证券资产评估机构可以从事以下业务：为证券发行、上市、挂牌、交易的主体及其控制的主体、并购标的等制作、出具资产评估报告；为证券公司及其资产管理产品制作、出具资产评估报告；财政部、中国证监会规定的其他证券服务业务。根据《证券法》（2019 年修订）第 160 条第 2 款的规定，证券资产评估机构要从事证券业务应当报国务院证券监督管理机构备案。证券资产评估机构进行相关业务活动必须严格遵守有关证券、证券市场和资产评估方面的法律法规与业务准则，接受财政部和中国证监会的监管。

六、财务顾问机构

证券财务顾问机构主要是指为企业证券发行、交易和公司收购等提供专业咨询服务的机构。按照我国现行法律，证券公司、证券投资咨询机构具备条件的，都可以取得从事财务顾问证券业务的资格。财务顾问机构要取得从事证券业务的资格，应当报国务院证券监督管理机构备案。财务顾问机构从事证券业务的人员必须具备证券专业知识和从事证券业务或者证券服务业务 2 年以上的经验，取得证券业务从业资格。证券财务顾问机构及其从业人员在从事上市公司收购、重大资产重组、合并、分立、分拆、股份回购、激励事项等七类上市公司并购重组财务顾问业务时，必须严格遵循《证券法》《上市公司并购重组财务顾问业务管理办法》《上市公司重大资产重组管理办法》等法律法规，按照中国证监会及证券交易场所的有关要求，勤勉尽责，提升执业水平。

七、信息技术服务机构

信息技术服务机构主要是指为证券业务活动提供信息技术服务的机构。信息技术服务机构提供的服务主要包括重要信息系统的开发、测试、集成及测评，重要信息系统的运维及日常安全管理以及中国证监会规定的其他服务。

信息技术服务机构应当向中国证监会备案，信息技术服务机构备案材料包括本机构基本情况、信息技术服务情况、服务对象情况、内部控制情况等相关资料。备案内容发生变更的，信息技术服务机构应当及时更新备案材料。信息技术服务机构备案材料不完整或者不符合规定的，应当根据中国证监会的要求及时补正。

中证信息技术服务有限责任公司在中国证监会指导下制定相关配套业务规则，协助开展信息技术相关备案、监测、检测和检查等工作。信息技术服务机构可以自愿接受中证信息技术服务有限责任公司的业务指导，并遵守相关业务规则。信息技术服务机构应当健全内部质量控制机制，定期监测相关产品或服务，在提供服务过程中出现明显质量问题的，应当立即核实有关情况，采取必要的处理措施，明确修复完成时限，及时完成修复工作。

信息技术服务机构为证券基金业务活动提供信息技术服务，不得有下列行为：参与证券基金经营机构向客户提供业务服务的任何环节或向投资者、社会公众等发布可能引发其从事证券基金业务误解的信息；截取、存储、转发和使用证券基金业务活动相关经营数据和客户信息；在服务对象不知情的情况下，转委托第三方提供信息技术服务；提供的产品或服务相关功能、操作流程、系统权限及参数配置违反现行法律法规；无正当理由关闭系统接口或设置技术壁垒；向社会公开发布信息安全漏洞、信息系统压力测试结果等网络安全信息或泄露未公开信息；法律法规及中国证监会禁止的其他行为。

案例与思考

1. 综合案例

2016 年 8 月，“欺诈发行退市第一股”欣泰电气在中国证监会的责令下退出 A 股。在彻查欣泰电气欺诈上市的过程中，中国证监会先后对欣泰电气及其相关责任人、兴业证券及其主管负责人、兴华会计师事务所及其直接主管人员、东易律师事务所及其主管人员下发“行政处罚决定书”，依法作出了行政处罚。兴业证券作为欣泰电气证券发行的保荐人和主承销商，于2017年6月9日设立“欣泰电气欺诈发行先行赔付专项基金”，出资赔付适格投资者因欣泰电气欺诈发行遭受的损失。兴业证券在向适格投资者先行赔付合计236 858 909元后，称自己所设先行赔付专项基金赔付的金额已大大超出自己应当承担赔偿的份额，故就支付的超出自己应赔偿范围的份额向其他连带责任人进行追偿。为向其他连带责任人追偿自己先行赔付投资者而支付的超出自己应赔数额的226 858 909元损失，兴业证券将欣泰电气和为其证券发行、上市出具审计报告的兴华会计师事务所及直接主管人员，出具律师工作报告、法律意见书的东易律师事务所及直接主管人员、欣泰电气相关责任人、欣泰电气控股股东辽宁欣泰等26名被告诉至法院。[①]

（1）按照2019年修订的《证券法》，兴业证券是否有权提出诉讼请求？法律依据是什么？

（2）按照2019年修订的《证券法》，如果兴业证券有权提出诉讼请求，兴华会计师事务所及直接主管人员、东易律师事务所及直接主管人员、欣泰电气相关责任人、欣泰电气控股股东辽宁欣泰等主体各自应当承担何种法律责任？

2. 思考题

（1）2019年修订的《证券法》中涉及证券公司的有哪些修订？

（2）证券经纪公司和投资人之间的法律关系性质如何认定？

（3）我国证券交易场所的监管模式是什么？

（4）比较证券交易所两种组织形成的优劣。

参考书目

1. 朱锦清．证券法学．5版．北京：法律出版社，2022.

2. 郑彧．证券法要义．北京：北京大学出版社，2021.

3. 郭锋，等．中华人民共和国证券法制度精义与条文评注．北京：中国法制出版社，2020.

4. 邢会强．证券法学．北京：中国人民大学出版社，2019.

5. 禄正平．证券法学．北京：商务印书馆，2019.

① 北大法宝网，http：//www.pkulaw.cn/fulltext_form.aspx？Db=news&EncodingName=el_1_pc&Gid=aeeaf3bf48145ecabdfb&Search_IsTitle=0&Search_Mode&keyword，2020年4月14日访问。

第七章

信托机构及业务法

本章要点

1. 信托的定义
2. 信托和代理、行纪、居间的相同点与区别
3. 信托公司的设立、变更与终止
4. 信托公司的业务经营范围和规则
5. 信托的监管主体、职责和内容

第一节　信托机构及业务概述

一、信托概述

（一）信托的定义及分类

信托观念起源于14世纪罗马的遗嘱信托制度，后在英国的用益权制度中得到体现。信托即“受人之托，代人理财”之意，信托作为一种财产管理制度，被越来越多的国家采用，信托业也发展成为与银行、保险、证券并驾齐驱的金融业四大支柱之一。

关于信托的确切含义，各国立法和学者有不同的诠释。根据我国《信托法》第2条的规定，我国立法将信托定义为“委托人基于对受托人的信任，将其财产权委托给受托人，由受托人按委托人的意愿以自己的名义，为受益人的利益或者特定目的，进行管理或者处分的行为”。信托的实质特征可被概括为以下几个方面：第一，信托财产必须独立，且不构成受托人自有财产的一部分。第二，受托人或其代表拥有信托财产的所有权。第三，受托人有权利和责任根据信托文件与法律的要求管理、使用或处分信托财产。信托具有资金融通、财产管理、资本聚集和社会公益等功能。①

① 也有学者把信托的功能解释为：把财产名义所有权和财产利益及控制权分离的功能、受益人连续功能和受益权分层功能、财产的长期管理功能、财产的集合管理功能、转换功能、风险隔离功能。参见赵廉慧：《信托法解释论》，23～33页，北京，中国法制出版社，2015。

我国《信托法》将信托分为民事信托、营业信托和公益信托。从信托的发展来看，起初信托只是自然人之间建立在相互信任基础上的一种财产处分手段，主要属于民事信托。随着社会经济的迅速发展，以信托作为营利手段从事经营的现象大量出现，特别是信托制度被引入美国以后，高效率的信托公司组织形式大范围地发展起来了。[①] 营业信托是指信托机构以获取盈利为目的而从事的信托行为。民事信托与营业信托合称为私益信托，而以慈善、救济和学术等社会公益为目的的信托被称为公益信托。

（二）信托法律关系

信托法律关系，是指由信托法调整和保护的在委托人、受托人和受益人之间形成的，以信托当事人的权利、义务为内容的社会关系。对信托法律关系可以按不同的标准进行分类，如民事信托法律关系和商事信托法律关系、公益信托法律关系和私益信托法律关系等。

信托法律关系由主体、客体和内容所构成。信托法律关系的主体，是指能够参加信托法律关系，享有信托权利和承担信托义务的当事人，即委托人、受托人和受益人。信托法律关系主体资格必须符合法律的规定。信托法律关系的客体，是指信托法律关系主体享受权利、承担义务所共同指向的对象，也就是借以产生信托法律关系的信托财产，具体包括货币、有价证券、发明专利权以及其他可转让的有价值的权利等。信托法律关系的内容，是指法律关系主体之间的权利和义务，具体包括委托人、受托人、受益人的权利义务。

信托法律关系可依照委托人的意思表示而产生，如通过合同、遗嘱等加以设立；同时在少数情况下可根据法律的直接规定（法定信托）、法院的推定和拟制（如回归信托和拟制信托）以及国家行政机关的指定（大陆法系国家中一定情形下的公益信托）而产生。[②] 信托法律关系的变更包括信托财产管理办法的变更和信托当事人的变更，信托财产管理办法的变更对信托法律关系影响较大。信托法律关系的终止，是指信托终止的法律事实出现引起的主体之间权利义务关系的消灭。信托法律关系的终止包括自然终止和非自然终止两种情况。

（三）信托与相关法律概念的比较

1. 信托与代理

代理是指代理人以被代理人的名义，在代理权限内与第三人为民事法律行为，其法律后果直接归属于被代理人的民事法律制度。信托与代理存在较多相似之处，

① 参见［日］川崎诚一：《信托》，刘丽京、许泽友译，10页，北京，中国金融出版社，1989。

② 参见陈开琦主编：《信托业的理论与实践及其法律保障》，68页，成都，四川大学出版社，2001。

如两者均属于以信任为基础的法律关系，二者的产生往往以委托为根据，部分代理行为也涉及为他人管理财产等内容。信托与代理的区别表现在：（1）设立的前提不同。代理关系的设立并不以存在确定的财产为前提，而信托要求委托人拥有用于设立信托的合法财产，否则，信托关系不能确立。（2）受托人的地位和权限不同。在代理活动中，代理人通常以被代理人的名义对外从事代理行为，所产生的法律后果由被代理人承担。而信托法律关系中，受托人取得信托财产的所有权，并以自己的名义对外从事活动，同时直接承担由此产生的法律后果。（3）连续性与稳定性不同。代理关系的稳定性较弱，如委托代理可因被代理人取消委托、被代理人死亡等原因而终止。而信托一经生效不会因委托人或受托人的欠缺与变更而终止。我国《信托法》第52条第1句规定：信托不因委托人或者受托人的死亡、丧失民事行为能力、依法解散、被依法撤销或者被宣告破产而终止，也不因受托人的辞任而终止。

2. 信托与行纪

行纪是指一方（行纪人）接受他方的委托，以自己的名义为委托人办理物品买卖或者其他商业交易并收取报酬的行为。信托与行纪的相似点表现为：均以信任为基础，委托人将财产转移给受托人占有，受托人可以自己的名义对外开展活动等内容。二者的区别主要表现在：（1）制度属性不同。行纪关系属于债法中的一种合同关系，而信托制度体现的是一种财产管理制度。信托关系中的受托人享有财产管理权和所有权，而行纪关系中的行纪人仅仅享有占有权。（2）适用范围和授予权限不同。行纪一般适用于营业领域，而信托还可适用于个人、家庭事务的委托，范围较广。同时，行纪人处理事务的权限受到限制，必须严格服从委托人的指示。在信托关系下，受托人拥有广泛的自由决定权，不受委托人和受益人的具体指示。（3）期限不同。信托一般适用于财产的中长期管理，持续期限较长。而行纪关系设定后，委托人可以随时取消，且行纪适用于短期的财物处理，持续期限较短。

3. 信托与中介

中介是指一方接受另一方的委托，为另一方报告订立合同的机会或者充当订立合同的媒介，并收取报酬的行为。信托与中介均属于信任关系，两者的产生一般都以委托为根据。信托与中介的区别表现在：（1）基本目的不同。信托的目的是按照委托人的指示，受托管理特定的财产；而中介行为的基本目的是促使委托人与第三人订立合同。（2）受托人的法律地位和被授予的权限不同。在信托活动中，受托人是当事人，而中介人并不直接介入合同中，仅仅是为委托人提供订立合同的机会和可能性。在被授予的权限方面，中介人不能对中介涉及的交易事务独立地作出意思表示，信托关系中受托人被授予全面地占有、使用、处分信托财产的权利。(3) 付酬条件不同。信托关系中不能归责于受托人自身的事由导致信托财产亏损或相关交易失败的，受托人仍然能够按照信托文件的规定取得报酬。而中介人一般只能在其所介绍的第三人与委托人订立合同后，才享有获得报酬的权利。

二、信托机构及业务概况

(一) 信托机构

信托的营业性特征成为现代信托的一个重要表现。随着信托运用范围的日益扩大，信托已经演变成为一种商业组织安排，专业从事营业信托的信托机构也应运而生。信托机构在不同的国家有不同的称谓：在美国，信托业务主要由商业银行附属机构经营，信托机构被称为“银行信托部”；在日本，信托机构大多以经营信托业务为主，同时兼营银行业务，故被称为“信托银行”；在我国，信托机构被称为“信托公司”。信托机构是财产管理机构和金融机构的统一。信托机构本质上是一种财产管理机构：信托机构作为营业受托人，其主要职责是接受信托委托，使信托财产保值增值，以维护受益人的最大利益。同时，信托机构还具有金融机构属性：信托机构所经营的信托财产主要表现为货币形态，从而派生出金融功能。

历史上，美国是最早完成民事信托向商事信托转变的国家。1818 年 2 月，美国马萨诸塞州行政当局核准波士顿的麻省人寿保险公司执照，允许其开办信托业务。该公司被认为是世界上最早出现的信托机构。在 19 世纪末，日本、英国也开始引进和接受美国的商事信托和法人受托的形式。此后，加拿大、德国、法国、瑞士等国家也相继成立了大批信托机构。

我国在 19 世纪末和 20 世纪初开始引进英美的信托制度。在 20 世纪 20 年代出现信托机构，从事营业信托活动，主要经营证券业务。新中国成立后，由于客观经济条件的制约，信托业逐渐消失。在 1978 年开始改革开放后，信托业在我国逐渐得到恢复。1979 年 10 月 4 日，我国第一家信托投资公司——中国国际信托投资公司，经国务院批准在北京成立。此后各专业银行和大部分省、市政府相继成立了各种各样的信托公司。这些信托投资机构在拓展金融功能、激发金融创新、完善金融体系、促进市场经济发展等方面，都发挥了积极的作用，但同时也存在一些比较突出的问题，如存在严重的治理缺陷、业务经营不规范、风险控制能力差等，甚至造成金融业务混乱的局面。为此，我国信托业先后于 1982 年、1985 年、1988 年、1993 年、1999 年、2007 年、2018 年进行了七次大规模的整顿，

1999年的第五次整顿被认为是信托业的一次根本性变革。第五次整顿之后的“一法两规”，即《中华人民共和国信托法》（2001年）、《信托投资公司管理办法》（2002年颁布，目前已被废止）、《信托投资公司资金信托管理暂行办法》（2002年颁布，目前已被废止），被视为信托业改革的重要标志，从此我国的信托法律体系初步确立。此后的第六次、第七次整顿中，中国银监会主持修订了《信托公司管理办法》（2007年）、《信托公司集合资金信托计划管理办法》（2009年），出台了《信托公司净资本管理办法》（2010年）；中国银保监会出台了《信托公司股权管理暂行办法》、（2020年）《中国银保监会信托公司行政许可事项实施办法》（2020年，以下简称《信托公司行政许可事项实施办法》）。以上五部部门规章涉及信托公司及信托业务的方方面面，其颁行、实施为我国信托机构的规范发展提供了新的平台与机会。

（二）信托机构的业务

信托机构的业务一般包括信托业务、投资业务和兼营业务。信托业务是信托机构其主营业务，即接受委托人的委托，收受、管理和处分信托财产，包括资产服务信托、资产管理信托、公益慈善信托三大类。投资业务是指信托机构受托办理的各类投资业务和自营投资业务，包括股票投资、债权投资等。兼营业务是指信托机构在以信托业务为主的同时，兼营银行业及其他相关业务，包括办理储蓄存款、票据承兑和贴现、中介、咨询、资信调查等。

世界各国通过立法对信托机构的业务范围作出了不同的分类规定。美国信托立法将其信托机构的业务范围划分为两类，即固有的信托业务和辅助的信托业务：固有的信托业务包括执行遗嘱信托、证券投资信托、设备信托、雇员信托等传统信托类业务，辅助的信托业务则包括各种代理业务、储蓄业务、银行业务等。日本则将其信托机构的业务范围分为三类，即银行业务、信托业务和兼营业务，其中信托业务为最基本业务，占信托机构业务总量的80%以上，包括贷款信托、金钱信托、年金信托、财产形成信托、证券投资信托、有价证券信托、动产信托、不动产信托等，而银行业务所占比重极少，且主要是与信托业务有关的部分。兼营业务，是指根据客户的资金筹措、资产运用、财务等相关的各种金融服务需求，运用型信托公司还可以开展与金融等相关的各种建议业务。[①] 我国《信托公司管理办法》明确规定了信托机构的经营范围，归纳起来可被分为以下几类：信托业务，投资基金业务，投资银行业务，中间业务，自有资金的投资、贷款、担保等业务。

① 参见龚先念：《日本运用型信托公司经营模式透析》，载《银行家》2022年第3期，第90页。

第二节 信托公司的设立、变更、终止

一、信托公司的设立

信托公司的设立是指信托公司的设立人为取得经营信托业务的资格，依法定程序进行设立的法律行为。设立信托公司应当经国务院银行业监督管理机构批准，并领取金融许可证。信托公司应采取有限责任公司或者股份有限公司的形式。

（一）信托公司设立的条件

根据《信托公司管理办法》和《信托公司行政许可事项实施办法》的有关规定，设立信托公司应当具备下列条件：（1）有符合《公司法》和国务院银行业监督管理机构规定的公司章程，股东管理、股东的权利义务等相关内容应按规定纳入信托公司章程。（2）有符合规定条件的出资人，包括境内非金融机构、境内金融机构、境外金融机构和国务院银行业监督管理机构认可的其他出资人。（3）具有符合规定的最低限额的注册资本：注册资本为一次性实缴货币资本，最低限额为3亿元人民币或等值的可自由兑换货币；处理信托事务不履行亲自管理职责，即不承担投资管理人职责的，最低限额为1亿元人民币或等值的可自由兑换货币。申请经营企业年金基金、证券承销、资产证券化等业务，应当符合相关法律法规规定的最低注册资本要求。国务院银行业监督管理机构根据信托公司行业发展的需要，可以调整信托公司注册资本最低限额。（4）有具备国务院银行业监督管理机构规定任职资格的董事、高级管理人员和与其业务相适应的信托从业人员。（5）具有健全的公司治理结构、组织机构、管理制度、风险控制机制和投资者保护机制。（6）有符合要求的营业场所、安全防范措施和与业务有关的其他设施。（7）国务院银行业监督管理机构规定的其他条件。

（二）信托公司设立的程序

国务院银行业监督管理机构依照法律法规和审慎监管原则对信托公司的设立申请进行审查，作出批准或者不予批准的决定；不予批准，应说明理由。未经国务院银行业监督管理机构批准，信托公司不得设立或变相设立分支机构。具体来说，设立信托公司须经筹建和开业两个阶段。

在筹建信托公司阶段，应当由出资比例最大的出资人作为申请人向拟设地国务院银行业监督管理机构地方派出机构提交申请，由国务院银行业监督管理机构地方派出机构受理并初步审查、国务院银行业监督管理机构审查并决定。决定机关自受

理之日起 4 个月内作出批准或不批准的书面决定。信托公司的筹建期为批准决定之日起 6 个月。未能按期完成筹建的，应当在筹建期限届满前 1 个月向国务院银行业监督管理机构和拟设地派出机构提交筹建延期报告。筹建延期不得超过一次，延长期限不得超过 3 个月。申请人逾期未提交开业申请的，筹建批准文件失效，由决定机关注销筹建许可。

在信托公司开业阶段，应当由出资比例最大的出资人作为申请人向拟设地国务院银行业监督管理机构地方派出机构提交申请，由派出机构受理、审查并决定。派出机构自受理之日起 2 个月内作出核准或不予核准的书面决定，并抄报国务院银行业监督管理机构。申请人应当在收到开业核准文件并领取金融许可证后，办理工商登记，领取营业执照。信托公司应当自领取营业执照之日起 6 个月内开业。不能按期开业的，应当在开业期限届满前 1 个月向拟设地派出机构提交开业延期报告。开业延期不得超过一次，延长期限不得超过 3 个月。未在规定期限内开业的，开业核准文件失效，由决定机关注销开业许可，发证机关收回金融许可证，并予以公告。

二、信托公司的变更与终止

《信托公司管理办法》第 12 条规定，信托公司有下列变更事项之一的，应当经国务院银行业监督管理机构批准：（1）变更名称；（2）变更注册资本；（3）变更公司住所；（4）改变组织形式；（5）调整业务范围；（6）更换董事或高级管理人员；（7）变更股东或者调整股权结构，但持有上市公司流通股份未达到公司总股份 5％的除外；（8）修改公司章程；（9）合并或者分立；（10）国务院银行业监督管理机构规定的其他情形。

信托公司终止的事由发生后，要依法对该公司进行清算，清理其财产和债权债务。清算结束后办理注销登记，其法律人格消灭。信托公司终止的具体原因包括依法解散、被宣告破产等事由。

信托公司满足以下情形之一的，可以申请解散：（1）公司章程规定的营业期限届满或者其他解散事由出现；（2）股东会决定解散；（3）因公司合并或者分立需要解散；（4）其他法定事由。国务院银行业监督管理机构自受理之日起或自收到完整申请材料之日起 3 个月内作出批准或不批准的书面决定。信托公司经国务院银行业监督管理机构批准解散后，依法组织清算组进行清算。

信托公司有以下情形之一的，向法院申请破产前，应当向国务院银行业监督管理机构申请并获得批准：（1）不能清偿到期债务，并且资产不足以清偿全部债务或者明显缺乏清偿能力，自愿或应其债权人要求申请破产的；（2）已解散但未清算或者未清算完毕，依法负有清算责任的人发现该机构资产不足以清偿债务，应当申请破产的。国务院银行业监督管理机构可以向法院提出对该信托公司进行重整或破产清算的申请。信托公司终止时，其管理信托事务的职责同时终止。清算组应当妥善保管信托财产，作出处理信托事务的报告并向新受托人办理信托财产的移交。信托文件另有约定的，从其约定。

第三节　信托公司的业务范围和经营规则

一、信托公司的业务范围

《信托公司管理办法》第 16 条规定，信托公司可以申请经营下列部分或者全部本外币业务：(1) 资金信托；(2) 动产信托；(3) 不动产信托；(4) 有价证券信托；(5) 其他财产或财产权信托；(6) 作为投资基金或者基金管理公司的发起人从事投资基金业务；(7) 经营企业资产的重组、购并及项目融资、公司理财、财务顾问等业务；(8) 受托经营国务院有关部门批准的证券承销业务；(9) 办理居间、咨询、资信调查等业务；(10) 代保管及保管箱业务；(11) 法律法规规定或国务院银行业监督管理机构批准的其他业务。信托公司还可以根据市场需要，按照信托目的、信托财产的种类或者对信托财产管理方式的不同设置信托业务品种。

按照《信托公司管理办法》的规定，信托公司可以根据《信托法》的有关规定，接受为公益目的而设立的公益信托，包括：救济贫困；救助灾民；扶助残疾人；发展教育、科技、文化、艺术、体育事业；发展医疗卫生事业；发展环境保护事业，维护生态环境；发展其他社会公益事业。

分析信托公司经营的以上业务，可以将其业务分为以下几类：信托业务，投资基金业务，投资银行业务，中间业务，自有资金的投资、贷款、担保等业务。

（一）信托业务

结合《信托公司管理办法》和 2023 年中国银保监会印发的《关于规范信托公司信托业务分类的通知》，信托公司可经营的信托业务被分为资产服务信托、资产管理信托、公益慈善信托三大类，共 25 个业务品种。

1. 资产服务信托

资产服务信托是为委托人量身定制的受托服务，不涉及向投资者募集资金的行为，不适用规范资产管理业务的《关于规范金融机构资产管理业务的指导意见》。信托公司开展资产服务信托业务，应确保信托目的合法合规，提供具有实质内容的受托服务，不得通过财产权信托受益权拆分转让等方式为委托人募集资金（依据金融监管机构的规定开展的资产证券化业务除外），原则上不得以受托资金发放信托贷款。按照服务内容和特点资产服务信托可被分为财富管理服务信托、行政管理服务信托、资产证券化服务信托、风险处置服务信托和新型资产服务信托五类，共19个业务品种。

（1）财富管理服务信托，是指信托公司为自然人、法人及非法人组织财富管理提供的信托服务，按照服务内容及对象可被分为7个业务品种：家族信托、家庭服务信托、保险金信托、特殊需要信托、遗嘱信托、其他个人财富管理信托、法人及非法人组织财富管理信托。

（2）行政管理服务信托，是信托公司作为独立第三方提供运营托管、账户管理、交易执行、份额登记、会计估值、资金清算、风险管理、执行监督、信息披露等行政管理服务的信托业务，按照信托财产和服务类型可被分为5个业务品种：预付类资金服务信托、资管产品服务信托、担保品服务信托、企业（职业）年金服务信托、其他行政管理服务信托。

（3）资产证券化服务信托，是指信托公司作为受托人，以资产证券化基础资产设立特定目的载体，为依据金融监管机构的有关规定开展的资产证券化业务提供基础资产受托服务，按照基础资产类型和服务对象可被分为4个业务品种：信贷资产证券化服务信托、企业资产证券化服务信托、非金融企业资产支持票据服务信托、其他资产证券化服务信托。

（4）风险处置服务信托，是指信托公司作为受托人，为企业风险处置提供受托服务，设立以向债权人偿债为目的的信托，从而提高风险处置效率，按照风险处置方式可被分为2个业务品种：企业市场化重组服务信托、企业破产服务信托。

（5）新型资产服务信托，是指信托公司经金融监管机构认可，依据信托法律关系开展的新型资产服务信托业务。

2. 资产管理信托

资产管理信托是信托公司依据信托法律关系，销售信托产品，并为信托产品投资者提供投资和管理金融服务的自益信托，属于私募资产管理业务，适用《关于规范金融机构资产管理业务的指导意见》。信托公司应当通过非公开发行集合资金信托计划募集资金，并按照信托文件约定的投资方式和比例，对受托资金进行投资管理。信托计划投资者需符合合格投资者标准，在信托设立时既是委托人也是受益人。信托公司设立发行、运营管理、终止清算集合资金信托计划，均需符合《关于规范金融机构资产管理业务的指导意见》的相关规定，强化投资者适当性管理，按照审慎经营、诚实守信、勤勉尽责原则履行受托管理职责，加强信用风险、市场风险、流动性风险和操作风险管理，有效防控期限错配风险和投资集中度风险，实行净值化管理，加强信息披露，坚持打破刚兑，在卖者尽责基础上实现买者自负，主动防控“影子银行”风险。按照投资性质，资产管理信托可被分为固定收益类信托计划、权益类信托计划、商品及金融衍生品类信托计划、混合类信托计划四个业务品种。

（1）固定收益类信托计划，是投资于存款、债券等债权类资产的比例不低于80%的信托计划。

（2）权益类信托计划，是投资于股票、未上市企业股权等权益类资产的比例不低于80%的信托计划。

（3）商品及金融衍生品类信托计划，是投资于商品及金融衍生品的比例不低于80%的信托计划。

（4）混合类信托计划，是投资于债权类资产、权益类资产、商品及金融衍生品类资产且任一资产的投资比例未达到前三类产品标准的信托计划。

3. 公益慈善信托

公益慈善信托是委托人基于公共利益目的，依法将其财产委托给信托公司，由信托公司按照委托人的意愿以信托公司的名义进行管理和处分，开展公益慈善活动的信托业务。公益慈善信托的信托财产及其收益，不得用于非公益目的。公益慈善信托是区别于普通信托的特殊信托，其在成立、终止、信托监管等方面均有别于普通信托。根据我国信托法的有关规定，公益慈善信托的设立和受托人的确定，应当经有关公益事业的管理机构批准，未经公益事业管理机构批准，不得以公益信托的名义进行活动。公益慈善信托的受托人未经公益事业管理机构批准，不得辞任。公益慈善信托还应当设置信托监察人。按照信托目的，公益慈善信托可被分为慈善信托和其他公益信托共两个业务品种。

（1）慈善信托，是指委托人基于慈善目的，依法将其财产委托给信托公司，由信托公司按照委托人的意愿以受托人的名义进行管理和处分，开展慈善活动的行为。

（2）其他公益信托，是指除慈善信托以外，信托公司依据《信托法》开展，经金融监管机构认可的其他公益信托业务。

（二）投资基金业务

投资基金业务是一种典型的信托业务，其实质是一种集合运用的资金信托，具体是指由众多不确定的投资者将不等额的资金汇集起来，形成一定规模的基金资产，交由专业投资机构按资产组合原理进行分散投资，所得收益由投资者按比例分享，并承担相应风险的集合投资制度。信托公司是作为投资基金或者基金管理公司的发起人从事投资基金业务。

（三）投资银行业务

信托公司可经营的投资银行业务包括：经营企业资产的重组、购并及项目融资、公司理财、财务顾问，受托经营国务院有关部门批准的证券承销业务。目前我国信托公司开展投资银行业务往往局限于承销业务，业务范围比较狭窄。

（四）中间业务

信托公司可经营的中间业务主要包括：办理中介、咨询、资信调查等业务以及代保管及保管箱业务。

《信托公司管理办法》也对信托公司的经营范围作了限制性规定，即：信托公司不得以卖出回购方式管理运用信托财产；信托公司不得以固有财产进行实业投资，但国务院银行业监督管理机构另有规定的除外；信托公司不得开展同业拆入业务以外的其他负债业务，且同业拆入余额不得超过其净资产的20%，国务院银行业监督管理机构另有规定的除外；信托公司可以开展对外担保业务，但对外担保余额不得超过其净资产的50%；信托公司经营外汇信托业务，应当遵守国家外汇管理的有关规定，并接受外汇主管部门的检查、监管。

应当注意信托公司开展业务时能够采取的主要方式。《信托公司管理办法》第19条规定：信托公司管理运用或处分信托财产时，可以依照信托文件的约定，采取投资、出售、存放同业、买入返售、租赁、贷款等方式进行。国务院银行业监督管理机构另有规定的，从其规定。信托公司不得以卖出回购方式管理运用信托财产。第20条规定：信托公司固有业务项下可以开展存放同业、拆放同业、贷款、租赁、投资等业务。投资业务限定为金融类公司股权投资、金融产品投资和自用固定资产投资。信托公司不得以固有财产进行实业投资，但国务院银行业监督管理机构另有规定的除外。由此可见，信托公司既可采用存放同业、贷款等金融方式，也可以采取各类投资方式，还可以采取一般企业使用的出售、买入返售、租赁等方式。在资金运用方面，信托公司可从事证券投资资金信托业务、贷款资金信托业务以及其他各类投资、融资租赁方式的资金信托业务；信托公司既可从事资本市场的投资，也可涉足货币市场的业务。

二、信托公司的经营规则

信托公司的业务经营处于整个信托业务经营活动的核心地位，为确保信托财产的安全和受益人的利益，信托公司必须遵循一定的经营规则。我国《信托法》《信托公司管理办法》等也为信托公司确立了多项经营规则。

（一）信托的设立

我国《信托法》明确规定：设立信托应当采用书面形式。书面形式包括信托合同、遗嘱或者法律法规规定的其他书面文件。以信托合同设立信托时，《信托公司管理办法》规定，信托合同应当载明以下事项：（1）信托目的；（2）委托人、受托人的姓名或者名称、住所；（3）受益人或者受益人的范围；（4）信托财产的范围、种类及状况；（5）信托当事人的权利、义务；（6）信托财产管理中风险的揭示和承担；（7）信托财产的管理方式和受托人的经营权限；（8）信托利益的计算，向受益人交付信托利益的形式、方法；（9）信托公司报酬的计算及支付；（10）信托财产税费的承担和其他费用的核算；（11）信托期限和信托的终止；（12）信托终止时信托财产的归属；（13）信托事务的报告；（14）信托当事人的违约责任及纠纷解决方式；（15）新受托人的选任方式；（16）信托当事人认为需要载明的其他事项。以信托合同以外的其他书面文件设立信托时，书面文件的载明事项按照有关法律法规的规定执行。

（二）勤勉谨慎地处理信托事务

《信托公司管理办法》第 24 条规定："信托公司管理运用或者处分信托财产，必须恪尽职守，履行诚实、信用、谨慎、有效管理的义务，维护受益人的最大利益。"信托公司是基于委托人的高度信任而取得信托管理处分权的，信托公司必须从受益人的最大利益出发，勤勉尽责地处理信托事务。"恪尽职守"要求信托公司尽职尽责地完成受托任务。"诚实、信用、谨慎、有效管理"表明信托公司应尽善良管理人之义务，在管理、处分信托财产时要履行忠实义务和谨慎义务，具体来讲就是信托公司要坚持公平、诚实和道德的原则，高度注意管理信托财产，维护受益人的合法利益。勤勉、谨慎地处理信托事务这一规则在英美法系和大陆法系国家的立法中均得到体现，该规则既体现为对信托公司的法律义务规范，也表明一种道德要求约束。

（三）利益冲突的防范规则

利益冲突防范规则是指受托人应忠于信托目的，在处理信托事务时必须以受益人的利益为唯一依据，不得考虑自己的利益或图利于他人，避免与受益人产生利益冲突。利益冲突防范规则具体包括利益冲突交易禁止规则和个人交易图利禁止规则。利益冲突交易之禁止是指信托公司作为受托人不得将信托财产或受益人的利益置于与其个人利益相冲突的地位，包括事实上的和潜在性的利益冲突。个人交易图利禁止规则要求信托公司不得利用其地位为自己或第三人谋取利益。

各国信托法为防止利益冲突均作出了相关规定，要求受托人不得从信托财产中获益，即受托人不得使自己处于与委托人或受益人利益相冲突的地位。在我国，《信托公司管理办法》第 25 条规定："信托公司在处理信托事务时应当避免利益冲突，在无法避免时，应向委托人、受益人予以充分的信息披露，或拒绝从事该项业务。"第 34条规定，信托公司开展信托业务，不得有下列行为：（1）利用受托人地位谋取不当利益；（2）将信托财产挪用于非信托目的的用途；（3）承诺信托财产不受损失或者保证最低收益；（4）以信托财产提供担保；（5）法律法规和国务院银行业监督管理机构禁止的其他行为。

（四）信托财产分别管理规则

信托财产分别管理规则是指信托公司必须将信托财产与自有财产和其他信托财产分别加以管理，以维护信托财产的独立性。信托财产分别管理规则是各国信托法的一项基本原则。我国也对此作了相关规定：信托公司应当将信托财产与其固有财产分别管理、分别记账，并将不同委托人的信托财产分别管理、分别记账；信托公司应当依法建账，对信托业务与非信托业务分别核算，并对每项信托业务单独核算；信托公司的信托业务部门应当独立于公司的其他部门，其人员不得与公司其他部门的人员相互兼职，业务信息不得与公司的其他部门共享。

（五）建立赔偿准备金

信托公司违反信托目的处分信托财产，或者违背管理职责、处理信托事务不当，致使信托财产受到损失时，应对委托人或受益人负赔偿责任。为防止信托公司违反义务造成财产损失而无法赔偿，大陆法系国家建立了风险赔偿准备金制度，即信托公司必须提取一定数额的资金，作为赔偿准备金。如日本、韩国等国家的信托业法要求信托公司提取相当于资本金 1/10 以上的资金作为赔偿准备金，而且该项准备金可以以国债的形式予以保存。[①] 我国《信托公司管理办法》第 49 条规定："信托公司每年应当从税后利润中提取 5%作为信托赔偿准备金，但该赔偿准备金累计总额达到公司注册资本的 20%时，可不再提取。信托公司的赔偿准备金应存放于经营稳健、具有一定实力的境内商业银行，或者用于购买国债等低风险高流动性证券品种。"信托赔偿准备金在性质上属于保证金的范畴，委托人或受益人对之有优先于信托公司的其他债权人受偿的权利。[②]

（六）其他规则

除以上所列规则外，信托公司还需遵守保密、亲自处理信托事务、信息披露等规则。

---

① 参见日本《信托业法》第 7 条、韩国《信托业法》第 16 条。

② 参见徐孟洲主编：《信托法学》，235 页，北京，中国金融出版社，2004。

第四节　信托监督管理和自律管理

加强信托监管有利于维护信托当事人的合法权益，防范金融风险，保障信托业稳健发展。外部监管与信托公司自律管理是各国信托立法的重要内容。我国也对信托监管和自律管理作出相关的立法规定。

一、政府监督管理

（一）我国信托业监管体制的沿革与发展

（1）1978 年—1988 年双层监管和混业经营体制的形成。

信托业成长于计划经济色彩浓厚的 20 世纪 80 年代，其市场准入也是按地区、部门来配置指标的。1980 年国务院和中国人民银行要求各地积极开办信托业务的文件规定，把审批地方性信托投资机构的权限放在省级人民银行分行。这本来仅是中央权力向地方的延伸，仍然是中央单一集中监管的安排，但是由于金融体制中“谁审批谁监管”的规则，加上中国人民银行省级分行实际上与地方政府形成的隶属关系，形成了地方和中央两套信托机构的审批监管体制。这一体制直到 1988 年中央政府新的强制性制度变迁方才改变。

（2）1988 年—2001 年单层监管和分业经营体制的建立。

1988 年，中国人民银行根据中共中央和国务院关于清理整顿公司的 8 号文件，提出“银信分离”的方针。1993 年，中国人民银行开始对各级中国人民银行以前越权批设的信托公司进行全面清理，着力取消资产较少又经营不佳的信托公司的金融牌照。1995 年国务院批准了《中国人民银行关于中国工商银行等四家银行与所属信托投资公司脱钩的意见》，要求中国工商银行、中国农业银行、中国银行、中国建设银行四家银行与下属的信托公司彻底脱钩。1995 年颁布的《商业银行法》第 43 条规定：“商业银行在中华人民共和国境内不得从事信托投资和股票业务，不得投资于非自用不动产。”这在法律上确定了银行业与信托业的分业经营。1998 年颁布的《证券法》第 6 条规定：“证券业和银行业、信托业、保险业分业经营、分业管理。证券公司与银行、信托、保险业务机构分别设立。”自此，在法律上确立了证券业与信托业的分离。此次强制性的变迁历经 14 年之久，最后确定了信托公司以信托业务为核心、被严厉禁止从事银行业务的经营模式。

（3）2000 年至今，业务经营及其监管规则的完善

进入 21 世纪以来，信托业及其监管的法治化进程加快，我国出台了《信托法》《信托投资公司管理办法》《信托投资公司资金信托管理暂行办法》《信托公司净资本管理办法》《信托公司股权管理暂行办法》等法律法规。在多次机构改革中，信托业的监管机构由原来的中国人民银行调整为中国银监会，再到中国银保监会，直至现在的国家金融监督管理总局。在此过程中，国务院银行业监督管理机构一直力图以规范促进信托行业发展，制定了从业务范围到公司治理、内控管理的一系列规章和指南。自 2007 年以来，新修订的《信托公司集合资金信托计划管理办法》，新制定的《信托公司管理办法》《信托公司净资本管理办法》《信托公司股权管理暂行办法》，出台的《信托公司监管评级与分级分类监管暂行办法》《信托公司治理指引》，明确揭示了信托业的发展方向和功能定位。自此，信托业监管法治化步入新的历史阶段。

（二）我国信托业监督管理模式的定位

树立正确的信托理念，建立有效的信托业监督管理模式和体系，才能发挥信托业的各项功能，保障金融市场健康、稳健发展。目前世界各国信托监管模式大致有以下几种类型：（1）以美国为代表的双层多头监管模式。“双层”即监管机构及其立法依据可以被分为联邦监管机构和联邦立法以及州监管机构和州立法两个层次。“多头”是指信托机构面临着多个监管主体。（2）以日本为代表的统一型监管模式，即由政府专业部门银行局负责对信托业的监管。（3）以英国为代表的单层多头监管模式，即只在中央一级设立几家机构共同进行信托监管。

从各国信托业监管的情况来看，监管模式与各国的具体环境相适应。以上几种监管模式哪种更适合我国？这要结合我国政治经济体制和文化传统进行判断。我国属于中央集权制国家，从表象来看，我国信托业实行分业经营、统一监管，国家金融监督管理总局是法定监管机构。但事实上，目前在我国的金融市场上，经营信托业务与“准信托”业务的机构除信托公司外，还有其他金融机构。比如《信托公司管理办法》赋权信托公司经营的业务中的大部分，其他金融机构都能经营。因此，信托业统一监管、分业经营的制度安排，在实践中发展成为某种程度上的“多头监管”和“混业经营”。面对这一矛盾，我国正在进行积极的探索，如推动信托业由目前法定的分业经营、分业监管的机构监管模式，向混业经营、统一监管的功能监管模式转型。

（三）政府监管的主要内容

根据我国《信托公司管理办法》《信托公司净资本管理办法》《信托公司股权管

理暂行办法》的规定，政府对信托机构的监管主要包括以下内容。

（1）市场准入、退出监管，即解决信托机构的合法性问题，包括信托机构的设立、变更、解散及清算。国务院银行业监督管理机构按照规定审批信托公司的设立、变更、终止，以保障信托机构的合法主体资格。

（2）对信托营业活动进行监管。《信托公司管理办法》明确了信托公司的经营范围，并赋予监管机构检查权、质询权以及处置权。如《信托公司管理办法》第 47 条规定：国务院银行业监督管理机构可以定期或者不定期对信托公司的经营活动进行检查；必要时，可以要求信托公司提供由具有良好资质的中介机构出具的相关审计报告。信托公司应当按照国务院银行业监督管理机构的要求提供有关业务、财务等报表和资料，并如实介绍有关业务情况。第 53 条规定：国务院银行业监督管理机构根据履行职责的需要，可以与信托公司董事、高级管理人员进行监督管理谈话，要求信托公司董事、高级管理人员就信托公司的业务活动和风险管理的重大事项作出说明。第 54 条规定：信托公司违反审慎经营规则的，国务院银行业监督管理机构责令限期改正；逾期未改正的，或者其行为严重危及信托公司的稳健运行、损害受益人合法权益的，国务院银行业监督管理机构可以区别情形，依据《银行业监督管理法》等法律法规的规定，采取暂停业务、限制股东权利等监管措施。

（3）对信托公司净资本的管理。为促进信托公司安全、稳健发展，确保信托公司固有资产充足并保持必要的流动性，以满足抵御各项业务不可预期损失的需要，《信托公司净资本管理办法》第 6 条第 1 款规定：国务院银行业监督管理机构可以根据市场发展情况和审慎监管原则，对信托公司净资本计算标准及最低要求、风险控制指标、风险资本计算标准等进行调整。第 7 条规定：国务院银行业监督管理机构按照本办法对信托公司净资本管理及相关风险控制指标状况进行监督检查。

（4）对信托公司股权、股东的管理。建立了信托公司股东、信托公司、监管机构“三位一体”的股权管理架构。《信托公司股权管理暂行办法》第 4 条规定：国务院银行业监督管理机构及其派出机构遵循审慎监管原则，依法对信托公司股权实施穿透监管。股权监管贯穿于信托公司设立、变更股权或调整股权结构、合并、分立、解散、清算以及其他涉及信托公司股权管理事项等环节。第 5 条规定：国务院银行业监督管理机构及其派出机构依法对信托公司股权进行监管，对信托公司及其股东等单位和个人的相关违法违规行为进行查处。第 6 条规定：信托公司及其股东应当根据法律法规和监管要求，充分披露相关信息，接受社会监督。第 7 条第 1 款规定：信托公司、国务院银行业监督管理机构及其派出机构应当加强对信托公司主要股东的管理。

（5）对信托公司从业人员的管理。《信托公司管理办法》第 50 条第 1 款规定：国务院银行业监督管理机构对信托公司的董事、高级管理人员实行任职资格审查制度。未经国务院银行业监督管理机构任职资格审查或者审查不合格的，不得任职。第 51 条规定：国务院银行业监督管理机构对信托公司的信托从业人员实行信托业务资格管理制度。符合条件的，颁发信托从业人员资格证书；未取得信托从业人员资格证书的，不得经办信托业务。第 52 条规定：信托公司的董事、高级管理人员和信托从业人员违反法律、行政法规或国务院银行业监督管理机构有关规定的，国务院银行业监督管理机构有权取消其任职资格或者从业资格。

（6）对信托公司的评级和分级分类监管。信托公司监管评级是指国务院银行业监督管理机构及其派出机构结合日常监管掌握的情况以及其他相关信息，按照规定对信托公司的管理状况和整体风险作出评价判断的监管工作。信托公司系统性影响评估是指国务院银行业监督管理机构结合日常监管掌握的相关信息，按照规定就单家信托公司经营状况对金融体系整体稳健性和服务实体经济能力的影响程度作出判断的监管工作。信托公司监管评级和系统性影响评估结果是实施分类监管的基础。分类监管是指监管机构根据信托公司年度监管评级结果及系统性影响评估结果，对不同级别和具有系统性影响的信托公司在市场准入、经营范围、监管标准、监管强度、监管资源配置以及采取特定监管措施等方面实施区别对待的监管政策。信托公司的监管评级和系统性影响评估工作由监管机构按照依法合规、客观公正、全面审慎的原则组织实施。

二、信托公司的自律管理

缺乏完整、有效的公司治理机构和行业自律机制会造成信托公司的无序经营与信托业的市场混乱，因此，除政府部门的外部监管外，建立、健全信托公司内部运作机制和整个信托行业形成自我协调、自我平衡的制约机制，也十分关键。

（一）信托公司个体自律管理

信托公司个体自律管理是指信托公司通过完善公司治理结构，建立、健全内部控制制度，进行自我约束、自我控制、自我管理的过程。信托公司个体自律管理是衡量其自身经营水平的标志，也是金融监管的重要组成部分。

1. 完善公司治理结构

《信托公司管理办法》第 43 条规定：信托公司应当建立以股东会、董事会、监事会、高级管理层等为主体的组织架构，明确各自的职责划分，保证相互之间独立运行、有效制衡，形成科学高效的决策、激励与约束机制。2007 年《信托公司治理指引》对信托公司的内部治理提出了具体要求。信托公司治理应体现受益人利益最大化的原则，股东会、董事会、监事会、高级管理层等组织架构的建立和运作也应当以受益人为根本出发点。完善的公司治理结构才能保障信托公司的科学决策和良性运作。

2. 建立健全信托公司内部控制制度

内部控制是指信托公司为实现经营目标，通过制定和实施一系列制度、程序和方法，对风险进行事前防范、事中控制、事后监督和纠正的动态过程与机制。内部控制的基本要素包括控制环境、风险评估、控制活动、信息沟通和内部监控等内容。《信托公司管理办法》对信托公司的内部控制制度建设提出了明确的要求，其第 44 条规定：信托公司应当按照职责分离的原则设立相应的工作岗位，保证公司对风险能够进行事前防范、事中控制、事后监督和纠正，形成健全的内部约束机制和监督机制。第 45 条规定：信托公司应当按规定制订本公司的信托业务及其他业务规则，建立、健全本公司的各项业务管理制度和内部控制制度，并报国务院银行业监督管理机构备案。另外，在财务会计、信息披露方面均有相应的规定。比如《信托公司管理办法》第 46 条规定：信托公司应当按照国家有关规定建立、健全本公司的财务会计制度，真实记录并全面反映其业务活动和财务状况。公司年度财务会计报表应当经具有良好资质的中介机构审计。

（二）信托公司行业自律

信托公司行业自律是指信托公司行业自律组织依法制定行业管理规章和行为守则，进行自我约束和管理的行为。行业自律可以分担政府监管责任，促进信托行业整体的规范发展。行业自律已成为信托监管发展的一大趋势。美国、英国、日本等国家的行业自律对其信托业的发展发挥了重要作用。信托公司行业自律组织，也即信托业协会可以开展各项培训活动，对会员信托公司进行法律、法规、规章等的宣传教育；同时，信托业协会还可对信托公司进行业务指导，加强信托监管机构与信托公司之间的信息交流。《信托公司管理办法》第 57 条规定：信托公司可以加入中国信托业协会，实行行业自律。中国信托业协会开展活动，应当接受国务院银行业监督管理机构的指导和监督。

思考题

1. 我国信托公司的业务经营现状及特点是什么？
2. 信托公司的法律责任如何认定？
3. 简述信托业政府监管存在的问题及发展方向。

4. 如何完善信托公司的自律监管？

参考书目

1. 高凌云．被误读的信托：信托法原论．2版．上海：复旦大学出版社，2021.
2. 新井诚．信托法．4版．刘华，译．北京：中国政法大学出版社，2017.
3. 赵廉慧．信托法解释论．北京：中国法制出版社，2015.
4. 周小明．信托制度：法理与实务．北京：中国法制出版社，2012.
5. 徐孟洲．信托法．北京：法律出版社，2006.
6. 何宝玉．信托法原理研究．北京：中国政法大学出版社，2005.

第八章

投资基金及业务法

本章要点

1. 投资基金的概念与特征
2. 证券投资基金的当事人
3. 产业投资基金的特征

第一节　投资基金及投资基金法

一、投资基金

（一）投资基金的概念与特征

投资基金，是指由专业机构根据特定投资目的，向公众或者特定对象募集资金，形成专业化管理的组合资产，由专业性的投资管理机构将投资者的出资按照收益、风险最佳组合原则进行投资，获得的收益由投资者按出资比例分享。投资基金作为具有特定内涵的概念，与基金、信托、基金组织等概念均存在明显区别。

首先，投资基金不同于基金。传统意义上的基金一般是指通过国民收入分配与再分配所形成的具有专门用途的资金。根据其用途的不同，又可以分为企业的奖励基金、福利基金、生产发展基金，国家的财政后备基金、储备基金、社会保险基金以及国家管理基金等。上述基金虽均被冠以“基金”之名，但它们一般有其特定用途，不用作投资，即使用于投资，往往也是为了抵消通货膨胀的压力，保证资金的购买力，而不是追求投资利润。

其次，投资基金不同于信托。投资基金是金融信托的一种形式，它与信托既有联系又有区别。二者的联系表现在：作为金融信托的一种形式，投资基金也是代理他人运用资产以获取收益。投资基金与信托的区别主要表现在：第一，信托业务范围更广，既有贸易信托又有金融信托。而投资基金属于金融信托，主要从事有价证券投资。第二，信托的当事人中受托人可以是法人，也可以是个人。投资基金当事人中受托人为基金管理人，一般由法人或合伙企业担任，不能由个人担任。同时，投资基金中还有一个独立于基金管理人的不可或缺的基金托管人。

最后，投资基金不同于国际上的基金组织。在国际上有许多基金组织，例如国际货币基金组织等，它们都有一笔来自成员国的资金且用途明确，它们是跨国性的协调、互助机构。但这类基金组织的资金并不用于投资，其目的不是为成员国赚取收益，其另有特定目的。因此，这类基金组织与投资基金也完全不同。

通过上述比较，我们可以看出投资基金具有如下特征：其一，从基金的筹集来看，从众多的投资者手中筹集资金，然后集中进行投资。其二，从基金的管理来看，由具有专门知识及经验的专业机构运营、管理。专业投资机构能够熟练地收集和分析金融市场情况，通过其专业判断获取较高的投资收益。其三，从基金的投资来看，为了分散风险，通常采取投资组合方式，按不同层次分别投资于各种不同的投资对象。其四，从基金的目的来看，在分散风险的前提下，以追求投资效益为目的。与控股或持股公司不同，控股或持股公司主要是为了控制其他企业的经营权，而投资基金则是站在投资者的立场以获取投资收益为目的，以此来吸引更多的投资者。

（二）投资基金的分类

按照不同的划分标准，可以对投资基金进行不同的分类。

（1）根据组织形式的不同，可以将投资基金分为契约型投资基金、公司型投资基金和有限合伙型投资基金。

契约型投资基金是指通过出资人共同协商，达成共同投资各项事宜条款的契约，然后根据该契约设立的基金，不需要取得法人资格。契约型投资基金是投资基金最基本的形式，也是当今世界各国采用最多的投资基金形式。由于契约型投资基金的组织形式相对松散，更能适合广大公众的选择，因而规模大的基金往往倾向于选择契约型投资基金的形式。

公司型投资基金是指按照公司法组成的以投资营利为目的的投资公司，持有该公司股票的投资者可以通过股东会参与公司的经营，并以收取股息或红利的方式分享投资收益。公司型投资基金相当于出资人共同出资成立了一个公司，出资人之间的联系较为紧密。从世界范围来看，公司型投资基金无论是个体规模还是社会总体规模都较小。

有限合伙型投资基金是指依据合伙企业法设立的由有限合伙人（LP）和普通合伙人（GP）组成的有限合伙形式的投资基金。有限合伙型投资基金的所有权和经营权相分离，有限合伙人不参与经营，仅由普通合伙人执行合伙事务并对合伙企业的债务承担无限连带责任。有限合伙型投资基金设立门槛低，运作模式简单灵活，并且可以有效避免双重征税，因此，有限合伙企业成为了目前投资基金比较常用的投资形式。

契约型投资基金、公司型投资基金与有限合伙型投资基金的区别主要体现在以下几个方面：

1）组织形态和法律关系不同。契约型投资基金是依据金融信托原理，按照信托契约组建的一种投资基金，不具备独立法人资格。公司型投资基金是依据公司法、按照公司形式设立的一种投资基金，有自己的章程和组织机构，是独立的企业法人。有限合伙型投资基金则是依据合伙企业法、以有限合伙企业为外观形式设立的一种投资基金，通过签订书面的合伙协议方式设立，但不具备独立法人资格。

2）投资者的地位不同。契约型投资基金的投资者购买的是受益凭证，投资者作为合同关系的当事人享有投资基金的受益权，但对于资金如何运用没有发言权。公司型投资基金的投资者购买投资公司的股票后即成为投资公司的股东，除了可以以收取股息、红利等形式取得收益，还有权参加股东会、发表自己的意见，并有权参与公司的决策以维护自己的利益。有限合伙型投资基金的所有者和运营者相分离，有限合伙人承担大部分的出资义务，享有获得分红及监督普通合伙人执行事务的权利，以认缴出资为限承担有限责任；普通合伙人是基金的运营者，出资较少，负责执行合伙事务并收取基金管理费，且对合伙企业的债务承担无限连带责任。

3）资产的性质不同。契约型投资基金的资产本质上是信托资产。公司型投资基金的资产则是公司法人的资本。有限合伙型基金的资产是合伙企业的财产。

4）资金的运用方式不同。契约型投资基金是依据合同的约定运用资金。公司型投资基金是依据公司章程与公司经营方针运用资金。有限合伙型投资基金是依据合伙协议的约定或经全体合伙人的决定运用资金。

5）基金的存续期限不同。契约型投资基金的存续期限由当事人在合同中约定。公司型投资基金存续时限则与该公司的存续期限一致。有限合伙型投资基金的存续时间与有限合伙企业的存续期限一致。

（2）根据资金进出自由度的不同，可以将投资基金分为开放式投资基金和封闭式投资基金。

开放式投资基金是指投资基金发行份额随着市场变化以及投资者的需要而变动，投资者可以随时购买基金单位，也可以随时将手中持有的基金单位按基金单位的资产净值转卖给发行机构，要求赎回的投资基金。开放式投资基金允许出资人随时出资加入，随时抽回自己的出资。由于开放式投资基金变现方便，更易招募资金，所以基金规模都较大。另外，由于开放式投资基金必须保留足够的现金应付赎回之需，所以其投资调动能力往往受到影响，盈利能力较差。

封闭式投资基金是指基金发行时，其发行份额受到数量的限制，一旦发行完毕，就不再增加份额，投资者也不得向发行机构请求赎回其持有的份额，但是投资者可以将基金单位拿到证券交易场所转让的投资基金。这种类型的基金很稳定，由于没有赎回的压力，所以其可以充分调动投资，但由于变现不灵活、风险性大，所以其招募资金比较困难。较之开放式投资基金封闭式投资基金的规模要小得多。

开放式投资基金和封闭式投资基金的区别主要体现在以下几个方面：

1）基金单位发行数量限制不同。开放式投资基金发行的份额不受限制，数量可增可减，因而其资本额具有不固定性。封闭式投资基金发行的份额则是固定的，不能随意增减。

2）收回投资的方式不同。开放式投资基金的发行无须经证券交易场所批准，基金管理人保证随时赎回基金单位，投资者可以直接向基金管理人买卖基金单位，不受时间限制。封闭式投资基金的发行同上市公司股票的发行一样，需获得证券交易场所批准。发行后，投资者不能向基金管理人赎回所持有的封闭基金单位，只能将基金单位卖给第三者，或在证券交易场所挂牌出售。封闭式投资基金都有一个明确的期限（中国为不得少于 5 年），只有到期后，投资者才可以直接向基金管理人赎回基金单位所代表的金额。

3）基金的投资方式不同。由于开放式投资基金需要应付投资者随时赎回基金，故基金管理人不能把全部基金用来投资，须保留足够的现金、政府债券，或在其投资组合中要有一部分随时可以出手的金融商品，以便随时应对赎回。而封闭式投资基金由于不允许投资者随时赎回基金，一般可以全部用来投资，而且可以用来进行长线投资。

4）投资目标市场不同。开放式投资基金的投资目标市场多为开放程度比较高、规模大、灵活程度高、变现能力强的金融市场，这种市场资金周转较快，能够适应大规模投资需求。封闭式投资基金的投资目标多为封闭市场或开放程度较低的市场，其市场规模狭小，资金周转速度较慢，灵活程度较低，一般不适合大规模短线投资。

（3）根据基金追求的回报形式的不同，可以将投资基金分为收益型投资基金和成长型投资基金。

收益型投资基金是指为获取最大的当期收入，投资于各种可以带来短期收益的投资基金。一般而言，收益型投资基金的出资人首先追求的是当期回报，往往会把资金更多地投向能产生固定利息的货币、存单、股票、债券。特点是收益较为稳定，但回报较低。

成长型投资基金是指为追求资金的长期成长，重视获得资本利得的投资基金。和收益型投资基金相比较，成长型投资基金的出资人首先追求的是资本的成长性，多投资于信誉好、有发展前景的公司，甚至愿意为此牺牲当期利益。成长型投资基金的特点是回报周期长，回报往往高于收益型投资基金，但风险较大，对投资机构的专业能力要求较高。

收益型投资基金与成长型投资基金的区别主要表现在以下几个方面：

1）投资目标不同。收益型投资基金强调基金单位价格的增长，并使投资者获得稳定、最大的当期收入。成长型投资基金着重为投资者带来经常性收益，重视资本的长期、稳定、积极增长。

2）投资工具不同。收益型投资基金主要投资于资本增值有限的市场，投资标的以债券与特别股为主。成长型投资基金主要投资于风险较大的金融市场，如股票市场中升值潜力较大的小型公司甚至是未上市公司的股票。

3）投资组合不同。收益型投资基金现金持有量较大，资金投资项目多元化，以分散投资风险，形成不同种类的投资组合。成长型投资基金持有现金数量较小，资金大部分被投向市场。

（4）根据投资理念的不同，可以将投资基金分为进取型投资基金和稳健型投资基金。

进取型投资基金是指投资理念倾向于利用市场波动带来的盈利机会的投资基金。这类投资基金盈利快、回报丰厚，但投机色彩较重，风险也较大。

稳健型投资基金是指投资理念倾向于注重资本的长期成长的投资基金。这类基金倾向于选择有固定收益且风险较低的投资对象，或在某一个时期价值被大大低估了的投资对象。这类投资基金的投资行为受市场波动的影响较小。

（5）根据基金募集方式的不同，可以将投资基金分为公募投资基金和私募投资基金。

公募投资基金是指通过向社会公众公开发行受益权凭证或股票方式募集资金而设立的基金，具有公开性、规范性和严格性的特点。

私募投资基金是指通过非公开方式，面向少数特定个人或机构投资者募集资金而设立的投资基金，包括私募证券投资基金和私募股权投资基金。由于销售和赎回都是通过基金管理人与投资者私下协商来进行的，所以其又被称为“向特定对象募集的基金”。

公募投资基金与私募投资基金的区别主要体现在以下几个方面：

1）资金来源不同。公募投资基金是向社会公众募集基金资金，由于没有投资人数和投资门槛限制，因此募集对象不特定且资金来源较为分散。私募投资基金向特定投资者募集资金，投资门槛和募集人数都有严格的限制，因而投资主体固定且资金来源较为集中。

2）资金投向不同。公募投资基金资金规模较大且投资限制较多，因此资金投向较为局限，主要投资股票、债券和货币等流动性较好、安全性较高的目标市场。私募投资基金通过基金合同约定资金投向，投资灵活度较高，更倾向于投资高收益高风险的目标市场，追求绝对收益和超额收益。

3）发售方式不同。公募投资基金通过公开发售的方式募集资金。私募基金则通过非公开发售的方式募集资金。

（6）根据基金投向的不同，可以将投资基金分为证券投资基金和产业投资基金。

本章第二、三节将主要对证券投资基金及产业投资基金进行介绍。

二、投资基金法

（一）投资基金法的概念

投资基金法是调整基金管理人、基金托管人与基金份额持有人在基金发行、管理和运作过程中产生的经济关系的法律规范的总称。投资基金法在不同的国家或地区称谓不同，有证券投资信托法、投资公司法、证券投资基金法、投资基金法等各种称谓。

（二）投资基金法的立法沿革及现状

自美国在1940年前后出台了《投资公司法》《投资顾问法》等专门对投资基金进行管理的法律规范之后，世界各国纷纷颁布了对投资基金进行规范的相关法律规定，如日本于1951年颁布了《证券投资信托法》，德国于1957年颁布了《投资公司法》，法国于1988年颁布了《关于有价证券集合投资体及债权共同基金的1988年12月23日法令第88到1201号》法规。

我国自在20世纪90年代初期开始引入基金制度以来，在摸索中不断进行着投资基金的立法尝试。1997年国务院证券委员会通过《证券投资基金管理暂行办法》；2000年中国证监会颁布了《开放式证券投资基金试点办法》；2001年全国人大常委会颁布了《信托法》；2002年6月中国人民银行颁布了《信托投资公司资金信托管理暂行办法》；2002年中国证监会颁布了《证券投资基金销售活动管理暂行规定》。虽然我国不断建立和健全投资基金法律规范，但是从整体上看，缺少一部完整的投资基金法的状况成为制约我国投资基金发展的重要障碍。有鉴于此，全国人大财经委员会会同中国证监会等部门于1999年成立起草小组，开始着手我国的投资基金立法工作。起草小组最初准备制定一部包含证券投资基金、产业投资基金在内“投资基金法”，但在草案的起草过程中，考虑到各类基金的差异性较大，难以在一部法律中作出规范，起草小组向全国人大常委会最终提交的草案改为“证券投资基金法”。经过全国人大常委会的三次审议，2003 年 10 月 28 日《中华人民共和国证券投资基金法》（以下简称《证券投资基金法》）终于诞生，后于 2012 年、2015 年进行修改。其后，与之配套的《证券投资基金托管业务管理办法》(2020 年修正)、《公开募集证券投资基金运作管理办法》、《公开募集证券投资基金管理人监督管理办法》、《公开募集证券投资基金信息披露管理办法》（2020 年修正）、《公开募集证券投资基金销售机构监督管理办法》、《证券投资基金评价业务管理暂行办法》（2020 年修正）等规范性文件相继颁布。自此，证券投资基金的相关立法日益完善。与此同时，有关产业投资基金的立法活动也在不断推进：1999 年由国家发展计划委员会牵头开始起草“产业投资基金管理暂行办法”，1999 年国务院办公厅转发了科技部等部委制定的《关于建立风险投资机制的若干意见》，2008 年国务院办公厅转发了国家发展和改革委等部门《关于创业投资引导基金规范设立与运作指导意见的通知》，2014 年中国保监会发布了《关于保险资金投资创业投资基金有关事项的通知》，2016 年国家发展和改革委颁布《政府出资产业投资基金管理暂行办法》，一些地方人民政府还制定了相应的高科技领域的风险投资基金的管理办法。另外，我国也陆续开展了私募投资基金的立法工作：2003 年全国人大常委会颁布的《证券投资基金法》结束了我国在私募投资基金领域的立法空白阶段，该法于 2012 年修订后，在“非公开募集资金”章节中对私募投资基金作出了原则性规定；2014 年中国证监会颁布了《私募投资基金监督管理暂行办法》；随着 2023 年 9 月 1 日《私募投资基金监督管理条例》的施行，我国私募投资基金领域的第一部专门性法规正式落地。

第二节 证券投资基金

一、证券投资基金的概念与特征

证券投资基金是指通过发售基金份额募集资金形成独立的基金财产，由基金管理人管理、基金托管人托管，以资产组合方式进行证券投资，基金份额持有人按其所持份额享受收益和承担风险的资本集合体。

从投资的角度看，证券投资基金是一种投资方式，它集中了投资者众多分散的资金，交由专门的投资管理机构进行证券投资，以实现高回报。从资金的关系看，证券投资基金是用于特定用途并具有独立性的资产。这种资金专门投资于证券市场，与基金管理人、基金托管人的资产相分离。从组织关系看，证券投资基金是管理和运作专门用于某种特定目的的资金的组织或机构，既可以是法人，也可以是非法人组织。从证券市场的角度看，证券投资基金就是证券投资基金证券，即证券投资基金发行人为募集资金向不特定或特定投资者发行的一种证券凭证。

二、证券投资基金的功能

证券投资基金自产生至今已有上百年的历史，并在世界各国广泛应用。其功能主要体现在以下几个方面。

（一）通过组合投资分散投资风险

组合投资是证券投资基金的运作方式，通过组合投资可以使各种投资的风险和收益匹配，分散和降低投资风险，提高投资收益。同时，基金管理人在组合投资方面如果业绩良好，不仅将给基金投资人带来满意的收益，也会为其代客理财业务的发展带来良好的市场支持。

（二）促进机构投资者的发展

证券投资基金集中众多分散投资，交由专业基金管理人投资操作，在一定程度上也推动了机构投资者的发展。证券投资基金是机构投资者的重要组成部分，通过合规操作、合理投资，可以克服中小投资者盲目和短视的投资倾向，防止证券市场过度投机，维持证券价格的相对稳定，从而保护投资者的利益。

（三）实现资本市场资源有效配置

证券投资基金是证券市场资金的重要供给者。证券投资基金通过代客理财、专家经营，可以吸引缺乏投资知识和投资经验的投资者以及那些有投资愿望但缺少投资机会的投资者，将来自社会方方面面的资金有效集中起来投入证券市场，增加证券市场的资金供给，从而有力推进证券市场的发展和实现资本市场资源的有效配置。

（四）推动金融市场创新

证券投资基金作为投资股票、债券及其他金融产品的工具，本身就是一种金融创新。同时，证券投资基金也带动了商业银行等金融机构在金融管理体制、业务运作、金融产品等各方面的金融创新活动。在此过程中，商业银行的业务已经突破了吸收存款、发放贷款等传统的负债与资产业务的范围，通过担任基金托管人获得托管收入，通过担任基金管理人获得管理收入，通过代为销售基金证券获得代理收入，从而拓宽了盈利来源，并带来了金融组织结构、金融市场结构、金融产品结构的大幅调整。

三、证券投资基金法律关系的主体

证券投资基金法律关系的主体又被称为基金当事人，是证券投资基金法律关系的参加者、权利义务的享有者与承担者。证券投资基金法律关系的主体包括三方当事人：基金管理人、基金托管人、基金份额持有人（投资人）。

（一）基金管理人

基金管理人即基金管理公司，是指依照《公司法》和《证券投资基金法》的规定设立的，从事证券投资基金管理业务的公司。基金管理人在证券投资基金法律关系中处于核心地位。基金投资者的投资利益能否得到有效保护，能否实现预期的投资收益，直接取决于基金管理人的经营管理水平和职业道德素质。

1. 基金管理人的设立

根据我国《证券投资基金法》的规定，设立管理公开募集基金的基金管理公司，应当具备下列条件，并经国务院证券监督管理机构批准：(1) 有符合《证券投资基金法》和《公司法》规定的章程；(2) 注册资本不低于 1 亿元人民币，且必须为实缴货币资本；(3) 主要股东应当具有经营金融业务或者管理金融机构的良好业绩、良好的财务状况和社会信誉，资产规模达到国务院规定的标准，最近 3 年没有违法记录；(4) 取得基金从业资格的人员达到法定人数；(5) 董事、监事、高级管理人员具备相应的任职条件；(6) 有符合要求的营业场所、安全防范设施和与基金管理业务有关的其他设施；(7) 有良好的内部治理结构、完善的内部稽核监控制度、风险控制制度；(8) 法律、行政法规规定的和经国务院批准的国务院证券监督管理机构规定的其他条件。

2. 基金管理人的职责

为了实现管理基金的职能，各国证券投资基金立法往往赋予基金管理人具体的职责。我国《证券投资基金法》第 19 条规定，公开募集基金的基金管理人应当履行下列职责：(1) 依法募集资金，办理基金份额的发售和登记事宜；(2) 办理基金备案手续；(3) 对所管理的不同基金财产分别管理、分别记账，进行证券投资；(4) 按照基金合同的约定确定基金收益分配方案，及时向基金份额持有人分配收益；(5) 进行基金会计核算并编制基金财务会计报告；(6) 编制中期和年度基金报告；(7) 计算并公告基金资产净值，确定基金份额申购、赎回价格；(8) 办理与基金财产管理业务活动有关的信息披露事项；(9) 按照规定召集基金份额持有人大会；(10) 保存基金财产管理业务活动的记录、账册、报表和其他相关资料；(11) 以基金管理人名义，代表基金份额持有人利益行使诉讼权利或者实施其他法律行为；(12) 国务院证券监督管理机构规定的其他职责。

公开募集基金的基金管理人的上述职责在发生以下情形时将终止：其一，被依法取消基金管理资格；其二，被基金份额持有人大会解任；其三，依法解散、被依法撤销或者被依法宣告破产；其四，基金合同约定的其他情形。

当发生公开募集基金的基金管理人职责终止情形时，基金份额持有人大会应当在6个月内选任新基金管理人，在此之前，由国务院证券监督管理机构指定临时基金管理人。发生基金管理人职责终止情形时，基金管理人还应当妥善保管基金管理业务资料，及时办理基金管理业务的移交手续，同时应当按照规定聘请会计师事务所对基金财产进行审计，并将审计结果予以公告，报国务院证券监督管理机构备案。

3. 基金管理人的行为禁止

基金管理人在管理基金期间负有忠实义务和信义义务，不得将其固有财产或者他人财产混同于基金财产从事证券投资；不得不公平地对待其管理的不同基金财产；不得利用基金财产或者职务之便为基金份额持有人以外的第三人牟取利益；不得向基金份额持有人违规承诺收益或者承担损失；不得侵占、挪用基金财产；不得泄露因职务便利获取的未公开信息，不得利用该信息从事或者明示、暗示他人从事相关的交易活动；不得玩忽职守，不按照规定履行职责。

（二）基金托管人

基金托管人，是指负责保管和根据基金管理人的指示实际运用基金资产的机构。基金托管人是为保护投资者的利益和保障基金财产的安全而设立的，是证券投资基金法律关系中必不可少的重要主体。在我国，基金托管人由依法设立并取得基金托管资格的商业银行或者其他金融机构担任。商业银行担任基金托管人的，由国务院证券监督管理机构会同国务院银行业监督管理机构核准；其他金融机构担任基金托管人的，由国务院证券监督管理机构核准。

1. 取得基金托管资格的条件

由于基金托管的专业性，我国《证券投资基金法》明确规定，申请取得基金托管资格，应当具备下列条件，并经国务院证券监督管理机构和国务院银行业监督管理机构核准：（1）净资产和风险控制指标符合有关规定；（2）设有专门的基金托管部门；（3）取得基金从业资格的专职人员达到法定人数；（4）有安全保管基金财产的条件；（5）有安全、高效的清算、交割系统；（6）有符合要求的营业场所、安全防范设施和与基金托管业务有关的其他设施；（7）有完善的内部稽核监控制度和风险控制制度；（8）法律、行政法规规定的和经国务院批准的国务院证券监督管理机构、国务院银行业监督管理机构规定的其他条件。

2. 基金托管人的职责

基金托管人是为了防止基金管理人滥用职权，损害基金投资人的利益而设置的专门机构。首先，基金托管人通过控制基金资产的占有权、保管权，使基金管理人不能滥用基金资产。其次，基金托管人通过监督基金管理人是否违反法律、法规、基金合同，或者是否实施有损于基金投资人利益的行为，保护基金投资人的利益。具体而言，基金托管人的职责包括如下几个方面。

（1）保管职责。保管职责包括安全保管基金财产和妥善保存基金托管业务资料，包括基金托管业务活动的记录、账册、报表和其他相关资料。其中，保管基金财产是基金托管人的主要义务。保管基金财产的基本要求是安全性和独立性。就安全性而言，基金托管人必须采取有效措施保障基金安全，避免其遭受损失。就独立性而言，基金托管人必须将基金资产与托管人自己的资产，以及与托管人保管的其他基金资产相互区分，不允许混同。如我国《证券投资基金法》规定，基金托管人应对所托管的不同基金财产分别设置账户，确保基金财产的完整与独立。

（2）执行指令的职责。基金管理人就对基金资产的管理运用所作出的指令需要通过基金托管人来执行，执行基金管理人的指令是基金托管人保管职责的延续。与基金管理人的指令内容相对应，基金托管人执行指令的行为有：基金买卖证券的交割及清算过户、支付投资者收益、向开放式基金投资者给付赎回基金的价金等。基金托管人对基金管理人所发布的正常指令不得拖延或拒绝执行。对此，我国《证券投资基金法》明确规定，基金托管人应当按照基金合同的约定，根据基金管理人的投资指令，及时办理清算、交割事宜。

（3）监督职责。基金托管人有责任对基金管理人投资运作的合法性进行监督。对于基金管理人发来的每一项指令，基金托管人都必须认真审查其是否合乎法律、法规、基金合同以及托管协议的规定，是否有可能损害基金投资人的利益、危害基金资产的安全等。基金托管人有权拒绝执行基金管理人作出的违法或违规的投资指令，并负有向国务院证券监督管理机构报告的义务。我国《证券投资基金法》对此作出了相关规定：基金托管人发现基金管理人的投资指令违反法律、行政法规和其他有关规定，或者违反基金合同约定的，应当拒绝执行，立即通知基金管理人，并及时向国务院证券监督管理机构报告。如果该违法违规的投资指令依据交易程序已经生效，也应当立即通知基金管理人，并及时向国务院证券监督管理机构报告。同时，我国《证券投资基金法》还规定，基金托管人还负有办理与基金托管业务活动有关的信息披露事项，对基金管理人编制的基金财务会计报告及中期和年度基金报告出具意见，复核和审查基金管理人计算的基金资产净值和基金份额申购、赎回价格等监督职责。

（三）基金份额持有人

基金份额持有人又被称作基金投资人，是指购买并持有基金证券，享有基金资产受益权的人。基金份额持有人往往通过持有人大会行使其权利。

1. 基金份额持有人的权利

（1）获得投资收益的权利。获得投资收益是基金份额持有人最基本的权利，也是投资者投资所追求的目标。就开放式投资基金而言，在有收益的情况下，基金份额持有人可以依据自己持有的基金份额享受分红，也可以在每日公布的每股资产净值高于其购买价格时赎回投资，以获得收益。就封闭式投资基金而言，虽然在封闭期间内基金单位份额不变，但基金单位可以上市交易，投资者可以买卖基金单位获取差价收益，也可以在封闭期届满、基金清算时获取基金单位资产净值与购买价格之间的差价收益。

（2）对基金资产的请求权。基金份额持有人对基金资产的请求权主要有赎回权、转让权、剩余基金资产分配权等。赎回权是指开放式投资基金投资人可以随时要求基金管理人按照当日公布的基金的资产净值，将自己购买的基金进行回购的权利。转让权是指基金份额持有人将其持有的基金转让给他人的权利。剩余基金资产分配权是指当基金终止、进行清算时，基金份额持有人参与分配清算后的剩余基金资产的权利。

（3）重大事务表决权。我国《证券投资基金法》规定，当涉及基金扩募或者延长基金合同期限，修改基金合同的重要内容或提前终止基金合同，更换基金管理人、基金托管人，调整基金管理人、基金托管人的报酬标准等重要事项时，应当通过召开基金份额持有人大会审议决定。

（4）知情权。基金份额持有人有权了解并监督自己投资资产的状况、用途、损益等情况，这是各国证券投资基金立法公认的准则。我国《证券投资基金法》规定，公开募集基金的基金份额持有人有权查阅或者复制公开披露的基金信息资料；非公开募集基金的基金份额持有人对涉及自身利益的情况，有权查阅基金的财务会计账簿等财务资料。

（5）司法救济权。当基金管理人、基金托管人、基金服务机构实施了损害基金份额持有人合法权益的行为时，基金份额持有人有权依法对其提起诉讼，要求加害人停止侵害、返还财产、赔偿损失。

2. 基金份额持有人大会

基金份额持有人大会是基金份额持有人行使其权利的重要方式。根据我国《证券投资基金法》的规定，基金份额持有人大会由基金管理人召集。基金份额持有人大会设立日常机构的，由该日常机构召集；该日常机构未召集的，由基金管理人召集。基金管理人未按规定召集或者不能召集的，由基金托管人召集。代表基金份额10%以上的基金份额持有人就同一事项要求召开基金份额持有人大会，而基金份额持有人大会的日常机构、基金管理人、基金托管人都不召集的，代表基金份额10%以上的基金份额持有人有权自行召集，并报国务院证券监督管理机构备案。召开基金份额持有人大会，召集人应当至少提前30日公告基金份额持有人大会的召开时间、会议形式、审议事项、议事程序和表决方式等事项。基金份额持有人大会可以采取现场方式召开，也可以采取通信等方式召开。每一基金份额具有一票表决权，基金份额持有人可以委托代理人出席基金份额持有人大会并行使表决权。基金份额持有人大会应当有代表1/2以上基金份额的持有人参加，方可召开。参加基金份额持有人大会的持有人的基金份额低于前述规定比例的，召集人可以在原公告的基金份额持有人大会召开时间的3个月以后、6个月以内，就原定审议事项重新召集基金份额持有人大会。重新召集的基金份额持有人大会应当有代表1/3以上基金份额的持有人参加，方可召开。基金份额持有人大会就审议事项作出决定，应当经参加大会的基金份额持有人所持表决权的1/2以上通过；但是，转换基金运作方式、更换基金管理人或者基金托管人、提前终止基金合同、与其他基金合并，应当经参加大会的基金份额持有人所持表决权的2/3以上通过。基金份额持有人大会决定的事项，应当依法报国务院证券监督管理机构备案，并予以公告。

四、证券投资基金的监管

证券投资基金的监管是指基金的相关管理部门运用法律、经济以及必要的行政手段，对基金的募集、发行、交易等行为以及基金管理公司的行为进行监督管理。

（一）证券投资基金监管体制

各国基金业监管制度主要有两种典型模式：一种是行业自律监管模式，另一种是集中监管模式。

行业自律监管模式以英国为代表，重视行业自律组织的作用。在英国，各个基金行业自律组织，如共同基金协会、投资信托协会、投资顾问协会、证券投资协会、基金管理人协会等，承担了主要的监管职能。各协会制定本行业基金投资的限制，如基金投资行业的限制、基金资产投资数额的限制、基金投资于其他基金的限制等。行业自律可有效替代政府的微观监督行为，英国财政部作为政府代表只负责基金业大政方针的制定，不直接干预基金的具体业务活动。

集中监管模式以美国为代表，美国的基金监管职能主要集中于美国联邦证券交易委员会，同时，各基金行业自律组织也承担了部分微观监管的职权。除了联邦一级的监管和行业自律，美国各州也通过自己的监管法规与监管机构和人员，负责对本州范围内投资基金的监管。

我国的证券投资基金监管倾向于集中监管模式。一方面，中国证监会依法对证券投资基金活动实施监督管理；另一方面，基金管理人、基金托管人和基金服务机构可以成立同业协会，提供行业服务，协调行业关系，加强行业自律。

（二）监管机构的监管职责与权限

根据我国《证券投资基金法》的规定，国务院证券监督管理机构负责对证券投资基金活动实施监督管理，其监管职责包括：（1）制定有关证券投资基金活动监督管理的规章、规则，并行使审批、核准或者注册权；（2）办理基金备案；（3）对基金管理人、基金托管人及其他机构从事证券投资基金活动进行监督管理，对违法行为进行查处，并予以公告；（4）制定基金从业人员的资格标准和行为准则，并监督实施；（5）监督检查基金信息的披露情况；（6）指导和监督基金行业协会的活动等。

中国证监会在依法履行监管职责时，有权对基金管理人、基金托管人、基金服务机构进行现场检查，并要求其报送有关的业务资料；有权进入涉嫌违法行为发生场所调查取证；有权询问当事人和与被调查事件有关的单位和个人，要求其对与被调查事件有关的事项作出说明；有权查阅、复制与被调查事件有关的财产权登记、通信记录等资料；有权查阅、复制当事人和与被调查事件有关的单位和个人的证券交易记录、登记过户记录、财务会计资料及其他相关文件和资料，对可能被转移、隐匿或者毁损的文件和资料，可以予以封存；有权查询当事人和与被调查事件有关的单位和个人的资金账户、证券账户和银行账户，对有证据证明已经或者可能转移或者隐匿违法资金、证券等涉案财产，或者隐匿、伪造、毁损重要证据的，经中国证监会主要负责人批准，可以冻结或者查封；有权在调查操纵证券市场、内幕交易等重大证券违法行为时，经中国证监会主要负责人批准，在一定期限内限制被调查事件当事人的证券买卖。

第三节　产业投资基金

一、产业投资基金的概念与特征

产业投资基金是一种对未上市企业进行股权投资和提供经营管理服务的，利益共享、风险共担的集合投资制度，即通过向多数投资者发行基金份额来设立基金管理公司，由基金管理公司自任基金管理人或另行委托基金管理人管理基金资产，委托基金托管人托管基金资产，从事创业投资、企业重组投资和基础设施投资等实业投资。根据投资领域的不同，产业投资基金又可分为创业投资基金（又称风险投资基金）、企业重组投资基金、基础设施投资基金等类别。

产业投资基金通常具有如下特征：其一，投资对象主要是未上市企业。通过直接取得未上市企业的股权，推动被投资企业的发展来实现投资的增值。根据被投资企业所处发展阶段的不同，产业投资基金的投资可以被分为种子期投资、起步期投资、扩展期投资、筹备上市期投资以及重组期投资等不同时期的投资。其二，投资与管理相结合。产业投资基金在向被投资企业提供资金的同时，还为企业提供经营管理服务，参与企业的市场开拓、技术研发、资金融通、组织结构调整等重大问题的决策，同时还积极为企业上市创造条件。其三，投资期限较长。产业投资基金投资期限长，流动性小，一般从投资到收回投资需要 3 年至 7 年的时间。其四，退出渠道多样化。由于产业投资基金的利润主要来自投资成本与投资转让的差价，因而产业投资基金需要多样化的退出机制，如：通过被投资公司股票公开上市，在股票市场出售该公司的股票而退出；由其他公司购买产业投资基金持有的股份而退出；由被投资企业回购股份而退出；通过被投资企业重组、破产清算方式退出等。其五，产业投资基金往往受到政府扶持。政府对于涉及高新技术企业、支柱产业和基础设施产业的产业投资基金往往给予各种优惠政策。例如，国务院办公厅于 2008 年转发国家发展改革委等部门《关于创业投资引导基金规范设立与运作指导意见的通知》，指出：由政府出资设立并按市场化方式运作政策性创业投资引导基金，通过扶持创业投资企业发展，引导社会资金进入创业投资领域。

通过对产业投资基金的概念与特征的分析，我们发现，产业投资基金与证券投资基金具有非常明显的区别。

其一，投资对象不同。产业投资基金的投资对象是某个产业或某个地区的多家企业，它直接投资于目标企业的股权，并根据企业的需要提供管理方面的服务。而证券投资基金主要投向各类上市流通证券，不为企业提供管理方面的服务。

其二，运作机制不同。产业投资基金通过向未上市企业投资、提供经营管理服务，扶持其发展壮大，然后通过退出机制，实现投资成本与投资转让的差价收益。而证券投资基金主要根据证券市场的行情确定组合投资方向，根据需要在证券市场上售出持有的有价证券，从而实现投资收益。

其三，风险性不同。产业投资基金从投资到退出往往需要 3 年至 7 年，甚至更长的时间，由于投资周期长、流动性差，如果被投资企业经营管理不善，资金很难退出，产业投资基金将会面临严重亏损。证券投资基金的风险则来源于证券市场：证券市场复杂多变，若基金管理人对投资组合把握不当，将很难避免损失。

我国对产业投资基金领域的立法已历经二十余年的努力，相关法律制度也在不断完善：在中央层面，2001年国家发展计划委员会曾制定了《产业投资基金管理暂行办法》，2011年财政部、国家发展改革委制定了《新兴产业创投计划参股创业投资基金管理暂行办法》，2016年国家发展改革委出台了《政府出资产业投资基金管理暂行办法》；在地方层面，近年来各地陆续出现了相关产业领域的地方级别的产业投资管理（暂行）办法；同时，针对创业投资基金，还有两部专门性的政府性文件，分别为2005年十部委联合发布的《创业投资企业管理暂行办法》，2008年国家发展改革委发布的《关于创业投资引导基金规范设立与运作的指导意见》（国办发〔2008〕116号），还有相应监管文件《科技型中小企业创业投资引导基金股权投资收入收缴暂行办法》（财企〔2010〕361号）、《政府投资基金暂行管理办法》（财预〔2015〕210号）、《政府出资产业投资基金管理暂行办法》（发改财金规〔2016〕2800号）。然而遗憾的是，截至目前，我国仍未形成一部正式的完整的产业投资基金领域的全国性法律。当前产业投资基金的设立、发展和存续以及运作管理主要依据《公司法》、《信托法》、《合伙企业法》以及《私募投资基金监督管理暂行办法》中的零散规定。

二、产业投资基金募集与登记管理

按照我国《政府出资产业投资基金管理暂行办法》的规定，政府向产业投资基金出资，可以采取全部由政府出资、与社会资本共同出资或向符合条件的已有产业投资基金投资等形式。政府出资产业投资基金的社会资金部分应当采取私募方式募集，除政府外的其他基金投资者为具备一定风险识别和承受能力的合格机构投资者。

国家发展改革委建立全国政府出资产业投资基金信用信息登记系统，并指导地方发展改革部门建立本区域政府出资产业投资基金信用信息登记子系统。中央各部门及其直属机构出资设立的产业投资基金募集完毕后20个工作日内，应在全国政府出资产业投资基金信用信息登记系统登记。地方政府或所属部门、直属机构出资设立的产业投资基金募集完毕后20个工作日内，应在本区域政府出资产业投资基金信用信息登记子系统登记。政府出资产业投资基金信用信息登记主要包括以下基本信息：（1）相关批复和基金组建方案；（2）基金章程、合伙协议或基金协议；（3）基金管理协议（如适用）；（4）基金托管协议；（5）基金管理人的章程或合伙协议；

(6) 基金管理人高级管理人员的简历和过往业绩;(7) 基金投资人向基金出资的资金证明文件;(8) 其他资料。

政府出资产业投资基金在信用信息登记系统登记后，由发展改革部门根据登记信息在30个工作日内对基金投向进行产业政策符合性审查，并在信用信息登记系统予以公开。对于未通过产业政策符合性审查的政府出资产业投资基金，各级发展改革部门应及时出具整改建议书，并抄送相关政府或部门。国家发展改革委负责中央各部门及其直属机构政府出资设立的产业投资基金材料完备性和产业政策符合性审查。地方各级发展改革部门负责本级政府或所属部门、直属机构政府出资设立的产业投资基金材料完备性和产业政策符合性审查。

三、产业投资基金的组织管理

产业投资基金的组织架构通常包括基金公司、基金管理人、基金托管人。

(一) 基金公司

公司型产业投资基金的主体是基金公司，投资者通过购买基金公司的份额成为基金公司的股东。基金公司的股东享有出席或委派代表出席股东会、监督基金运营情况、获悉基金业务及财务状况的资料、合法转让和扩募时优先申购基金份额、取得基金收益和基金清算后的剩余资产、优先收购基金转让的项目等权利。基金公司的最高权力机构是股东会，其常设机构为基金公司董事会。

(二) 基金管理人

产业投资基金的基金管理人通常由专业的基金公司担任。基金管理人应当确保依法设立、合规经营、财务独立且有健全的内部风险控制机制，同时还应符合实收资本最低限额和高级管理人员资质要求。基金管理人一般参与投资基金经营管理及决策，并负责产业投资基金运作的日常业务，包括选择投资对象，实施投资行为，负责评估基金资产价值，负责基金股权的申购、转让、赎回事宜等。具体而言，基金管理人的职责包括：制订投资方案，经基金公司董事会批准后实施投资，并对所投资企业进行监督和参与管理；按基金公司章程的规定向基金投资者披露基金投资运作、基金管理信息服务等信息，定期编制基金财务报告，经基金托管人复核，注册会计师审核后向基金董事会（持有人大会）和管理机关报告；保存基金所有的会计账册、记录；及时、足额向基金公司股东支付基金收益，并在基金终止时，参与清算小组对基金资产进行清算，将全部剩余资产分配给基金公司股东；基金公司章程规定的其他职责。在管理过程中，基金管理人须将所管理的基金资产与其自有资产严格分开，并对所管理的不同基金分账管理、分账核算。

（三）基金托管人

产业投资基金托管人的设立是为了防止基金管理人挪用基金财产，保护投资者的权益。通常而言，基金托管人的主要职责有：安全保管所托管基金的全部资产；执行基金管理人发出的投资指令，负责基金名下的资金往来；监督基金管理人的投资运作，发现基金管理人的投资指令违反国家法律法规或基金管理人章程时，不予执行，同时及时通知基金管理人并向基金管理人董事会报告；对于已经违反国家法律法规的投资行为，应及时向管理机关报告；复核、审查基金管理人计算的基金资产净值；出具基金业绩报告，陈述基金托管情况，并向基金管理人董事会和管理机关报告；托管协议、基金管理人章程规定的其他职责。

四、产业投资基金的退出模式

任何投资，都是为了获得高额投资回报。产业投资基金从投资初期开始就要考虑退出问题。基金投资者在持有创业企业股权一定时间后，就要考虑退出创业企业，收回投资。

在资本市场发达的国家，产业投资基金的退出方式很多，通常包括四种方式，即首次公开发行股票（IPO）退出、普通股权转让退出、被投资企业股东或管理层回购退出以及清算退出。

（一）首次公开发行股票退出

在被投资企业顺利实现首次公开发行股票并上市之后，基金投资者可以出售其所持有的被投资企业股票，从而获得高额利润。股票上市后，基金投资者作为发起人在经过法定和约定的禁售期后即可售出其持有的风险企业股票，获取巨额增值，从而实现成功退出。目前，基金投资企业一般选择在美国纳斯达克、我国香港创业板等境外证券市场上市，而境内开通的创业板也将成为基金投资企业股票上市的另一选择。当然，部分规模较大的基金投资企业也可选择在境内的主板上市。

（二）普通股权转让退出

在被投资企业上市前，基金投资者亦可通过将其持有的被投资企业股份转让给他人的方式退出。在普通的股权转让方式中，有限责任公司及未上市股份有限公司的股权转让的基本程序包括：企业股东会或股东大会通过同意转让的决议；转让方和受让方各方的股东会或董事会授权或同意；协商谈判；制作、签署股权转让协议等文件；办理股东变更的工商登记手续或股份过户手续。对于某些项目在办理股权变更手续前还需报政府主管部门批准，如：外商投资企业的股权转让需报原审批机关批准；国有股权转让的，评估立项及评估结果需获得国有资产管理部门的批准和确认等。

（三）被投资企业股东或管理层回购退出

在基金投资退出方式中，出现了被投资企业原来的股东或管理层购买基金投资者股权以帮助其退出的方式。在投资协议中，通常会约定在基金投资者的要求下，被投资企业原股东或管理层必须按照一定的价格回购其投资的股份。这使投资方的投资在退出的时候具有债权性质。

（四）清算退出

在投资项目失败的情况下，基金投资者往往只能选择以清算的方式退出。在被投资企业遇到困难时，基金投资者往往需要当机立断，及时退出。这时候，被投资企业及其股东按照《公司法》的规定进行清算，通知债权人并发布债权公告，进行债权登记与确认，协助进行剩余财产分配以及向市场监督管理局申请注销公司登记等工作。值得注意的是，如果在投资协议中规定了投资方在清算时的优先权，应当给予基金投资者优先补偿。

案例与思考

1. 综合案例

甲在乙公司营业部开户，使用乙公司指定的钱龙系统进行交易。2015 年 7 月 13 日，甲通过钱龙交易系统购买了易方达基金公司作为管理人的 150 107 易基中小板 B 基金。2015 年 8 月 25 日基金交易收盘后，甲收到下折短信提示后发现网上交易系统显示的基金净值数据存在严重错误。甲自 2015 年 7 月 13 日购入易基中小板 B 基金，之后走势平稳，但事后得知持有系争基金的 35 个交易日中，有 10 个交易日出现基金净值显示错误的情况，特别是下折前关键的 6 个交易日中有 4 个交易日（分别为 8 月 19 日、8 月 24 日、8 月 25 日、8 月 26 日）出错。8 月 26 日该基金发生下折，8 月 28 日恢复交易。8 月 31 日甲抛出所有基金。甲认为基金净值显示错误误导客户判断，使其遭受巨大损失，故诉请要求乙公司、乙公司营业部赔偿其损失共计 148 502 元。

问题：甲的诉讼请求能否得到支持？为什么？

2. 思考题

（1）试述投资基金的种类。

（2）试述证券投资基金管理人的职责。

（3）试述产业投资基金与证券投资基金的区别。

参考书目

1. 吴弘．华东金融法制评论：第 2 卷．北京：中国方正出版社，2006.

2. 王连洲，董华春．《证券投资基金法》条文释义与法理精析．北京：中国方正出版社，2004.

3. 郭锋，陈夏，等．证券投资基金法导论．北京：法律出版社，2008.

4. 高翔，邱志锋，戴祝君．基金投资分析与策略．北京：经济管理出版社，2008.

5. 高湘平．2007 年中国证券投资基金业年报．北京：经济科学出版社，2008.

6. 薛智胜，焦麦青．产业投资基金法律问题研究．北京：知识产权出版社，2012.

7. 隋平，董梅．私募股权投资基金：操作细节与核心范本．北京：中国经济出版社，2012.

8. 何永坚．中华人民共和国证券投资基金法解读．北京：中国法制出版社，2013.

9. 郝红颖，青苗．私募股权投资基金法律实务操作指引．北京：中国民主法制出版社，2016.

10. 刘磊．证券投资基金学．北京：清华大学出版社，2023.

11. 郑泰安，钟凯，钟洪明，等．证券投资基金法律制度：立法前沿与理论争议．北京：社会科学文献出版社，2020.

第九章

其他金融机构与业务法

本章要点

1. 财务公司的设立条件、业务范围及监管和风险控制
2. 金融租赁公司的设立条件、业务范围及监管和风险控制
3. 期货公司的性质、业务范围和业务规则
4. 货币经纪公司的性质、业务范围和风险控制
5. 汽车金融公司、消费金融公司的性质、经营规则和监管

第一节　企业集团财务公司法律制度

一、财务公司的性质和法律地位

企业集团财务公司（以下简称财务公司）是以加强企业集团资金的集中管理和提高企业集团资金使用效率为目的，为企业集团成员单位提供财务管理服务的非银行金融机构，是我国金融体系的重要组成部分。

1716 年，财务公司首先产生于法国。其后英、美各国相继效仿设立。在当今西方国家财务公司的业务范围已大大扩展，在消费信贷、企业信贷和财务投资咨询等方面有着举足轻重的地位。我国的财务公司是随着经济体制改革而出现的一类金融机构，植根于国有大型企业集团，其宗旨是完善我国金融体系、支持国有大型企业的发展。1987 年我国设立了第一家企业集团财务公司——东风汽车工业集团财务公司。三十多年来，财务公司行业整体上发展稳健，在加强资金集中管理、降低财务费用等方面为所属企业集团的发展作出了很大贡献。

自我国加入世界贸易组织以来，外资银行、跨国公司及外资财务公司相继而来，开拓在中国市场上的业务领域，我国的财务公司面临着很大的竞争压力。为适应新形势，本着有利于支持大型企业集团发展，有利于引进外资，有利于加强监管，有利于财务公司事业发展的原则，中国银监会于 2004 年 7 月 27 日颁布了《企业集团财务公司管理办法》，并于 2006 年 12 月 28 日对此进行了修订。2007 年 1 月 26 日，中国银监会颁布了《申请设立企业集团财务公司操作规程》。2020 年 3 月，中国银保监会公布并实施了《中国银保监会非银行金融机构行政许可事项实施办法》，其中对财务公司进行了规定。2022 年 10 月 13 日，中国银保监会颁布了《企业集团财务公司管理办法》。2023 年 10 月 9 日，国家金融监督管理总局颁布了《非银行金融机构行政许可事项实施办法》。

二、财务公司的设立

（一）财务公司的设立条件

根据《非银行金融机构行政许可事项实施办法》的规定，申请设立财务公司，应当具备以下条件。

（1）申请设立财务公司的企业集团应当具备以下条件：1）符合国家产业政策并拥有核心主业。2）具备 2 年以上企业集团内部财务和资金集中管理经验。3）最近 1 个会计年度末，总资产不低于 300 亿元人民币或等值的可自由兑换货币，净资产不低于总资产的 30%；作为财务公司控股股东的，最近 1 个会计年度末净资产不低于总资产的 40%。4）财务状况良好，最近 2 个会计年度营业收入总额每年不低于 200 亿元人民币或等值的可自由兑换货币，税前利润总额每年不低于 10 亿元人民币或等值的可自由兑换货币；作为财务公司控股股东的，还应满足最近 3 个会计年度连续盈利。5）现金流量稳定并具有较大规模，最近 2 个会计年度末的货币资金余额不低于 50 亿元人民币或等值的可自由兑换货币。6）权益性投资余额原则上不得超过本企业净资产的 50%（含本次投资金额）；作为财务公司控股股东的，权益性投资余额原则上不得超过本企业净资产的 40%（含本次投资金额）；国务院规定的投资公司和控股公司除外。7）正常经营的成员单位数量不低于 50 家，确需通过财务公司提供资金集中管理和服务。8）母公司具有良好的公司治理结构或有效的组织管理方式，无不当关联交易。9）母公司有良好的社会声誉、诚信记录和纳税记录，最近 2 年内无重大违法违规行为。10）母公司最近 1 个会计年度末的实收资本不低于 50 亿元人民币或等值的可自由兑换货币。11）母公司入股资金为自有资金，不得以委托资金、债务资金等非自有资金入股。12）国务院银行业监督管理机构规章规定的其他审慎性条件。

（2）设立财务公司，应当具备下列条件：1）确属集中管理企业集团资金的需要，经合理预测能够达到一定的业务规模；2）有符合《公司法》和国务院银行业监督管理机构规定的公司章程；3）有符合规定条件的出资人；4）注册资本为一次性实缴货币资本，最低限额为10亿元人民币或等值的可自由兑换货币，5）有符合任职资格条件的董事、高级管理人员，并且在风险管理、资金管理、信贷管理、结算等关键岗位上至少各有1名具有3年以上相关金融从业经验的人员；6）财务公司从业人员中从事金融或财务工作3年以上的人员应当不低于总人数的2/3、5年以上的人员应当不低于总人数的1/3，且至少引进1名具有5年以上银行业从业经验的高级管理人员；7）建立了有效的公司治理、内部控制和风险管理体系；8）建立了与业务经营和监管要求相适应的信息科技架构，具有支撑业务经营的必要、安全且合规的信息系统，具备保障业务持续运营的技术与措施；9）有与业务经营相适应的营业场所、安全防范措施和其他设施；10）国务院银行业监督管理机构的规章规定的其他审慎性条件。

（二）财务公司分支机构的设立条件

根据《非银行金融机构行政许可事项实施办法》的规定，符合一定条件的财务公司可以设立境外子公司、分公司。

1. 财务公司境外子公司设立条件

财务公司申请设立境外子公司，应当具备以下条件：（1）确属业务发展和为成员单位提供财务管理服务需要，具备清晰的海外发展战略。（2）拟设境外子公司所服务的成员单位不少于40家，且前述成员单位资产合计不低于150亿元人民币或等值的可自由兑换货币；或成员单位不少于10家、不足40家，但成员单位资产合计不低于200亿元人民币或等值的可自由兑换货币。（3）各项审慎监管指标符合有关监管规定。（4）经营状况良好，最近2个会计年度连续盈利。（5）权益性投资余额原则上不超过净资产的30％（含本次投资金额）。（6）内部管理水平和风险管控能力与境外业务发展相适应。（7）具备与境外经营环境相适应的专业人才队伍。（8）最近2年内未发生重大案件或重大违法违规行为。（9）监管评级良好。（10）建立了与业务经营和监管要求相适应的信息科技架构，具有支撑业务经营的必要、安全且合规的信息系统，具备保障信息系统有效安全运行的技术与措施。（11）国务院银行业监督管理机构规章规定的其他审慎性条件。

2. 财务公司分公司设立条件

财务公司发生合并与分立、跨省级派出机构迁址，或者所属集团被收购或重组的，可申请设立分公司。申请设立分公司，应当具备以下条件：（1）确属业务发展和为成员单位提供财务管理服务需要。（2）拟设分公司所服务的成员单位不少于40家，且前述成员单位资产合计不低于100亿元人民币或等值的可自由兑换货币；或成员单位不少于10家、不足40家，但成员单位资产合计不低于200亿元人民币或等值的可自由兑换货币。（3）各项审慎监管指标符合有关监管规定。（4）注册资本不低于20亿元人民币或等值的可自由兑换货币，具有拨付营运资金的能力。（5）经营状况良好，最近2个会计年度连续盈利。（6）最近2年内未发生重大案件或重大违法违规行为。（7）监管评级良好。（8）建立了与业务经营和监管要求相适应的信息科技架构，具有支撑业务经营的必要、安全且合规的信息系统，具备保障系统有效安全运行的技术与措施。（9）国务院银行业监督管理机构规章规定的其他审慎性条件。

财务公司与拟设分公司应不在同一省级派出机构管辖范围内，且拟设分公司应具备以下条件：（1）营运资金到位；（2）有符合任职资格条件的高级管理人员和熟悉相关业务的从业人员；（3）有与业务发展相适应的组织机构和规章制度；（4）具有支撑业务经营的必要、安全且合规的信息系统，具备保障业务持续运营的技术与措施；（5）有与业务经营相适应的营业场所、安全防范措施和其他设施；（6）国务院银行业监督管理机构规章规定的其他审慎性条件。

（三）财务公司及其分公司设立程序

1. 财务公司设立程序

财务公司设立须经筹建和开业两个阶段。企业集团筹建财务公司，应由母公司作为申请人向拟设地国务院银行业监督管理机构省级派出机构（以下简称省级派出机构）提交申请，由省级派出机构受理并初步审查，由国务院银行业监督管理机构审查并决定。决定机关自受理之日起4个月内作出批准或不批准的书面决定。

财务公司的筹建期为批准决定之日起6个月。未能按期完成筹建的，应在筹建期限届满前1个月向国务院银行业监督管理机构和拟设地省级派出机构提交筹建延期报告。筹建延期不得超过一次，延长期限不得超过3个月。申请人应在期限届满前提交开业申请，逾期未提交的，筹建批准文件失效，由决定机关注销筹建许可。

财务公司开业，应由母公司作为申请人向拟设地省级派出机构提交申请，由拟设地省级派出机构受理、审查并决定。拟设地省级派出机构自受理之日起2个月内作出核准或不予核准的书面决定，并抄报国务院银行业监督管理机构。申请人应在收到开业核准文件并领取金融许可证后，办理工商登记，领取营业执照。财务公司应自领取营业执照之日起6个月内开业。不能按期开业的，应在开业期限届满前1个月向拟设地省级派出机构提交开业延期报告。开业延期不得超过一次，延长期限不得超过3个月。未在规定期限内开业的，开业核准文件失效，由决定机关注销开业许可，发证机关收回金融许可证，并予以公告。

2. 财务公司分公司设立程序

财务公司由于发生合并与分立、跨省级派出机构变更住所而设立分公司的，原则上应与变更事项一并提出申请，许可程序分别适用财务公司合并与分立、跨省级派出机构变更住所的规定。

财务公司由于所属集团被收购或重组而设立分公司的，可与重组变更事项一并提出申请或单独提出申请。一并提出申请的许可程序适用于财务公司变更股权或调整股权结构引起实际控制人变更的规定；单独提出申请的，由财务公司向法人机构所在地省级派出机构提交筹建申请，同时应抄报分公司拟设地省级派出机构，由法人机构所在地省级派出机构受理、审查并决定。决定机关自受理之日起4个月内作出批准或不批准的书面决定，并抄报国务院银行业监督管理机构，抄送拟设地省级派出机构。法人机构所在地省级派出机构在作出批筹决定前应征求分公司拟设地省级派出机构的意见。

财务公司分公司的筹建期为批准决定之日起6个月。未能按期完成筹建的，应在筹建期限届满前1个月向法人机构所在地省级派出机构和拟设地省级派出机构提交筹建延期报告。筹建延期不得超过一次，延长期限不得超过3个月。申请人应在前述期限届满前提交分公司开业申请，逾期未提交的，设立分公司批准文件失效，由决定机关注销筹建许可。

财务公司分公司开业，应由财务公司作为申请人向拟设分公司所在地省级派出机构提交申请，由拟设分公司所在地省级派出机构受理、审查并决定。拟设分公司所在地省级派出机构自受理之日起2个月内作出核准或不予核准的书面决定，并抄报国务院银行业监督管理机构，抄送法人机构所在地省级派出机构。申请人应在收到开业核准文件并领取金融许可证后，办理工商登记，领取营业执照。财务公司分公司应当自领取营业执照之日起6个月内开业。不能按期开业的，应在开业期限届满前1个月向拟设分公司所在地省级派出机构提交开业延期报告。开业延期不得超过一次，延长期限不得超过3个月。未在规定期限内开业的，开业核准文件失效，由决定机关注销开业许可，收回金融许可证，并予以公告。

三、财务公司的业务范围

财务公司的业务仅限于集团内部，财务公司不得从企业集团之外吸收存款，也不得对非集团单位和个人发放贷款，不得办理实业投资、贸易等非金融业务。

（一）财务公司的业务范围

（1）财务公司可以经营下列部分或者全部本外币业务：1）吸收成员单位存款；

2）办理成员单位贷款；3）办理成员单位票据贴现；4）办理成员单位资金结算与收付；5）提供成员单位委托贷款、债券承销、非融资性保函、财务顾问、信用鉴证及咨询代理业务。

（2）符合条件的财务公司，可以向国务院银行业监督管理机构及其派出机构申请经营下列本外币业务：1）从事同业拆借；2）办理成员单位票据承兑；3）办理成员单位产品买方信贷和消费信贷；4）从事固定收益类有价证券投资；5）从事套期保值类衍生产品交易；6）国务院银行业监督管理机构批准的其他业务。

（3）财务公司不得从事除中国人民银行或国家外汇管理局政策规定之外的离岸业务或资金跨境业务。

（4）财务公司的业务范围经国务院银行业监督管理机构及其派出机构批准后，应当在财务公司章程中载明。财务公司不得发行金融债券，不得向金融机构和企业投资。财务公司在经批准的业务范围内细分业务品种，应当报国务院银行业监督管理机构派出机构备案，但不涉及债权或者债务的中间业务除外。

（5）财务公司可以在其业务范围内，根据审慎经营原则对所设立境外子公司的业务范围进行授权，并报国务院银行业监督管理机构派出机构备案。

（二）财务公司分公司的业务范围

财务公司分公司的业务范围，由财务公司在其业务范围内根据审慎经营原则进行授权，报国务院银行业监督管理机构派出机构备案。财务公司分公司可以办理上述除债券承销以外的业务，也可以办理成员单位票据承兑，办理成员单位产品买方信贷和消费信贷两项业务。

四、财务公司的监管和风险控制

（1）依据《企业集团财务公司管理办法》第34条规定，财务公司经营业务，应当遵守以下监管指标的要求：1）资本充足率不低于国务院银行业监督管理机构的最低监管要求；2）流动性比例不得低于25%；3）贷款余额不得高于存款余额与实收资本之和的80%；4）集团外负债总额不得超过资本净额；5）票据承兑余额不得超过资产总额的15%；6）票据承兑余额不得高于存放同业余额的3倍；7）票据承兑和转贴现总额不得高于资本净额；8）承兑汇票保证金余额不得超过存款总额的10%；9）投资总额不得高于资本净额的70%；10）固定资产净额不得高于资本净额的20%；11）国务院银行业监督管理机构规定的其他监管指标。

国务院银行业监督管理机构视审慎监管需要可以对上述指标作出适当调整。

（2）财务公司对单一股东发放贷款余额超过财务公司注册资本金50%或者该股

东对财务公司的出资额的，应当及时向国务院银行业监督管理机构派出机构报告。对于影响财务公司稳健运行的行为，国务院银行业监督管理机构派出机构应予以监督指导，并可区别情形采取早期干预措施。

（3）财务公司应当按照监管规定和要求及时向国务院银行业监督管理机构及其派出机构报送自身及所属企业集团的资产负债表、利润表和其他财务会计、统计报表、经营管理资料以及注册会计师出具的审计报告。财务公司应当于每年 4 月 30 日前向国务院银行业监督管理机构派出机构报送其所属企业集团的成员单位名录。财务公司对新成员单位开展业务前，应当向国务院银行业监督管理机构派出机构及时备案，并提供该成员单位的有关资料；与财务公司有业务往来的成员单位由于产权变化脱离企业集团的，财务公司应当及时向国务院银行业监督管理机构派出机构备案，存有遗留业务的，应当同时提交遗留业务的处理方案。财务公司所属企业集团及财务公司董事会应对所提供报表、资料的真实性、准确性和完整性负责。

（4）财务公司发生挤兑事件、到期债务不能支付、大额贷款逾期、重要信息系统严重故障、被抢劫或诈骗、董事或高级管理人员被有权机关采取强制措施或涉及严重违纪、刑事案件等重大事项时，应当立即采取应急措施并及时向国务院银行业监督管理机构派出机构报告。企业集团及其成员单位发生可能影响财务公司正常经营的重大机构变动、股权交易或者经营风险等事项时，财务公司应当及时向国务院银行业监督管理机构派出机构报告。

（5）财务公司应当建立定期外部审计制度，并于每个会计年度结束后的 4 个月内，将经法定代表人签名确认的年度审计报告报送国务院银行业监督管理机构派出机构。

（6）财务公司应当按照中国人民银行的规定缴存法定存款准备金。

（7）财务公司应当按照有关规定及时足额计提资产减值准备，核销不良资产。

（8）财务公司应当遵守中国人民银行有关利率、支付结算管理的规定；经营外汇业务的，应当遵守国家外汇管理的有关规定。

（9）财务公司境外子公司应在符合注册地国家或地区监管要求的前提下开展业务，并遵守国务院银行业监督管理机构关于财务公司开展业务的有关规定。国务院银行业监督管理机构及其派出机构对财务公司实行并表监督管理。

（10）国务院银行业监督管理机构及其派出机构根据审慎监管的要求，有权依照有关程序和规定对财务公司进行现场检查。国务院银行业监督管理机构及其派出机构有权实地走访或调查财务公司股东经营情况、询问股东及相关人员、调阅资料，股东及相关人员应当配合。

（11）国务院银行业监督管理机构及其派出机构根据履行职责的需要和日常监管中发现的问题，可以与财务公司董事、高级管理人员进行监督管理谈话，要求其就财务公司的业务活动和风险管理等重大事项作出说明。

（12）财务公司违反《企业集团财务公司管理办法》有关规定的，国务院银行业监督管理机构及其派出机构可以依照《银行业监督管理法》等法律法规采取监管措施或实施行政处罚，涉嫌犯罪的，移送司法机关处理。财务公司对处理决定不服的，可以依法申请行政复议或者向人民法院提起行政诉讼。

（13）财务公司可成立行业性自律组织。国务院银行业监督管理机构对财务公司行业性自律组织进行业务指导。

五、财务公司重要事项变更、接管及终止

（一）变更

财务公司有下列变更事项之一的，应当报经国务院银行业监督管理机构批准：（1）变更名称；（2）调整业务范围；（3）变更注册资本金；（4）变更股东或者调整股权结构；（5）修改章程；（6）更换董事、高级管理人员；（7）变更住所；（8）合并与分立；（9）国务院银行业监督管理机构规定的其他变更事项。

财务公司分支机构变更事项，按照国务院银行业监督管理机构相关规定执行。

（二）接管

财务公司已经或者可能发生支付危机，严重影响债权人利益和金融秩序的稳定时，国务院银行业监督管理机构可以依法对财务公司实行接管或者促成其机构重组。接管由国务院银行业监督管理机构决定并组织实施。

（三）终止

1. 解散

财务公司出现下列情况时，经国务院银行业监督管理机构批准后予以解散：（1）组建财务公司的企业集团解散，财务公司不能实现合并或改组；（2）章程中规定的解散事由出现；（3）股东会议决定解散；（4）财务公司因分立或者合并不需要继续存在的。

2. 撤销

财务公司有违法经营、经营管理不善等情形，不予撤销将严重危害金融秩序、损害公众利益的，国务院银行业监督管理机构有权予以撤销。

3. 破产

财务公司符合《企业破产法》规定的破产情形的，经国务院银行业监督管理机

构同意，财务公司或其债权人可以向人民法院提出重整、和解或者破产清算申请。破产重整的财务公司，其重整后的企业集团应符合设立财务公司的行政许可条件。国务院银行业监督管理机构派出机构应根据进入破产程序财务公司的业务活动和风险状况，对其采取暂停相关业务等监管措施。

财务公司解散的，企业集团或财务公司应当依法成立清算组，按照法定程序进行清算。国务院银行业监督管理机构监督清算过程。财务公司被撤销的，国务院银行业监督管理机构应当依法组织成立清算组，按照法定程序进行清算。清算组在清算中发现财务公司的资产不足以清偿其债务时，应当立即停止清算，并向国务院银行业监督管理机构报告，经国务院银行业监督管理机构同意，依法向人民法院申请该财务公司破产清算。

第二节 金融租赁公司法律制度

一、金融租赁的性质和法律地位

金融租赁是指出租人根据承租人对租赁物和供货人的选择或认可，将其从供货人处取得的租赁物按合同约定出租给承租人占有、使用，向承租人收取租金的交易活动。金融租赁作为一种金融工具，兼有融资和融物的双重职能，在促进企业技术改造、降低企业负债率、盘活企业资产存量、促进消费、提高企业产品竞争力方面有着独特的优势。金融租赁在发达国家已成为设备投资中仅次于银行信贷的第二大融资方式。

在我国，金融租赁公司是指经国务院银行业监督管理机构批准，以经营融资租赁业务为主的非银行金融机构。金融租赁公司最早出现在美国，我国于 1981 年成立第一家金融租赁公司——由中国国际信托投资公司、北京机电设备公司和日本东方租赁公司共同组建的金融租赁公司。到目前为止，共有十余家金融租赁公司。为促进我国融资租赁业的健康发展，加强对金融租赁公司的监督管理，2000 年 6 月 30 日中国银监会颁布了《金融租赁公司管理办法》，并于 2007 年 1 月 23 日，2014 年 3 月 13 日中国银监会颁布了新的《金融租赁公司管理办法》，2023 年 10 月 9 日，国家金融监督管理总局发布了《非银行金融机构行政许可事项实施办法》。

二、金融租赁公司的设立

（一）金融租赁公司的设立条件

申请设立金融租赁公司应具备下列条件：（1）有符合《公司法》和国务院银行

业监督管理机构规定的公司章程；(2) 有符合规定条件的发起人；(3) 注册资本为一次性实缴货币资本，最低限额为1亿元人民币或等值的可自由兑换货币；(4) 有符合任职资格条件的董事、高级管理人员，并且从业人员中具有金融或融资租赁工作经历3年以上的人员应当不低于总人数的50%；(5) 建立了有效的公司治理、内部控制和风险管理体系；(6) 建立了与业务经营和监管要求相适应的信息科技架构，具有支撑业务经营的必要、安全且合规的信息系统，具备保障业务持续运营的技术与措施；(7) 有与业务经营相适应的营业场所、安全防范措施和其他设施；(8) 国务院银行业监督管理机构规定的其他审慎性条件。

（二）金融租赁公司的设立制度

2014年的《金融租赁公司管理办法》规定，金融租赁公司的设立采用发起人制度。金融租赁公司的发起人包括在中国境内外注册的具有独立法人资格的商业银行，在中国境内注册的、主营业务为制造适合融资租赁交易的产品的大型企业，在中国境外注册的融资租赁公司以及国务院银行业监督管理机构认可的其他发起人。国务院银行业监督管理机构认可的其他发起人是指除符合《金融租赁公司管理办法》第9条至第11条规定的发起人以外的其他境内法人机构和境外金融机构。

(1) 在中国境内外注册的具有独立法人资格的商业银行作为金融租赁公司发起人，应当具备以下条件：1) 满足所在国家或地区监管当局的审慎监管要求。2) 具有良好的公司治理结构、内部控制机制和健全的风险管理体系。3) 最近1个会计年度年末总资产不低于800亿元人民币或等值的可自由兑换货币。4) 财务状况良好，最近2个会计年度连续盈利。5) 为拟设金融租赁公司确定了明确的发展战略和清晰的盈利模式。6) 遵守注册地法律法规，最近2年内未发生重大案件或重大违法违规行为。7) 境外商业银行作为发起人的，其所在国家或地区金融监管当局已经与国务院银行业监督管理机构建立良好的监督管理合作机制。8) 入股资金为自有资金，不得以委托资金、债务资金等非自有资金入股。9) 权益性投资余额原则上不得超过本企业净资产的50%（含本次投资金额），国务院规定的投资公司和控股公司除外。10) 国务院银行业监督管理机构规定的其他审慎性条件。

(2) 在中国境内注册的、主营业务为制造适合融资租赁交易产品的大型企业作为金融租赁公司发起人，应当具备以下条件：1) 有良好的公司治理结构或有效的组织管理方式。2) 最近1个会计年度的营业收入不低于50亿元人民币或等值的可自由兑换货币。3) 财务状况良好，最近2个会计年度连续盈利；作为金融租赁公司控股股东的，最近3个会计年度连续盈利。4) 最近1个会计年度年末净资产不低于总资产的30%。作为金融租赁公司的股东，最近1个会计年度末净资产不低于总资产的40%。5）最近1年主营业务销售收入占全部营业收入的80%以上。6）为拟设金融租赁公司确定了明确的发展战略和清晰的盈利模式。7）有良好的社会声誉、诚信记录和纳税记录。8）遵守国家法律法规，最近2年内未发生重大案件或重大违法违规行为。9）入股资金为自有资金，不得以委托资金、债务资金等非自有资金入股。10）权益性投资余额原则上不得超过本企业净资产的50%（含本次投资金额）；作为金融租赁公司控股股东的，权益性投资余额原则上不得超过本企业净资产的40%（含本次投资金额）；国务院规定的投资公司和控股公司除外。11）国务院银行业监督管理机构规定的其他审慎性条件。

（3）在中国境外注册的具有独立法人资格的融资租赁公司作为金融租赁公司发起人，应当具备以下条件：1）具有良好的公司治理结构、内部控制机制和健全的风险管理体系。2）最近1个会计年度末总资产不低于100亿元人民币或等值的可自由兑换货币。3）财务状况良好，最近2个会计年度连续盈利；作为金融租赁公司控股股东的，最近3个会计年度连续盈利。4）遵守注册地法律法规，最近2年内未发生重大案件或重大违法违规行为。5）所在国家或地区经济状况良好。6）入股资金为自有资金，不得以委托资金、债务资金等非自有资金入股。7）权益性投资余额原则上不得超过本企业净资产的50%（含本次投资金额）；作为金融租赁公司控股股东的，权益性投资余额原则上不得超过本企业净资产的40%（含本次投资金额）。8）国务院银行业监督管理机构规定的其他审慎性条件。

（4）其他境内法人机构作为金融租赁公司发起人，应当具备以下条件：1）有良好的公司治理结构或有效的组织管理方式。2）有良好的社会声誉、诚信记录和纳税记录。3）经营管理良好，最近2年内无重大违法违规经营行为。4）财务状况良好，且最近2个会计年度连续盈利；作为金融租赁公司控股股东的，最近3个会计年度连续盈利。5）入股资金为自有资金，不得以委托资金、债务资金等非自有资金入股。6）权益性投资余额原则上不得超过本企业净资产的50%（含本次投资金额）；作为金融租赁公司控股股东的，权益性投资余额原则上不得超过本企业净资产的40%（含本次投资金额）；国务院规定的投资公司和控股公司除外。7）国务院银行业监督管理机构规定的其他审慎性条件。

其他境内法人机构为非金融机构的，最近一个会计年度末净资产不得低于总资产的30%；其他境内法人机构为金融机构的，应当符合与该类金融机构有关的法律、法规、相关监管规定要求。

（5）其他境外金融机构作为金融租赁公司发起人，应当具备以下条件：1）满足所在国家或地区监管当局的审慎监管要求；2）具有良好的公司治理结构、内部控制机制和健全的风险管理体系；3）最近1个会计年度末总资产原则上不低于10亿美元或等值的可自由兑换货币；4）财务状况良好，最近2个会计年度连续盈利；5）入股资金为自有资金，不得以委托资金、债务资金等非自有资金入股；6）权益性投资余额原则上不得超过本企业净资产的50%（含本次投资金额）；7）所在国家或地区金融监管当局已经与国务院银行业监督管理机构建立良好的监督管理合作机制；8）具有有效的反洗钱措施；9）所在国家或地区经济状况良好；10）国务院银行业监督管理机构规定的其他审慎性条件。

（6）有以下情形之一的企业不得作为金融租赁公司的发起人：1）公司治理结构与机制存在明显缺陷；2）关联企业众多、股权关系复杂且不透明、关联交易频繁且异常；3）核心主业不突出且其经营范围涉及行业过多；4）现金流量波动受经济景气影响较大；5）资产负债率、财务杠杆率高于行业平均水平；6）代他人持有金融租赁公司股权；7）被列为相关部门失信联合惩戒对象；8）存在严重逃废银行债务行为；9）提供虚假材料或者作不实声明；10）因违法违规行为被金融监管机构或政府有关部门查处，造成恶劣影响；11）其他对金融租赁公司产生重大不利影响的情况。

（7）申请设立金融租赁公司，应当遵守并在拟设公司章程中载明下列内容：1）股东应当遵守法律法规和监管规定；2）应经但未经监管部门批准或未向监管部门报告的股东，不得行使股东会召开请求权、表决权、提名权、提案权、处分权等权利；3）对于存在虚假陈述、滥用股东权利或其他损害金融租赁公司利益行为的股东，国务院银行业监督管理机构或其派出机构可以限制或禁止金融租赁公司与其开展关联交易，限制其持有金融租赁公司股权的限额等，并可限制其股东会召开请求权、表决权、提名权、提案权、处分权等权利；4）主要股东承诺不将所持有的金融租赁公司股权质押或设立信托；5）主要股东自取得股权之日起5年内不得转让所持有的股权（经国务院银行业监督管理机构或其派出机构批准采取风险处置措施、国务院银行业监督管理机构或其派出机构责令转让、涉及司法强制执行或者在同一出资人控制的不同主体间转让股权等特殊情形除外）；6）主要股东应当在必要时向金融租赁公司补充资本，在金融租赁公司出现支付困难时给予流动性支持。

三、金融租赁公司的业务范围和业务经营规则

（一）业务范围

经国务院银行业监督管理机构批准，金融租赁公司可以经营下列部分或全部本外币基本业务：（1）融资租赁业务；（2）转让和受让融资租赁资产；（3）固定收益

类证券投资业务；（4）接受承租人的租赁保证金；（5）吸收非银行股东3个月（含）以上定期存款；（6）同业拆借；（7）向金融机构借款；（8）境外借款；（9）租赁物变卖及处理业务；（10）经济咨询。

经国务院银行业监督管理机构批准，经营状况良好、符合条件的金融租赁公司可以开办下列部分或全部本外币业务：（1）发行债券；（2）在境内保税地区设立项目公司开展融资租赁业务；（3）资产证券化；（4）为控股子公司、项目公司对外融资提供担保；（5）国务院银行业监督管理机构批准的其他业务。金融租赁公司开办前述所列业务的具体条件和程序，按照国务院银行业监督管理机构有关规定执行。

金融租赁公司业务经营中涉及外汇管理事项的，需遵守国家外汇管理有关规定。

（二）业务经营规则

金融租赁公司从事经营必须遵守以下基本规则：（1）金融租赁公司的公司治理应当建立以股东（大）会、董事会、监事会、高级管理层等为主体的组织架构，明确各自之间的职责划分，保证相互之间独立运行、有效制衡，形成科学、高效的决策、激励和约束机制。（2）金融租赁公司应当根据其组织架构、业务规模和复杂程度建立全面的风险管理体系，对信用风险、流动性风险、市场风险等各类风险进行有效的识别、计量、监测和控制，同时还应当及时识别和管理与融资租赁业务相关的特定风险。（3）金融租赁公司应当按照全面、审慎、有效、独立原则，建立健全内部控制制度，防范、控制和化解风险，保障公司安全、稳健运行。（4）金融租赁公司应当建立严格的关联交易管理制度，其关联交易应当按照商业原则，以不优于非关联方同类交易的条件进行。金融租赁公司与其设立的控股子公司、项目公司之间的交易，不适用《金融租赁公司管理办法》对关联交易的监管要求。（5）金融租赁公司应当合法取得租赁物的所有权。租赁物属于国家法律法规规定产权转移必须到登记部门进行登记的财产类别的，金融租赁公司应当进行相关登记。租赁物不属于需要登记的财产类别的，金融租赁公司应当采取有效措施保障对租赁物的合法权益。售后回租业务的租赁物必须由承租人真实拥有并有权处分。金融租赁公司不得接受已设置任何抵押、权属存在争议或已被司法机关查封、扣押的财产或所有权存在瑕疵的财产作为售后回租业务的租赁物。（6）金融租赁公司应当在签订融资租赁合同或明确融资租赁业务意向的前提下，按照承租人要求购置租赁物。特殊情况下需提前购置租赁物的，应当与自身现有业务领域或业务规划保持一致，且与自身风险管理能力和专业化经营水平相符。（7）金融租赁公司所开展的固定收益类证券投资业务，不得超过资本净额的20%。金融租赁公司开办资产证券化业务，可以参照信贷资产证券化相关规定。

四、金融租赁公司的重要事项变更和终止

（一）金融租赁公司的重要事项变更

金融租赁公司有下列变更事项之一的，须报经国务院银行业监督管理机构批准：（1）变更公司名称；（2）变更组织形式；（3）调整业务范围；（4）变更注册资本；（5）变更股权或调整股权结构；（6）修改公司章程；（7）变更公司住所或营业场所；（8）变更董事和高级管理人员；（9）合并或分立；（10）国务院银行业监督管理机构规定的其他变更事项。

（二）金融租赁公司的终止

1. 解散

金融租赁公司有以下情况之一的，经国务院银行业监督管理机构批准后可以解散：（1）公司章程规定的营业期限届满或者公司章程规定的其他解散事由出现；（2）股东决定或股东（大）会决议解散；（3）因公司合并或者分立需要解散；（4）依法被吊销营业执照、责令关闭或者被撤销；（5）其他法定事由。

2. 破产

金融租赁公司有以下情形之一的，经国务院银行业监督管理机构批准，可向法院申请破产：（1）不能支付到期债务，自愿或其债权人要求申请破产的；（2）因解散或被撤销而清算，清算组发现财产不足以清偿债务，应当申请破产的。

金融租赁公司不能清偿到期债务，并且资产不足以清偿全部债务或者明显缺乏清偿能力的，国务院银行业监督管理机构可以向法院提出对该金融租赁公司进行重整或者破产清算的申请。

第三节　期货公司法律制度

一、期货公司的性质和法律地位

期货公司是指从事期货经纪或其他交易的公司。期货经纪是指接受客户委托，按照客户的指令，以自己的名义为客户进行期货交易并收取交易手续费，交易结果由客户承担的经营活动。期货经纪公司是代表客户从事期货交易的企业法人或由企业法人设立的分支机构，通常被称为期货佣金商、经纪人事务所、电话行、佣金行或经纪行。期货经纪公司作为期货交易活动的中介组织，为客户提供最佳的期货合约买卖服务，代理客户完成缴交产品、缴收货款、保管资金的业务，负责记载客户

的交易状况和管理客户账户的盈亏，为客户办理开户及进行商品交易行情分析，为客户提供新的市场信息。

以美、英等国为代表的期货市场已经相当成熟，形成了机制完善、结构完备的期货行业体系。而新加坡等新兴期货市场也在学习成熟市场经验的基础上取得了长足的发展。1991 年郑州商品交易所第一个期货合约挂牌交易，就此标志着中国期货市场的开端。此后，中国期货公司伴随着期货市场走过了起起伏伏的三十多年历程，最多时达三百多家，许多公司在市场的洗礼中未能经得起考验，它们中有的因违规经营被处罚，有的管理不善而关门，经过清理整顿后，期货公司已进入稳步发展时期。

1999 年 6 月 2 日国务院发布的《期货交易管理暂行条例》被废止。国务院于 2007 年 3 月 6 日颁布了《期货交易管理条例》（2012 年第一次修订，2013 年第二次修订，2016 年第三次修订，2017 年第四次修订），对期货公司的设立、变更、终止、业务规则作出了原则性规定。中国证监会于 2007 年 4 月 9 日颁布了《期货公司管理办法》，对期货公司进行了详细规范。之后，中国证监会于 2014 年 10 月 29 日颁布了《期货公司监督管理办法》，2007 年 4 月 9 日颁布的《期货公司管理办法》被废止。《期货公司监督管理办法》于 2017 年、2019 年经多次修订。

二、期货公司的设立

（一）期货公司的设立条件

申请设立期货公司，应当具备下列条件：（1）注册资本不低于人民币 1 亿元；（2）具有期货从业人员资格的人员不少于 15 人；（3）具备任职条件的高级管理人员不少于 3 人。

期货公司主要股东为法人或者非法人组织的，应当具备下列条件：（1）实收资本和净资产均不低于人民币 1 亿元；（2）净资产不低于实收资本的 50%，或有负债低于净资产的 50%，不存在对财务状况产生重大不确定影响的其他风险；（3）具备持续盈利能力，持续经营 3 个以上完整的会计年度，最近 3 个会计年度连续盈利；（4）出资额不得超过其净资产，且资金来源真实合法，不得以委托资金、负债资金等入股期货公司；（5）信誉良好、公司治理规范、组织架构清晰、股权结构透明，主营业务性质与期货公司具有相关性；（6）没有较大数额的到期未清偿债务；（7）近 3 年未因重大违法违规行为受到行政处罚或者刑事处罚；（8）未因涉嫌重大违法违规正在被有权机关立案调查或者采取强制措施；（9）近 3 年作为公司（含金融机构）的股东或者实际控制人，未有滥用股东权利、逃避股东义务等不诚信行为；（10）不存在中国证监会根据审慎监管原则认定的其他不适合持有期货公司股权的情形。

期货公司主要股东为自然人的，除前述（4）（6）（10）以外，还应当具备下列条件：（1）个人金融资产不低于人民币 3 000 万元；（2）信誉良好，不存在对所投资企业经营失败或重大违法违规行为负有直接责任未逾 3 年的情形。

（二）期货公司的设立程序

申请设立期货公司，应当向中国证监会提交以下申请材料：（1）申请书；（2）发起协议；（3）非自然人股东按照其自身决策程序同意出资设立期货公司的决定文件；（4）公司章程草案；（5）经营计划；（6）发起人名单及其最近 3 年经会计师事务所审计的财务报告或者个人金融资产证明，以及不存在对所投资企业经营失败或重大违法违规行为负有直接责任未逾 3 年的说明；（7）拟任用高级管理人员和从业人员名单、简历、相关任职条件证明和相关资格证书；（8）拟订的期货业务制度、内部控制制度和风险管理制度文本；（9）场地、设备、资金来源证明文件；（10）股权结构及股东间关联关系、一致行动人关系的说明；（11）资本补充方案及风险处置预案；（12）律师事务所出具的法律意见书；（13）中国证监会规定的其他申请材料。

期货公司单个境外股东的持股比例或者有关联关系的境外股东合计持股比例达到 5%以上的，还应当提交下列申请材料：（1）境外股东的章程、营业执照或者注册证书和相关业务资格证书复印件。（2）境外股东所在国家或者地区的相关监管机构或者中国证监会认可的境外机构出具的关于以下规定条件的说明函：1）近 3 年未因重大违法违规行为受到行政处罚或者刑事处罚；2）未因涉嫌重大违法违规正在被有权机关立案调查或者采取强制措施；3）近 3 年各项财务指标及监管指标符合所在国家或者地区法律的规定和监管机构的要求。

存在非金融企业为期货公司主要股东、控股股东、第一大股东情形的，除提交上述材料外，还需提交国家关于加强非金融企业投资金融机构监管的有关规定和相关指导意见要求的其他材料。

三、期货公司的业务范围和业务经营规则

（一）期货公司的业务范围

期货公司可以从事商品期货经纪业务，从事其他期货业务的，还应当取得由中国证监会按照其商品期货、金融期货业务种类颁发的许可证。期货公司除申请经营境内期货经纪业务外，还可以申请经营境外期货经纪、期货投资咨询以及国务院期货监督管理机构规定的其他期货业务。

期货公司不得从事与期货业务无关的活动，法律、行政法规或者国务院期货监

督管理机构另有规定的除外。期货公司不得从事或者变相从事期货自营业务。期货公司不得为其股东、实际控制人或者其他关联人提供融资，不得对外担保。期货公司可以从事商品期货经纪业务，从事其他期货业务的，还应当取得国务院期货监督管理机构的许可，国务院期货监督管理机构按照其他商品期货、金融期货业务种类颁发许可证。其中，期货公司申请金融期货经纪业务资格的，应当具备下列条件：（1）申请日前2个月的风险监管指标持续符合规定的标准。（2）具有健全的公司治理、风险管理制度和内部控制制度，并有效执行。（3）符合国务院期货监督管理机构关于期货保证金安全存管监控的规定。（4）业务设施和技术系统符合相关技术规范且运行状况良好。（5）高级管理人员近两年内未受过刑事处罚，未因违法违规经营受过行政处罚，无不良信用记录，且不存在因涉嫌违法违规经营正在被有权机关调查的情形。（6）不存在被国务院期货监督管理机构采取《期货交易管理条例》规定的监管措施的情形。（7）不存在因涉嫌违法违规经营正在被行政、司法机关立案调查的情形。（8）近两年内未因违法违规经营受过刑事处罚或者行政处罚。（9）控股股东净资产或者个人金融资产不低于人民币3 000万元。（10）国务院期货监督管理机构根据审慎监管原则规定的其他条件。

（二）期货公司的业务经营规则

期货公司从事期货业务必须遵守以下一般规则。（1）期货公司应当建立并有效执行风险管理、内部控制、期货保证金存管等业务制度和流程，有效隔离不同业务之间的风险，确保客户资产安全和交易安全。（2）期货公司应当按照规定实行投资者适当性管理制度，建立执业规范和内部问责机制，了解客户的经济实力、专业知识、投资经历和风险偏好等情况，审慎评估客户的风险承受能力，提供与评估结果相适应的产品或者服务。期货公司应当向客户全面客观介绍相关法律法规、业务规则、产品或者服务的特征，充分揭示风险，并按照合同的约定，如实向客户提供相关的资料、信息，不得欺诈或者误导客户。期货公司应充分了解和评估客户风险承受能力，加强对客户的管理。期货公司应当承担各项产品和服务的投资者教育义务，保障必要费用和人员配备，将投资者教育纳入各业务环节。（3）期货公司应当在本公司网站、营业场所等公示业务流程。期货公司应当提供从业人员资格证书等资料供客户查阅，并在本公司网站和营业场所提示客户可以通过中国期货业协会网站查询。（4）期货公司应当承担投资者投诉处理的首要责任，建立、健全客户投诉处理制度，公开投诉处理流程，妥善处理客户投诉及与客户的纠纷。（5）期货公司应当建立数据备份制度，对交易、结算、财务等数据进行备份管理。期货公司应当妥善保存客户开户资料、委托记录、交易记录以及与内部管理、业务经营有关的各项资料，任何人不得隐匿、伪造、篡改或者毁损，除依法接受调查和检查外，应当为客户保密，不得非法提供给他人。客户资料保存期限自账户销户之日起不得少于 20 年。

四、期货公司重要事项变更、终止

（一）期货公司的重要事项变更

期货公司办理下列事项，应当经国务院期货监督管理机构批准：

（1）变更股权。

变更控股股东、第一大股东；单个股东的持股比例或者有关联关系的股东合计持股比例增加到5%以上，且涉及境外股东的；除前述情形外，期货公司单个股东的持股比例或者有关联关系的股东合计持股比例增加到5%以上，应当经期货公司住所地期货监督管理机构批准。

（2）变更法定代表人。

期货公司应当自完成相关工商变更登记之日起 5 个工作日内向住所地期货监督管理机构提交备案材料。

（3）变更住所或营业场所。

期货公司应当妥善处理客户资产，拟迁入的住所和拟使用的设施应当符合业务需要，并自完成相关变更登记之日起 5 个工作日内向住所地期货监督管理机构报备。期货公司在不同期货监督管理机构辖区变更住所的，还应当符合持续性经营规则；近 2 年未因重大违法违规行为受到行政处罚或者刑事处罚；国务院期货监督管理机构根据审慎监管原则规定的其他条件。

（二）期货公司的终止

期货公司因遭遇不可抗力等正当事由申请停业的，应当妥善处理客户资产，清退或者转移客户。期货公司恢复营业的，应当符合持续性经营规则。停业期限届满后，期货公司未能恢复营业或者不符合持续性经营规则的，国务院期货监督管理机构可以根据《期货交易管理条例》的规定注销其期货业务许可证。期货公司被撤销所有期货业务许可的，应当妥善处理客户资产，结清期货业务；公司继续存续的，应当依法办理名称、营业范围和公司章程等变更登记，存续公司不得继续以期货公司名义从事业务，其名称中不得有“期货”或者近似字样。期货公司解散、破产的，应当先行妥善处理客户资产，结清业务。

期货公司停业的，应当向国务院期货监督管理机构提交下列申请材料：申请书；停业决议文件；关于处理客户资产、处置或者清退客户情况的报告；国务院期货监督管理机构规定的其他材料。

期货公司设立、变更、停业、解散、破产、被撤销期货业务许可或者其分支机构设立、变更、终止的，期货公司应当在国务院期货监督管理机构指定的媒体上公告。

第四节　货币经纪公司法律制度

一、货币经纪公司的性质和法律地位

货币经纪公司是指经批准在中国境内设立的、通过电子技术或其他手段，专门从事促进金融机构间资金融通和外汇交易等经纪服务，并从中收取佣金的非银行金融机构。

货币经纪公司最早起源于英国外汇市场，是金融市场的交易中介。货币经纪公司的服务对象仅限于境内外金融机构。它可以从事的业务包括：境内外的外汇市场交易、境内外货币市场交易、境内外债券市场交易、境内外衍生产品交易。根据2005年8月8日中国银监会公布的《货币经纪公司试点管理办法》，我国开始试点在我国境内设立货币经纪公司。2020年3月，中国银保监会公布并实施了《中国银保监会非银行金融机构行政许可事项实施办法》，其中对货币经纪公司进行了规定。

二、货币经纪公司的设立

（一）货币经纪公司的设立条件

2023年10月9日，国家金融监督管理总局颁布了《非银行金融机构行政许可事项实施办法》。国务院银行业监督管理机构在批准设立货币经纪公司的申请时，应充分考虑中国外汇市场、货币市场、资本市场以及衍生产品市场的竞争和发展状况，并向相关监管部门征询意见。

（1）设立货币经纪公司的法人机构应当具备以下条件：1）有符合《公司法》和国务院银行业监督管理机构规定的公司章程；2）有符合规定条件的出资人；3）注册资本为一次性实缴货币资本，最低限额为2 000万元人民币或者等值的可自由兑换货币；4）有符合任职资格条件的董事、高级管理人员和熟悉货币经纪业务的合格从业人员；5）从业人员中应有60%以上的从事过金融工作或相关经济工作；6）建立了有效的公司治理、内部控制和风险管理体系；7）建立了与业务经营和监管要求相适应的信息科技架构，具有支撑业务经营的必要、安全且合规的信息系统，具备保障业务持续运营的技术与措施；8）有与业务经营相适应的营业场所、安全防范措施和其他设施；9）国务院银行业监督管理机构规章规定的其他审慎性条件。

（2）申请在境内独资或者与境内出资人合资设立货币经纪公司的境外出资人应当具备以下条件：1）为所在国家或地区依法设立的货币经纪公司；2）所在国家或地区金融监管当局已经与国家金融监督管理总局建立良好的监督管理合作机制；3）从事货币经纪业务20年以上，经营稳健，内部控制健全有效；4）有良好的社会声誉、诚信记录和纳税记录；5）最近2年内无重大违法违规行为；6）财务状况良好，最近2个会计年度连续盈利；7）权益性投资余额原则上不得超过本企业净资产的50%（含本次投资金额）；8）有从事货币经纪服务所必需的全球机构网络和资讯通信网络；9）具有有效的反洗钱措施；10）国家金融监督管理总局规章规定的其他审慎性条件。

（3）申请设立货币经纪公司或者与境外出资人合资设立货币经纪公司的境内出资人应当具备以下条件：1）为依法设立的非银行金融机构，符合审慎监管要求；2）从事货币市场、外汇市场等代理业务5年以上；3）具有良好的公司治理结构、内部控制机制和健全的风险管理体系；4）有良好的社会声誉、诚信记录和纳税记录，最近2年内无重大违法违规行为；5）财务状况良好，最近2个会计年度连续盈利；6）权益性投资余额原则上不得超过本企业净资产的50%（含本次投资金额）；7）国家金融监督管理总局规章规定的其他审慎性条件。

（二）货币经纪公司分支机构的设立条件

货币经纪公司根据业务需要，经国务院银行业监督管理机构审查批准，可以在业务量较大的地区设立分公司。货币经纪公司的分公司不具有法人资格，其民事责任由货币经纪公司承担。

（1）货币经纪公司设立分公司的条件是：1）具有良好的公司治理结构，内部控制机制和健全的风险管理体系；2）确属业务发展需要，且建立了完善的对分公司的业务授权及管理问责制度；3）注册资本不低于5 000万元人民币或等值的可自由兑换货币，具有拨付营运资金的能力；4）经营状况良好，最近2个会计年度连续盈利；5）最近2年无重大案件或重大违法违规行为；6）建立了与业务经营和监管要求相适应的信息科技架构，具有支撑业务经营的必要、安全且合规的信息系统，具有保障信息系统有效安全运行的技术措施；7）国家金融监督管理总局规章规定的其他审慎性条件。

（2）货币经纪公司分公司的设立条件是：1）营运资金到位；2）有符合任职资格条件的高级管理人员和熟悉相关业务的从业人员；3）有与业务发展相适应的组织机构和规章制度；4）具有支撑业务经营的必要、安全且合规的信息系统，具备保障信息系统有效安全运行的技术与措施；5）有与业务经营相适应的营业场所、安全防范措施和其他设施；6）国家金融监督管理总局规章规定的其他审慎性条件。

（三）货币经纪公司及分公司的设立程序

1. 货币经纪公司的设立程序

货币经纪公司的设立分为筹建和开业两个阶段。

筹建货币经纪公司，应由投资比例最大的出资人作为申请人向拟设地省级派出机构提交申请，由省级派出机构受理并初步审查，由国家金融监督管理总局审查并决定。决定机关自受理之日起 4 个月内作出批准或不批准的书面决定。

货币经纪公司的筹建期为批准决定之日起 6 个月。未能按期完成筹建的，应在筹建期限届满前 1 个月向国家金融监督管理总局和拟设地省级派出机构提交筹建延期报告。筹建延期不得超过一次，延长期限不得超过 3 个月。申请人应在前述期限届满前提交开业申请，逾期未提交的，筹建批准文件失效，由决定机关注销筹建许可。

货币经纪公司开业，应由投资比例最大的出资人作为申请人向拟设地省级派出机构提交申请，由省级派出机构受理、审查并决定。省级派出机构自受理之日起 2 个月内作出核准或不予核准的书面决定，并抄报国家金融监督管理总局。

申请人应在收到开业核准文件并领取金融许可证后，办理工商登记，领取营业执照。货币经纪公司应当自领取营业执照之日起 6 个月内开业。不能按期开业的，应在开业期限届满前 1 个月向省级派出机构提交开业延期报告。开业延期不得超过一次，延长期限不得超过 3 个月。未在前述期限内开业的，开业核准文件失效，由决定机关注销开业许可，发证机关收回金融许可证并予以公告。

2. 货币经纪公司分公司的设立程序

货币经纪公司设立分公司须经筹建和开业两个阶段。

货币经纪公司筹建分公司，应由货币经纪公司作为申请人向法人机构所在地省级派出机构提交申请，同时抄报拟设分公司所在地省级派出机构，由法人机构所在地省级派出机构受理、审查并决定。法人机构所在地省级派出机构自受理之日起 4 个月内作出批准或不批准的书面决定。法人机构所在地省级派出机构在作出决定之前应征求拟设分公司所在地省级派出机构的意见。

货币经纪公司分公司的筹建期为批准决定之日起 6 个月。未能按期完成筹建的，应在筹建期限届满前 1 个月向法人机构所在地省级派出机构和拟设地省级派出机构提交筹建延期报告。筹建延期不得超过一次，延长期限不得超过 3 个月。申请人应在前述期限届满前提交开业申请，逾期未提交的，筹建批准文件失效，由决定机关注销筹建许可。

货币经纪公司分公司开业，应由货币经纪公司作为申请人向拟设分公司所在地省级派出机构提交申请，由拟设分公司所在地省级派出机构受理、审查并决定。拟设分公司所在地省级派出机构自受理之日起 2 个月内作出核准或不予核准的书面决定，并抄报国家金融监督管理总局，抄送法人机构所在地省级派出机构。

申请人应在收到开业核准文件并领取金融许可证后，办理工商登记，领取营业执照。货币经纪公司分公司自领取营业执照之日起 6 个月内开业。不能按期开业的，应在开业期限届满前 1 个月向拟设分公司所在地省级派出机构提交开业延期报告。开业延期不得超过一次，延长期限不得超过 3 个月。未在前述期限内开业的，开业核准文件失效，由决定机关注销开业许可，收回金融许可证，并予以公告。

货币经纪公司根据业务开展需要，可以在业务比较集中的地区设立代表处；由货币经纪公司作为申请人向法人机构所在地省级派出机构提交申请，由法人机构所在地省级派出机构受理、审查并决定。法人机构所在地省级派出机构自受理之日起 6 个月内作出批准或不批准的书面决定。

三、货币经纪公司的业务范围

货币经纪公司及其分公司仅限于向境内外金融机构提供经纪服务，不得从事任何金融产品的自营业务。

货币经纪公司及其分公司按照国务院银行业监督管理机构批准经营的业务范围，可以经营下列全部或部分经纪业务：1）境内外外汇市场交易；2）境内外货币市场交易；3）境内外债券市场交易；4）境内外衍生产品交易；5）经国务院银行业监督管理机构批准的其他业务。

货币经纪公司及其分公司从事证券交易所相关业务的经纪服务，需报经国务院证券监督管理机构审批。

四、货币经纪公司的监管和风险控制

货币经纪公司必须遵循公正、公平、诚信、为客户保密的原则依法运作。

（1）货币经纪公司以现金资产或等值国债形式存在的资本金必须至少能够维持 3个月的运营支出。

（2）货币经纪公司不得将资本金投资于非自用的固定资产。

（3）货币经纪公司应当按照审慎经营的原则，制定本公司的各项业务规则，建立全面、有效的风险管理程序和内部控制制度。

（4）货币经纪公司应当分别设立对董事会负责的风险管理、业务稽核部门，制定对各项业务的风险控制和业务稽核制度，每年定期向董事会报告工作，并向国务院银行业监督管理机构报告。

（5）货币经纪公司必须设立独立的合规部门，配备专门人员进行合规风险管理。公司董事会负责监督合规风险管理，核准合规政策，监督公司高级管理层有效实施。合规部门应该积极主动识别、书面说明、评估和报告与货币经纪业务活动相关的合规风险，包括新产品、新业务的拓展，新客户关系的建立以及客户关系发生重大变化等所产生的合规风险。

（6）货币经纪公司在吸收新客户时，必须严格审查客户的注册文件和财务状况，经确认为金融批发市场的合格参与者后才能与其进行经纪业务。

（7）货币经纪公司必须对从业人员进行资格审查，并要求从业人员严格遵守货币经纪行业从业人员职业操守，所有前台和后台的从业人员上岗前必须经过相应的专业培训。

（8）货币经纪公司必须将风险监控贯穿于交易的全过程，前台交易、后台确认要严格分开，前、后台负责人不得兼任，必须建立并严格执行独立的交叉复核制度来控制操作风险。货币经纪公司必须建立有效的紧急处理机制管理交易过程中可能出现的各类操作风险。

（9）货币经纪公司应在每年的利润中提取一定比例的风险基金，以弥补经营中可能发生的损失。

（10）非经客户许可，货币经纪公司在交易过程中不得向第三方泄露有关客户资料，法律法规另有规定的除外。

（11）货币经纪公司应确保交易设施的完整与正常运行，以保证交易的顺利进行以及信息资料的完整和安全。

（12）货币经纪公司必须在交易系统中安装录音设备并配备网络和传真设施，以便记录经纪人的交易过程、后台交易的确认和佣金的支付等业务活动。有关交易的谈话录音至少应保留 3 个月，其他交易文件等交易信息资料至少应保留 10 年。如果一笔交易引起纠纷，且超过交易信息资料保留期仍未解决的，则该谈话录音等交易信息资料至少应该保留到纠纷解决为止。

（13）货币经纪公司应当执行相关的金融企业财务会计制度，按规定编制并向国务院银行业监督管理机构报送资产负债表、损益表、现金流量表等完整的会计报表，非现场监管报表及国务院银行业监督管理机构要求的其他报表。货币经纪公司不得提供虚假或隐瞒重要事实的财务会计报告。

（14）货币经纪公司应建立定期外部审计制度，应聘请有相应资质的会计师事务所进行审计，并在每个会计年度结束后的3个月内，将年度审计报告报送国务院银行业监督管理机构。

（15）货币经纪公司定期向所在地国务院银行业监督管理机构派出机构上报货币经纪业务量统计数据，报表格式由国务院银行业监督管理机构另行制定。

五、货币经纪公司的重要事项变更、整顿

（一）货币经纪公司的重要事项变更

货币经纪公司有下列情况变更之一的，须经国务院银行业监督管理机构批准，依法向市场监督管理机关办理变更登记：（1）公司分立、合并、解散；（2）变更名称；（3）修改公司章程；（4）调整注册资本；（5）调整股权结构；（6）调整业务范围；（7）变更营业场所；（8）更换高级管理人员。

货币经纪公司的分公司变更名称、营运资金、营业场所、业务范围或者更换高级管理人员，应当由货币经纪公司报国务院银行业监督管理机构批准，并依法向市场监督管理机关办理变更登记。

（二）货币经纪公司的整顿

（1）货币经纪公司出现下列情况之一的，国务院银行业监督管理机构可视情况责令其进行整顿：1）当年亏损超过注册资本的50%或连续3年累计亏损超过注册资本的30%；2）出现支付困难；3）有其他重大经营风险，国务院银行业监督管理机构认为应当整顿的情况；4）国务院银行业监督管理机构认为应当整顿的情况。

（2）国务院银行业监督管理机构责令货币经纪公司整顿后可对货币经纪公司采取下列措施：1）责令调整董事、高级管理人员或者限制其权利；2）暂停其部分业务或暂停全部业务；3）要求在规定期限内增加资本金；4）责令控股股东转让股权或者限制有关股东的权利；5）限制分配红利和其他收入；6）限制资产转让；7）吊销货币经纪公司的金融许可证；8）国务院银行业监督管理机构认为必要的其他措施。

（3）货币经纪公司经过整顿，符合下列条件的，报经国务院银行业监督管理机构批准后可结束整顿：1）支付能力得到恢复；2）亏损得到弥补；3）重大经营风险得到化解；4）国务院银行业监督管理机构认为应采取的措施已经得到实施。

（4）货币经纪公司整顿时间最长不超过1年，逾期未实现整顿目标的，依法予以市场退出。

六、货币经纪公司的法律责任

（1）货币经纪公司有下列行为的，国务院银行业监督管理机构依照《银行业监

督管理法》《金融违法行为处罚办法》进行处罚；构成犯罪的，依法追究刑事责任：1）超越核准范围经营业务的。2）提供虚假或者隐瞒重要事实的报告、报表等文件资料；或者未按规定提供报告、报表等文件资料的。3）未经国务院银行业监督管理机构批准擅自设立分支机构的。4）擅自变更名称、注册资本、股权结构、机构所在地、高级管理人员的。5）虚假出资或抽逃资本金。6）严重违反审慎经营原则的。7）未按规定进行信息披露的。8）有违公平、保密原则的。9）拒绝、阻碍依法监督检查的。

（2）货币经纪公司违反《货币经纪公司试点管理办法》的规定，国务院银行业监督管理机构除依据上述有关规定给予处罚外，可以责令货币经纪公司对直接负责的董事、高级管理人员和其他直接责任人员给予纪律处分；尚未构成犯罪的，处5万元以上50万以下罚款；情节严重的，可以取消该公司董事、高级管理人员1年至10年直至终身的金融机构高级管理人员任职资格，或禁止有关人员从事货币经纪等金融行业工作。

（3）未经国务院银行业监督管理机构批准，擅自在机构名称中使用“货币经纪”等表明从事货币经纪业务字样的，由国务院银行业监督管理机构责令其改正，并处相应罚款。

（4）未经国务院银行业监督管理机构批准，擅自设立货币经纪公司或擅自开展货币经纪业务的，由国务院银行业监督管理机构依法取缔。构成犯罪的，将有关责任人员移交司法机关依法追究刑事责任。尚不构成犯罪的，由国务院银行业监督管理机构没收非法所得，并处非法所得1倍以上5倍以下的罚款；没有非法所得的，由国务院银行业监督管理机构责令改正，并处10万元以上50万元以下的罚款。

第五节　汽车金融公司法律制度

一、汽车金融公司的性质和法律地位

汽车金融公司是指经国务院银行业监督管理机构批准设立的，为中国境内的汽车购买者及销售者提供金融服务的非银行金融机构。汽车金融是指消费者在购买汽车需要贷款时，可以直接向汽车金融公司申请优惠的支付方式，可以按照自身的个性化需求，来选择不同的车型和不同的支付方法。

为了引导中国汽车消费信贷向专业化、规模化发展，加强对汽车金融公司的监督管理，推动我国汽车产业发展，2003年1月24日中国银监会依据《银行业监督

管理法》《公司法》等法律法规，颁布了《汽车金融公司管理办法》。国家金融监督管理总局于 2023 年 7 月 10 日发布了《汽车金融公司管理办法》，并于 10 月 9 日颁布了《非银行金融机构行政许可事项实施办法》。

二、汽车金融公司的设立

（一）汽车金融公司的设立条件

申请设立汽车金融公司的法人机构应当具备以下条件：（1）具有符合《公司法》和国家金融监督管理总局规定的公司章程；（2）具有符合《汽车金融公司管理办法》规定的出资人；（3）注册资本为一次性实缴货币资本，最低限额为 10 亿元人民币或等值的可自由兑换货币；（4）具有符合任职资格条件的董事、高级管理人员和熟悉汽车金融业务的合格从业人员；（5）建立了有效的公司治理、内部控制和风险管理体系；（6）建立了与业务经营和监管要求相适应的信息科技架构，具有支撑业务经营的必要、安全且合规的信息系统，具备保障业务持续运营的技术与措施；（7）有与业务经营相适应的营业场所、安全防范措施和其他设施；（8）国家金融监督管理总局规定的其他审慎性条件。

（二）汽车金融公司的设立制度

汽车金融公司的出资人为中国境内外依法设立的企业法人，其中主要出资人须为生产或销售汽车整车的企业或非银行金融机构。所谓主要出资人是指出资数额最多且出资额不低于拟设汽车金融公司全部股本 30％的出资人。汽车金融公司出资人中至少应当有 1 名具备 5 年以上丰富的汽车金融业务管理和风险控制经验；或为汽车金融公司引进合格的专业管理团队，其中至少包括 1 名有丰富汽车金融从业经验的高级管理人员和 1 名风险管理专业人员。

（1）非金融机构作为汽车金融公司的出资人，应当具备以下条件：1）最近 1 个会计年度营业收入不低于 500 亿元人民币或等值的可自由兑换货币，作为主要出资人的，还应当具有足够支持汽车金融业务发展的汽车产销规模。2）最近 1 个会计年度末净资产不低于资产总额的 30％，作为汽车金融公司控股股东的，最近 1 个会计年度末净资产不低于总资产的 40％。3）财务状况良好，最近 2 个会计年度连续盈利；作为汽车金融公司控股股东的，最近 3 个会计年度连续盈利。4）入股资金为自有资金，不得以委托资金、债务资金等非自有资金入股。5）遵守注册所在地法律，近 2 年无重大违法违规行为，或者已整改到位并经国家金融监督管理总局或其派出机构认可。6）权益性投资余额原则上不得超过本企业净资产的 50％（含本次投资金额）；作为汽车金融公司控股股东的，权益性投资余额原则上不得超过本企业净资产的40%（含本次投资金额）；国务院规定的投资公司和控股公司除外。7）国家金融监督管理总局规定的其他审慎性条件。

（2）非银行金融机构作为汽车金融公司的出资人，应当具备以下条件：1）注册资本不低于3亿元人民币或等值的可自由兑换货币。2）具有良好的公司治理结构、内部控制机制和健全的风险管理体系；作为主要出资人的，还应当具有5年以上汽车消费信贷业务管理和风险控制经验。3）财务状况良好，最近2个会计年度连续盈利。4）入股资金来源真实、合法，不得以借贷资金入股，不得以他人委托资金入股。5）权益性投资余额原则上不得超过本企业净资产的50%（含本次投资金额）。6）遵守注册所在地法律，近2年无重大违法违规行为。7）满足所在国家或地区监管当局的审慎监管要求。

（3）有以下情形之一的企业不得作为汽车金融公司的出资人：1）公司治理结构与机制存在明显缺陷；2）关联企业众多、股权关系复杂且不透明、关联交易频繁且异常；3）核心主业不突出且其经营范围涉及行业过多；4）现金流量波动受经济景气影响较大；5）资产负债率、财务杠杆率高于行业平均水平；6）代他人持有金融租赁公司股权；7）被列为相关部门失信联合惩戒对象；8）存在严重逃废银行债务行为；9）提供虚假材料或者作不实声明；10）因违法违规行为被金融监管机构或政府有关部门查处，造成恶劣影响；11）其他对汽车金融公司产生重大不利影响的情况。

（三）汽车金融公司的设立程序

汽车金融公司的设立须经过筹建和开业两个阶段。

筹建汽车金融公司，应由主要出资人作为申请人向拟设地省级派出机构提交申请，由省级派出机构受理并初步审查，由国务院银行业监督管理机构审查并决定。决定机关自受理之日起4个月内作出批准或不批准的书面决定。

汽车金融公司的筹建期为批准决定之日起6个月。未能按期完成筹建的，应在筹建期限届满前1个月向国务院银行业监督管理机构和拟设地省级派出机构提交筹建延期报告。筹建延期不得超过一次，延长期限不得超过3个月。申请人应在前述的期限届满前提交开业申请，逾期未提交的，筹建批准文件失效，由决定机关注销筹建许可。

汽车金融公司开业，应由主要出资人作为申请人向拟设地省级派出机构提交申请，由省级派出机构受理、审查并决定。省级派出机构自受理之日起2个月内作出核准或不予核准的书面决定，并抄报国务院银行业监督管理机构。

申请人应在收到开业核准文件并领取金融许可证后，办理工商登记，领取营业执照。汽车金融公司应当自领取营业执照之日起6个月内开业。不能按期开业的，应在开业期限届满前1个月向省级派出机构提交开业延期报告。开业延期不得超过一次，延长期限不得超过3个月。未在前述期限内开业的，开业核准文件失效，由决定机关注销开业许可，发证机关收回金融许可证，并予以公告。

三、汽车金融公司的业务范围和经营规则

（一）汽车金融公司的业务范围

汽车金融公司可从事下列部分或全部本外币业务：（1）接受股东及其所在集团母公司和控股子公司的定期存款或通知存款；（2）接受汽车经销商和售后服务商贷款保证金和承租人汽车租赁保证金；（3）发行非资本类债券；（4）同业拆借业务；（5）向金融机构借款；（6）汽车及汽车附加品贷款和融资租赁业务；（7）汽车经销商和汽车售后服务商贷款业务，包括库存采购、展厅建设、零配件和维修设备购买等贷款；（8）转让或受让汽车及汽车附加品贷款和融资租赁资产；（9）汽车残值评估、变卖及处理业务；（10）与汽车金融相关的咨询、代理业务。

符合条件的汽车金融公司，可以向国家金融监督管理总局及其派出机构申请经营下列部分或者全部本外币业务：（1）发行资本工具；（2）资产证券化业务；（3）套期保值类业务；（4）经国家金融监督管理总局批准的其他业务。

（二）汽车金融公司的经营规则

（1）汽车金融公司应当基于真实贸易背景开展贷款和融资租赁业务，严格资金用途管理。

（2）汽车金融公司仅限于向其汽车贷款或融资租赁业务客户（含贷款或融资租赁合同已结清客户）提供汽车附加品融资服务。

（3）汽车金融公司开展融资租赁业务应当合法取得租赁物的所有权；应当按照国家有关规定进行融资租赁登记公示，保障对租赁物的合法权益。

（4）汽车金融公司应当规范开展保证金存款业务，不得从信贷资金中直接扣收保证金。

（5）汽车金融公司发行非资本类债券应当坚持举债同偿债能力相匹配原则，审慎合理安排债券发行计划；发债资金用途应当依法合规并符合国家政策规定。

（6）汽车金融公司转让汽车及汽车附加品贷款和融资租赁资产应当严格遵守法律法规和监管规定，遵守真实、整体和洁净转让原则。

（7）汽车金融公司经营业务过程中涉及外汇管理事项的，应遵守国家外汇管理有关规定。

四、汽车金融公司的重要事项变更和终止

（一）汽车金融公司的重要事项变更

汽车金融公司有下列变更事项之一的，应报经国务院银行业监督管理机构批准：（1）变更公司名称；（2）变更注册资本；（3）变更住所或营业场所；（4）调整业务范围；（5）变更股权或调整股权结构；（6）修改章程；（7）变更董事及高级管理人员；（8）合并或分立；（9）国务院银行业监督管理机构规定的其他变更事项。

（二）汽车金融公司的终止

1. 汽车金融公司的解散

汽车金融公司有以下情况之一的，经国务院银行业监督管理机构批准后可以解散：（1）公司章程规定的营业期限届满或公司章程规定的其他解散事由出现；（2）公司章程规定的权力机构决议解散；（3）因公司合并或分立需要解散；（4）其他法定事由。

2. 汽车金融公司的破产

汽车金融公司有以下情形之一的，经国务院银行业监督管理机构批准，可向法院申请破产：（1）不能清偿到期债务，并且资产不足以清偿全部债务或明显缺乏清偿能力，自愿或应其债权人要求申请破产；（2）因解散或被撤销而清算，清算组发现汽车金融公司财产不足以清偿债务，应当申请破产。

汽车金融公司因解散、依法被撤销或被宣告破产而终止的，其清算事宜，按照国家有关法律法规办理。

第六节　消费金融公司法律制度

一、消费金融公司的性质和法律地位

消费金融公司是指经国务院银行业监督管理机构批准，在中华人民共和国境内设立的，不吸收公众存款，以小额、分散为原则，为中国境内居民个人提供以消费为目的的贷款的非银行金融机构。消费金融公司被认为充分发挥了其“小、快、灵”的特点，通过与众多商户开展广泛合作，开发出独具特色的个人消费贷款产品，满足了不同群体的消费需要，丰富了我国的金融机构类型。

2013 年 11 月，中国银监会根据《银行业监督管理法》《公司法》等法律法规，修订了《消费金融公司试点管理办法》，以促进消费金融业务发展，规范消费金融公

司的经营行为。2023 年 10 月 9 日，国家金融监督管理总局颁布了《非银行金融机构许可事项实施办法》。

二、消费金融公司的设立

（一）消费金融公司的设立条件

申请设立消费金融公司应当具备下列条件：1）有符合《公司法》和国务院银行业监督管理机构规定的公司章程；2）有符合规定条件的出资人；3）注册资本为一次性实缴货币资本，最低限额为 3 亿元人民币或者等值的可自由兑换货币；4）有符合任职资格条件的董事、高级管理人员和熟悉消费金融业务的合格从业人员；5）建立了有效的公司治理、内部控制和风险管理体系；6）建立了与业务经营和监管要求相适应的信息科技架构，具有支撑业务经营的必要、安全且合规的信息系统，具备保障业务持续运营的技术与措施；7）有与业务经营相适应的营业场所、安全防范措施和其他设施；8）国务院银行业监督管理机构规定的其他审慎性条件。

（二）消费金融公司的设立制度

消费金融公司的出资人应当为中国境内外依法设立的企业法人，并分为主要出资人和一般出资人。主要出资人是指出资数额最多并且出资额不低于拟设消费金融公司全部股本 30％的出资人。一般出资人是指除主要出资人以外的其他出资人。主要出资人须为中国境内外金融机构或主营业务为提供适合消费贷款业务产品的境内非金融企业。

（1）金融机构作为消费金融公司的主要出资人，应当具备下列条件：1）具有 5 年以上消费金融领域的从业经验；2）最近一个会计年度末总资产不低于 600 亿元人民币或等值的可自由兑换货币；3）财务状况良好，最近 2 个会计年度连续盈利；4）信誉良好，近 2 年无重大违法违规行为；5）入股资金为自有资金，不得以委托资金、债务资金等非自有资金入股；6）权益性投资余额原则上不得超过本企业净资产的 50％（含本次投资金额），国务院规定的投资和控股公司除外；7）具有良好的公司治理结构、内部控制机制和健全的风险管理制度；8）满足住所地国家（地区）监管当局的审慎监管指标要求；9）境外金融机构应对中国市场有充分的分析和研究，所在国家或地区金融监管当局已经与国务院银行业监督管理机构建立了良好的监督管理合作机制；10）国务院银行业监督管理机构规定的其他审慎性条件。

金融机构作为消费金融公司的一般出资人，除应具备前述第三项至第三项的条件外，还应当具备注册资本不低于 3 亿元人民币或等值的可自由兑换货币的条件。

（2）非金融企业作为消费金融公司的主要出资人，应当具备下列条件：1）最近一个会计年度营业收入不低于300亿元人民币或等值的可自由兑换货币；2）最近一个会计年度末净资产不低于资产总额的30%，作为消费金融公司控股股东的，最近1个会计年度末净资产不低于总资产的40%；3）财务状况良好，最近3个会计年度连续盈利；4）信誉良好，近2年无重大违法违规行为，或者已整改到位并经国务院银行业监督管理机构或其派出机构认可；5）入股资金为自有资金，不得以委托资金、债务资金等非自有资金入股；6）权益性投资余额原则上不得超过本企业净资产的40%（含本次投资金额），国务院规定的投资公司和控股公司除外；7）国务院银行业监督管理机构规定的其他审慎性条件。

非金融企业作为消费金融公司一般出资人，除应具备前第二、四、五项条件外，还应当具备以下条件：1）财务状况良好，最近2个会计年度连续盈利；2）权益性投资余额原则上不得超过本企业净资产的50%（含本次投资金额），国务院规定的投资公司和控股公司除外。

（3）有以下情形之一的企业不得作为消费金融公司的出资人：1）公司治理结构与机制存在明显缺陷；2）关联企业众多、股权关系复杂且不透明、关联交易频繁且异常；3）核心主业不突出且其经营范围涉及行业过多；4）现金流量波动受经济景气影响较大；5）资产负债率、财务杠杆率高于行业平均水平；6）代他人持有金融租赁公司股权；7）被列为相关部门失信联合惩戒对象；8）存在严重逃废银行债务行为；9）提供虚假材料或者作不实声明；10）因违法违规行为被金融监管部门或政府有关部门查处，造成恶劣影响；11）其他对消费金融公司产生重大不利影响的情况。

三、消费金融公司的业务范围及经营规则

经国务院银行业监督管理机构批准，消费金融公司可以经营下列部分或者全部人民币业务：1）发放个人消费贷款；2）接受股东境内子公司及境内股东的存款；3）向境内金融机构借款；4）经批准发行金融债券；5）境内同业拆借；6）与消费金融相关的咨询、代理业务；7）代理销售与消费贷款相关的保险产品；8）固定收益类证券投资业务；9）经国务院银行业监督管理机构批准的其他业务。

消费金融公司应遵循以下经营规则：消费金融公司向个人发放消费贷款不应超过客户风险承受能力且借款人贷款余额最高不得超过人民币20万元。

四、消费金融公司的监督管理

消费金融公司应当按照国务院银行业监督管理机构有关规定，建立健全公司治理架构和内部控制制度，制定业务经营规则，建立全面有效的风险管理体系。

（1）消费金融公司应当遵守监管指标要求，监管指标的计算方法遵照国务院银行业监督管理机构非现场监管报表指标体系的有关规定，国务院银行业监督管理机构视审慎监管需要可以作出适当调整：1）资本充足率不低于国务院银行业监督管理机构有关监管要求；2）同业拆入资金余额不高于资本净额的100%；3）资产损失准备充足率不低于100%；4）投资余额不高于资本净额的20%。

（2）消费金融公司应当按照有关规定建立审慎的资产损失准备制度，及时足额计提资产损失准备。未提足准备的，不得进行利润分配。

（3）消费金融公司应当建立消费贷款利率的风险定价机制，根据资金成本、风险成本、资本回报要求及市场价格等因素，在法律法规允许的范围内，制定消费贷款的利率水平，确保定价能够全面覆盖风险。

（4）消费金融公司应当建立有效的风险管理体系和可靠的业务操作流程，充分识别虚假的申请信息，防止欺诈行为。

（5）消费金融公司如有业务外包需要，应当制定与业务外包相关的政策和管理制度，包括业务外包的决策程序、对外包方的评价和管理、控制业务信息保密性和安全性的措施与应急计划等。签署业务外包协议前应当向国务院银行业监督管理机构报告业务外包的主要风险及相应的风险规避措施等，不得将与贷款决策和风险控制核心技术密切相关的业务外包。

（6）消费金融公司应当按规定编制并报送会计报表及国务院银行业监督管理机构要求的其他报表。

（7）消费金融公司应当建立定期外部审计制度，并在每个会计年度结束后的4个月内，将经法定代表人签名确认的年度审计报告报送国务院银行业监督管理机构。

（8）消费金融公司应当接受依法进行的监督检查，不得拒绝、阻碍。国务院银行业监督管理机构在必要时可以委托会计师事务所对消费金融公司的经营状况、财务状况、风险状况、内部控制制度及执行情况等进行审计。

（9）消费金融公司对借款人所提供的个人信息负有保密义务，不得随意对外泄露。

（10）借款人未按合同约定归还贷款本息的，消费金融公司应当采取合法的方式进行催收，不得采用威胁、恐吓、骚扰等不正当手段。

（11）消费金融公司应当按照法律法规和国务院银行业监督管理机构有关监管要求做好金融消费者权益保护工作，业务办理应当遵循公开、透明原则，充分履行告知义务，使借款人明确了解贷款的金额、期限、价格、还款方式等内容，并在合同中载明。

（12）消费金融公司违反《消费金融公司试点管理办法》的规定的，国务院银行业监督管理机构可以责令限期整改；逾期未整改的，或者其行为严重危及消费金融公司的稳健运行、损害客户合法权益的，国务院银行业监督管理机构可以区别情形，依照《银行业监督管理法》等法律法规，采取暂停业务、限制股东权利等监管措施。

（13）消费金融公司已经或者可能发生信用危机，严重影响客户合法权益的，国务院银行业监督管理机构可以依法对其实行接管或者促成机构重组。消费金融公司有违法经营、经营管理不善等情形，不予撤销将严重危害金融秩序、损害公众利益的，国务院银行业监督管理机构有权予以撤销。

五、消费金融公司的重要事项变更、终止

（一）消费金融公司的重要事项变更

消费金融公司有下列变更事项之一的，应当报经国务院银行业监督管理机构批准：（1）变更公司名称；（2）变更注册资本；（3）变更股权或调整股权结构；（4）变更公司住所或营业场所；（5）修改公司章程；（6）变更董事和高级管理人员；（7）调整业务范围；（8）改变组织形式；（9）合并或分立；（10）国务院银行业监督管理机构规定的其他变更事项。

（二）消费金融公司的终止

消费金融公司有下列情况之一的，经国务院银行业监督管理机构批准后可以解散：（1）公司章程规定的营业期限届满或者公司章程规定的其他解散事由出现；（2）公司章程规定的权力机构决议解散；（3）因公司合并或者分立需要解散；（4）其他法定事由。

消费金融公司因解散、依法被撤销或被宣告破产而终止的，其清算事宜按照国家有关法律法规办理。

案例与思考

1. 综合案例

长安汽车金融有限公司诉陈某、鲍某借款合同纠纷案

2014 年 7 月 7 日，鲍某作为借款申请人、陈某作为共同借款人，填写了“个人汽车消费贷款申请表”，申请贷款 210 100 元购买奥迪 A4L 汽车一辆。2014 年 7 月 18 日，鲍某作为借款人/抵押人（乙方）、陈某作为共同借款人，与贷款人/抵押权人（甲方）汽车金融公司签订了“汽车抵押贷款合同（特别条款）”，合同约定：本合同项下贷款只限乙方用于向云南迅雅汽车销售服务有限公司购买奥迪 A4L 汽车一辆，贷款金额 210 105 元，贷款期限 36 个月，贷款年利率 13.18%（在贷款期限内保持不变）；本合同项下的乙方贷款，由甲方根据乙方的“委托付款书”直接向车辆

经销商支付；乙方采用等额本息方式还款，月还款金额为 7 097.50 元；乙方同意以本合同特别条款所确定的汽车作为抵押物为本合同项下的债务提供担保，当借款人不履行债务时，乙方不能偿还到期贷款或发生任何预期违约的情形，甲方有权处置抵押车辆，以便实现债权；共同借款人自愿与乙方一起作为本合同项下所有债务的共同承担人，共同借款人对本合同项下的债务承担无限连带责任；本合同由一般条款和特别条款组成，一般条款和特别条款具有同等效力，一般条款与特别条款不一致之处以特别条款为准。“汽车抵押贷款合同（一般条款）”约定：借款人每月的还款日为次月与贷款拨付日相对应的日期，如果某月没有与贷款拨付日相对应的日期，则该月的还款日为该月的最后一个自然日；每月具体还款日期依照贷款人提供的分期还款计划确定；借款人未按本合同约定按时足额还本付息的，贷款人按国家利率管理相关规定计算罚息，罚息利率按本合同中规定的实际利率上浮 50%计算，直到本合同项下规定的到期贷款本息全部清偿完毕为止；出现借款人因法定不可抗力以外的原因未按时全面履行还款义务、由于借款人的原因导致贷款人与借款人无法取得联系等情形，贷款人可以采取其认为必要的措施提走并占管抵押车辆，并有权选择要求借款人提供新的担保或单方立即解除本合同；贷款人选择解除本合同的，未发放的贷款不再发放，已发放的贷款，借款人需在合同解除之日起三个工作日内一次性提前偿还全部贷款本息，包括但不限于已经发生的全部罚息以及收回债权的全部费用等；当借款人不履行债务时，贷款人有权将抵押物评估或者以拍卖、变卖抵押物的价款优先受偿，本合同项下抵押物的优先效力及于抵押物的从物，以及抵押物的赔偿金、保险金等；抵押担保的范围包括全部借款本金、利息、罚息、违约金、损失赔偿金、补偿金、工本费和抵押权人为实现债权所发生的全部费用（包括但不限于诉讼费、仲裁费、执行费、保全费、差旅费、评估费、拍卖费、律师费等）以及本合同特别条款第八条约定的手续费。

2014 年 7 月 18 日，鲍某、陈某作为委托人给汽车金融公司出具了“委托付款书”。2014 年 7 月 22 日，汽车金融公司根据“汽车抵押贷款合同（特别条款）”和“委托付款书”的约定，将贷款 210 105 元支付给了云南迅雅汽车销售服务公司。2014 年 8 月 5 日，双方就登记在鲍某名下的车牌号为云 AHXX** 的小型轿车办理了抵押登记。

因鲍某、陈某未按约还款，汽车金融公司诉至法院。法院于 2015 年 5 月 27 日立案后，依法组成合议庭进行审理。因鲍某、陈某下落不明，法院依法向鲍某、陈某公告送达起诉状副本及开庭传票等诉讼文书后进行了缺席审理，并于 2015 年 12 月 5 日作出民事判决书。宣判后，双方均未提出上诉。陈某曾向某中级人民法院申请再审。2018 年 4 月 24 日，某中级人民法院以其再审申请（申诉）超过法定期限、不符合受理条件为由，予以退回。陈某遂向检察机关申请检察监督。经检察机关委托，检察机关检察技术处（司法鉴定中心）出具《文件检验鉴定意见书》和《痕迹检验鉴定意见书》，鉴定意见为：2014 年 7 月 7 日的“个人汽车消费贷款申请表”上“共同借款人（签字）：”栏、2014 年 7 月 18 日的“委托付款书”上“委托人”栏、2014 年 7 月 18 日的“汽车抵押贷款合同（特别条款）”上“共同借款人（签字）：”栏，该 3 处“陈某”署名字迹，均不是陈某本人书写形成的；该 3 处“陈某”署名处的指印，均不是陈某本人捺印形成的。法院另查明，陈某与鲍某于 2011 年 1 月 11 日登记结婚，2014 年 5 月 15 日登记离婚。截至 2015 年 10 月 29 日，鲍某尚欠汽车金融公司借款本金 180 565.10 元、利息 14 634.08 元。2016 年 8 月 19 日，汽车金融公司更名为长安汽车金融有限公司。

问题：

（1）大众金融公司与鲍某签订的贷款合同是否合法有效？

（2）陈某是否作为共同借款人，承担构成违约？

（3）大众金融公司是否有权以该抵押车辆折价或拍卖、变卖所得价款优先受偿？

2. 思考题

（1）简述财务公司的设立条件。

（2）我国财务公司如何适应经济全球化的发展？

（3）金融租赁公司有哪些融资渠道？如何拓展？

（4）简述金融租赁公司的风险管理与防范。

（5）简述期货公司与期货经纪公司的区别。

（6）简述对期货公司的监管措施。

（7）简述对货币经纪公司的监管规则。

（8）简述汽车金融公司的业务范围。

（9）简述对消费金融公司的监管规则。

参考书目

1. 廖焕国．融资融券交易担保法律制度研究．北京：法律出版社，2018.

2. 廖岷．中国金融租赁制度．北京：中国金融出版社，2017.

3. 杨峰．中国农村合作信用社管理体制改革研究．北京：中国金融出版社，2014.

4. 强添纲，孙凤英．汽车金融．2 版．北京：人民交通出版社，2009.

5. 甘培忠．民间融资法律规制问题研究．北京：北京大学出版社，2016.

第十章 金融机构与业务制度改革

本章要点

1. 金融机构与业务制度改革的规范依据
2. 金融机构制度改革
3. 金融业务制度改革

第一节　金融机构与业务制度改革概述

一、金融机构与业务制度改革概况

（一）国际范围内金融机构与业务制度改革概况

较长时期以来，金融制度都被视为所有经济关系中最具稳定性的部分，成为各国政府调节经济发展、建立或修复经济秩序的有力工具，由此形成金融制度的稳定性与管制性两大基本特征。最为典型的是于20世纪30年代在反经济危机的政策基础上重建并逐步发展的现代金融制度，它奉行严格的汇率管制与业务分工，金融机构的运营偏于保守、较少创新。然而自20世纪80年代以来，以英美国家为主导的金融制度变革迅速席卷全球，形成一股势不可挡的改革浪潮，猛烈冲击着既有的金融格局。

突破是从银行业开始的。早在20世纪80年代初美国就通过法律取消了限制银行业进行价格竞争的规定，通过赋予银行与其他金融机构展开竞争的机会，提升其在整个金融市场中的份额，挽回银行业急剧下降的市场竞争力。英国则于1986年发起了旨在取消混业经营限制、推动金融服务自由化的更具实质性的改革，后被称为第一次“金融大爆炸”，在世界金融改革历史上写下重要一页。在20世纪90年代末美国废除《格拉斯-斯蒂格尔法案》关于限制金融机构经营品种与经营地域的规定，颁布《金融服务现代化法》，以法律的形式确定了金融控股公司的地位和金融混业经营的合法性，正式掀开美国金融机构混业经营的大幕。至此，那种“几乎没有多样化和所有权交叉现象，也很少有其他行业的公司拥有较多的金融机构的所有权”[①] 的状况成为历史，取而代之的是以金融业务全能化、市场竞争全球化、业务运作信息化、经营区域扩大化为基本特征的全能型超级银行在金融舞台上扮演重要角色，并因其明显的市场竞争优势以及应对金融市场变化的适应力而成为全球银行业发展的方向。

这些举措极大地推动了其他国家和地区的金融改革步伐。为顺应这一趋势，更重要的是为在国际金融竞争中赢得一席之地，各国（地区）政府纷纷降低金融管制的力度，缩小金融管制的范围，鼓励金融创新。一个显著的标志便是对旨在谋求经济扩张的金融机构的兼并、收购行动普遍持更加自由、宽松的态度，促成了世界范围内持续的大银行间的购并浪潮[②]，其结果是金融机构的业务类型与经营区域显著扩张，金融商品不断创新。令人瞩目的还在于，金融的自由化与创新改革不仅打破了金融机构之间原有的经营界限，使金融机构相互间逐渐靠拢，呈现出一定意义上的“同质化”趋势，而且金融业本身与实体经济日益融合，大型跨国银行或证券公司已经将其业务从金融延伸至房地产、工商业、石油交易等，形成所谓“全球经济时代的超级金融寡头”“万能产业”。此外，借助高新技术，国际银行业开始从偏重机构扩张的传统发展模式过渡到通过运用电脑科技的虚拟银行（如网上银行服务）拓展业务的新的经营方式，使金融服务更加方便快捷并且有利于降低金融机构的运营、管理成本。从海量用户信息的汇集以及金融业务中的资产端、交易端、支付端、资金端的互联互通开始，金融领域内逐步实现信息共享和业务融合，最为典型的金融业务包括 P2P 网络借贷、网络众筹、互联网的基金销售等。当金融与科技的融合进入深度阶段，网络支付、网络众筹、数字货币、互联网征信、互联网理财、网络贷款等金融科技业务形态不断涌现。而金融机构的传统业务也在科技的渗透中展现新形态，例如智能获客、智能风控、智能客服、区块链电子合同等。相较于传统金融，金融科技除有效率和成本的优势外，亦有利于提升金融服务过程中的安全性，拓展金融服务的应用场景，提高金融服务的用户体验。整体而言，智能化、普惠化成为金融发展的新趋势、新业态。

正是由于金融创新与金融改革往往意味着依据市场化的发展需求突破既有的规则边界，因而其在提升市场效率的同时容易伴生金融风险，如果不能相应提高金融

---

① ［美］拉维特等：《银行与金融机构法概要》，刘李胜等译，56 页，北京，中国社会科学出版社，1996。

② 20 世纪 80 年代至 90 年代，西方银行业的合并收购浪潮风起云涌，具有代表性的是 1998 年美国花旗银行与旅行者集团合并成立花旗集团，总资产金额接近 7 000 亿美元，银行业务遍及全球一百多个国家的一亿多个企业和私人客户，成为世界最大的金融服务集团。更令人关注的是，花旗集团将花旗银行的商业银行业务与旅行者集团的证券、保险业务融合，开创了美国金融界“超市型服务”的先河。其他如英国、德国、瑞士、日本、澳大利亚、芬兰、瑞典、泰国等国家也多次出现银行业合并收购案，造就了一大批资产规模巨大的超级银行。

监管水平、强化法律对金融风险的控制，那么金融创新与金融改革将催生金融机构间无序的市场竞争、非理性的市场逐利行为，最终放大金融风险乃至演化成金融危机，从而不仅牺牲存款人的基本权益，引发经济社会动荡，而且损害金融体系赖以存续的市场信用，给金融市场的长期稳定与可持续发展带来消极影响。2007 年始于美国，后迅速波及全球的金融危机便是一个典型事例。由于对金融衍生品缺乏适当监管，美国的“次贷危机”引发了全球范围内的经济萧条。危机发生后，美国在采取补救措施的同时，也开始改革过去过于宽松的金融法律体系，颁布了《多德-弗兰克法案》，重新建立金融市场的监管秩序，并加强了对金融消费者权益的法律保障。该法案的关键一项内容是沃尔克规则（Volcker rules），即：禁止商业银行从事高风险的自营交易，将商业银行业务和其他业务分隔开来；反对商业银行拥有对冲基金和私人股权基金，限制衍生品交易；对金融机构的规模施以严格限制。经济逐步复苏后，《多德-弗兰克法案》在实施中亦显现出负面效应，要求政府再次进行改革。2018 年美国政府签署《经济增长、放松监管和消费者保护法案》，针对沃尔克规则进行了调整，通过放松对按揭抵押贷款、社区银行、大型银行、证券市场的监管，加强对消费者的保护等方面，促进资本形成和经济增长，强化中小银行的服务功能，保护消费者权益。随后，2019 年美联储和相关监管机构正式批准《沃尔克规则修正案》，根据机构交易资产和负债的规模调整合规要求，并打破关于银行自营交易的禁令，给中小型金融机构监管豁免，给大型金融机构提供一定程度的自营交易空间。除此之外，全球次贷金融危机亦暴露出英国金融监管体系的缺陷。2012 年的《金融服务法》将英国的金融监管机制转变为“准双峰监管”，指导设定更为独立、专业的金融消费者保护机构，确立英国独特的金融消费者保护体系，强化金融行业的整体监管。

由此可见，金融机构及其业务制度的改革应当实现创新与监管并重。这对于中国完善自身的金融法律体系而言是一个重要启示。中国面临的特殊情况还在于需要在市场化尚需进一步发展完善的现实背景下创立并运行一套现代意义的金融制度。这种既要健全、完善市场经济体制又要建立适应金融创新发展的现代金融法律体系的改革任务，无疑更为复杂而艰巨。

综合来看，金融创新、自由化与金融监管、金融调控的强化正在成为这一场全球“金融革命”的基本主题，金融机构与业务制度改革是国际范围内的共同发展趋势。

（二）国内金融机构与金融业务制度改革概况

金融机构及业务制度改革的最终动力离不开经济、社会发展的需求。兴起于英美国家的银行业改革在很大程度上旨在加强银行业的市场竞争地位，促使银行业金融机构更好地满足经济社会发展的资金需求。而在我国经济社会快速、稳定、可持续发展的进程中，同样离不开金融的支持，金融机构及业务制度改革是国内经济、社会发展的必然产物。

首先，拓宽农村金融市场，加大对“三农”的资金扶持力度，是金融机构及其业务制度改革的重要动因。伴随着改革开放的深入推进，我国农业、农村的经济面貌和农民的生活水平都有了显著改善和提高，但“三农”对资金的需求亦与日俱增。不仅农村基础设施建设、农村城镇化建设、农村中小企业发展、农村流通体系建设等需要大量资金投入，而且农民的生产需求、消费需求和教育需求等也迫切需要得到满足。金融机构及其业务制度自 20 世纪 90 年代以来取得了实质性突破，原因就在于顺应了这一需求的变化，进行了诸如增强经营的灵活性、减少审核环节、注重信誉机制的建立、积极扩展农村金融市场、鼓励新兴金融机构服务“三农”等改革。例如我国面向农村金融市场的村镇银行、小额信贷公司在该阶段的蓬勃发展，正是为满足这些需求而积极进行的制度改革的产物；这些金融机构还谋求与传统的商业银行合作，利用债券市场和股票市场来拓宽自己的资金来源。农村金融体制逐渐发展趋于完善，呈现出多模态的发展形式，即以银行类金融机构为主体，以非银行类金融结构为辅助，多种金融机构并存的多元化农村金融组织体系，而在业务领域上主要集中于储蓄、信贷和融资。中国农业银行和农业发展银行作为国有商业银行，在农村金融活动中起到主导作用，在常规金融业务及政策性业务之外积极推出创新惠农金融产品，推动惠农合作平台的建设。此外，农村商业银行、保险公司、资金互助组织也发挥重要的金融支农作用，其中，保险公司设置农业保险等产品，分散生产经营风险，减少农民因农村农业发展过程中的或有风险而遭受的损失，提高农民抵御自然灾害的能力，而资金互助金融组织在降低融资门槛，提供灵活、可协调的借贷条件上又对农村金融市场予以补充，有利于更好满足农民的资金需求。

其次，回应中小企业融资需求，为金融机构及业务制度改革注入活力。中小企业融资难一直是困扰中小企业发展壮大的“瓶颈”，由于自身经济实力、经营规模、盈利水平以及所提供的担保不足等主、客观原因，中小企业能够获得的间接融资和直接融资都较为有限，这就阻挡了那些具有成长性但资金缺乏的中小企业发展前进的道路，亦挫伤了社会成员自主创业的积极性。在这种背景下各金融机构，尤其是中小金融机构，积极采取措施拓宽中小企业融资渠道，并借助各种新兴的金融担保机构提供的金融服务，在缓解中小企业融资难问题的同时，自身亦获取了较好的利润回报，提升了市场竞争力。

最后，保护投资者、存款者利益，防范金融风险的需求，是推动我国金融机构与业务制度改革的又一强有力因素。一系列旨在完善金融市场的改革举措都是与保护投资者、存款者利益密切相关的，比如，证券投资者保护基金的设立、金融机构内部治理的规范与强化、存款保险制度的建立等。

综观我国三十多年的金融体制改革进程，其基本任务是建立符合社会主义市场经济要求的现代金融体系。目前我国已经形成银行、证券、保险等功能齐全、层次多样、商业金融与政策性金融协调发展的金融市场格局，金融在我国经济生活中的地位日益提升。2018 年由中国人民银行牵头，国家发展改革委、科技部、工业和信息化部、财政部、农业部、商务部、中国银保监会和中国证监会等九部委共同编制的《“十三五”现代金融体系规划》（以下简称“十三五规划”）公布。“十三五规划”提出着力实现更高水平的金融市场化、着力推动更加全面的金融国际化、着力创新高效安全的金融信息化、着力推进完备统一的金融法治化、着力实现金融业治理体系和治理能力现代化等五大战略目标；同时提出健全金融调控体系、建立现代金融监管体系、优化现代金融机构体系、健全金融市场体系、建设高层次开放型金融体系、强化金融基础设施体系、完善支持实体经济的金融服务体系、筑牢金融风险防控处置体系等八大任务。“十三五规划”为我国深化国内金融机构自身转型与创新改革提供了基本方向。如何健全金融机构公司治理；如何在保持对国有重点金融机构的控制力的同时，通过引资、扩大对外开放等方式，扩大民间资本股权，优化金融机构股权结构；如何严格股东资质和准入管理，规范股东行为；如何在严格监管前提下审慎进行金融综合经营等，都将成为金融机构与业务制度改革的重心。

2021 年我国发布《国民经济和社会发展第十四个五年规划和 2035 年远景目标纲要》（以下简称“十四五规划”），对金融机构制度改革提出新的要求。“十四五规划”提出：健全具有高度适应性、竞争力、普惠性的现代金融体系，构建金融有效支持实体经济的体制机制。建设现代中央银行制度，完善货币供应调控机制。稳妥推进数字货币研发。健全市场化利率形成和传导机制，完善央行政策利率体系，更好发挥贷款市场报价利率基准作用。优化金融体系结构，深化国有商业银行改革，加快完善中小银行和农村信用社治理结构，规范发展非银行金融机构，增强金融普惠性。改革优化政策性金融，强化服务国家战略和规划能力。深化保险公司改革，提高商业保险保障能力。健全金融机构公司治理，强化股东股权和关联交易监管。完善资本市场基础制度，健全多层次资本市场体系，大力发展机构投资者，提高直接融资特别是股权融资比重。全面实行股票发行注册制，建立常态化退市机制，提高上市公司质量。深化新三板改革。完善市场化债券发行机制，稳步扩大债券市场规模，丰富债券品种，发行长期国债和基础设施长期债券。完善投资者保护制度和存款保险制度。完善现代金融监管体系，补齐监管制度短板，在审慎监管前提下有序推进金融创新，健全风险全覆盖监管框架，提高金融监管透明度和法治化水平。稳妥发展金融科技，加快金融机构数字化转型。强化监管科技运用和金融创新风险评估，探索建立创新产品纠偏和暂停机制。“十四五”时期是我国开启全面建设社会主义现代化国家新征程的第一个五年，要准确把握新发展阶段，深入贯彻新发展理念，加快构建新发展格局，推动高质量发展，为全面建设社会主义现代化国家开好局起好步。2022 年，中国人民银行会同国家市场监管总局、中国银保监会、中国证监会联合印发《金融标准化“十四五”发展规划》（以下简称“十四五金融发展规划”）。“十四五金融发展规划”提出了近期与中期金融改革两大目标，即：到 2025 年，与现代金融体系建设相适应的标准体系基本建成，金融标准供给体系持续优化，金融标准化发展水平大幅提升，金融标准化开放程度显著增强，金融标准化发展基础更加牢固；展望 2035 年，市场驱动、政府引导、企业为主、社会参与、开放融合的金融标准化工作格局全面形成。“十四五发展规划”同时明确了标准化辅助现代金融管理、标准化助力健全金融市场体系、标准化支撑金融产品和服务创新、标准化引领金融业数字生态建设、深化金融标准化高水平开放、推动金融标准化改革创新、夯实金融标准化发展基础等七方面重点工作内容。

二、金融机构与业务制度改革的规范依据

（一）具有宏观指引功能的规范性文件、政策规划

具有代表性的如 1993 年国务院《关于金融体制改革的决定》、2004 年国务院《关于推进资本市场改革开放和稳定发展的若干意见》、2008 年《金融业发展和改革“十一五”规划》、2012 年《金融业发展和改革“十二五”规划》、2013 年国务院办公厅《关于金融支持经济结构调整和转型升级的指导意见》、2013 年国务院办公厅《金融支持小微企业发展的实施意见》、2014 年国务院办公厅《关于金融服务“三农”发展的若干意见》、2014 年国务院《关于加强金融监管防范金融风险工作情况的报告》、“十三五规划”、“十四五金融发展规划”等。这些规范性文件及政策规划在不同阶段从宏观层面建构了我国金融体制的基本框架，指出了下一阶段改革发展的基本方向，是金融法制格局的生成依据。

（二）旨在规范各金融业经营者的行为及强化监管的单项立法及规范性文件

涉及银行业的单项立法及规范性文件主要包括：《商业银行法》《银行业监督管理法》《商业银行市场风险管理指引》《商业银行理财业务监督管理办法》《关于加大防范操作风险工作力度的通知》《商业银行风险监管核心指标（试行）》《外资银行管

理条例》《商业银行股权管理暂行办法》《商业银行大额风险暴露管理办法》《商业银行流动性风险管理办法》《中国银保监会中资商业银行行政许可事项实施办法》《商业银行理财业务监督管理办法》《商业银行股权托管办法》《中国银保监会现场检查办法（试行）》《商业银行理财子公司净资本管理办法（试行）》《商业银行互联网贷款管理暂行办法》，以及《中国银保监会中资商业银行行政许可事项实施办法》（2022 年修正）、《商业银行金融资产风险分类办法》等。

涉及保险业的单项立法及规范性文件主要包括：《保险法》《财产保险公司保险条款和保险费率管理办法》《财产保险公司保险条款和保险费率管理办法》《再保险业务管理规定》《保险公司偿付能力报告编报规则》《外资保险公司管理条例》《农业保险条例》《关于加快发展商业健康保险的若干意见》《关于加快发展现代保险服务业的若干意见》《外资保险公司管理条例实施细则》《存款保险条例》《保险集团公司监督管理办法》《银行保险机构关联交易管理办法》《保险公司非现场监管暂行办法》《保险公司非寿险业务准备金管理办法实施细则》《社会保险基金行政监督办法》《保险资产管理公司管理规定》《保险保障基金管理办法》《银行保险监管统计管理办法》《社会保险基金监督举报工作管理办法》等。

涉及证券业的单项立法及规范性文件主要包括：《证券法》《证券公司综合治理工作方案》《证券投资者保护基金管理办法》《证券投资基金法》《证券公司监督管理条例》《证券公司风险处置条例》《证券交易所风险基金管理暂行办法》《证券登记结算管理办法》《证券期货投资者适当性管理办法》《证券期货经营机构私募资产管理业务管理办法》《证券经纪业务管理办法》《上市公司证券发行注册管理办法》《证券发行与承销管理办法》《证券发行上市保荐业务管理办法》《证券期货业网络和信息安全管理办法》等。

涉及信托业的单项立法主要包括：《信托法》《信托公司管理办法》《信托投资公司信息披露管理暂行办法》《信托公司股权管理暂行办法》《中国银保监会信托公司行政许可事项实施办法》等。

涉及金融监管的单项立法及规范性文件主要包括：《金融机构反洗钱规定》《期货交易管理条例》《中国银保监会非银行金融机构行政许可事项实施办法》《保险集团公司监督管理办法》《保险中介行政许可及备案实施办法》《中国银保监会外资银行行政许可事项实施办法》等。需要指出的是，2023 年中共中央、国务院印发《党和国家机构改革方案》，要求：在中国银保监会基础上组建国家金融监督管理总局，作为国务院直属机构。将中国人民银行对金融控股公司等金融集团的日常监管职责、有关金融消费者保护职责，中国证监会的投资者保护职责，划入国家金融监督管理总局，由其统一负责除证券业之外的金融业监管，强化机构监管、行为监管、功能监管、穿透式监管、持续监管，统筹负责金融消费者权益保护，加强风险管理和防范处置，依法查处违法违规行为。相应地，不再保留中国银保监会。

（三）规范、促进金融创新的规范性文件

银行业在规范和促进金融创新方面的力度最大。国务院银行业监督管理机构制定了《商业银行服务价格管理办法》《金融机构衍生产品交易业务管理暂行办法》《商业银行外部营销业务指导意见》《商业银行理财业务监督管理办法》，与其他部门共同制定了《商业银行设立基金管理公司试点管理办法》《金融机构信贷资产证券化试点监督管理办法》《电子银行业务管理办法》《电子银行安全评估指引》等。

2006 年中国银监会发布《商业银行金融创新指引》，鼓励、支持和指导商业银行的金融创新活动。其基本思路是：按照“鼓励和规范并重、培育和防险并举”的监管原则，积极鼓励经营审慎的商业银行加快金融创新，推动商业银行更快更好地发展，引导商业银行强化风险自我管控意识，提高风险控制水平和能力，全面提升创新质量，促进金融创新活动持续健康发展，为广大金融消费者和投资者提供日益丰富的现代金融服务。

中国银保监会在成立后，又相继发布了《关于印发〈关于商业银行资本工具创新的指导意见（修订）〉的通知》《关于银行保险机构加强消费者权益保护工作体制机制建设的指导意见》《关于进一步规范商业银行结构性存款业务的通知》《关于进一步推动金融服务制造业高质量发展的通知》《关于印发〈银行业保险业绿色金融指引〉的通知》。2022 年中国人民银行印发《金融科技发展规划（2022—2025 年）》等规范性文件，以进一步规范、促进金融创新。

（四）其他涉及金融业务改革的方法

与金融机构和业务制度改革有关的变动主要表现在《证券法》《企业破产法》上。

2005 年修订的《证券法》第 6 条规定：“证券业和银行业、信托业、保险业实行分业经营、分业管理，证券公司与银行、信托、保险业务机构分别设立。国家另有规定的除外。”这为稳步实施综合化经营留下了法律空间。2013 年 6 月、2014 年 8 月《证券法》两度进行修正，其中有关分业经营、分业管理的规定延续了 2005 年的立法精神。2019 年 12 月《证券法》再度进行修订，作出以下规定：（1）“资产支持证券、资产管理产品发行、交易的管理办法，由国务院依照本法的原则规定”。这为金融监管机构后续对涉及资产支持证券和资产管理产品的违法行为形成统一监管提供了上位法依据。（2）“公开发行证券，必须符合法律、行政法规规定的条件，并依法报经国务院证券监督管理机构或者国务院授权的部门注册。未经依法注册，任何单位和个人不得公开发行证券。证券发行注册制的具体范围、实施步骤，由国务院规定”。此举将公开发行证券由“核准制”转为全面推行注册制，使证券监管体系逐渐向市场化转型，有助于完善多层资本市场体系。(3)“禁止投资者违规利用财政资金、银行信贷资金买卖证券”。这是对“依法拓宽资金入市渠道，禁止资金违规流入股市”的进一步细化，符合国务院在《关于推进资本市场改革开放和稳定发展的若干意见》中确定的“鼓励合规资金入市”的改革方向。(4) 将证券融资融券、证券做市交易纳入证券公司经营的业务范围，并对非法融资融券行为加大处罚力度。这为在严格监管条件下稳步实施融资融券提供了依据。

此外，《企业破产法》实施对金融业改革、发展产生了有益影响。《企业破产法》中首次出现金融机构破产条款，规定：商业银行、证券公司、保险公司等金融机构出现破产情形时，国务院金融监督管理机构可以向法院提出对该金融机构进行重整或者破产清算的申请；国务院金融监督管理机构依法对出现重大经营风险的金融机构采取接管、托管等措施的，可以向法院提出中止以该金融机构为被告或者被执行人的民事诉讼和执行程序。这意味着银行等金融机构被依法纳入破产通道。

三、金融机构与业务制度改革的特点

（一）系统性

金融机构及其业务制度的改革是一项系统工程，不仅涉及金融机构的产权制度、治理模式、融资结构、激励机制、业务类型、准入与退出机制等方面的微观改革，还涉及企业的、行政的、司法的、立法的相关配套改革，以及整个外部的经济环境、法治环境、社会信用环境的改善。这些外部的因素实际上就构成了一个金融生态环境。在这一金融生态环境中，金融机构及其业务制度的发展与其他相关制度的运行状况、完善程度相互影响。以已经完成的国有商业银行股份制改革为例：这是一项包括商业银行自身与国有企业深化改革、政府职能转变、财政税收体制重建、中央银行宏观调控体制完善、社会保障体系建立等在内的多方面配套的系统改革工程。值得注意的是，金融机构与业务制度改革的系统性强调的是改革的整体推进与各方面协调配合，但并不排斥个体的差异性与相对独立性，以及在此基础上形成的“区别对待”。比如此前我国国有商业银行股份制改革实行“一行一策”原则，这种方式充分考虑了各国有商业银行的实际情况具体问题具体分析，体现了不搞“一刀切”的决策智慧。因此，金融机构及其业务制度改革应当奉行辩证思维，既从金融生态的角度对改革总体架构作统筹规划，整体推进相关配套改革，又充分考虑各金融主体面临的具体问题，分别确定改革重点、实施步骤与进度安排。

（二）协调性

金融机构与业务制度改革的协调性体现在：第一，金融机构之间制度改革的协调与配合。如国有商业银行减少营业网点与地方性中小金融机构扩大市场份额、提升市场地位之间是具有关联互动性，这种“此消彼长”的格局是形成金融市场良性竞争格局、满足市场多样化资金需求的重要条件。此外，商业性金融改革与政策性金融改革也是相互联系、相互补充、相互促进的。[①] 第二，金融机构与金融业务之间制度改革的协调和配合。金融机构与金融业务的制度改革并不是孤立的，它们之间也需要相互协调与配合。比如基于混业经营的需要而产生的大型金融投资公司，既是金融业务创新的产物，也提出了金融机构在组织形式上的改革课题。第三，金融机构及其业务制度的改革又与金融监管体制的转型紧密关联。如，针对金融控股公司这种新型组织形式而进行了监管体制调整，伴随国内商业银行的股份制改革、境外投资者的引入而产生了金融开放与风险防范，因适应各种融资需求而推行的金融业务创新引发了金融机构尤其是银行信贷资金安全保障的问题等。这些涉及金融监管体制调整、方式转换的问题，都是在推进金融机构及业务制度改革过程中必须予以解决的。

（三）阶段性

伴随着1978年中国经济改革的起步，金融体制包括金融机构和业务制度的建设与改革也拉开序幕，其发展进程经历了几个阶段：首先是1978年至1993年以前。这是我国金融机构与业务制度初创阶段。在这一时期，政府逐步分离中央银行承担的商业银行职能，分设四大国有商业银行及非银行金融机构。至该阶段末，我国初步形成了全国性和区域性商业银行、保险公司、金融信托投资公司、证券公司、财务公司、金融租赁公司、农村信用合作社、城市信用合作社等多种金融机构并存、分工协作的市场格局。其次是1993年年末至2002年的改革启动阶段，具有标志性的成果是1993年12月国务院发布《关于金融体制改革的决定》，第一次规划了我国金融机构与业务制度改革的宏伟蓝图，提出政策性金融与商业性金融分离，建立统一开放、竞争有序、严格管理的金融市场体系的主张。在这一阶段我国加入世界贸易组织，金融市场环境发生显著变化。在金融开放的大格局下，中资金融机构无疑

---

① 例如，在20世纪90年代，电力和交通作为制约中国经济发展的基础产业，其盈利性前景尚不明朗，因此，商业银行不愿介入，开发银行则在这些领域投入了大量的中、长期信贷资金，促进了电力和交通行业的发展。而随着电力、公路等开发银行所培育的基础产业的成熟和稳定现金流的出现，商业银行也开始将更多的资金投放到这些领域。商业性金融能够而且愿意进入的领域，政策性金融都应该及时退出，避免发生对商业性金融的“挤出效应”。

面临着更加严峻的挑战。此外，在这一时期还颁布了《商业银行法》等多部金融法律、法规和部门规章。如果说前面两个阶段主要是为金融机构及其经营制度的建立提供必要基础的话，那么开启于 2003 年的第三阶段的发展着眼于全面深化金融改革与鼓励倡导金融创新。2012 年国家发布《金融业发展和改革“十二五”规划》，2018 年国家发布“十三五规划”，2022 年国家发布“十四五规划”，在不同的时期背景下对金融机构及其经营改革提出新的目标与任务。2022 年，中国人民银行会同国家市场监管总局、中国银保监会、中国证监会联合印发“十四五金融规划”，明确了“十四五”时期统筹推进金融标准化发展的指导思想、基本原则、主要目标、重点任务和保障措施。

与此同时，我国制定或修订了金融业相关法律、法规，使我国金融法制环境不断趋于完善。

第二节　金融机构制度改革

一、国有商业银行机构的制度改革

（一）基本概况

2003 年 12 月，国务院批准设立中央汇金投资有限责任公司（以下简称中央汇金公司），由其运用国家外汇储备向试点银行注资，作为国有资本的出资人代表，行使国有重点金融机构控股股东职责。随即中央汇金公司向中国银行、中国建设银行分别注资 225 亿美元。2004 年 8 月和 9 月，中国银行、中国建设银行先后整体改制为股份有限公司。2005 年 4 月，国家向中国工商银行注资 150 亿美元。2005 年 10 月，中国工商银行整体改制为股份有限公司。此外，2005 年 6 月 23 日，交通银行成功在中国香港主板市场上市，成为第一家在中国内地以外上市的股份制商业银行；中国建设银行于 2005 年 10 月在香港成功上市；中国银行分别于 2006 年 6 月与 7 月在香港联合交易所和上海证券交易所成功上市；中国工商银行于 2006 年 10 月以 A＋H股的方式在内地和香港同时成功上市。中国农业银行也于 2009 年完成股份制改革。2010 年 6 月中国农业银行股份有限公司 IPO 申请获中国证监会通过，于同年在上海证券交易所与香港联合交易所同步上市。至此，五大国有银行股改上市画上了圆满句号。2012 年，中国邮政储蓄银行改制为股份有限公司。2015 年中国邮政储蓄银行引入十家战略投资者，后于 2016 年在香港联合交易所挂牌上市，于 2019 年在上海证券交易所 A 股上市。2018 年 6 月，国务院颁布《关于完善国有金融资本管理的指导意见》，提出建立健全国有金融资本管理的“四梁八柱”，优化国有金融资本战略布局，理顺国有金融资本管理体制，增强国有金融机构活力与控制力，促进国有金融资本保值增值，更好地实现服务实体经济、防控金融风险、深化金融改革三大基本任务，从而为国有商业银行的发展作出了指引。通过股改上市，国有商业银行资产质量状况有了极大改观，风险管理能力实现了飞跃，同时实现了从行政约束到资本约束的转变。目前，国有商业银行中工农中建四行的资本、盈利规模跃居世界前10强，中国工商银行更是连续多年独占鳌头。在国有商业银行股改上市的成功示范下，中国银行业金融机构纷纷开启了上市热潮，上市银行已成为中国银行业的代表，在发展模式、经营管理、业务创新等领域不断引领探索。借助于股份制改革与公开上市，国有商业银行在改善内部公司治理结构与财务状况、提升经营管理能力与市场竞争力等方面取得显著成果，规范的公司治理结构初步建立，内控机制和风险防范体系不断完善，经营理念和模式明显改进，银行股权结构不断优化，财务状况根本好转。2019年7月，中国银保监会设立了公司治理监管部，负责统筹银行业和保险业的公司治理监管工作，旨在加强制度规制建设，持续深化公司治理改革，通过补齐制度短板、加强评估检查等方式，推动银行业和保险业提升公司治理的合规性和有效性。在国有商业银行的公司治理监管实践中，金融监管机构根据实际情况对不同部门实行差异化监管，并聚焦具体问题，颁布了《健全银行业保险业公司治理三年行动方案（2020—2022年）》《银行保险机构公司治理准则》《银行保险机构大股东行为监管办法（试行）》《银行保险机构董事监事履职评价办法（试行）》等规范，为公司治理监管提供了基础。国有商业银行在提升自身竞争力的同时，也涉及一系列风险。为了防范与化解风险，大部分国有商业银行都在探索内控机制的建立和完善。例如，2020年，中国邮政储蓄银行开启了为期三年的安全保卫工作提质升级活动，建立了按照部门标准划分的“三道防线机制”，对风险进行监测与化解。

习近平总书记多次强调，金融活，经济活；金融稳，经济稳。党的十八大以来，国有商业银行规模稳步壮大，成功追赶并超越国际先进银行进入世界前列，中行、工行、农行、建行4家银行陆续入选全球系统重要性银行。国有商业银行将服务实体经济作为工作的出发点和落脚点，持续提升服务实体经济的质效和能力，促进“三农”领域巩固脱贫攻坚成果与乡村振兴有效衔接，积极融入国家创新驱动发展战略，加大对小微企业、民营企业的帮扶力度等，有力地支持了中国在经济新常态下的结构调整与经济增长。

应当指出的是，上述改革基本上是在国家的有关政策或规划指引下完成的，带有较强的应急性、波动性，并且由于缺乏相应的配套措施，改革尚需进一步推进与深化，从长远来看，国有商业银行的经营绩效与风险防范水平还应进一步提升。当前，国有商业银行正处在经济周期、行业周期和科技周期叠加的特殊阶段，仍面临一系列重大挑战，改革任重而道远。国有商业银行的改革和治理要走出一条属于中国的独特道路，必须坚持党要管党、从严治党的原则，加强党的建设，充分发挥股东大会、董事会，监事会和高级管理层的公司治理架构作用，在权力责任对等、激励约束机制、风险管理控制等方面加大举措，以符合高质量发展的要求。针对股份制银行的公司治理，要突出“功能监管”与“行为监管”，防范系统性金融风险。

（二）制度改革的重点与难点

国有商业银行的机构运行应当首先依托法律制度，在确立了这一基本前提之后，有必要对国有商业银行机构建立与完善的相关制度进行改革。为此注意以下制度改革的重点与难点。

第一，实现国有控股与产权多元化的统一。如何实现二者的有效结合，特别是如何对政府持股的份额与方式进行合理设计，是影响国有商业银行制度改革成功与否的关键。目前我国国有商业银行的股权相对集中，导致股权相对分散的风险规避功能弱化，股权流动性也受到限制，降低了市场约束对公司治理带来的效益。在改革中，既要避免因过度强调国家的控股权而重蹈原有体制的覆辙，亦须克服一味追求股权结构多元化、超越我国经济发展现实条件的做法。为此，不仅有必要在法律制度中明确国家控股的比例，而且应当借助现代公司治理结构为投资者提供相互合作与制约的机制。国有商业银行“股改”始终围绕重建市场化经营机制这个核心，在完成财务重组、引进战略投资者和公开上市的改革三部曲的同时，初步建立了以客户为中心、以市场为导向、以公司稳健持续发展和相关者的长远利益为目标的公司治理模式。

第二，厘清国家与商业银行之间的法律关系，明确国家作为投资者与监管者的角色。这里尤其值得一提的是国家财政注资行为。国家为加速“股改”、推进上市，对国有商业银行进行了大规模的财政注资，但这种措施不宜继续。作为一种在特定背景和发展阶段下采取的政策性扶持行为，大规模财政注资不仅牵制财政支出的总体安排，制约涉及公众民生、环境保护、结构调整等诸多基础领域的资金供给，更为重要的是不利于塑造国有商业银行作为独立经营主体的地位，降低其风险约束，削弱经营激励，对于厘清国家与商业银行之间的关系产生消极影响。在完成“股改”上市的必要注资之后，下一阶段的任务应当是发挥商业银行内部各个经营管理机构的作用，使之形成自身系统的良性运作，产生稳定、安全与高收益的现金流，而不再一味依赖外部提供资金支持。2018 年中共中央、国务院颁布的《关于完善国有金融资本管理的指导意见》指出，优化国有金融资本配置，有进有退、有所为有所不为，但强调“要确保国有金融资本在金融领域保持必要的控制力”。2019 年国务院办公厅制定《关于印发国有金融资本出资人职责暂行规定的通知》（国办发〔2019〕49 号），对国有金融资本出资人职责作出全面系统规定，明确“按照权责匹配、权责对等、权责统一的原则，各级财政部门根据本级政府授权，集中统一履行国有金融资本出资人职责。财政部根据国务院授权，履行国有金融资本出资人职责。地方财政部门根据地方政府授权，履行地方国有金融资本出资人职责”。在此基础上，财政部制定《关于印发〈国有金融资本产权登记管理办法（试行）〉的通知》（财金〔2019〕93 号），就“加强国有金融资本产权登记管理，及时、全面、准确反映国有金融资本变动与分布情况，实现国有产权全流程监管，防止国有资产流失”作出具体规定。2023 年 3 月 10 日第十四届全国人民代表大会第一次会议作出《关于国务院机构改革方案的决定》，进一步加强国有金融资本的管理。按照国有金融资本出资人相关的管理规定，将中央金融管理部门管理的市场经营类机构剥离，相关国有金融资产划入国有金融资本受托管理机构，由其根据国务院授权统一履行出资人职责。

第三，完善风险监控的长效机制。在四大国有商业银行的财务重组已经完成的背景下，受公司治理机制的影响，风险控制机制的建立与完善不可能一蹴而就。在化解存量风险之后，商业银行将面临如何及时、有效控制新增不良资产，进一步提高资本充足率的问题，换言之，国有商业银行的“股改”上市只是改革的开始而远非终结。值得指出的是，当前影响宏观经济环境的各种不确定因素明显增多，对国有商业银行的风险监控提出了更加严峻的挑战。当前，实体经济发展进入新一轮调整的周期，全球经济增速放缓，通货膨胀压力持续存在，金融危机发生的频度与破坏程度渐高等。这些复杂、不确定的环境因素要求国有商业银行增强危机意识与风险防范意识，加强在全球化背景下金融风险的监测、预警、化解、救济机制。因此，国有商业银行必须健全和完善内控机制、加大系统控制力度、提升制度约束力度、建立内控工作的评价制度等。目前，改革重点是进一步厘清管理责任，进一步解决部门职责交叉、边界不清晰、管理不到位等造成的内控有效性不足问题，形成架构合理、分离制衡、有机协作的管理体制。

第四，强化金融创新改革。以股份制改革为契机、以中国工商银行为代表的中国国有商业银行的改革已取得较大进展，但是伴随着利率市场化的推进、互联网金融的挑战，国有商业银行还应当进一步强化金融创新。大数据、人工智能和云计算等技术能对银行业的服务模式、投资决策、风险管理等方面进行全方位科技赋能，具体应用具有打破场景限制、拓展服务内容及降低交易成本等作用，驱动银行业高质量发展。

第五，公司治理实效有待进一步凸显。在改革过程中，国有商业银行公司治理架构逐步健全，经营发展模式不断优化，整体治理取得了较大进步，但仍然不能适应我国经济高质量发展的形势要求。由于存在产权单一、部分银行股东行为失范、董事会独立性缺失等问题，国有商业银行在未来的治理中要持续强化董事会的监督职能并明确董事会的责权关系，加强董事会的多元股权结构，避免国有股权“一股独大”的问题。同时，国有商业银行应进一步激发激励机制效能，完善垂直、分层的金字塔形组织结构，提高员工和管理层的能动性。而从外部看来，限制较多也导致发展动力不足。近年来，政策和市场多种因素造成外部环境不确定性较强，加大银行战略管理和政策制定的难度，国有商业银行承担了较多改革成本。国有商业银行全面落实习近平总书记关于两个“一以贯之”的重要指示（坚持党对国有企业的领导是重大政治原则，必须一以贯之；建立现代企业制度是国有企业改革的方向，也必须一以贯之）①，在完善公司治理过程中健全加强党的领导的制度机制，使党委发挥领导核心作用，把方向、管大局、促落实，着力将制度优势转化为治理效能。党的二十大报告指出：推进国有企业、金融企业在完善公司治理中加强党的领导。这就对国有商业银行加强公司治理中党的领导机制提出了新的要求，国有商业银行应当贯彻落实。

二、政策性银行制度改革

政策性银行主要从事期限长、风险高、额度大、条件优惠的批发贷款、项目开发投资、信用担保等资产业务。与商业性金融不同，政策性金融的投资重点在经济增长的基础性部门，包括基础设施和基础产业。基础性部门的共同特点是：具有外部经济性，社会效益和经济效益并不对称，对受市场信号支配的商业性资金缺乏吸引力。

政策性金融在实际运营中，面临的问题主要是：一方面，基于政策性融资的基本特点，其在资金来源、融资对象、业务范围、机构管理等方面受到政府较大的影响与制约；另一方面，政策性金融机构毕竟是独立的法律实体，自身存在提高独立融资判断和管理能力的需求，以及确保持续运营所必要的盈利水平。不容忽视的是，目前我国政策性银行从组建到业务开展并没有专门的立法规范进行调整，更多依据

① 参见习近平总书记2016年在全国国有企业党的建设工作会议上的讲话。

的是银行各自的章程和内部规定，在实务中，又往往出现对《中国人民银行法》《银行业监督管理法》等基本法律、法规的突破，潜伏着较大的经营风险，对商业性金融机构的业务经营也产生一定冲击。政策性金融应何去何从，政策性金融制度应如何改革，成为摆在人们面前的重要课题。从国外政策性金融发展方向来看，有些政策性银行已经转变为商业银行；有些政策性银行则通过采取母子公司分离运行模式（如德国、法国）或分账管理模式（如泰国、韩国），既实现政策性银行业务和商业银行业务的兼营，又对两者实行制度性隔离，呈现一种介于商业金融与政策性金融之间的综合性开发金融机构的形态。应当指出的是，尽管发达国家的政策性银行或被取消或转为商业银行渐成潮流，但对处于经济转轨阶段、市场发育不完全、统筹发展任务繁巨的中国来说，政策性银行的走向与制度改革采取这种做法的时间尚未到来，在可预见的较长时期内政策性银行还有存在的必要。[①] 当然，这并不排斥我国就个别政策性银行展开制度改革的探索。2008 年，国家开发银行经批准转型为商业银行，开了我国政策性银行转为商业银行的先河。之所以采取这项举措，与国家开发银行的经营实践是密不可分的：从 1998 年以来，国家开发银行便主动推行市场化改革，以市场化方式办政策性银行，探索出一条支持发展、防范风险的开发性金融发展之路，增强了支持经济发展的能力；截至 2022 年年末，国家开发银行集团总资产达 18.2 万亿元，实现集团净利润 843.4 亿元，在服务国家战略中实现自身高质量发展。

政策性银行的制度改革在持续推进中。2017 年 11 月 15 日，中国银监会发布《国家开发银行监督管理办法》《中国进出口银行监督管理办法》《中国农业发展银行监督管理办法》，明确国家开发银行、中国进出口银行、中国农业发展银行这三家政策性银行应当坚守开发性、政策性金融定位；要求这三家银行依托国家信用、围绕国家战略，服务经济社会发展的重点领域和薄弱环节；同时，要求这三家银行建立以资本充足率为核心的资本约束机制，在公司治理、内部控制、风险管理、激励约束等方面遵循银行经营的一般规律和监管要求；制定中长期的资本规划，合理确定业务发展规模和速度，确保资本水平持续满足监管要求；实行资本评估，并建立动态、可持续的资本补充机制。金融监管机构管理文件的出台为全面构建政策性银行监管规则体系，适应政策性银行改革发展需要提供了指导方向。

中国银保监会自成立以来，围绕进一步优化政策性银行的功能定位，强化其在支撑国民经济社会发展中的重要作用的改革目标，发布《关于推动银行业和保险业高质量发展的指导意见》（银保监发〔2019〕52 号），指出：政策性银行应当明确细

① 参见朱大旗：《金融法》，192 页，北京，中国人民大学出版社，2015。

化业务边界，严格执行交办程序，落实开发性、政策性业务和自营性业务分账管理、分类核算要求，强化法规约束、资本约束和市场约束，有效服务国家重大战略和薄弱环节。该文件的出台、实施将极大推动政策性银行制度改革的不断深化。2020年6月，中国农业发展银行正式制定《中国农业发展银行政策性业务和自营性业务分类管理基本制度》。推进分类分账改革，一方面，有利于引导政策性银行将政策性业务和自营业务进行合理分离，避免道德风险、防止金融套利，提高财政资金的使用效率；另一方面，有利于形成金融市场公平竞争环境，促进形成多层次、广覆盖、差异化的银行发展格局。2021年政府工作报告明确指出，要推进政策性银行分类分账改革。2021年7月6日召开的国务院金融稳定发展委员会第五十三次会议提出推进政策性金融机构的存量业务改革，强化资本约束。“十四五”规划纲要提出，“改革优化政策性金融，强化服务国家战略和规划能力”。可以预见，改革优化政策性金融的相关工作将在“十四五”期间加速推进。

此外，金融科技的发展也为政策性银行的风险管理与内部控制带来了新的机遇和挑战。将“大数据”“云计算”“区块链”“人工智能”等技术应用于政策性银行运营中，可以提升管理智能化水平、降低信息成本。但与此同时，金融信息泄露、程序算法漏洞等新型风险的产生，给政策性银行的风险管理带来了新的挑战。

按照“四个全面”的战略布局，政策性银行改革应当加强和完善法治保障，这是贯彻落实全面依法治国的必然要求。尽管金融监管机构已经针对三大政策性银行制定了监督管理办法，但是我国政策性银行法律制度仍然存在诸多缺陷，其中，最主要的不足是高层次立法缺失，妨碍了政策性银行治理效能的充分发挥，因此，在政策性金融改革进程中，应尽快构建完善的政策性银行法律体系，通过立法明确政策性银行的基本原则、宗旨、目标、性质与法律形态、法律地位、组织形式等重要内容，在此基础上，对政策性银行的组织机构法律制度和业务经营法律制度作进一步优化。无疑，政策性银行的职能定位和治理结构问题是立法的重点：不仅要明确政策性银行作为金融企业所具有的法人地位，而且要明确政策性银行的业务范围，并通过立法建立政策性银行的外部监管机制。

三、金融机构退出制度改革与存款保险制度的完善

金融业作为一个特殊行业，不仅进行高负债经营，而且涉及政府监管者、投资者、储户等众多利益相关者，事关经济安全与社会稳定。除了有必要健全风险防范与控制机制，一旦出现经营失败也是正常的现象，关键在于是否有健全的后续处置方法，其中就包括金融机构的退出与存款人的存款保险制度。两者相辅相成又各有

侧重，前者侧重于为经营失败的金融机构提供一条规范的退出通道，后者着重于存款人的利益保障。两者的联系在于存款人可以借助存款保险制度得到最大限度的保护，以免在金融机构退出市场时利益受损。

（一）金融机构退出制度改革

与其他进行完全市场化和商业化运作的企业相比，金融机构在经营方式、治理结构包括市场准入与退出等方面存在显著差异。人们普遍认为金融机构不会或不能破产，否则，所引发的金融风波和经济动荡不利于社会整体利益。这也是有些国家不轻易动用破产清算程序而宁可承担不断累积的风险，直至最终“买单”的基本原因。然而，在现代市场经济中，金融机构同样是一个参与市场竞争的经营主体，面对同样的市场环境，同样具有经营失败的可能性，国家为单个金融机构承担风险无异于要求全社会的纳税人为个别主体的经营失败负责。随着金融市场的快速发展，不仅一批规模较大、效益优良、稳健经营的金融企业脱颖而出，而且部分金融机构违规经营、亏损严重乃至闭门歇业的情况也有所增加，极大地损害了广大投资者与储户的利益。如 1998 年关闭海南发展银行，1998—2005 年共处置了 2 937 家城市信用社。同期，经过合并重组、关闭撤销、破产等方式，信托投资公司的数量也大幅锐减。除此之外，证券公司的经营危机已经引起越来越多的关注。2003—2006 年发生的大鹏证券、南方证券、新华证券等二十余家证券公司的破产，暴露了中国金融机构潜在的问题。根据《中国金融稳定报告（2021）》显示，中国人民银行对 4 400 家银行业金融机构进行了风险评级，其中有 9.59%的银行机构被评为高风险机构，主要集中在农村合作金融机构、城市商业银行、村镇银行等机构。[①] 由于金融机构的特殊性与脆弱性，一旦金融机构陷入经营危机或者发生重大风险事件，其风险会蔓延至整个金融系统并极易引发危机，所以及时清退已丧失经营能力的金融机构，对防范系统性金融风险至关重要。

就目前金融机构的风险处置来看，大多数采取了关闭、重组、接管、合并等市场退出模式，而其背后是动用行政权力和财政资源来化解金融风险，很少采用破产方式。比较典型的例子是成立四大资产管理公司，剥离四大国有商业银行的不良贷款，以及动用外汇储备向国有商业银行注入大量资本金的举措，虽然有效化解了国有商业银行的资产风险，推动了“股改”与上市，但由此导致的巨大的道德风险和政策性差异并不利于金融机构间平等竞争，对良性金融市场秩序的建立产生了负面影响。

① 参见《中国金融稳定报告（2021）》，http：//www.pbc.gov.cn，访问时间：2023 年 5 月 11 日。

伴随金融改革的日益深入，金融机构的市场主体地位逐步确立，按照规范的市场退出机制——企业破产来平等保护债权人利益、约束金融机构行为、减少政府干预，已成为进入 21 世纪以来金融改革的发展趋势。在这种背景下金融机构破产的制度保障被正式提上议事日程，并最终在 2006 年颁布的《企业破产法》中得到体现。《企业破产法》的一个亮点就在于对金融机构的破产问题作出了总体规定。该法第 134 条规定：商业银行、证券公司、保险公司等金融机构有本法第 2 条规定情形的，国务院金融监督管理机构可以向人民法院提出对该金融机构进行重整或破产清算的申请。国务院金融监督管理机构依法对出现重大经营风险的金融机构采取接管、托管等措施的，可以向人民法院申请中止以该金融机构为被告或者被执行人的民事诉讼程序或者执行程序。金融机构实施破产的，国务院可以依据本法和其他有关法律的规定制定实施办法。该条规定为金融机构破产提供了基本法律依据，同时鉴于金融机构破产问题的复杂性、专业性、特殊性，又赋予国务院就该问题制定具体实施办法的权力。

金融市场是市场经济的一部分，市场经济的本质就是竞争经济。金融机构与其他普通市场主体一样，相互之间存在着竞争关系。在日趋激烈的金融市场竞争之中，一些金融机构出现低效率、高风险的经营状况。对于其中无法通过重整等挽救措施恢复正常经营能力的金融机构，应当通过更加规范化的市场退出机制使其有序退出金融市场，防范出现更大的系统性金融风险。2019 年 6 月，国家发展改革委、最高人民法院、财政部、中国银保监会等 13 部门联合印发《加快完善市场主体退出制度改革方案》（发改财金〔2019〕1104 号），明确提出“按照市场化、法治化原则，建立健全市场主体退出制度，提高市场重组、出清的质量和效率，促进市场主体优胜劣汰和资源优化配置，推动经济高质量发展和现代化经济体系建设”。这就要求除了要建立完整、规范的金融机构审慎经营机制防范金融风险，还需要对已经存在严重合规性问题、损及金融市场安全秩序的金融机构依法采取措施予以出清，才能防止金融风险外溢传染，促进金融资源的有效配置，守住防范系统性金融风险的底线。可以说，金融机构的市场退出是市场经济环境下优胜劣汰的必然结果，对于防范金融风险、化解金融危机、推动国民经济健康稳健可持续发展、维持社会稳定发挥着必不可少的作用。随着我国金融市场化、国际化的进程的加快，金融风险亦在不断攀升。2022 年 4 月，为贯彻落实党中央、国务院关于防范化解金融风险、健全金融法治的决策部署，建立维护金融稳定的长效机制，中国人民银行会同有关部门深入研究、反复论证，起草了《中华人民共和国金融稳定法（草案征求意见稿）》。该草案第 25 条提道：“金融风险处置应当充分发挥市场配置资源作用，以市场化方式引入战略投资者、处置不良资产和补充资本。”因此，为了构建稳健的金融市场秩序，建立市场化、法治化的高风险金融机构市场化退出机制迫在眉睫。

1. 现行金融机构退出制度存在的问题

（1）缺乏系统的法律法规规范。

当前我国关于金融机构风险处置办法的规定主要散落在《商业银行法》《企业破产法》《存款保险条例》《银行业监督管理法》《证券法》《保险法》《金融机构撤销条例》等不同效力层级的规范组成的体系中。该体系存在以下问题：适用依据分散化，未形成一套具有完整性、统一性的针对金融机构市场化退出的法律制度设计；规则体系断裂化，具体规则之间无法形成有效衔接与法际协调，没有清晰地界定问题金融机构从早期发现、启动重整与处置计划、实施处置方案到损失分担、清算退出的完整架构；规则内容原则化，缺乏可操作的程序性细则。

（2）金融机构退出方式偏行政化。

我国现行法律体系下，金融机构的退出方式主要有破产清算、收购兼并、政府接管、引进战略投资者等方式。这几种方式在实践中的运用程度各不相同。在实践中，银行业金融机构发生风险，采用破产清算程序退出金融市场的实例极少，实践中更多采取的仍是以政府接管、采取行政手段强制关闭或撤销为主的退出方式。由金融监管机构或者地方政府以行政命令的方式作出决定，有助于快速、高效化解危机，整顿金融市场秩序，有效保护金融消费者的合理利益，维护金融市场的信用形象。但是，政府的兜底做法是一种非市场化的手段，会弱化金融机构的市场风险意识，长期来看会引发道德风险，并且政府的介入将以动用公共财政资源为代价，使金融风险的处置成本实际上是由全体纳税人共同承担。

（3）金融风险预警机制缺乏可量化的触发标准。

于 2015 年出台的《存款保险条例》赋予了存款保险机构早期纠正和风险处置的职能[①]，但其规定过于笼统，缺乏可量化的风险预警触发标准，致使实践中风险处理的主观随意性较大，对处置时机把握不准。从已经发生的金融机构退出市场的典型案例来看，皆是到了问题十分严重、风险不可遏制的情况才启动程序，错过了最佳的整治时期。因此有必要进一步细化《存款保险条例》的相关规定，建立可量化、可操作的金融风险事前预警机制，有效防控金融风险。

（4）处置主导机构的职权边界模糊。

于 2021 年出台的《银行保险机构恢复和处置计划实施暂行办法》规定，对问题

① 《存款保险条例》第 15 条规定：存款保险基金管理机构发现投保机构存在资本不足等影响存款安全以及存款保险基金安全的情形的，可以对其提出风险警示。

金融机构应采取“恢复和处置计划”，若恢复计划无法化解风险或问题银行丧失经营能力，则直接由相关金融监管机构实施处置计划，并配合其他处置主导机构开展风险处置的工作。同时，根据我国《存款保险条例》和有关实践，我国存款保险基金管理机构也具有风险预警和风险处置的职能。以对包商银行的风险处置过程为例：在中国人民银行、中国银保监会宣布接管包商银行后，由存款保险基金管理公司采取收购承接方式对个人储户的存款进行全款保障，资金由存款保险基金和中国人民银行提供。

因此，在金融机构退出市场过程中，中国人民银行、中国银保监会（2023年机构改革之后，国家金融监督管理部门承担相关监督管理职责）以及存款保险基金管理机构都可以作为风险处置主导机构。但问题在于法律没有明确划分三者之间的职权，这就会出现职权重合的情况，在一定程度上会造成三家机构合作处置问题银行的效果无法达到最大化，还会增加处置时间，浪费人力、物力。

2. 完善金融机构退出法律制度

（1）建立系统化、多层次、可操作的法律规范体系。

普通破产法律中的一般原则和规则仍然对金融机构破产问题的处理具有根本的指导意义和现实价值。[①] 建议在《企业破产法》第134条的基础上，设立专章确定金融机构破产的原则，明确金融机构破产的申请条件与申请主体，增设金融监管机构与法院的联动机制，完善金融机构破产分配规则。[②]

在不违反破产法基本原则和规定的情况下，有必要以行政法规的方式制定有针对性的金融机构破产条例。在此基础上，可以进一步总结不同门类、不同行业金融机构发展规律，由行业主管部门结合本行业金融机构的现实情况，以部门规章的形式，制定可操作性强的具体实施细则。由此构建一个立体、完善、可相互衔接的金融机构破产法律体系，满足金融市场退出法治化的需求。[③]

（2）发展对金融机构退出市场的专业性、权威性监管方式。

针对行政过度干预的问题，在金融机构退出市场的过程中，要处理好行政接管和市场化退出处置二者之间的关系，逐步淡化行政接管，发展专业性、权威性监管方式。存款保险基金管理机构相对于传统金融监管机构在处置问题金融机构方面可以更迅速集中监管资源精准发力，通过早期介入、及时采取纠正或帮助措施，引导金融机构恢复经营能力，因而有其专业性、权威性优势。有必要赋予存款保险基金

---

① 参见张世君：《我国金融机构破产制度的反思与重构》，载《经贸法律评论》，2019（1），133页。

② 参见李曙光：《论我国〈企业破产法〉修法的理念、原则与修改重点》，载《中国法律评论》，2021（6），25～40页。

③ 参见张世君：《我国金融机构破产制度的反思与重构》，载《经贸法律评论》，2019（1），133页。

管理机构一定的处置权，提升其在处置问题金融机构市场化退出过程中的重要地位。其一，在问题金融机构退出市场前，提前介入，对该机构实施救助。在问题金融机构能够自救阶段，采取劝告、督促等措施；在问题金融机构出现较大风险时，采取改善公司治理，要求及时补充资本、限制薪酬或分红等更为直接的介入措施。其二，当问题金融机构进入市场退出阶段时，由存款保险基金管理机构作为处置主体，对问题金融机构直接接管，可采取委派高管、资金注入的方式进行直接管理。[①]

（3）完善金融风险及时预警机制。

从正常经营的金融机构演变为问题金融机构是一个从量变到质变的过程。为了"早发现，早治疗"，有必要确立可量化的金融风险触发标准，完善金融风险预警机制。在这方面，可以借鉴国际通行的CAMELS评级体系[②]，开展动态风险监测，建立从中央到地方三级风险预警机制，增强风险评估的前瞻性。同时发挥存款保险机制的早期纠正功能，金融机构应主动及时向社会公众和金融监管机构披露信息，金融监管机构则利用互联网构建金融信息共享平台，以便进行适时共享的监督管理，最大限度避免危机，维护金融市场的稳定。此外，还应加强系统性风险监测评估，稳步推进中央银行金融机构评级工作，按季对全国4000多家金融机构开展中央银行金融机构评级，摸清风险底数，精准识别高风险机构。建立重点银行流动性风险监测报告机制，密切监测流动性状况，测算流动性缺口，及时进行风险警示。

（4）强化风险处置机构协同机制。

在风险处置机制中，各处置主导机构履行的职责众多，中国人民银行、国务院金融监督管理部门、存款保险基金管理公司等监管机构都会参与对问题金融机构的处置，为保证各机构能够各司其职，需要对各处置主导机构的职责进行明确划分，避免出现职权重合问题，同时还需要通过协同机制让各处置主导机构之间形成合力，以既提高对问题金融机构的风险处置效率，还加强对退出市场的监管，避免其在退市过程发生新的违法行为。

（二）存款保险制度的建构

存款保险制度是指在金融体系内设立保险机构，吸收银行及其他存款机构作为被保险人，当投保机构出现经营危机或即将陷入破产时，由保险机构向其提供流动

---

① 参见赵守谦：《存款保险有效处置机制与金融机构市场化退出问题研究》，载《时代金融》，2019(27)，148～150页。

② 该体系即骆驼信用评级指标体系（CAMELS Rating System）。该评级体系是目前美国金融监管机构对商业银行及其他金融机构的业务经营、信用状况等进行的一整套规范化、制度化和指标化的综合等级评定制度，因其五项考核指标即资本充足性（Capital Adequacy）、资产质量（Asset Quality）、管理水平（Management）、盈利水平（Earnings）和流动性（Liquidity）的英文第一个字母组合在一起为"CAMEL"，正好与"骆驼"的英文名字相同而得名。该评级体系，因其有效性，已被世界上大多数国家采用。

性资助或代替该破产机构在约定的限度内向存款人支付存款的制度。存款保险是一项针对存款类金融机构的旨在维护金融安全的制度设计，其主要目的在于事前纠正与事后救助，即一方面，对陷入经营危机、出现重大风险的金融机构及时提供流动性支持或实施接管、重组等措施，督促该金融机构审慎经营，防止其发生挤兑，增强存款人的信心，保护存款人的权益，推动形成市场化的金融风险防范和化解机制；另一方面，对已经进入破产程序的金融机构存款人实施救助，为存款人提供基本的存款保障。当然，存款保险制度也可能引发道德风险的问题，削弱投保机构自我约束、自我纠错的动力。但是，从总体来看，在我国仍旧有必要建立存款保险制度，理由在于：一是我国存在的隐形存款保险不足以从根本上缓解金融风险，相反，助长了金融机构的投机行为，加速了金融风险的累积。我国金融市场的基本格局是国有商业银行占据主导地位，由于国有金融资产数量大、比例高、影响范围广，在长期的经营实践过程中，形成了国家对国有商业银行担负无限责任以防止银行发生破产，进而危及金融安全的习惯做法。这就是所谓的隐形存款保险。从表面上看，这种做法暂时避免了一场金融震荡，确保了金融体系的稳定，但从长远来看，这种完全依赖国家信用担保的行为削弱了市场机制自身的作用，反向激励了金融机构的风险偏好与非理性的逐利心理，放大了金融机构从事投机冒险行为的空间，最终破坏了金融体系的稳定与安全。因而，将隐性存款保险转变为市场机制条件下依托规范的保险运作方式建立的显性存款保险，具有现实的必要性。二是既有的金融监管制度不能替代存款保险制度。尽管金融监管可以极大降低甚至避免危机的发生，但金融行业是一个高度复杂并且在组织形式、业务类型方面常有创新和突破的特殊行业，金融监管的理念与方式等往往滞后于金融实践的步伐，无法对金融风险的范围及影响作出准确预测与评估，在对金融体系的安全保障方面存在一定局限性。存款保险制度通过建立相对独立于传统金融监管体系的存款保险基金管理机构，能够弥补传统金融监管的不足，不仅可以督促金融机构及时纠正其行为，而且作为事后救助的手段可以起到降低风险、减少损失的作用。三是对存款保险制度伴生的逆向选择、道德风险问题①可以通过优化制度设计的方式加以克服，比如在保险费率的制定上采取将对具有不同风险偏好与经营状况的投保人区别对待的政策，在投保人的经营过程中对其行为进行必要的跟踪监测，详细规定保险赔付的条件等。2015 年国务院颁布、实施了《存款保险条例》，对存款保险基金的来源、存款保险基金管理机构的

---

① 逆向选择是指保险公司在对投保人设定一套统一的保险费率标准的条件下，风险偏好强的人会比风险偏好弱的人更加主动地谋求与保险公司缔结保险关系，故也被形象地称为“劣币驱逐良币”；道德风险是指投保人在与保险公司缔结保险关系后降低自身的风险防范意识，放任保险事故的发生，以获取保险赔付。

职责、存款保险费率水平的确定、存款保险基金的动用及偿付原则等作出了规定，形成了存款保险设立、运行、管理、救济的基本制度框架，为依法保护存款人的合法权益、及时防范和化解金融风险、维护金融稳定提供了重要法律依据。

围绕存款保险制度的进一步完善，还需要重视以下方面的问题：

首先，关于存款保险的建立模式。关于存款保险的建立模式有三种：（1）强制型，即要求所有承办存款业务的金融机构向存款保险机构投保，代表国家如英国、日本等。（2）自愿和强制相结合型，即对特定金融机构强制要求其参加存款保险，而对其他机构则允许自愿选择，如美国《格拉斯-斯蒂格尔法》规定，在联邦或州注册且为联邦储备系统会员的商业银行以及在联邦注册的互助银行、储蓄贷款社，必须参加联邦存款保险公司的保险，其他机构则自愿选择参加。（3）自愿型，即对所有存款类金融机构均允许其自愿选择投保存款保险，代表国家如德国、意大利等。在我国，在选择将哪些机构划入强制参保的范围、哪些机构可选择自愿参保的问题上，学界的观点并不统一。比如若以金融机构的资本充足率作为划分的标准，是将资本充足率往往低于一定要求的中小金融机构（主要集中于农村金融市场）强制纳入存款保险体系，还是要求资本充足率相对较好的国有大型金融机构强制参保？前者盈利水平相对较弱，风险累积程度相对较高，加入存款保险的需求更为迫切，但其市场影响范围较小；后者经营状况相对较好，经营风险已经先期通过多种渠道（不良资产剥离、财政注资等）有所降低，加入存款保险的需求并不强烈，但其市场影响范围较广，涉及众多储户。正是基于不同的考虑，有学者主张四大国有商业银行及股份制商业银行应当强制加入存款保险，另有学者则建议强制要求中小金融机构参保。《存款保险条例》确立了对象范围有所限定的强制型立法模式，即“在中华人民共和国境内设立的商业银行、农村合作银行、农村信用合作社等吸收存款的银行业金融机构……应当依照本条例的规定投保存款保险。投保机构在中华人民共和国境外设立的分支机构，以及外国银行在中华人民共和国境内设立的分支机构不适用前款规定。但是，中华人民共和国与其他国家或者地区之间对存款保险制度另有安排的除外”。可见，立法主要针对的是银行类金融机构。这一立法模式较为科学，对于发挥市场的约束作用、促进银行业稳健发展具有积极意义。是否将金融机构纳入存款保险投保范围不应是基于其经营规模或者对其金融安全的主观判断，而应从其业务性质及金融风险事前控制的角度出发。在此基础上，可以对各种参保因素（如盈利水平、经营风险、市场影响等）的权重进行综合考察和科学设定，同时立法保留一定的弹性空间，赋予金融监管机构一定的调整权限。

其次，关于存款保险基金管理机构的职能定位与设置。综观各国存款保险基金管理机构，其职能定位基本上有两种类型：一是单一职能，即只担负存款人利益保障的职责，在金融机构破产后赔付存款人的存款损失；二是复合职能，即在保护存款人利益之外，还负有对参加存款保险的金融机构进行监督、检查，在必要时对投保机构给予援助，采取早期纠正和风险处置措施的职责。从国外存款保险制度的演化过程来看，复合职能正在逐步取代单一职能，愈来愈多的存款保险基金管理机构开始行使对投保金融机构的财务检查、风险稽查，以及在发生经营风险后接管投保机构的各种权力。我国《存款保险条例》所确定的存款保险基金管理机构便是承担复合职能的机构，其职能包括：制定并发布与其履行职责有关的规则；制定和调整存款保险费率标准，报国务院批准；确定各投保机构的适用费率；归集保险费；管理和运用存款保险基金；依照《存款保险条例》的规定采取早期纠正措施和风险处置措施；在《存款保险条例》规定的限额内及时偿付存款人的被保险存款；国务院批准的其他职责。同时，《存款保险条例》还就存款保险基金管理机构与国务院银行业监督管理机构、中国人民银行之间的信息共享机制进行了规定。其中，存款保险基金管理机构早期纠正职能的实现对于早期纠正制度（prompt corrective action，PCA）的功能发挥起着重要作用，有助于以较低成本促进对金融风险防范于未然。早期纠正制度包括早期发现和及时纠正两方面内涵，《存款保险条例》相应地规定了存款保险基金管理机构的现场核查与信息获取权、风险警示权等，但仍应完善、明晰制度触发标准，可参照域外经验，在资本充足率之外引入其他风险要素；规定具体的纠正行为措施，增强制度的可操作性和实施效果；同时应完善早期纠正制度的相应配套机制，如实现以信息共享为基础推动跨部门的协调联动。

再次，关于保险费的设计。保险费的设计应当体现差异性，避免因按同一费率收缴而引发的道德风险问题。比如在预期投资回报随投资风险增加而提高的前提下，因存款保险的不恰当定价，事实上造成风险转移的，金融机构可以不受投资风险的约束而将资金投向高回报项目，获取风险溢价，而损失由存款保险机构承担。美国早期的存款保险制度便饱受保险费率不合理的非议，为此，美国在 1993 年改革了单一保险费率制度，根据不同金融机构的经营风险状况，实行 0.23%～0.31%的可变保险费率制度。根据该项制度，金融机构的投资风险越高，投保的费率就越高。这种浮动费率安排符合存款保险的设立宗旨，有利于存款保险机构对具有不同风险等级的金融机构进行有效甄别并采取相应的合理措施。我国《存款保险条例》已经引入了这一浮动费率制度，规定：存款保险费率由基准费率和风险差别费率构成。费率标准由存款保险基金管理机构根据经济金融发展状况、存款结构情况以及存款保险基金的累积水平等因素制定和调整，报国务院批准后执行。各投保机构的适用费率，由存款保险基金管理机构根据投保机构的经营管理状况和风险状况等因素确定。除此之外，还应在宏观上建立存款基金储备目标制，确定科学的存款保险基金目标比例，以确保一定标准下的基金充足与赔付安全。[①]这也是实现差异化保险费收缴的重要前提。

最后，关于保险赔付。存款保险制度的一项重要作用就是在投保的金融机构被接管或进入破产清算程序时向存款人支付保险金，以减轻存款人的损失。存款保险并不是全额赔付而是限额赔付，一般的做法是确定一个最高限额和赔付比例，存款人自身要承担未能全额赔付的部分损失。这样，既可以保障广大存款人的利益，又能强化存款人的风险意识。关于保险赔付，国际上通行限额赔付原则，我国《存款保险条例》亦吸纳了此种做法，规定：最高偿付限额为人民币 50 万元；超过 50 万元的部分，从该存款银行清算财产中受偿。同时这个限额并非固定不变，中国人民银行会同国务院有关部门可以根据经济发展、存款结构变化、金融风险状况等因素调整最高偿付限额，报国务院批准后公布执行。

第三节　金融业务制度改革

一、金融业务经营模式及制度变迁

（一）金融业务经营模式

金融业务经营模式一般分为分业经营与混业经营。分业经营是指经营银行、证券、保险等不同金融业务的机构具有各自独立的法人地位，金融机构不得同时经营银行、证券和保险业务。概括地说，即是“一个法人，一块执照，一类业务”。混业经营是指金融机构同时经营银行、证券、保险等多种性质的金融业务。混业经营分成公司内部混业与集团内部混业两个层面，包括全能银行、银行母公司非银行子公司和金融控股公司三种形式。全能银行是在公司内部混业经营；银行母公司非银行子公司及金融控股公司是集团内部混业经营。

（二）金融业务制度变迁

考察西方主要发达国家的金融业务制度变迁史，不难发现它大致经历以下四个阶段。

① 参见周镕基等：《中国存款保险基金目标比率测算——基于经验算法视角》，载《云南财经大学学报》2022 (6)，48～59 页。

第一阶段（20 世纪 30 年代之前），全能银行阶段。所谓全能银行，即在一个法人内部全面经营银行、证券和保险业务，是拥有不同业务部门的商业银行，表现为“一个法人、多块执照、多种业务”。在这一阶段，欧美国家的金融业基本上是混业经营，银行经营证券等其他金融业务，银行在整个金融领域起主导性作用。典型代表是德国的全能银行。由于是一个法人同时经营多种金融业务，所以各业务部门之间往往缺乏必要的风险隔离。

第二阶段（20 世纪 30 年代至 90 年代），以分业经营为主。在 20 世纪 30 年代大萧条时期美国共有一万多家金融机构破产，人们把银行出现危机归咎为银行的混业经营。在此背景下，美国颁布《格拉斯-斯蒂格尔法》，从法律上将商业银行业务与投资银行业务分离，限制了金融混业经营，规定：任何以吸收存款业务为主要资金来源的商业银行，不得同时经营证券投资等长期性资产业务；任何经营证券业务的银行不得经营吸收存款等商业银行业务，商业银行不得经营代理证券发行、包销、零售、经纪等业务，不得设立从事证券业务的分支机构。美国此后又相继颁布《1934 年证券交易法》《投资公司法》等一系列法律，进一步加强了对银行业和证券业分业经营的管制。这种做法为英国、日本等国家所效仿，分业经营遂成为发达国家金融业务经营模式的主流。值得一提的是，尽管在 1956 年美国颁布了《银行控股公司法》，允许银行以设立和收购子公司的方式跨地区开展业务，标志着以控股公司为形式的金融集团的出现，但从业务类型来看，法律对银行控股公司的业务范围进行了明确限制，要求其经营仅限于银行业务，因此仍然属于分业经营。

第三阶段（20 世纪 90 年代至 2008 年金融危机前），全球化背景下的混业经营阶段。在金融自由化、金融全球化浪潮下，金融业发展进入了一个新的阶段，监管逐步放松，业务渗透不断加强，金融创新的广度与深度显著扩张。特别是进入 20 世纪 90 年代后，金融一体化及金融业国际竞争日趋激烈，银行业的并购浪潮日益频繁。欧美国家纷纷修订立法，从制度上推进金融一体化与混业经营。在这一阶段，呈现三种各具特色的金融混业经营模式，它们分别是：其一，全能银行模式。该模式在经济全球化背景下得到新的发展，尤其是欧洲和日本等地的商业银行已经突破传统的分业界限，将业务范围向投资、保险领域扩展。其二，银行母公司非银行子公司模式。该模式下，银行通过设立证券、保险类子公司的方式形成金融集团，进行集团范围的综合经营。这主要以英国为代表。其三，金融控股公司模式。该模式是在银行、证券和保险等金融机构之上建立金融控股公司，形成母公司架构，子公司在同一控制权之下实行完全的分业经营、分业管理，在集团层面形成混业经营。由于金融控股公司模式下各子公司比较成功地实现了风险隔离，因而它成为其他不少国家发展金融混业经营的首选方式。在这一阶段，还出现了母公司控股职能与子公司经营职能分离的纯粹金融控股公司，母公司从具体的金融业务中抽身出来专司监管、控制职能，从而极大提高了整个集团的经营效率和抵抗金融风险的能力。如美国花旗银行的花旗控股、日本瑞惠集团的瑞惠控股、中国香港汇丰集团的汇丰控股等，便是脱离具体业务的纯粹金融控股公司。

第四阶段（2008 年金融危机后），后危机时代深化改革的混业经营阶段。随着 2008 年美国的五大独立投资银行相继宣布倒闭，美国金融危机波及全球，美国的监管制度开始暴露出一些问题；欧洲国家则进入金融危机和“欧债危机”的双重困境时期。在此背景下美国和欧洲国家在坚持混业经营模式的同时都不同程度地强化了金融监管，纠正了此前过于宽松的规制措施。如美国颁布了《多德-弗兰克法案》，重建其金融创新背景下的金融监管秩序。此举使美国的证券、保险、信托等行业得到迅速恢复和发展，至今依然保持良好的发展势态。欧洲多数国家则推行金融业务改革，将金融产品大规模去杠杆化，削减信贷，增强资本市场融资；削弱“欧盟”整体市场的业务，增强本国业务的份额；更加重视传统领域业务，要求银行回到最开始最具竞争力的核心业务。这种业务发展格局的转变和新的金融监管环境是欧洲金融业实现成功转型的关键所在。

总体而言，西方主要发达国家的金融业务制度的变迁经历了一个从混业到分业，向更为规范、审慎的混业回归的过程。在 2008 年金融危机发生以后，西方主要发达国家不再一味地将危机归咎于混业经营模式，转而更加注重发挥金融监管政策的适应性与逆周期功能。各国在坚持混业经营模式的同时强化金融监管政策，追求风险控制与金融效率的平衡。如 2018 年，美国颁布了《经济增长、放松监管和消费者保护法案》，在坚持宏观、审慎监管原则的同时，放松了对中小型金融机构的监管，以提高其信用供给能力及水平，从而促进资本形成和经济增长；欧盟在“新冠肺炎疫情”期间，为了落实金融监管政策的逆周期功能，放松了对银行的监管要求。随着疫情慢慢结束，欧盟逐渐收回这些放松措施，并且拟在 2025 年全面实施为应对金融系统性风险而建立多层次监管框架的《巴塞尔协议Ⅲ》，以进一步优化金融监管体系。

由上观之，对金融混业经营及其代表模式需要科学、全面地认识和评价，避免陷入对混业经营盲目推崇和完全排斥的两个极端。一方面，混业经营成为多数国家金融业发展的一种方向，只是这些金融决策者在权衡利弊得失后作出的选择，他们对混业经营伴生的问题仍然高度重视，力图通过建立一套系统的金融风险防范机制来尽可能减弱其负面影响；另一方面，对于批评金融混业经营的观点，亦须保持客观的立场，比如最具代表性的反对观点认为，“当商业银行同时经营银行业务和证券业务时，由于利益冲突，银行必然会滥用权力”①。但从围绕商业银行承销证券的实证研究来看，商业银行取得了比投资银行更好的绩效，同时，商业银行基于自身信誉难有机会将利益冲突转化为实际利益。至于将20世纪的经济危机归咎于金融混业经营，进而认为金融混业经营会放大金融风险的推断，同样被一些实证研究结果推翻。总之，决策者是否采纳混业经营并不直接包含一种优劣价值判断，而更多的是基于本国市场发育的水平、金融监管的完备程度、社会的承受力等方面综合考虑后作出的立法选择。

二、金融混业经营的代表模式及比较分析

金融混业经营的代表模式有三种：全能银行模式、母子公司模式、金融控股公司模式。

（一）全能银行模式

此模式以德国为代表，银行直接经营各种不同性质的金融业务，无须因业务性质不同而分别设立各独立实体来经营。

这种模式在德国出现与德国金融体制的特点密切相关。德国金融资本与产业资本结合程度非常高，位居西方国家榜首，形成具有德国特色的“开户银行系统”。从企业开办、经营到遭遇风险，直至破产，银行都积极参与，承担策划、募股、发行债券、提供贷款等多重角色。由于银行全能化及银企紧密结合，所以在德国通过贷款较股票筹资更为简便易行，企业融资成本极大降低，而证券市场对企业的吸引力反而被削弱，导致德国证券市场发育相对滞后的局面。

受德国全能银行模式的影响，同时为使各成员国在相同法规标准下提供金融服务，欧盟发布第2号银行指令，规定：会员国银行只需在母国取得执照，就可以在其他欧盟各国设立分行而从事银行业务，打造金融服务单一市场。依据该指令，银行经营的业务范围包括：向大众吸取存款发放贷款，支付结算，融资性租赁，外汇与期货买卖，参与股票发行及提供相关服务，有关企业资本结构、产业策略、企业合并与收购之咨询服务，证券保管业务等。由此可以看出其涵盖范围包括传统商业银行业务与投资银行业务。该指令势必引导欧盟成员国的银行朝综合化经营体制方向发展。

但全能银行模式存在的不足在于：银行自身同时经营证券等非银行业务，更容

① 这是一种非常有代表性的反对金融混业经营的观点，学界概括为“利益冲突论”。详细论述参见贺小勇：《金融全球化趋势下金融监管的法律问题》，216页，北京，法律出版社，2002。

易发生利益冲突，比如银行的证券自营部门可能将在银行贷款但濒临破产的企业包装上市，企图将银行的损失转嫁给证券市场的投资者。此外，银行的支配地位不仅主导其他非银行的金融业务，而且与实体经济保持紧密结合，加大了市场垄断的可能。

（二）母子公司模式

此模式以英国为代表，金融行业可以在各自保有独立的法律组织的基础上进行混业经营，主要表现为银行母公司与其控制的子公司共同提供银行、证券、保险等综合性金融服务，并在管理、资本及其他资源方面相互分离。同时各组织保持独立性，自负盈亏之责，母公司对子公司的责任仅以出资额为限，负有限责任。这里，对“控制”的理解一般采广义：既包括持有其他公司有表决权股份的过半数者，也包括直接或间接控制其他公司的人事、财务、经营，还包括在本公司与其他公司执行业务的股东、董事有半数以上相同，本公司与其他公司已经发行的有表决权股份有半数以上由相同股东持有的情形。

（三）金融控股公司模式

此模式以美国为代表。关于所谓金融控股公司，可以从狭义与广义两个层面去理解。狭义金融控股公司是持有一定金融机构的股份而达到对该机构取得支配权的公司，这是一种形式意义上的界定；广义金融控股公司是对一定金融机构取得实质上支配权的公司，这种实质上的支配除了包括持有金融机构一定数量的有表决权的股份，还包括直接或间接支配金融机构的人事、财务或业务经营的情形，因而不局限于持有股份的认定标准，是一种实质意义上的界定。如美国《银行控股公司法》第2条对银行控股公司的定义是：直接或间接的，或者通过一个或多个人拥有、控制或有权利行使一家银行或公司的任何类别有投票权股份中等于或多于25%的投票权；以任何方式控制了一家银行或公司的多数董事或受托人的选举；给予听证会的通知和机会之后，联邦储备委员会认为这家公司直接或间接地对一家银行或者公司的管理和政策实施了决定性的影响。

金融控股公司模式在美国的出现与美国金融体制本身有着特殊关联。在早期，美国对于银行跨州经营及设立分行均有相当严格的控制，银行为规避经营地区及营业范围限制，便通过控股公司收购在其他州的金融机构，使银行实际上跨州经营并从事多种业务。美国为填补这一规范漏洞，于1956年制定了《银行控股公司法》，将银行控股公司纳入调整范围，公司因拥有银行而成为银行控股公司的，需要向美国联邦储备委员会提出登记声明，并告知其与子公司之间的财务、营运与管理状况。该法对银行控股公司从事的非银行公司业务进行限制，即使经特殊授权可以从事非银行业务或保留其对非银行公司的控制权，在给予听证机会后，联邦储备委员会基于防止金融垄断以及防止利益冲突的考虑，也会依职权终止赋予控股公司借助子公司从事上述业务的权利。1966 年美国对《银行控股公司法》进行了修订，规定：银行控股公司之间的合并以及银行控股公司收购银行的行为应当事先经过美国联邦储备理事会的核准，由联邦储备委员会审查合并或收购是否造成独占或有此倾向、降低竞争、限制交易等。1970 年美国对《银行控股公司法》再次修订，这次修订的原因是美国银行经营成本上升，为使利润增加，美国银行开始尝试多元化的经营业务。本次修订内容之一便是授权美国联邦储备理事会列出银行控股公司可以从事的活动范围，允许银行在不损害其支付能力与流动性的前提下办理与银行业务相关的其他业务。直到 1999 年美国《金融服务现代化法》的颁布，才彻底改变了美国银行体系中限制综合经营的传统做法，对金融综合经营及其实现方式——金融控股公司作出了法律规定，具体内容包括：第一，废除《格拉斯-斯蒂格尔法》中禁止银行拥有证券关系企业的规定，允许银行控股公司不受限制地从事证券的承销买卖；第二，废除《银行控股公司法》中禁止银行控股公司经营保险业务的规定，允许银行控股公司经营保险业务；第三，扩大允许银行控股公司从事非银行活动的范围，将原来的"与银行相关的"标准转变为"符合融资本质的"标准；第四，允许金融控股公司提供开发性的融资服务以及产品，这些服务是金融控股公司合理相信其为金融活动，而美国联邦储备理事会又并未判定其为非融资活动；第五，要求想要从事金融活动的金融控股公司旗下的存款机构子公司有健全的资本结构以及管理体制。

三、我国现行金融业务制度的形成与改革

（一）我国金融业务制度的形成及评价

从 20 世纪 70 年代至 1993 年，是我国金融体制改革的启动阶段。受世界金融创新思潮的影响，我国金融体制改革的试点机构曾经尝试过综合经营的模式，于 1979 年成立的中国国际信托投资公司（以下简称中信公司）、于 1986 年重新组建的交通银行便是适例。

自 1993 年以来，由于金融法制建设的滞后，金融业在经营过程中不断出现失控场面，导致金融秩序的混乱，我国因此在 1993 年金融改革中确立了金融业分业经营、分业管理的原则，并在随后颁布的《商业银行法》《证券法》《保险法》等中体现了分业经营的原则。1995 年《商业银行法》第 43 条规定，商业银行在中华人民共和国境内不得从事信托投资和股票业务，不得投资于非自用不动产，不

得向非银行金融机构和企业投资。2002年《保险法》第92条第3、4款规定，保险公司业务范围由国务院保险监督管理机构依法核定，保险公司只能在被核定的业务范围内从事保险经营活动，保险公司不得兼营本法及其他法律、行政法规规定以外的业务。1998年《证券法》第131条规定，证券公司应当按照规定的业务类型（综合类的证券公司和经纪类的证券公司）提出申请，并经国务院证券监督管理机构核定，证券公司不得超出核定的业务范围经营证券业务和其他业务。

2003年修正后的《商业银行法》第43条规定："商业银行在中华人民共和国境内不得从事信托投资和证券经营业务，不得向非自用不动产投资或者向非银行金融机构和企业投资，但国家另有规定的除外。"2005年修订后的《证券法》第6条规定："证券业和银行业、信托业、保险业实行分业经营、分业管理，证券公司与银行、信托、保险业务机构分别设立。国家另有规定的除外。"上述规定均表明立法者意图为金融混业经营留下一定弹性空间，为未来金融实践和立法完善提供必要的条件。

2020年中国人民银行发布的《中华人民共和国商业银行法（修改意见稿）》仍强调分业经营，保留了现行立法中的"国家另有规定的除外"条款。在同期，国务院及中国人民银行陆续出台了有关加强金融控股公司市场准入、监督管理、关联交易、董事监事高级管理人员任职备案等多项强化监管的规范。① 另外，在平台经济金融化趋势下，2021年国家发展改革委等部门颁布的《有关推动平台经济规范健康持续发展的若干意见》明确指出平台运行金融业务必须持牌经营。

通过梳理我国现有的混业经营模式可以发现，目前我国的混业经营主要有以下几种类型：第一种是由非银行金融机构投资组建金融控股公司，例如平安集团、中信集团就属于这种类型，从整个集团来看，存在同时经营保险、证券、银行等多种业务的情况。第二种是商业银行投资成立金融控股公司，例如中国建设银行与摩根坍利合作成立中国国际金融有限公司，经特许从事多项投资银行业务。第三种是商业银行控股投资银行或非银行公司，如中国银行在英国注册成立中银国际，中银国际是中国银行在海外设立的全资下属投资银行，经获准开展多项投资银行业务。此外，还存在央企金融控股公司、互联网金融控股公司、民营金融控股公司进行金融混业经营的情况。② 整体而言，我国的金融业混业经营主要是以金融控股公司模式实现的。

---

① 2020年9月11日，国务院发布《关于实施金融控股公司准入管理的决定》，中国人民银行发布《金融控股公司监督管理试行办法》；2021年3月31日，中国人民银行发布《金融控股公司董事、监事、高级管理人员任职备案管理暂行规定》；2023年2月1日，中国人民银行发布《金融控股公司关联交易管理办法》。

② 参见李峰：《中国金融混业经营模式探析》，载《清华金融评论》，2019（2），79～84页。

无论何种类型的金融混业经营模式，都对我国现行的分业经营制度框架产生了冲击，由此加大了金融业风险。当前我国在立法上仍然坚持分业经营的基本原则，将混业经营作为例外规定，同时对现实中出现的混业经营行为并不排斥，并积极加以规范指引。如何建立与金融混业经营发展趋势相适应的监管体制成为亟待解决的重要问题。

（二）混业经营趋势下我国金融业务法律制度的完善——以加强金融业务经营监管为中心

在金融混业经营的现实情况下，国家为了鼓励金融创新和发展，开始一定程度放松混业经营的控制，允许各行业经营范围的交叉，更重要的是寻求与金融混业经营发展相适应的金融监管制度的改革创新。2023 年 3 月 10 日，十四届全国人大一次会议表决通过了关于国务院机构改革方案的决定，机构改革方案中有六项涉及金融领域改革，在中国银行保险监督管理委员会基础上组建国家金融监督管理总局、中国证券监督管理委员会调整为国务院直属机构、建立以中央金融管理部门地方派出机构为主的地方金融监管体制、统筹推进中国人民银行分支机构改革等举措，便是适应新的业务经营和创新发展趋势对金融监管体制进行改革的表现。本轮改革将重构现行的“一行两会”金融监管框架，使之转变为在中央金融委员会统一领导下的“一行一局一会”新格局，加强党对金融工作的全面领导，并由国家金融监督管理总局负责金融机构业务行为监管和微观监管，央行则收缩微观监管职能，更加专注于宏观审慎监管，同时强化了中央对地方监管的领导。通过这次改革，有利于统一监管标准、统筹监管力量、提高监管效能，能够在功能与行为监管上更聚焦，避免交叉监管、消除监管盲点、打击监管套利。同时，能够有效协同宏观政策与微观监管，并明确中央机构与地方分支机构的职能。这一系列举措标志着我国混业经营监管改革进入了一个新的阶段，在此基础上，应当进一步形成完备有效的监管体制，完善现有法律法规以便更好地促进金融创新，防范系统性金融风险。

首先，改革金融监管理念。金融业是一个各种风险相对集中的行业，个别金融机构的问题容易波及整个金融体系，破坏公众对金融体系的信心，进而引发社会性的金融危机。在实施混业经营的背景下，原来隔绝在单个行业内部的经营风险更容易向行业外传递，导致系统性风险。因此，对于金融机构的混业经营活动必须采取极为审慎的态度。有必要以国家金融监督管理总局的成立为契机，改变传统的机构监管原则，强化审慎监管理念，以防范和化解金融混业经营风险为目的，制定一系列混业经营须遵循的谨慎经营规则，客观评价混业经营风险状况，并及时进行风险监测、预警和控制，中国人民银行于 2021 年发布的《宏观审慎政策指引（试行）》[①]、2022 年发布的《中华人民共和国金融稳定法（草案征求意见稿）》[②] 即是审慎监管理念的重要体现；强化功能性监管理念，按照当前金融监管框架改革的要求，对现有分散的监管体系进行重新整合，以改变监管信息难以集中、监管能力分散、监管重叠与监管缺位并存、监管资源浪费严重的现状，实现从机构性监管向功能性监管转变，提高金融监管的效能；强化行为监管理念，以规范金融机构行为、保护金融消费者权利为目的，构建有关金融机构行为监管的规范体系，在现有框架下协调行为监管和审慎监管，实现向目标监管的转变。

其次，发展金融监管方式。在贯彻体现审慎监管、功能监管理念的过程中，可以引入有针对性的金融监管方式。如 2016 年 4 月 12 日国务院办公厅发布的《关于印发互联网金融风险专项整治工作实施方案的通知》明确提出，"按照部门职责和本方案要求，采取'穿透式'监管方法，根据业务实质明确责任"。此后，各个监管机构不断进行相应的规则修订，并且付诸执行。[③]穿透式监管模式意味着透过业务表面，判定业务的本质属性、监管职责和应遵循的行为规则与监管要求。2023 年 3 月 16 日中共中央、国务院印发了《党和国家机构改革方案》中进一步要求"强化穿透式监管"。此外，近年来，金融科技（Fintech）不断发展，出现了全社会的泛金融化、金融泛化或者金融再造（重塑）现象，带来金融风险的量变乃至质变，传统金融监管应对乏力，穿透式监管与监管科技（Regtech）的结合成为新趋势。[④] 如中国人民银行在《金融科技（FinTech）发展规划（2019—2021）》中明确要求将"提升

---

① 2021 年 12 月 31 日中国人民银行发布的《宏观审慎政策指引（试行）》明确了两大维度九大类的宏观审慎工具。其中时间维度的工具主要包括资本管理工具、流动性管理工具、资产负债管理工具、金融市场交易行为工具、跨境资本流动管理工具，结构维度的工具主要包括特定机构附加监管规定、金融基础设施管理工具、跨市场金融产品管理工具、风险处置等阻断风险传染的管理工具。

② 2022 年 4 月 6 日公布的中国人民银行提出的《中华人民共和国金融稳定法（草案征求意见稿）》增加了宏观审慎原则，并且引入了金融稳定保障金的新制度。宏观审慎原则主要针对金融市场资产价格进行调控，维护金融体系的整体稳定，核心在于控制金融体系或特定市场、部门的杠杆水平。设立金融稳定保障基金或类似功能的组织机构，是 2008 年次贷危机之后各国处置金融风险的普遍做法。该草案第 29 条规定，国家建立金融稳定保障基金，由国家金融稳定发展统筹协调机制统筹管理，作为应对重大金融风险的后备资金；该草案第 39 条赋予金融委"问责权"，有助于实现其"监管者的监管者"作用。该《草案》目的在于整合金融机构、主要股东、实际控制人、市场化资金、行业保障基金、地方公共资源、金融稳定保障基金、中国人民银行再贷款等多元化处置资金，确保协同处置金融风险。

③ 2017 年 5 月 3 日中国证监会颁布《区域性股权市场监督管理试行办法》，要求对理财、合伙、分期发行单只证券等情形穿透核查投资者是否为合格投资者，合并计算投资者人数。2017 年 3 月 28 日中国银监会下发《关于开展银行业"监管套利、空转套利、关联套利"专项治理工作的通知》，要求按照穿透原则认定关联方和关联交易；2017 年 4 月 21 日中国保监会发布《关于进一步加强保险业风险防控工作的通知》，提出"对信用保证保险开展穿透式排查"等。

④ 参见杨东：《监管科技：金融科技的监管挑战与维度建构》，载《中国社会科学》，2018（5），69～91；任怡多：《金融科技穿透式监管的逻辑机理与制度构建》，载《苏州大学学报（法学版）》，2022，9（2），96～104。

穿透式监管能力”作为金融科技审慎监管的重点改革方向；在《金融科技（FinTech）发展规划（2022—2025）》中也明确要“对金融科技创新实施穿透式监管”。可以看出，穿透式监管在实践中都得到了较大认可与应用。当然，新的监管方式的顺畅运行有待完善金融监管相关法律规范，克服监管方式的实施障碍，比如形成监管协调机制、确立监管的标准、克服政府自由裁量权较大等弊端。

最后，进一步加大对金融监管相关立法的充实与完善。法律对商业银行经营范围的限制仍然特别严格，不适应当前混业经营的发展趋势。完善的金融监管法律法规是金融监管规范化发展的基础保障，在金融混业经营条件下，构建一套完善的金融监管法律体系显得更为必要。基于当前金融监管现状，我国金融监管立法充实与完善应重点围绕两个方面进行。一方面，在充分审视我国现有国情的基础上，针对我国现行法律进行修订，明确各监管主体的职责，确立各部门间信息共享机制，建立一套完整的金融监管法律制度体系。另一方面，以审慎监管、功能监督等新的监管理念为指导改革监管细则，实现各类金融法律法规的精细化和标准化。

案例与思考

1. 案例

2023年3月中共中央、国务院印发了《党和国家机构改革方案》，其中涉及金融机构改革的有六项：一是组建国家金融监督管理总局，作为国务院直属机构，统一负责除证券业之外的金融业监管。不再保留银保监会。二是证监会调整为国务院直属机构，划入国家发展和改革委员会的企业债券发行审核职责，由证监会统一负责公司（企业）债券发行审核工作。三是统筹推进央行分支机构改革，撤销央行大区分行及分行营业管理部、总行直属营业管理部和省会城市中心支行，在31个省（自治区、直辖市）设立省级分行，在深圳、大连、宁波、青岛、厦门设立计划单列市分行。不再保留中国人民银行县（市）支行，相关职能上收至中国人民银行地（市）中心支行。四是完善国有金融资本管理体制。按照国有金融资本出资人相关管理规定，将中央金融管理部门管理的市场经营类机构剥离，相关国有金融资产划入国有金融资本受托管理机构，由其根据国务院授权统一履行出资人职责。五是加强金融管理部门工作人员统一规范管理。央行、国家金融监督管理总局、证监会、国家外汇局及其分支机构、派出机构均使用行政编制，工作人员纳入国家公务员统一规范管理，执行国家公务员工资待遇标准。六是深化地方金融监管体制改革。建立以中央金融管理部门地方派出机构为主的地方金融监管体制，统筹优化中央金融管理部门地方派出机构设置和力量配备。地方政府设立的金融监管机构专司监管职责，不再加挂金融工作局、金融办公室等牌子。

改革方案将形成新的“一行一局一会”结构：央行、金监局、证监会。央行专注货币政策与宏观审慎管理，回归现代中央银行制度；金监局统一负责除证券业之外的金融业监管，强化机构监管、行为监管、功能监管、穿透式监管、持续监管；证监会调整为国务院直属机构，统一负责公司债券发行审核工作，有助于建立统一的资本市场。

问题：请结合以上材料评述我国本次金融机构改革的意义以及制度改革方向。

答：本次改革涉及金融机构的6项内容，包括组建国家金融监督管理总局（金监局），调整中国人民银行（央行）、中国证券监督管理委员会（证监会）的职责，深化地方金融监管体制改革，完善国有金融资本管理体制，加强金融管理部门工作人员统一规范管理。改革方案体现了宏观调控与金融监管相对分离、监管统一化、制度化、全覆盖的思路，有利于维护金融稳定，防范系统性风险，保护金融消费者权益，服务实体经济。

金融机构改革对中国人民银行、金融监管、金融宏观调控以及地方金融监管制度体系的完善提出了新要求，应当进一步完善现代金融监管体系，补齐监管制度短板，实现对各类金融活动的全面监管，有效防范化解金融风险，维护金融稳定；在宏观审慎监管的前提下有序推进金融创新，支持金融机构数字化转型，服务实体经济和科技创新；压实地方金融监管主体责任，强化中央对风险的预防和化解；完善国有金融资本管理体制，提高国有金融资本运营效率，保障金融安全，提高金融现代化法治水平。

2. 思考题

（1）简述混业经营模式与传统经营模式下金融风险的联系和区别。

答：金融风险是指金融活动中可能造成损失的不确定性因素。混业经营是指金融机构在货币和资本市场进行多业务、多品种、多方式的交叉经营和服务。传统经营模式是指金融机构仅从事一项业务，如银行、证券、保险等。

混业经营模式下的金融风险和传统经营模式下的金融风险有以下联系和区别：

联系：一是两种模式下的金融风险都受到市场、信用、操作、法律等因素的影响，都需要建立有效的风险管理制度和监管机制；二是两种模式下的金融风险都可能引发系统性风险，即某一金融机构或市场的风险传染或累积，导致整个金融体系或实体经济受到严重冲击。

区别：一是混业经营模式下的金融风险更加复杂和隐蔽，因为金融机构涉及多种业务，资金流动更加频繁和灵活，风险传递和转移更加迅速和广泛；二是混业经营模式下的金融风险更具有多元性和创新性，因为金融机构可以利用不同市场和产品的差异进行套利和创新，产生新型的风险形式和工具；三是混业经营模式下的金融风险具有更大的潜在危害，因为金融机构规模更大，影响力更强，一旦发生问题，可能引发更大范围的连锁反应和恐慌；四是混业经营模式下的金融风险更难以监管和防范，监管部门需要协调多个领域和层级的监管政策和手段。

（2）简述政策性银行和商业银行的功能定位和经营模式有哪些区别。

政策性银行是由政府发起、出资成立，为贯彻和配合政府特定经济政策和意图而进行融资和信用活动的机构。政策性银行不以营利为目的，专门为贯彻、配合政府社会经济政策或意图，在特定的业务领域内，直接或间接地从事政策性融资活动，充当政府发展经济、促进社会进步、进行宏观经济管理工具。

商业银行是以盈利为目的的金融机构，主要从事存款、贷款、结算、票据承兑、信用证开立等传统业务，以及外汇、信托、证券、保险等多种金融业务。商业银行多采取股份制的形式，业务上自主经营、独立核算。

政策性银行和商业银行在经营方式、资金来源、经营目的等方面有不同。具体如下：一是经营方式不同，政策性银行多由政府出资建立，业务上由政府相应部门领导；商业银行多采取股份制的形式，业务上自主经营、独立核算。二是资金来源不同，政策性银行一般不接受存款，也不接受民间借款；而商业银行以存款作为其主要的资金来源。三是经营目的不同，政策性银行是为了支持某些部门的发展而专门成立的，不以盈利为目的，与相应的产业部门关系密切；而商业银行则以利润最大化为经营目的，业务范围广泛。

参考书目

1. 岳彩申．金融控股公司法律问题研究．北京：法律出版社，2022.

2. 巫文勇．新金融法律制度学．上海：复旦大学出版社，2021.

3. 黄韬．中国金融市场的法律治理及其限度．北京：法律出版社，2021.

4. 杨军．风险管理与巴塞尔协议十八讲．2版．北京：中国金融出版社，2020.

5. 常健．金融稳定视阈下中央银行法律制度研究．北京：法律出版社，2019.

6. 阳建勋．系统重要性金融机构规制的法律问题研究．北京：法律出版社，2018

7. 武良山，周代数，王文韬．金融大监管：大变局下的监管逻辑与市场博弈．北京：中国人民大学出版社，2021.

8. 朱大旗．金融法．3版．北京：中国人民大学出版社，2015.

9. 吴志攀．金融法概论．5版．北京：北京大学出版社，2016.

第三篇

金融调控与监督管理法

第十一章 货币政策法

本章要点

1. 货币政策的概念和特征
2. 中国人民银行的货币政策目标
3. 中国人民银行的货币政策工具

第一节 货币政策概述

在现代市场经济条件下，货币政策是金融调控的主要手段。因为金融调控主要是指中央银行运用货币政策对金融活动进行调节和控制，以此保证国民经济的持续、健康、稳定和协调发展，所以有关货币政策的法律规定就成为金融调控制度的重要组成部分。

一、货币政策的概念

货币政策又被称为金融政策，它起源于20世纪30年代，盛行于第二次世界大战后，现在已成为各国宏观经济调控的一种重要手段。货币政策的基本任务在于合理调节货币供应量和货币流通，从而正确处理经济发展与货币稳定的关系，为国民经济发展创造一个良好稳定的金融环境。

货币政策的概念有广义和狭义两种。广义的货币政策是指一国宏观经济管理部门为实现经济发展目标而作出的有关货币方面的所有规定和所采取的影响货币供给数量的一切措施。广义的货币政策涉及的范围非常广泛，不仅包括有关建立货币制度的种种规定，而且包括政府借款、国债管理等等可能影响货币支出的行为。狭义的货币政策则是指中央银行为实现特定的经济目标所采取的各种控制和调节货币供应量或信用量的方针与措施的总称。本书采用狭义的货币政策的概念。

二、货币政策的特征

（一）货币政策是一种宏观经济调控政策

宏观经济调控是指国家从经济运行的全局出发，运用各种宏观经济手段，对国民经济总体的供求关系进行调节和控制。而货币政策主要是通过对国民经济运行中的货币供应量、信用量、利率、汇率等指标的调节和控制来达到社会总供给与总需求的平衡，它不是针对单个银行或某一经济部门采取的具体政策措施，因而属于一种宏观经济调控政策。

（二）货币政策主要采用间接调控的手段

国家对经济的宏观调控包括两种方式：一种是采用直接调控手段，另一种是采用间接调控手段。在市场经济条件下，国家的宏观调控以间接调控手段为主。作为宏观经济调控的重要政策之一的货币政策，其对经济活动的调节也主要采用经济手段和法律手段等间接的调控手段，通过政策的指引来改变市场主体对其经济利益的预期，从而实现对社会总需求的调控，只是在必要的情况下才会采用直接干预的行政手段。

（三）货币政策具有长期性和短期性相结合的特点

货币政策的目标是与宏观经济目标相适应的，具有长期性和战略性的特征，然而在特定时期和特定条件下货币政策的各项措施具有短期性和随机性的特征，货币政策的短期措施服从长期政策目标，或者说货币政策的长期性与措施的短暂性相结合是货币政策的一个重要特征。

三、货币政策的运行机制

货币政策的功能在于正确处理经济发展和货币稳定的关系，使国民经济的有关指标通过货币机制的调控服从和服务于国民经济政策，并成为国民经济政策的重要组成部分。它在社会经济中扮演“制动器”的角色，与其他发挥驱动作用的宏观政策相互配合，从而保证经济持续、稳定、协调发展，为国民经济的发展创造一个良好的货币金融环境。[①] 而要实现这样的功能，就必须依赖货币政策运行机制的发挥，简单地讲，就是要通过设定货币政策目标并采用货币政策工具来实现这一目标，从而达到预期的社会效果。由于货币政策从确定目标到运用工具具体实施，直至达到预期目标，还涉及一系列的作用环节，所以货币政策运行中还涉及货币的传导机制。

① 参见徐孟洲：《金融法》，278页，北京，高等教育出版社，2007。

综上所述，货币政策的运行机制至少应当包含以下内容：（1）货币政策目标，这是中央银行实施货币政策所要达到的目的；（2）货币政策工具，这是实现货币政策目标的政策手段；（3）货币传导机制，这是指一定的货币政策工具如何引起社会经济生活的某些变化，并最终实现预期的货币政策目标的机制；（4）货币政策效应，这是指货币政策实施后社会经济运行所作出的现实反应。但一般来讲，就货币政策运行机制的发挥而言，法律的作用主要在于设定货币政策目标和选择货币政策工具，所以各国的金融调控法往往都对货币政策目标和货币政策工具作出了具体的规定，这也是货币政策法的核心内容。

第二节　货币政策目标

一、货币政策目标的一般规定

（一）货币政策目标的概念

货币政策目标是指一国中央银行制定和实施货币政策、对国民经济进行金融调控所要达到的目的。货币政策目标并非一成不变，例如在 20 世纪 30 年代以前的国际金本位时期，各资本主义国家推崇自由经济，大多数国家均选择了稳定币值作为货币政策目标，而在 20 世纪 30 年代爆发的经济危机又使许多国家采用了凯恩斯的国家干预理论，其货币政策目标又增加了充分就业。可见，货币政策目标应当与一国一定时期的社会经济发展状况相适应。

（二）货币政策目标的种类

根据中央银行对货币政策的影响力和影响速度，通常把货币政策目标划分为三个层次，即最终目标、中介目标和操作目标。

1. 最终目标

最终目标是货币政策所要达到的终极目标，是中央银行制定和执行货币政策的最终依据。一般来讲，中央银行货币政策的最终目标有四个。

（1）稳定币值。稳定币值就是使社会商品和劳务价格的总体水平在短期内不发生显著的或急剧的波动，也就是既没有明显的通货膨胀，也没有明显的价格下跌。在市场经济条件下，商品和劳务的价格是经济活动的指示器，如果币值不稳定、价格发生剧烈波动，必然引起市场导向和市场秩序的混乱，进而使生产经营活动带有巨大的盲目性，并可能引发整个经济社会秩序的混乱。因此，许多国家的货币政策都将稳定币值设定为首要目标，以创造一个良好的金融环境并维持正常的经济秩序。

（2）经济增长。[①] 经济增长是指社会物质财富增多、生产经营规模扩大、产品和劳务数量增加，以及技术进步、质量和效率提高等经济运行质与量的全面增长。通常，经济的增长状况主要取决于社会劳动投入量、资产投入量以及劳动或资产的产出效率，它们都是实物量，同货币政策并没有直接的联系。但货币政策能够决定总需求，总需求能够通过市场机制和产业联系决定社会的总供给，决定社会的实际劳动投入量、资产投入量以及劳动或资产的产出效率，最终决定经济的增长状况。因此，促进经济增长、为经济增长提供货币的推动力是中央银行货币政策目标的重要内容。

（3）充分就业。充分就业是指具有工作能力并有工作意愿的劳动者都能够从事较合理的工作。它并非指没有一个人失业，而是指将失业率控制在合理的范围之内。失业的原因很多，但主要是经济运行不正常而出现剧烈的波动或衰退，引起对劳动力的需求减少。如果货币政策能够使经济持续、健康地增长，就会为社会提供更多的就业机会。因此，在许多国家，充分就业也是货币政策目标的内容之一。

（4）国际收支平衡。[②] 国际收支平衡是指一个国家在一定周期内的外汇收支基本持平或者略有顺差或逆差。在当今社会中，一国国际收支状况与其国内货币供应量有着密切联系：如果国际收支顺差过大，就意味着国内货币供给增大、市场商品供给减少，会加大物价上涨的压力；相反，如果国际收支逆差过大，也会造成国内资源浪费，并且还会造成本国货币对外贬值，引起国内市场不稳定。因此，中央银行应当尽可能地使国际收支保持平衡。

上述四大目标是理想的货币政策目标，但这四大目标本身还存在一定的矛盾，所以政策制定者应当根据现实的经济状况和当前的主要经济任务来加以确认。在实践中有多重目标论，即把稳定币值、经济增长、充分就业和国际收支平衡视为一个有机构成的目标体系；也有双重目标论，即认为应当兼顾币值稳定和经济发展；还有单一目标论，即认为只有稳定货币币值这一项目标。

2. 中介目标

由于最终目标的实现需要经历一个漫长的过程，所以中央银行在实施货币政策的过程中，就需要借助一些具有可测性的经济指标来增强货币政策的调控力，这些经济指标就是中介目标，它们是货币政策的操作目标和最终目标之间的过渡性指标。目前，各国货币政策中的中介目标主要是货币供应量，货币供应量一般是指中央银行和金融机构以外的经济组织持有的货币总量，通常按其流动性差别、货币购买力

---

① 参见刘少军主编：《金融法概论》，251～252 页，北京，中国政法大学出版社，2005。

② 参见张守文：《经济法学》，206 页，北京，北京大学出版社，2005。

的强弱分层次统计，一般的划分方式是：M0＝通货；M1＝M0＋商业银行活期存款；M2＝M1＋商业银行定期存款；M3＝M2＋非银行金融机构存款；M4＝M3＋大额可转让定期存单（CDS）；M5＝M4＋政策短期债券与储蓄券；M6＝M5＋短期商业银行票据。中央银行根据不同层次货币供应量对经济影响的程度来决定监控对象。

3. 操作目标

操作目标是指受货币政策工具直接作用的金融变量指标，一般包括短期利率和基础货币中的准备金。短期利率是影响货币供求和信用总规模的重要指标，具有良好的可测性。基础货币是指流通中的现金和商业银行的存款准备金的总和，它与货币供应量呈倍数扩张关系，是货币供应的最初来源或原始增量，所以基础货币中的准备金对货币供应量这一中介目标有重要的影响。

二、中国人民银行的货币政策目标

《中国人民银行法》第 3 条规定："货币政策目标是保持货币币值的稳定，并以此促进经济增长。"这是我国货币政策的最终目标。该规定有以下几层含义：（1）中国人民银行首要的和直接的货币政策目标是保持货币币值的稳定，这是它制定和实施货币政策的出发点与归宿点。（2）中国人民银行制定和执行货币政策，并不是为了稳定币值而稳定币值，而是为了促进经济稳定增长而稳定币值。（3）稳定币值目标和经济增长目标在货币政策目标序列中不是并列的，而是有层次和主次之分的。所谓"有层次"，是指稳定币值是货币政策的第一层次，而促进经济增长是货币政策的第二层次，也就是说只有在稳定币值以后，才能促进经济增长；所谓"有主次"，是指中国人民银行货币政策以稳定币值为主，稳定币值是经济增长的前提。这突出了中国人民银行稳定货币的责任。

上述规定确定了稳定币值的第一属性，界定和理顺了稳定货币与经济增长的关系。它既不同于单一目标论，即只把"稳定币值"作为货币政策的唯一目标，也不同于双重目标论，即把"稳定币值和发展经济"并列为货币政策目标，因而是一个"有层次和主次之分的单一目标"。它一方面充分肯定了"稳定币值"是首要的任务，另一方面又明确了稳定货币的目标是"促进经济增长"。这就有利于克服单一目标的片面性，同时又对双重目标的内容和关系进行了重新界定。应当说，上述规定既适应大力发展社会主义市场经济的内在要求，又符合我国现阶段的国情。近年来，货币政策目标体系持续合理优化，货币政策以币值稳定为首要目标，更加重视充分就业。

在中介目标和操作目标方面，1993 年 12 月，国务院发布的《关于金融体制改革的决定》指出："货币政策的中介目标和操作目标是货币供应量、信用总量、同业拆借利率和银行备付金率。"可见，我国把货币供应量和信用总量作为货币政策的中介目标，把同业拆借利率和银行备付金率作为操作目标。

第三节　货币政策工具

一、货币政策工具概述

货币政策工具是中央银行实现其政策目标的政策手段，货币政策目标的实现有一个传导机制，就是中央银行通过运用货币政策工具来影响操作目标，再由操作目标的变量影响中介目标，最后由中介目标的变量来实现最终目标。简单地讲就是政策工具→操作目标→中介目标→最终目标。根据货币政策工具的调节职能和效果，通常可以将货币政策工具分为一般性的、选择性的和补充性的三类。

（一）一般性货币政策工具

一般性货币政策工具是中央银行调控经济的常规手段，主要调节货币供应量、信贷规模和一般利率水平，包括存款准备金制度、再贴现政策和公开市场业务。这三种货币政策工具通常被称为中央银行的三大法宝。

1. 存款准备金制度

根据法律规定，商业银行有义务将其吸收的存款按照中央银行规定的一定比例存入中央银行，存入中央银行的此项金额被称为"存款准备金"，而存入的比例则被称为"存款准备金率"。所谓存款准备金制度，就是指中央银行依法规定和调整商业银行交存中央银行的存款准备金率，以控制商业银行的货币创造能力，间接控制货币供应量的制度。存款准备金制度具有多重功能：（1）保证商业银行存款支付和清算，保障存款人的利益。这是因为，如果由商业银行自发留存准备金，商业银行基于利益最大化的目的就可能减少准备金，但一旦发生挤兑就难以保障存款的支付，这样不仅不能保障存款人的利益，甚至可能引发社会动荡，而法定存款准备金能够保持银行资产的流动性，提高银行的清偿能力。（2）影响信贷资金供应能力，调控货币供应量。在现代金融体系中，商业银行具有货币扩张的机能，可以创造数倍于中央银行依法发行的法定货币。所以，当中央银行调低存款准备金率时，商业银行可派生的存款增加，向社会发放商业贷款的数额就会增加，扩大了货币的供应量；反之，当中央银行调高存款准备金率时，商业银行可派生的存款变少，向社会发放商业贷款的数额就会紧缩，从而减少了货币的供应量。（3）增强中央银行信贷资金宏观调控能力。这主要表现为集中法定存款准备金，充实中央银行作为银行的银行所必需的信贷资金来源，增强其调控的资金实力。但存款准备金制度也有一定的缺陷，那就是法定存款准备金率调整几乎无弹性，对于超额准备金很低的商业银行而言①，提高法定存款准备金可能使其陷入资金周转不灵的困境。

2. 再贴现政策

贴现是指票据持票人在票据到期日之前，为获取现款而向商业银行或其他金融机构贴付一定利息的票据转让。再贴现是商业银行或其他金融机构将贴现所获得的未到期票据向中央银行再作票据转让，是中央银行向商业银行提供资金的一种方式。再贴现政策是指中央银行通过制定或调整再贴现率来影响金融机构的融资成本，干预和影响市场利率及货币市场的供求，从而调节市场货币供应量的一种金融政策。当中央银行提高再贴现率时，商业银行或其他金融机构向中央银行借款的成本提高，它们也随之提高贷款利率，从而抑制贷款需求，减少货币数量的供给；而如果中央银行降低再贴现率，商业银行或其他金融机构的借款成本就会降低，会产生鼓励商业银行扩大贷款的作用，从而增加货币数量的供给。再贴现率也有一定的缺陷，那就是缺乏弹性，调控的力度有限，而且往往依赖商业银行的主动。

3. 公开市场业务

公开市场是指交易主体间自由议价、成交，其交易信息向社会公开的金融市场。公开市场不是一个看得见的、有形的交易市场，它是由中央银行和金融机构通过计算机联网组成的交易系统。所谓公开市场业务，又被称为公开市场操作、公开市场政策，是指中央银行在金融市场上公开买卖证券、外汇或其他金融资产，以此影响货币供应量和市场利率的行为。公开市场业务的运行机制在于中央银行在金融市场买进或卖出有价证券，可以影响商业银行的超额准备金头寸，进而控制商业银行的货币创造能力。例如，当中央银行从商业银行买入证券时，商业银行在证券减少的同时增加了可用资金的数量，按照乘数原理就可增加市场的货币供应量。反之，当中央银行卖给商业银行证券时，可减少商业银行的可用资金，从而使货币供应量收缩。公开市场业务有许多优点：中央银行可以根据货币政策的要求和市场情况采取主动的措施，具有很强的主动性；在操作中，中央银行能够根据需要随时操作，也可以按较小的规模进行操作，即使调控没有达到预期目的，也可以迅速调整调控方向，业务逆转比较容易，因而具有很强的灵活性；同时，公开市场业务还具有公开性和平等性：中央银行在操作中都是按照市场原则进行交易的，具有较高透明度，

---

①　超额准备金是指法定准备金之外的准备金，超额准备金通常包括两部分：一是存入央行的准备金，主要用于银行间结算和清算以及补充现金准备；二是商业银行营运中的现金准备，例如存在银行中的金库。

有利于消除金融市场幕后交易的弊端。正是因为有上述优点，公开市场业务已成为三大法宝中最重要和最常用的政策工具。但这项政策工具也并非没有弊端，例如，公开市场业务就没有存款准备金制度和再贴现率那么有宣传效应，而且其运作的条件也比较高，如要有足量的有价证券，要有比较发达的、完善的金融市场，中央银行也必须具备强大的资金实力。

（二）选择性货币政策工具

一般性货币政策工具主要是通过对货币供应量的调整来达到货币政策的目标，除此之外，中央银行还可以选择对某些特定的信贷或某些特殊的经济领域加以调控。这些调控手段被称为选择性货币政策工具，它们侧重于对银行业务活动质的方面的控制，是一般性货币政策工具的补充。一般来讲，选择性货币政策主要包括以下三种。

（1）证券市场信用控制。证券市场信用控制是指中央银行对有关证券交易的各种贷款进行控制，以抑制证券市场的过度投机或刺激证券市场的信用扩张。主要内容包括：规定金融机构是否有权对证券交易提供信用；规定贷款额占证券交易额的比例；规定证券保证金率，并根据证券市场状况随时调整；规定以信用方式购买证券时第一次付款的最低额度，等等。

（2）不动产信用控制。不动产信用控制是指中央银行对商业银行办理不动产贷款方面的控制，以抑制房地产市场的过度投机或促进房地产市场的扩张，降低金融机构的资产风险。主要内容包括：规定不动产贷款的最高限额，规定不动产贷款的最长期限，规定按揭贷款的首付款比例，规定不动产贷款每次归还的最低金额，等等。

（3）消费信用控制。消费信用控制是指中央银行对不动产之外的各种耐用消费品的销售融资予以控制。主要内容包括：规定分期付款消费信用第一次付款的最低金额，规定以分期付款方式购物时的借款最长期限，规定以分期付款方式购物时借款的种类，等等。

（三）补充性货币政策工具

除了以上一般性的和选择性的货币政策工具，中央银行有时还运用一些补充性的货币政策工具。补充性的货币政策工具主要包括两类：一是直接信用控制工具，二是间接信用控制工具。

1. 直接信用控制工具

直接信用控制是指中央银行以强制方式直接对金融机构的信用活动所进行的控制，主要包括：

（1）信用分配，即中央银行根据金融市场的状况和客观经济需要，对商业银行的信用额度加以合理分配和限制的措施。例如，中央银行需要限制银行系统某个领域的信贷时，就对银行系统的该项贷款申请予以拒绝，而需要支持其个领域的贷款时，就可以设立专项信贷基金来加以保障。

（2）直接干预，即中央银行对商业银行的业务活动进行直接干预，从而对其信用创造能力进行调节、控制的措施。干预的形式主要有：直接限制放款的额度或直接干涉银行吸收存款，对业务经营不当的商业银行拒绝再贴现或采取高于一般利率的惩罚性利率，明确规定商业银行的放款或投资范围、方针和政策，等等。

（3）流动性比率，即规定商业银行流动性资产对存款的比例，流动性比率一方面可以限制商业银行的信用创造能力，另一方面也可以保障金融机构的支付能力。这是因为商业银行为了达到中央银行要求的流动性比例，就必须缩减长期放款并扩大短期放款的比重，并必须持有一部分随时应付提现的资产。

（4）利率最高限额，即规定商业银行储蓄存款的最高利率，以防止银行用抬高利率的方式竞相吸收存款和为谋求高利而进行高风险贷款。

（5）特种贷款，即在货币供应过多、出现通货膨胀的情况下，中央银行要求商业银行向中央银行缴存的特别存款，以缩减商业银行的可用资金，从而控制货币供应量。

2. 间接信用控制工具

间接信用控制是指中央银行凭借其在金融体制中的特殊地位，通过它的各种间接影响来调控商业银行的信用创造能力。其方法主要有：

（1）窗口指导，即中央银行根据市场情况、物价变动趋势及金融市场的动向等，对商业银行的业务方针、方式、方法、资金融通计划和其他经营活动所作出的非正式要求，使商业银行的信贷规模被控制在中央银行认为适当的范围内。

（2）道义劝告，即中央银行利用其声望和在金融体系中的特殊地位，对商业银行及其他金融机构发出口头或书面劝告，以影响其放款的数量和投资方向。

二、中国人民银行的货币政策

根据我国的金融发展情况，《中国人民银行法》规定了六种货币政策工具，包括存款准备金制度、基准利率制度、再贴现制度、再贷款制度、公开市场操作和“其他货币政策工具”。前五种是明确规定的具体货币政策工具，主要是一般性货币政策工具，但也有根据我国金融特点而规定的特定工具，而“其他货币政策工具”实为有关选择性、补充性货币政策工具的弹性条款。下面就结合有关法规和规章对前五种具体的货币政策工具进行说明。

（一）存款准备金制度

我国的存款准备金制度是根据于1983年9月17日发布的《国务院关于中国人民银行专门行使中央银行职能的决定》重新建立的，于1984年5月正式启动。《中国人民银行法》也对此作出了原则性的规定，其中第23条第1款第1项规定，中国人民银行可以要求银行业金融机构按照规定的比例交存存款准备金。此外，中国人民银行还发布了部门规章对存款准备金制度作出了具体的规定。1998年3月，中国人民银行发布了《关于改革存款准备金制度的通知》。2004年中国人民银行发布了《中国人民银行关于实行差别存款准备金率制度的通知》《中国人民银行关于加强存款准备金管理的通知》。2004年中国人民银行印发《金融机构外汇存款准备金管理规定》，对外汇存款准备金制度进行了规定。根据现行法律、行政法规和部门规章，我国的存款准备金制度主要有以下内容。

1. 存款准备金制度的实施对象

我国所有吸收一般存款的银行业金融机构都有义务按照规定的比例交存存款准备金，包括商业银行、信用合作社、信托投资机构、财务公司和外资金融机构，等等。

2. 存款准备金率

存款准备金率由中央银行规定、调整、公布并组织其分支机构具体实施。存款准备金率并非固定不变，而是根据放松或紧缩银根的需要，由中央银行适时进行调整。

3. 存款准备金的考核与计提

1998年《关于改革存款准备金制度的通知》规定，我国对金融机构向中央银行缴存存款准备金实行按旬考核的办法，以旬末的一般存款余额作为计提法定存款准备金的基础。当旬第五日至下旬第四日每日营业终了时，各金融机构按统一法人存入的准备金存款余额，与上旬末该机构一般存款余额之比，不得低于规定的准备金额。外币存款准备金的缴存方式是按月缴存，金融机构要在15日前向所在省中国人民银行分行办理划款手续。

4. 法律责任

《中国人民银行法》《商业银行法》《银行业监督管理法》对金融机构违反存款准备金制度的行为作出了法律规定。另外，《中国人民银行关于加强存款准备金管理的通知》对减轻处罚的行为作出了规定：对于及时主动纠正其违法行为的金融机构，可以依法从轻或减轻处罚；对于未按照中国人民银行规定缴存存款准备金的金融机构依法减轻处罚的，对其缴存准备金不足部分按照每日万分之六的比例处以罚款。

（二）基准利率制度

基准利率一般是指在金融市场上和利率体系中处于关键地位、起决定性作用的利率。基准利率政策就是通过对基准利率的调整来实现紧缩银根或放松银根的目的的措施。例如，当中央银行提高基准利率中的贷款利率时，商业银行到中央银行筹资的成本增加，它对外贷款的利率也必然相应提高，从而减少社会货币供应量；相反，当中央银行降低基准利率中的贷款利率时，商业银行的贷款利率也随之降低，从而增加社会货币供应的总量。

各国地区（和不同）对基准利率的确定并不统一。传统上，西方发达资本主义国家的基准利率通常是指中央银行的再贴现率。现在各国（地区）则不尽相同，例如，在美国是指联邦储备系统确定的“联邦基金利率”。欧洲中央银行则发布三项关键利率：再融资操作利率、边际贷款利率和定期存款利率。而在有些地区，银行的同业拆息利率是其基准利率。

我国的法律也规定了基准利率制度，《中国人民银行法》第 23 条第 1 款第 2 项规定，中国人民银行把“确定中央银行基准利率”作为货币政策工具之一。1999 年 3 月 2 日中国人民银行颁布了《人民币利率管理规定》，其第 5 条规定，中国人民银行制定、调整以下利率：(1) 中国人民银行对金融机构存、贷款利率和再贴现利率；(2) 金融机构存、贷款利率；(3) 优惠贷款利率；(4) 罚息利率；(5) 同业存款利率；(6) 利率浮动幅度；(7) 其他。以上规定为中央银行调整基准利率提供了法律依据。

从实践来看，我国基准利率主要包括：(1) 对金融机构的再贷款利率，是指中国人民银行向金融机构发放再贷款时所采用的利率；(2) 对金融机构的再贴现利率，是指金融机构将所持有的已贴现票据向中国人民银行办理再贴现时所采用的利率；(3) 存款准备金利率，指中国人民银行对法定存款准备金支付的利率；(4) 超额存款准备金的利率，指中国人民银行对金融机构交存的超过法定存款准备金水平的准备金支付的利率。

（三）再贴现制度

《中国人民银行法》第 23 条第 1 款第 3 项规定了再贴现货币政策，即“为在中国人民银行开立账户的银行业金融机构办理再贴现”。实际上，我国开办再贴现业务肇始于 1986 年发布的《中国人民银行再贴现试行办法》。之后，中国人民银行又发布了一系列规章，对再贴现的种类、对象和期限等作出了规定，包括于 1994 年 7 月 13 日发布的《再贴现办法》、于 1997 年 3 月 5 日发布的《中国人民银行对国有独资商业银行总行开办再贴现业务暂行办法》、2022 年 8 月 24 日中国人民银行修订发布的《商业汇票承兑、贴现与再贴现管理办法》，等等。上述法律构成了我国的再贴现制度，其主要包括以下内容。

1. 再贴现的条件

《票据法》第 10 条第 1 款规定：票据的签发、取得和转让，应当遵循诚实信用的原则，具有真实的交易关系和债权债务关系。《商业汇票承兑、贴现与再贴现管理办法》第 5 条规定：本办法所称贴现是指持票人在商业汇票到期日前，贴付一定利息将票据转让至具有贷款业务资质机构的行为。持票人持有的票据应为依法合规取得，具有真实交易关系和债权债务关系，因税收、继承、赠与依法无偿取得票据的除外。

2. 再贴现的对象

《中国人民银行法》规定再贴现的对象为“在中国人民银行开立账户的银行业金融机构”。《商业汇票承兑、贴现与再贴现管理办法》第 20 条第一句同样规定：办理商业汇票贴现业务的金融机构，可以申请办理再贴现业务。而 1998 年《中国人民银行关于中国人民银行分行再贷款管理若干规定的通知》规定：对非银行金融机构再贴现，须报经总行批准。这一规定扩大了再贴现的适用范围。

3. 再贴现率

再贴现率是中央银行根据经济发展需要而制定的，调整再贴现率的目的在于影响商业银行准备金及社会的资金供给。《商业汇票承兑、贴现与再贴现管理办法》第 20 条第二句规定：“再贴现业务办理的条件、利率、期限和方式，按照人民银行有关规定执行。”再贴现率是一种短期利率，根据《商业汇票承兑、贴现与再贴现管理办法》第 25 条的规定，商业汇票的付款期限应当与真实交易的履行期限相匹配，自出票日起至到期日止，最长不得超过 6 个月。

（四）再贷款制度

再贷款即中央银行贷款，是指中央银行对商业银行发放的贷款。再贷款政策的作用主要表现在两个方面：一是调整货币供应量。再贷款会增加金融机构贷款的初始资金来源，直接影响金融机构的信贷资金供应能力，如果提高贷款利率，就会减少社会货币的投放量，而如果降低贷款利率，则会增加社会货币的供应量。二是可以影响人们的预期，产生预告效果。如果再贷款利率提高，表明中央银行对通货膨胀的进展发出了警告，而再贷款利率降低，表明通货膨胀已经缓和。在西方国家，由于其信用工具的票据化程度较高，所以中央银行对商业银行的放款通常采用再贴现，而我国目前仍然将再贷款作为一种货币政策工具。

在1995年《中国人民银行法》颁布之前，中国人民银行曾在1993年3月发布《中国人民银行对金融机构贷款管理暂行办法》，明确再贷款为短期信用贷款。《中国人民银行法》颁布后，对再贷款制度作了原则性的规定：其第23条第1款第4项规定，中国人民银行可以采取“向商业银行提供贷款”的货币政策。第28条规定，中国人民银行根据执行货币政策的需要，可以决定对商业银行贷款的数额、期限、利率和方式，但贷款的期限不得超过1年。此外，中国人民银行还发布了一系列规章对再贷款制度进行了规定，主要有1998年《中国人民银行关于中国人民银行分行再贷款管理若干规定的通知》、1999年1月发布的《中国人民银行分行短期再贷款管理暂行办法》、1999年12月发布的《中国人民银行关于适当增加对中小金融机构再贷款的通知》、2004年3月发布的《中国人民银行关于实行再贷款浮息制度的通知》，等等。

再贷款的对象应当是在中国人民银行单独开立基本账户的金融机构。商业银行贷款必须符合一定的条件，例如，在坚持组织贷款、加强系统内资金调度和市场融资的前提下，如果资金仍然不足，方可向中国人民银行申请借款；贷款用途应当符合国家有关政策；能够按时交纳存款准备金；归还贷款资金有保障，等等。再贷款属于短期贷款，最长的期限不超过1年，具体有20天内、3个月内、6个月内和1年期四个档次。从2004年3月25日起，我国实行再贷款浮息制度，即中国人民银行在国务院授权的范围内，根据宏观经济金融形势，在再贷款基准利率基础上，适时确定并公布中央银行对金融机构贷款利率加点幅度的制度。

（五）公开市场操作

在我国，公开市场操作是指中国人民银行为实现货币政策目标而公开买卖债券和外汇的活动。《中国人民银行法》第23条第1款第5项规定，中国人民银行可以“在公开市场上买卖国债、其他政府债券和金融债券及外汇”，从而原则性地规定了公开市场操作制度。公开市场操作制度经过多年的发展完善，主要有以下内容。

1. 公开市场操作的根据

中国人民银行主要根据货币供应量以及市场汇率等指标的变化，决定公开市场操作的具体运作。公开市场操作的日常工作由中国人民银行公开市场业务操作室负责。

2. 公开市场操作的工具

公开市场操作的工具只能是国债、其他政府债券、金融债券和外汇。债券交易的券种包括政策性金融债、中央银行融资券、国债以及中国人民银行指定的其他债券。

3. 公开市场操作的对象

中国人民银行买卖外汇的操作是在银行间外汇市场上进行的，交易对象主要是银行。中国人民银行买卖债券的对象是一级交易商，即经中国人民银行审定的具有直接与中国人民银行进行债券交易资格的商业银行、证券公司和信托投资公司等金融机构。一级交易商资格的确定、变更或取消等事宜由中国人民银行负责审批。在实践中，中国人民银行每年确定该年度一级交易商的名单并予以公布，例如，于2023年公布的一级交易商就有51家。①

4. 债券的交易方式

债券交易主要包括回购交易、现券交易和发行中央银行票据三种方式。（1）回购交易。回购交易分为正回购和逆回购两种。正回购为中央银行向一级交易商卖出有价证券，并约定在未来特定日期买回有价证券的交易行为。正回购为中央银行从市场收回流动性的操作，正回购到期则为中央银行向市场投放流动性的操作。逆回购为中央银行向一级交易商购买有价证券，并约定在未来特定日期将有价证券卖给一级交易商的交易行为。逆回购为中央银行向市场上投放流动性的操作，逆回购到期则为中央银行从市场收回流动性的操作。（2）现券交易。现券交易分为现券买断和现券卖断两种：前者为中央银行直接从二级市场买入债券，一次性地投放基础货币；后者为中央银行直接卖出持有的债券，一次性地回笼基础货币。（3）发行中央银行票据。发行中央银行票据即中国人民银行发行短期债券。发行中央银行票据可以回笼基础货币，中央银行票据到期则体现为投放基础货币。

法律应用

中国人民银行采用货币政策的三大法宝实例

1. 中国人民银行采用的存款准备金政策

从实践来看，自《中国人民银行法》颁布至2023年，中国人民银行已经依法多

① 包括中国工商银行股份有限公司、中国农业银行股份有限公司、中国银行股份有限公司、中国建设银行股份有限公司、交通银行股份有限公司、中国邮政储蓄银行股份有限公司、国家开发银行、中国农业发展银行、中国进出口银行、招商银行股份有限公司、兴业银行股份有限公司、上海浦东发展银行股份有限公司、浙商银行股份有限公司、中国光大银行股份有限公司、华夏银行股份有限公司、中信银行股份有限公司、中国民生银行股份有限公司、平安银行股份有限公司、恒丰银行股份有限公司、渤海银行股份有限公司、河北银行股份有限公司、广发银行股份有限公司、北京银行股份有限公司、宁波银行股份有限公司、杭州银行股份有限公司、江苏银行股份有限公司、上海银行股份有限公司、徽商银行股份有限公司、南京银行股份有限公司、广州银行股份有限公司、贵阳银行股份有限公司、西安银行股份有限公司、郑州银行股份有限公司、长沙银行股份有限公司、河北银行股份有限公司、成都银行股份有限公司、青岛银行股份有限公司、厦门国际银行股份有限公司、上海农村商业银行股份有限公司、广州农村商业银行股份有限公司、广东顺德农村商业银行股份有限公司、北京农村商业银行股份有限公司、重庆农村商业银行股份有限公司、成都农村商业银行股份有限公司，渣打银行（中国）有限公司、汇丰银行（中国）有限公司、花旗银行（中国）有限公司、三菱日联银行（中国）有限公司、中信证券股份有限公司、中国国际金融股份有限公司、中债信用增进投资股份有限公司。

次调整了存款准备金利率，仅 2007 年中国人民银行就依法对存款准备金率进行了 10 次上调，上调频率也是历史上最频繁的。根据计算，2007 年 12 月 25 日提高 1 个百分点后，就可一次性回收流动性资金近 4 000 亿元，在一定程度上冲销国内过剩的流动性[①]，从而防止信贷总量增长过快，为国民经济持续健康发展提供稳定的货币、金融环境。中国人民银行存款准备金率历次调整参见表 11－1。

表 11－1 存款准备金率历次调整一览表

日期	大型金融机构			中小金融机构		
	调整前	调整后	调整幅度	调整前	调整后	调整幅度
2023 年 09 月 15 日	10.75%	10.50%	－0.25%	7.75%	7.50%	－0.25%
2023 年 3 月 27 日	11.00%	10.75%	－0.25%	8.00%	7.75%	－0.25%
2022 年 12 月 05 日	11.25%	11.00%	－0.25%	8.25%	8.00%	－0.25%
2022 年 04 月 25 日	11.50%	11.25%	－0.25%	8.50%	8.25%	－0.25%
2021 年 12 月 15 日	12.00%	11.50%	－0.50%	9.00%	8.50%	－0.50%
2021 年 07 月 15 日	12.50%	12.00%	－0.50%	9.50%	9.00%	－0.50%
2020 年 5 月 15 日	12.50%	12.50%	0.00%	10.00%	9.50%	－0.50%
2020 年 04 月 15 日	12.50%	12.50%	0.00%	10.50%	10.00%	－0.50%
2020 年 1 月 06 日	13.00%	12.50%	－0.50%	11.00%	10.50%	－0.50%
2019 年 9 月 16 日	13.50%	13.00%	－0.50%	11.50%	11.00%	－0.50%
2019 年 1 月 25 日	14.00%	13.50%	－0.50%	12.00%	11.50%	－0.50%
2019 年 1 月 15 日	14.50%	14.00%	－0.50%	12.50%	12.00%	－0.50%
2018 年 10 月 15 日	15.50%	14.50%	－1.00%	13.50%	12.50%	－1.00%
2018 年 07 月 05 日	16.00%	15.50%	－0.50%	14.00%	13.50%	－0.50%
2018 年 04 月 25 日	17.00%	16.00%	－1.00%	15.00%	14.00%	－1.00%
2016 年 03 月 01 日	17.50%	17.00%	－0.50%	15.50%	15.00%	－0.50%
2015 年 10 月 24 日	18.00%	17.50%	－0.50%	16.00%	15.50%	－0.50%
2015 年 09 月 06 日	18.50%	18.00%	－0.50%	16.50%	16.00%	－0.50%
2015 年 04 月 20 日	19.50%	18.50%	－1.00%	17.50%	16.50%	－1.00%
2015 年 02 月 05 日	20.00%	19.50%	－0.50%	18.00%	17.50%	－0.50%
2014 年 6 月 16 日	对符合审慎经营要求且“三农”和小微企业贷款达到一定比例的商业银行（不含 2014 年 4 月 25 日已下调过准备金率的机构）下调人民币存款准备金率 0.5 个百分点。					
2014 年 4 月 25 日	下调县域农村商业银行人民币存款准备金率 2 个百分点，下调县域农村合作银行人民币存款准备金率 0.5 个百分点。					
2012 年 5 月 18 日	20.50%	20.00%	－0.50%	17.00%	16.50%	－0.50%
2012 年 2 月 24 日	21.00%	20.50%	－0.50%	17.50%	17.00%	－0.50%
2011 年 12 月 5 日	21.50%	21.00%	－0.50%	18.00%	17.50%	－0.50%
2011 年 6 月 20 日	21.00%	21.50%	0.50%	17.50%	18.00%	0.50%
2011 年 5 月 18 日	20.50%	21.00%	0.50%	17.00%	17.50%	0.50%
2011 年 4 月 21 日	20.00%	20.50%	0.50%	16.50%	17.00%	0.50%

① 参见《央行第十次上调存款准备金率释放‘从紧’信号》，载新华网，http://news.xinhuanet.com/newscenter/2007－12/08/content_7219079.htm，访问日期：2015－04－12。

续表

日期	大型金融机构			中小金融机构		
	调整前	调整后	调整幅度	调整前	调整后	调整幅度
2011年3月25日	19.50%	20.00%	0.50%	16.00%	16.50%	0.50%
2011年2月24日	19.00%	19.50%	0.50%	15.50%	16.00%	0.50%
2011年1月20日	18.50%	19.00%	0.50%	15.00%	15.50%	0.50%
2010年12月20日	18.00%	18.50%	0.50%	14.50%	15.00%	0.50%
2010年11月29日	17.50%	18.00%	0.50%	14.00%	14.50%	0.50%
2010年11月16日	17.00%	17.50%	0.50%	13.50%	14.00%	0.50%
2010年5月10日	16.50%	17.00%	0.50%	13.50%	13.50%	0.00%
2010年2月25日	16.00%	16.50%	0.50%	13.50%	13.50%	0.00%
2010年1月18日	15.50%	16.00%	0.50%	13.50%	13.50%	0.00%
2008年12月25日	16.00%	15.50%	−0.50%	14.00%	13.50%	−0.50%
2008年12月5日	17.00%	16.00%	−1.00%	16.00%	14.00%	−2.00%
2008年10月15日	17.50%	17.00%	−0.50%	16.50%	16.00%	−0.50%
2008年9月25日	17.50%	17.50%	0.00%	17.50%	16.50%	−1.00%
2008年6月25日	16.50%	17.50%	1.00%	16.50%	17.50%	1.00%
2008年5月20日	16.00%	16.50%	0.50%	16.00%	16.50%	0.50%
2008年4月25日	15.50%	16.00%	0.50%	15.50%	16.00%	0.50%
2008年3月25日	15.00%	15.50%	0.50%	15.00%	15.50%	0.50%
2008年1月25日	14.50%	15.00%	0.50%	14.50%	15.00%	0.50%
2007年12月25日	13.50%	14.50%	1.00%	13.50%	14.50%	1.00%
2007年11月26日	13.00%	13.50%	0.50%	13.00%	13.50%	0.50%
2007年10月25日	12.50%	13.00%	0.50%	12.50%	13.00%	0.50%
2007年9月25日	12.00%	12.50%	0.50%	12.00%	12.50%	0.50%
2007年8月15日	11.50%	12.00%	0.50%	11.50%	12.00%	0.50%
2007年6月5日	11.00%	11.50%	0.50%	11.00%	11.50%	0.50%
2007年5月15日	10.50%	11.00%	0.50%	10.50%	11.00%	0.50%
2007年4月16日	10.00%	10.50%	0.50%	10.00%	10.50%	0.50%
2007年2月25日	9.50%	10.00%	0.50%	9.50%	10.00%	0.50%
2007年1月15日	9.00%	9.50%	0.50%	9.00%	9.50%	0.50%
2006年11月15日	8.50%	9.00%	0.50%	8.50%	9.00%	0.50%
2006年8月15日	8.00%	8.50%	0.50%	8.00%	8.50%	0.50%
2006年7月5日	7.50%	8.00%	0.50%	7.50%	8.00%	0.50%

续表

日期	大型金融机构			中小金融机构		
	调整前	调整后	调整幅度	调整前	调整后	调整幅度
2004年4月25日	7.00%	7.50%	0.50%	7.00%	7.50%	0.50%
2003年9月21日	6.00%	7.00%	1.00%	6.00%	7.00%	1.00%
1999年11月21日	8.00%	6.00%	−2.00%	8.00%	6.00%	−2.00%
1998年3月21日	13.00%	8.00%	−5.00%	13.00%	8.00%	−5.00%
1988年9月	12.00%	13.00%	1.00%	12.00%	13.00%	1.00%
1987年	10.00%	12.00%	2.00%	10.00%	12.00%	2.00%
1985年	中国人民银行将法定存款准备金率统一调整为10%					
1984年	中国人民银行按存款种类规定法定存款准备金率，企业存款20%，农村存款25%，储蓄存款40%					

2. 中国人民银行采用的再贴现率

2004年3月25日，经国务院批准，中国人民银行实行再贷款浮息制度。综合考虑当时经济金融形势和支持中小企业融资的需要，中国人民银行决定将用于金融机构头寸调节和短期流动性支持的再贷款利率统一加0.63个百分点，再贴现利率加0.27个百分点。

3. 中国人民银行采用的公开市场操作

公开市场操作由于具有主动性、灵活性、公开性和平等性等优点，已成为中国人民银行高频率使用的货币政策工具。例如中国人民银行从2019年12月20日到23日就进行了三次操作，包括逆回购和发行中央银行票据。具体如下：

(1) 公开市场业务交易公告（2019年第251号）。

中国人民银行于12月23日以利率招标方式开展了逆回购操作，具体情况见表11-2。

表11-2　逆回购操作情况

期限	中标量	中标利率
14天	500亿元	2.65%

(2) 公开市场业务交易公告（2019年第250号）。

中国人民银行于12月20日以利率招标方式发行了央行票据，具体情况见表11-3。

表11-3　央行票据发行情况

期次	发行量（人民币）	期限	中标利率
2019年第十二期央行票据（香港）	100亿元	6个月（182天）	2.90%

（3）公开市场业务交易公告（2023年第185号）。

中国人民银行于12月19日以利率招标方式开展了逆回购操作，具体情况见表11－4。

表11－4　逆回购操作情况

期限	中标量	中标利率
7天	2 080亿元	1.80%
14天	600亿元	1.95%

思考题

1. 试述货币政策的三大法宝的利弊。

2. 试论我国的货币政策目标。

参考书目

1. 范志勇．开放条件下中国货币政策的选择．北京：中国人民大学出版社，2009.

2. 温信祥．银行资本监管研究：银行行为、货币政策与金融稳定．北京：中国金融出版社，2009.

3. 张思成．通货膨胀动态机制与货币政策现实选择．北京：中国人民大学出版社，2009.

4. 于泽．理性非注意、粘性信息与最优货币政策．北京：中国人民大学出版社，2009.

5. 龚刚，高坚．固定汇率制度下的独立货币政策：未来中国货币政策管理机制探讨．金融研究，2007（12）.

6. 伍戈，李斌．货币数量、利率调控与政策转型．北京：中国金融出版社，2016.

7. 盛松成，翟春．中央银行与货币供给．2版．北京：中国金融出版社，2016.

8. 马骏，管涛，等．利率市场化与货币政策框架转型．北京：中国金融出版社，2018.

第十二章
金融监督管理法

本章要点

1. 金融监管和金融监管法的定义
2. 金融监管的原则
3. 金融监管体制及其利弊
4. 银行业、证券业和保险业的监管主体、职责和内容
5. 其他金融机构的范围及监管主体

第一节　金融监管法概述

一、金融监管法的定义

金融监管（financial regulation，financial supervision）包括金融监督和金融管理。狭义的金融监管是指金融主管当局依据国家法律法规的授权对金融业（包括金融机构以及它们在金融市场上的业务活动）实施监督、约束和管制等使其依法稳健运行的行为总称。广义的金融监管则指除金融主管当局的监管之外，还包括金融机构的内部控制与稽核、行业自律性组织的监督、社会中介组织的监督等内部监控和外部监督。

金融监管法是调整国家在对金融市场进行监督和管理的过程中所形成的权利义务关系的法律规范的总称。与金融监管相对应，金融监管法律关系也有广义与狭义之分。广义的金融监管法律关系是指由金融监管法调整的在金融监管活动和金融业务活动过程中形成的具有权利（或权力）义务内容的社会关系。狭义的金融监管法律关系则仅包括国家法定的监管机关在行使监管权对金融机构进行监督管理的过程中形成的权利（或权力）义务关系。本章涉及的主要是狭义的金融监管法律关系。

二、金融监管的原则

金融监管的原则，是指能够全面、充分反映金融监管法所调整的金融监管关系的客观要求、对金融监管具有普遍意义的基本准则和指导思想。关于金融监管的基本原则，理论上具有代表性的观点包括：四原则说，即保持币值稳定、促进经济发展原则，维持金融业稳定发展原则，保护投资者原则，与国际接轨原则；五原则说，即合法、公平、公开原则，适度监管原则，监管主体特定原则，效率原则和协调性原则；六原则说，即依法监管原则、合理监管原则、适度监管原则、高效监管原则、公平公正原则、审慎监管原则；七原则说，即实行管理和经营分开原则，稳定币制、促进经济发展原则，保护投资者原则，促进竞争原则，防范和化解金融风险原则，分业经营、分业监管原则，与国际接轨原则。

我们认为，指导整个金融监管的基本原则包括以下几项。

（一）依法监管原则

金融监管主要是监管机构实施的一种行政行为，该行为必须遵循法治原则，以防止监管机构滥用自由裁量权。具体来说，依法监管原则主要包括以下内容：第一，金融监管机构的设立及职权的取得必须有法律依据，这是保证金融监管的权威性和有效性的基础条件。第二，金融监管权的行使必须依照法律规定进行。金融监管机构必须在法律授权的范围内行使权力，其金融监管行为必须符合金融监管实体法和程序法的要求，不得超越法律赋予的权限。第三，金融监管权的行使应受到法律限制。为防止监管主体的越权行为，监管权的行使应受到相应的制约和监督。

（二）适度监管原则

适度监管是指金融监管行为应当以保证金融市场自我调节功能为基本前提，通过金融监管形成和保持金融市场适度竞争的环境和格局，并以此促进金融业的发展。

适度监管原则对金融监管机构的监管行为提出了以下要求：第一，金融监管不能替代金融市场的作用。金融监管机构要充分尊重金融市场机制的作用，应尽可能顺应而不是违背市场力量，只要没有市场失灵等情况发生，金融监管机构就不应主动介入，更不应该人为设置障碍而阻止金融机构对市场机会的利用，以免损害金融市场整体调节的自然演进。第二，金融监管机构应避免直接干预金融机构的具体经营决策。金融监管机构不是金融机构的经营管理者，其职责并非对金融机构的具体事务进行微观管理，不得通过监管而压制金融机构正常竞争和发展。第三，金融监管机构应充分重视金融业自律机制和社会中介机构的监督功能，发挥其在金融监管方面应有的作用。

（三）保障金融安全原则

金融安全是指通过制度、体制、机制和技术手段的建设，强化和完善金融领域的薄弱环节和链条，防范和化解金融风险，避免金融体系系统性、全面性风险的发生。融资体系和结构不合理、对金融企业的不当干预、金融业内部风险管理控制机制不规范不到位等因素，都可能引发一定程度的金融风险，而金融风险特有的社会性、扩张性和周期性又会产生连锁反应，进一步引发经济危机。因此，在促进金融业发展的同时，必须将防范金融风险、保障金融安全作为金融监管的重要原则。中国共产党十八届三中全会通过的《中共中央关于全面深化改革若干重大问题的决定》在论及金融监管时明确提出："保障金融市场安全高效运行和整体稳定。"安全高效与整体稳定就要求加快完善现代金融体系，防范和化解金融风险，而要实现这一目标关键在于构建良好的宏观经济环境，积极推动金融体制改革，建立有效的金融监管系统和内部控制体系。

（四）保护金融消费者和投资者合法权益原则

保护金融消费者和投资者的合法权益是金融监管的核心任务，也是规范金融市场的根本目的。把保护金融消费者和投资者的合法权益作为金融监管的基本原则，有利于增强消费者和投资者的信心，保障金融市场稳定的资金来源，从而实现整体经济健康发展。一国或地区对金融消费者和投资者的保护越好，资本市场就越发达，抵抗金融风险的能力就越强，对经济增长的促进作用也就越大。保护金融消费者和投资者合法权益的关键是建立公平、公开、公正的市场环境，为消费者和投资者提供平等的交易机会和获取信息的机会，使其能够在理性的基础上自主地决定交易行为。

三、金融监管模式

在不同机构之间对金融监管职责进行划分可以有多种选择，从而形成不同的金融监管体制。金融监管体制存在多种模式，但并没有绝对意义上的最佳模式。一国（地区）金融监管采取何种体制取决于该国（地区）政治、经济、金融和立法等多种因素。根据金融监管权力主体来划分，目前世界各国形成的主要金融监管模式有统一监管、分业监管、混业监管和多元多层监管四种。

（一）统一监管模式

典型的统一监管模式是指对不同的金融行业、金融机构和金融业务的监管均由一个统一的监管机构负责。这个监管主体可以是中央银行或其他机构。统一监管模式的优势在于节约技术和人力方面的投入等监管成本，在监管目标和监管手段上容易形成一致性和协调性，防止监管真空和交叉监管现象的发生，监管者能及时了解不同金融业务的风险，减少多重监管制度对金融创新的阻碍；主要缺点是缺乏竞争性，难以体现金融业不同业务之间的差异，难以形成集中、明确的监管目标和采取正确、合理的监管方法等。中华人民共和国成立后，在我国曾经在一定时期内仅有中国人民银行一家金融监管机构，实际上形成了统一的金融监管模式。

（二）分业监管模式

分业监管模式是指在银行、证券和保险等不同的行业领域内，依照业务特征各自设立专门的监管机构，分别负责各行业的监管。目前世界各国采取分业监管模式的情况较为普遍，这是因为分业监管模式具有专业性明显、职责明确、重点突出、监管力度较大、容易确定和实现监管目标、提高监管效率等优点。其缺点主要是：多重监管机构之间难以协调，容易出现监管真空和重复监管现象，可能使监管对象有空可钻、逃避监管；若设立多重目标或不透明的目标，监管机构之间容易产生分歧，使监管对象难以理解和服从；分业监管机构人员数量相对庞大，监管成本较高，产生管理规模不经济，难以综合评估混业金融机构的风险，等等。在中国银保监会成立前我国采取的即为典型的分业监管模式，形成了所谓“一行三会”的监管格局。针对分业监管模式的固有缺陷，《中共中央关于全面深化改革若干重大问题的决定》提出了“完善监管协调机制”的要求。

（三）混业监管模式

混业监管是在金融业综合经营体制下，把单一监管机构监管和多个监管机构监管相结合而形成的一种模式。这种监管模式兼顾了单一监管机构监管和多个监管机构监管的优点，具体形式又主要被分为牵头监管和双峰监管两种模式。牵头监管即在多重监管机构之间建立及时磋商和协调机制，特别指定一个牵头监管机构负责不同监管机构之间的协调工作，实际上是一种针对分业监管环境的混业监管措施，例如，由中央银行牵头其他监管机构落实对互联网金融的监管。双峰监管模式是指根据监管目标设立两类监管机构：一类负责对所有金融机构进行审慎监管，控制金融体系的系统性风险；另一类负责对不同金融业务经营进行监管，实际上是一种针对统一监管环境的分业监管措施，例如，在英格兰银行对金融机构全面监管之下，另有审慎监管局和金融行为监管局。与统一监管模式相比，混业监管模式在一定程度上保持了监管机构之间的竞争与制约作用，各监管机构在其监管领域内容易保持监管规则的一致性，既可发挥各个机构的优势，还可将多重机构的不利因素最小化；与分业监管模式相比，混业监管模式通过定期磋商协调机制，使各监管机构相互交换信息和密切配合，降低了多重监管机构之间互相协调的成本和难度，提高了监管效率。其主要缺点是：监管机构设置比较复杂，如果各监管机构之间协调性差，则会出现监管“灰色区域”以及监管成本上升等问题。

（四）多元多层监管模式

多元多层监管模式也称为“伞形监管模式”或“双重多头式监管模式”，以美国为代表，是由美国监管体制复杂多层的历史和双轨银行制决定的，起因于防止金融机构以金融控股公司等形式突破分业经营原则、规避监管。“双重”是指美国联邦和各州都有监管职能，“多头”是指美国联邦储备委员会为金融控股公司的“伞形监管人”，负责对金融控股公司的综合监管；同时，金融控股公司下属各类金融机构按所经营业务的种类而非机构类型接受不同行业主要监管人（称为“功能监管人”）的监管。“伞形监管人”与“功能监管人”相互协调、共同配合。同时，为避免重复与过度监管，“伞形监管人”的权力受到限制，一般不得直接监管金融控股公司的下属机构，而是尽可能接受“功能监管人”作出的结论。通过这种特殊的监管安排，金融控股公司的稳健性与效率可以得到一定保障。然而，随着金融全球化和混业经营的不断推进，如果不能建立良好的沟通、协调机制，该模式容易产生职责不明、监管真空与重叠并存、监管决策不及时等弊端。这些问题比较充分地反映在2008年美国“次贷危机”中。

四、我国的金融监管体制

中华人民共和国成立后，我国的金融监管体制有一个逐步演变的过程。在1983年以前，中国人民银行作为超级中央银行，既负责货币政策制定，又负责对金融业进行监督。这时虽然专业银行在经营业务上有较严格的分工，但银行分支机构可以办理附属信托公司，事实上形成一种统一监管体制下的混业经营模式。1983年，中国工商银行作为国有商业银行从中国人民银行中脱离出来，实现了中央银行与商业银行的分离，从而使中国人民银行集金融监管、货币政策、商业银行职能于一身的金融管理体制宣告结束，现代金融监管模式初露端倪。

在20世纪90年代，资本市场迅速发展，对金融监管提出了新的要求。1992年10月中国证监会成立，1998年11月中国保监会成立，进一步把对证券、保险市场的监管职能从中国人民银行剥离出来。在2003年年初中国银监会的成立，使中国金融业“分业经营、分业监管”的框架最终完成，由此形成了我国“一行三会”的金融分业监管体制。在该监管体制中，中国银监会主要负责银行业的监管，中国保监会负责保险业的监管，中国证监会负责证券业的监管，中国人民银行则主要负责制定货币政策，兼有一部分监管职能。

2018年3月，《国务院机构改革方案》提出将中国银监会和中国保监会的职责整合，组建中国银保监会，作为国务院直属事业单位。随后，第十三届全国人大第一次会议表决通过该方案。2018年4月8日，中国银保监会正式挂牌。同年11月13日，《中国银行保险监督管理委员会职能配置、内设机构和人员编制规定》发布。至此，我国金融监管体制由原来的“一行三会”变为“一行两会”，形成一种介于分业监管和混业监管之间的特殊体制。

2023年全国“两会”期间，国务院发布了机构改革方案。在中国银保监会基础上组建国家金融监督管理总局，统一负责除证券业之外的金融业监管，将中国人民银行对金融控股公司等金融集团的日常监管职责、有关金融消费者保护职责，中国证监会的投资者保护职责划入国家金融监督管理总局，不再保留中国银保监会，将中国证监会由事业单位调整为国务院直属机构，将原由国家发展改革委承担的企业债券发行审核职责划入中国证监会。2023年3月16日，按照《党和国家机构改革方案》决定，中央金融委员会和中央金融工作委员会成立。至此，具有中国式现代化特征、由党中央统一领导的金融监管体制开始确立。

第二节　银行业监督管理法

我国的银行业监管经历了大一统的中国人民银行体制、中国人民银行和专业银行分工体制、银证保分业监管体制和银保混业监管等几个阶段。大一统的中国人民银行体制下中央银行既制定货币政策又监督和管理商业银行，在一定程度上降低了中央银行的独立性，也使银行监管与货币政策的执行之间容易发生冲突。因此，为了更好地对商业银行实施有效监管，2003年3月十届全国人大决定成立中国银监会，2003年4月28日中国银监会正式挂牌成立，标志着中国人民银行集宏观调控与银行监管于一身的管理模式正式结束，我国商业银行监管从此进入了由专门银行业监管机构监管的专业化监管阶段。

2003年12月27日第十届全国人大常委会第六次会议通过了《银行业监督管理法》。2006年10月31日第十届全国人大常委会二十四次会议作出了《关于修改〈中华人民共和国银行业监督管理法〉的决定》。修正后的《银行业监督管理法》共6章、52条，分别对银行业监管对象、监管机构、监管职责、监管措施等作了明确的规定。此外，《中国人民银行法》和《商业银行法》也是重要的关于银行业监管的法律。

一、监管对象

银行业监管的对象包括银行业金融机构、境内设立的非银行金融机构和境外设立的金融机构三类。银行业金融机构，是指在中华人民共和国境内设立的商业银行、农村信用合作社等吸收公众存款的金融机构以及政策性银行。境内设立的非银行金融机构，是指在中华人民共和国境内设立的金融资产管理公司、信托投资公司、财务公司、金融租赁公司以及经国务院银行业监督管理机构批准设立的其他金融机构，即狭义的非银行金融机构。除上述两类机构外，国务院银行业监督管理机构对于经其批准在境外设立的金融机构以及上述金融机构在境外的业务活动实施监督管理。

二、监管机构

国务院银行业监督管理机构负责对全国银行业金融机构及其业务活动进行监督管理。国务院银行业监督管理机构对派出机构实行统一领导和管理。国务院银行业监督管理机构的监督管理程序应当公开，并建立监督管理责任制度和内部监督制度。同时，2003 年修正的《中国人民银行法》规定，中国人民银行对金融市场运行情况进行监测，并对部分金融市场实施监管。由此，我国的银行业监管主体由国务院银行业监督管理机构和中国人民银行共同担任，其中，国务院银行业监督管理机构发挥主要的监管作用。

以国务院银行业监督管理机构为主的监管模式有以下特点：首先，国务院银行业监督管理机构受国务院的直接领导，向国务院负责并报告工作。其次，国务院银行业监督管理机构在国务院的领导下独立履行监督管理职责，不受地方政府、各级政府部门、社会团体和个人的干涉。再次，国务院银行业监督管理机构统一监管全国银行业金融机构及其业务活动，既包括境内的中资、外资银行业金融机构及其业务活动，也包括境外的中资银行业金融机构和境内中资银行业金融机构的境外业务活动。

三、监管职责

根据《银行业监督管理法》的规定，国务院银行业监督管理机构根据国务院授权，统一监督管理银行、金融资产管理公司、信托投资公司及其他存贷款类金融机构，维护银行业的合法、稳健运行。其主要职责是：制定有关银行业金融机构监管的规章制度和办法；审批银行业金融机构及分支机构的设立、变更、终止及业务范围；对银行业金融机构实行现场和非现场监管，依法对违法违规行为进行查处；审查银行业金融机构高级管理人员的任职资格；对有违法经营、经营管理不善等情形的银行业金融机构予以撤销；对擅自设立银行业金融机构或非法从事银行业金融机构业务活动予以取缔；统一编制全国银行数据、报表，并按照国家有关规定予以公布；会同有关部门建立银行业突发事件处置制度并及时有效地处置；负责国有重点银行业金融机构监事会的日常管理工作。

《中国人民银行法》在“金融监督管理”一章规定了中国人民银行行使必要金融监督管理职能的目标、手段与措施，同时也要求国务院银行业监督管理机构的监管与中国人民银行的监管相协调。中国人民银行的监管职能包括以下几个方面：监管银行间同业拆借市场、银行间债券市场、银行间外汇市场和黄金市场；根据实施货币政策和维护金融稳定的需要，可以建议国务院银行业监督管理机构对银行业金融机构进行检查；当银行业金融机构出现支付困难，可能引发金融风险时，为维护金融稳定，中国人民银行经国务院批准，有权对银行业金融机构进行检查；中国人民银行根据履行职责的需要，有权要求银行业金融机构报送有关资料等。中国人民银行的银行业监管重点是特定的市场，国务院银行业监督管理机构的银行业监管重点是特定的机构。

四、监管内容

对商业银行的监管主要包括四个方面：市场准入监管、银行风险监管、银行业务监管和市场退出监管。

（一）市场准入监管

银行市场准入监管被称为银行监管的第一道防线。市场准入是指金融监管机构依照法律规定的标准选择机构，在机构依法获得从业资格后，才允许其作为合格的机构进行相应的金融活动。市场准入监管是金融监管机构的一种“防患于未然”的预防性监管措施，以保证金融机构具备从业的基本条件。世界各国大都出于维护信用体系的考虑，规定了严格的银行业市场准入限制条件。在我国，国务院银行业监督管理机构负责银行业金融机构的市场准入审查，不同的银行业金融机构有不同的准入条件、程序和管理要求，国务院银行业监督管理机构及其分支机构依据权限和程序进行审批。

（二）银行风险监管

银行风险监管，又称审慎性监管，其核心内容是防范和控制金融风险，使银行机构稳健运行。我国《银行业监督管理法》第 21 条第 1、2 款规定：银行业金融机构的审慎经营规则，由法律、行政法规规定，也可以由国务院银行业监督管理机构依照法律、行政法规制定。审慎经营规则，包括风险管理、内部控制、资本充足率、资产质量、损失准备金、风险集中、关联交易、资产流动性等内容。限于篇幅，下文仅介绍三类规则。

1. 资本充足率监管

资本充足率是指商业银行持有的资本与风险加权资产之间的比率，是衡量银行资本安全和承担风险能力的重要指标，能比较有效地衡量银行经营的稳健程度。资本充足率反映出安全和效益之间的矛盾：资本充足率越小，风险就越大，安全度就越低。然而，资本充足率过高，会使银行财务杠杆比率下降，增加筹集资本金的成本，影响银行的收益。按照《巴塞尔资本协议Ⅰ》的要求，我国规定，资本充足率不低于8%，核心资本充足率不低于4%时为“充足”；资本充足率不足8%，核心资本充足率不足4%时为“不足”；资本充足率不足4%，核心资本充足率不足2%时为“严重不足”。针对这三条标准，国务院银行业监督管理机构可以分别采取不同的监管手段。金融危机后，随着《巴塞尔资本协议Ⅲ》提出了更高的资本要求，2012年6月中国银监会发布了《商业银行资本管理办法（试行）》，规定：商业银行核心一级资本充足率不得低于5%，一级资本充足率不得低于6%，资本充足率不得低于8%。同时应当在最低资本要求的基础上计提2.5%的储备资本。

2. 资产流动性监管

资产流动性是指银行可以随时满足所有提款或还款的客户信用需求的能力。只有资产具有较高的流动性，才会使银行的资金灵活周转，并能随时满足客户提取存款或要求贷款的需求。如果资产流动性差，则可能出现挤提，致使银行倒闭。因此，对资产的流动性需要加强监管。

我国关于银行资产流动性监管方面的早期法律、规章主要有《商业银行法》以及中国人民银行于1994年发布的《商业银行资产负债比例管理指标》等，当前较新的涉及银行资产流动性的规定是自2018年7月1日起施行的《商业银行流动性风险管理办法》，该管理办法要求商业银行建立健全流动性风险管理体系，对各类机构和业务的流动性风险进行有效识别、计量、监测和控制。

3. 内部控制监管

内部控制是指商业银行董事会、监事会、高级管理层和全体员工参与的，通过制定和实施系统化的制度、流程和方法，实现控制目标的动态过程和机制。内部控制是现代金融监管的基础，只有金融机构形成良好、严格的内控机制，外部的金融监管才能有效发挥作用。因此，内部控制的监管尤为重要，内部控制的监管不到位，容易造成商业银行缺乏竞争力，风险加大，利润率低下。2014年9月12日，中国银监会印发了修订后的《商业银行内部控制指引》。该指引自印发之日起施行，规定了商业银行内部控制的目标、原则、职责、措施、保障、评价、监督等内容。

（三）银行业务监管

《商业银行法》规定了 13 项具体业务和一项兜底业务，银行开展主要业务必须遵守法律法规的规定，接受监管机构的监管。《银行业监督管理法》赋权国务院银行业监督管理机构依法发布对银行业金融机构及其业务活动监督管理的规章和规则，对银行业务经营活动开展现场和非现场检查。近年来，针对银行业的改革发展，监管机构在业务经营监管方面有了一些新的内容，如对商业银行保理业务的监管、对股票质押贷款的监管和对商业银行设立基金管理公司和理财子公司的监管等。

（四）市场退出监管

银行发生危机时需要采取保护性的事后监管作为补充手段。市场退出机制，旨在建立一个政府的保护网，采取及时、有效的措施，防止银行倒闭及其产生的连锁效应，主要包括存款保险制度、最后贷款人制度和市场退出制度等。

1. 存款保险制度

银行的主要业务即存款，存款的规模即构成银行负债的规模，而负债规模和银行风险程度直接相关，此种风险又可能影响存款人的利益。为保护存款人的利益，世界上许多国家设立了存款保险制度。存款保险制度是规定银行就其吸收到的存款到存款保险机构投保，在参加投保的银行破产时，由存款保险机构同银行支付法定数额保险金的一种制度。（可参见第十章相关内容）

2. 最后贷款人制度

中国人民银行作为中央银行，可为银行融通资金，是银行的最后贷款者。当商业银行发生资金短缺、周转不灵时，商业银行可以向中央银行请求贷款，其主要方式是票据再贴现和抵押贷款。《中国人民银行法》第 23 条第 1 款第 4 项规定，中国人民银行可以向商业银行提供贷款。该法第 28 条还规定：中国人民银行根据执行货币政策的需要，可以决定对商业银行贷款的数额、期限、利率和方式，但贷款的期限不得超过 1 年。

3. 市场退出制度

银行的市场退出是指银行停止办理有关银行业务，银行主管部门吊销其营业许可证，从而使银行失去作为金融机构的资格。银行的退出分为法人的退出和分支机构的退出。虽然目前我国四大国有商业银行未曾有过市场退出的事件，但个别中小金融机构发生的接管和退出事件，也给监管者敲响了警钟。我国银行市场退出的法律依据为《中国人民银行法》《银行业监督管理法》《商业银行法》《外资银行管理条例》《金融机构撤销条例》等。上述法律法规主要规定了银行市场退出的过程和方式，包括接管、解散、撤销、破产等。

第三节　证券业监督管理法

证券监管是指以矫正和消除证券市场失灵为目的，证券监管机构对证券市场主体及其活动进行管理、引导、干预和规制的行为。我国的证券监管体制经历了从多头到统一、从分散到集中的发展过程，从 20 世纪 80 年代初至今，大致可以分为，主要由上海、深圳两地地方政府管理，由中央与地方、中央各部门共同管理，形成集中统一的证券监管体制三个阶段。在制度方面，构建起了以《证券法》为龙头，以法律、行政法规、部门规章、规范性文件和政策为主要调控依据的证券监管法律制度体系，监管范围包括市场监管、机构监管、公司监管、基金监管、期货监管等诸多内容。

一、监管主体

目前我国证券业监管主体是中国证监会，在 2023 年《国务院机构改革方案》实施之后，它由国务院直属正部级事业单位调整为国务院直属机构，是全国证券、期货市场的主管部门。它按照国务院授权履行行政管理职能，依照法律、法规对全国证券、期货业进行集中统一监管，维护证券市场秩序，保障其合法运行。中国证监会在管理我国证券市场的过程中，行使建立统一的证券期货监管体系的职能以及其他法律授予的职能。中国证监会实行垂直管理，在各省、自治区、直辖市和计划单列市设立了多个证券监管局，以及在上海、深圳设立了证券监管专员办事处。

二、证券发行监管

2023 年 2 月 17 日，中国证监会发布全面实行股票发行注册制的相关制度规则，自公布之日起施行。证券交易所、全国股转公司、中国结算、中证金融、中国证券业协会配套制度规则同步发布、实施。股票注册制改革的本质是把选择权交给市场，是对政府与市场关系的调整，充分贯彻了以信息披露为核心的理念，强化了市场约束和法治约束，让股票发行上市全过程更加统一、规范、透明、可预期。

目前，我国证券发行监管法律主要包括《证券法》、《公司法》、《证券发行与承销管理办法》（2023 年修订）、《首次公开发行股票注册管理办法》（2023 年通过）、

《证券发行上市保荐业务管理办法》（2023 年修订）、《上市公司证券发行注册管理办法》（2023 年通过）、《北京证券交易所上市公司证券发行注册管理办法》（2023 年修订）等。

（一）证券发行条件监管

1. 首次公开发行股票

在所有的证券发行当中，首次公开发行股票通常最受市场关注。如果是首次在上海证券交易所、深圳证券交易所公开发行股票并上市，发行人应当是依法设立且持续经营三年以上的股份有限 公司，具备健全且运行良好的组织机构，相关机构和人员能够依法履行职责；会计基础工作规范，财务报表的编制和披露符合企业会计准则与相关信息披露规则的规定，在所有重大方面公允地反映了发行人的财务状况、经营成果和现金流量，最近三年财务会计报告由注册会计师出具无保留意见的审计报告；内部控制制度健全且被有效执行，能够合理保证公司运行效率、合法合规和财务报告的可靠性，并由注册会计师出具无保留结论的内部控制鉴证报告；业务完整，具有直接面向市场独立持续经营的能力；生产经营符合法律、行政法规的规定，符合国家产业政策。

2. 上市公司公开发行证券

在上海和深圳证券交易所的上市公司公开发行证券主要分为发行股票、可转换公司债券和存托凭证三类，按照发行对象又可分为向不特定对象发行和向特定对象发行两种情况，重点监管的是向不特定对象发行股票。该情况下发行的条件有：(1) 具备健全且运行良好的组织机构。(2) 现任董事、监事和高级管理人员符合法律、行政法规规定的任职要求。(3) 具有完整的业务体系和直接面向市场独立经营的能力，不存在对持续经营有重大不利影响的情形。(4) 会计基础工作规范、内部控制制度健全且有效执行，财务报表的编制和披露符合企业会计准则和相关信息披露规则的规定，在所有重大方面公允反映了上市公司的财务状况、经营成果和现金流量，最近三年财务会计报告被出具无保留意见审计报告。(5) 除金融类企业外，最近一期末不存在金额较大的财务性投资。(6) 交易所主板上市公司配股、增发的，应当最近三个会计年度盈利；增发还应当满足最近三个会计年度加权平均净资产收益率平均不低于 6%；净利润以扣除非经常性损益前后孰低者为计算依据。

3. 上市公司非公开发行股票

上市公司非公开发行股票，是指上市公司采用非公开方式，向特定对象发行股票的行为。这种发行方式的发行条件一般比公开发行的条件相对宽松，其基本条件是：发行对象应当符合股东大会决议规定的条件，且每次发行对象不超过 35 名。发行对象为境外战略投资者的，应当遵守国家的相关规定；发行价格应当不低于定价基准日前二十个交易日公司股票均价的80%；向特定对象发行的股票，自发行结束之日起6个月内不得转让。

（二）证券发行注册监管

在总结上海证券交易所设立科创板并试点注册制的经验基础上，《证券法》按照全面推行注册制的要求确立了证券发行制度，充分体现了注册制改革的决心与方向。公开发行证券除必须符合法律、行政法规规定的条件外，还必须依法报经国务院证券监督管理机构或者国务院授权的部门注册。未经依法注册，任何单位和个人不得公开发行证券。同时，考虑到注册制改革是一个渐进的过程，《证券法》授权国务院对证券发行注册制的具体范围、实施步骤进行规定，为有关板块和证券品种分步实施注册制留出了必要的法律空间。

（三）发行中的信息披露监管

全面实施注册制提高了对发行人和中介机构信息披露的要求，信息披露监管成为发行过程中极其重要的监管方式。发行人和主承销商在发行过程中，应当按照中国证监会规定的要求编制信息披露文件，履行信息披露义务。发行人和承销商在发行过程中披露的信息，应当真实、准确、完整、及时，不得有虚假记载、误导性陈述或者重大遗漏；在推介过程中不得夸大宣传，或者以虚假广告等不正当手段诱导、误导投资者，不得披露除招股意向书等公开信息以外的发行人其他信息；在发行过程中公告的信息应当在证券交易所网站和符合中国证监会规定条件的媒体发布，同时将其置备于公司住所、证券交易所，供社会公众查阅。

三、市场交易监管

（一）一般规定

涉及证券市场交易的法律制度主要有《证券法》《证券投资基金法》《证券交易所管理办法》，最高人民法院、最高人民检察院《关于办理内幕交易、泄露内幕信息刑事案件具体应用法律若干问题的解释》以及《上市公司信息披露管理办法》等。

证券交易当事人依法买卖的证券，必须是依法发行并交付的证券。依法公开发行的股票、公司债券及其他证券，应当在依法设立的证券交易所上市交易或者在国务院批准的其他全国性证券交易场所转让。证券在证券交易所上市交易，应当采用公开的集中交易方式或者国务院证券监督管理机构批准的其他方式。

（二）内幕交易监管

内幕交易是指利用内幕信息进行证券交易以牟取利益的行为。我国《证券法》

禁止证券交易内幕信息的知情人和非法获取内幕信息的人利用内幕信息从事证券交易活动，并明确界定了内幕信息和证券交易内幕信息的知情人的含义和范围。证券交易内幕信息的知情人和非法获取内幕信息的人，在内幕信息公开前，不得买卖该公司的证券，或者泄露该信息，或者建议他人买卖该证券。内幕交易行为给投资者造成损失的，行为人应当依法承担赔偿责任。

（三）证券交易中的持续信息披露

为保证投资者的知情权，上市公司在其证券上市交易期间应持续地将一些必要事项向社会公众公开。这类信息披露主要以定期报告和临时报告的形式进行，其中定期报告包括年度报告、中期报告和季度报告。当发生可能对上市公司股票、债券交易价格产生较大影响的重大事件，投资者尚未得知时，上市公司应当立即通过临时报告的形式披露，说明事件的起因、目前的状态和可能产生的影响。

（四）证券交易所对证券交易活动的监管

能够在证券交易所集中交易的必须是交易所会员，非会员不得参与证券的集中交易，证券交易所有权对会员交易活动进行监管，其监管主要涵盖交易的机会、秩序、信息、风险等领域。证券交易所应当保证投资者有平等机会获取证券市场的交易行情和其他公开披露的信息，并有平等的交易机会。因不可抗力、意外事件、重大技术故障、重大人为差错等突发性事件而影响证券交易正常进行时，为维护证券交易正常秩序和市场公平，证券交易所可以按照业务规则采取技术性停牌、临时停市等处置措施。对于严重影响证券交易秩序或者交易公平的异常交易行为，证券交易所可以按照业务规则实施限制投资者交易等措施。

四、机构监管

机构监管包括对证券公司、证券交易场所、证券投资咨询机构、证券登记结算机构、证券业协会、证券服务机构、合格境内外机构投资者、境外证券交易所驻华代表机构、非上市公众公司、律师事务所（从事证券法律业务）等的监管。这里主要介绍对证券公司的监管。

（一）证券公司的设立审批

设立证券公司，应当具备《公司法》《证券法》《证券公司监督管理条例》规定的条件，并经中国证监会批准。证券公司的股东应当用货币或者证券公司经营必需的非货币财产出资。证券公司股东的非货币财产出资总额不得超过证券公司注册资本的30%；证券公司应当有3名以上在证券业担任高级管理人员满2年的高级管理人员；设立时，其业务范围应当与其财务状况、内部控制制度、合规制度和人力资源状况相适应。

（二）证券公司的组织机构

证券公司应当依法建立健全组织机构，明确决策、执行、监督机构的职权。证券公司可以设独立董事，独立董事不得在本证券公司担任董事以外的职务，不得与本证券公司存在可能妨碍其作出独立、客观判断的关系。证券公司经营证券经纪业务、证券资产管理业务、融资融券业务和证券承销与保荐业务中两种以上业务的，其董事会应当设薪酬与提名委员会、审计委员会和风险控制委员会。证券公司设合规负责人，对证券公司经营管理行为的合法合规性进行审查、监督或考检查。

（三）对证券公司的监管措施

对证券公司的监管措施主要是报告和信息披露。证券公司应当自每一会计年度结束之日起 4 个月内，向国务院证券监督管理机构报送年度报告；自每月结束之日起 7 个工作日内，报送月度报告。发生影响或者可能影响证券公司经营管理、财务状况、风险控制指标或者客户资产安全的重大事件的，证券公司应当立即向国务院证券监督管理机构报送临时报告，说明事件的起因、目前的状态、可能产生的后果和拟采取的相应措施。证券公司应当依法向社会公开披露其基本情况、参股及控股情况、负债及或有负债情况、经营管理状况、财务收支状况、高级管理人员薪酬和其他有关信息。必要时，中国证监会还可要求证券公司或者相关单位或个人，在指定的期限内提供与证券公司经营管理和财务状况有关的资料、信息。

第四节　保险业监督管理法

保险分为商业保险和社会保险。商业保险是指投保人根据合同约定，向保险人支付保险费，保险人对于合同约定的可能发生的事故因其发生所造成的财产损失或人身伤害承担赔偿或给付保险金责任的商业行为。在我国，商业保险的监管由国家金融监督管理总局负责，社会保险则由人力资源和社会保障部进行管理。本节只介绍对商业保险的监管。

一、监管主体及其职能

国家金融监督管理总局是国务院直属的保险监督管理机构。根据国务院授权，国家金融监督管理总局依法履行监督管理我国保险市场的职能，主要包括：（1）拟订保险业发展的方针政策，制订行业发展战略和规划；（2）依据保险业监管的法律、法规，起草、制定业内规章；（3）审批保险公司及其分支机构、保险集团公司、保险控股公司的设立；（4）审查、认定各类保险机构高级管理人员的任职资格；（5）制定保险从业人员的基本资格标准；（6）审批关系社会公众利益的保险险种、依法实行强制保险的险种和新开发的人寿保险险种等的保险条款与保险费率；（7）监管保险公司的偿付能力和市场行为。

二、对保险公司的监管

（一）保险公司的设立审批

目前我国对保险公司设立的审批采取的依然是内外有别的模式，并实施许可证管理。

内资保险公司的设立，须经国务院保险监督管理机构批准，采取股份有限公司或国有独资公司的组织形式，并：有符合《保险法》和《公司法》规定的章程；有符合规定的最低限额的注册资本，根据《保险法》该最低限额为人民币 2 亿元，且必须为实缴货币资本[①]；有具备任职专业知识和业务工作经验的高级管理人员；有健全的组织机构和管理制度；有符合要求的营业场所和与业务有关的其他设施。

外资保险公司的设立同样须经国务院保险监督管理机构批准，其中，合资保险公司、独资保险公司的注册资本最低限额为 2 亿元人民币或者其等值的自由兑换货币；外国保险公司分公司应当由其总公司无偿拨给不少于 2 亿元人民币等值的自由兑换货币的营运资金。国务院保险监督管理机构根据外资保险公司业务范围、经营规模，可以提高前述规定的外资保险公司注册资本或者营运资金的最低限额。此外，申请设立外资保险公司的外国保险公司还需满足的条件包括：提出设立申请前 1 年年末总资产不少于 50 亿美元；所在国家或者地区有完善的保险监管制度，并且该外国保险公司已经受到所在国家或者地区有关主管当局的有效监管；符合所在国家或者地区偿付能力标准；所在国家或者地区有关主管当局同意其申请；国务院保险监督管理机构规定的其他审慎性条件。

（二）保险公司董事和高级管理人员的任职资格监管

国务院保险监督管理机构及其派出机构对商业保险公司的董事、高级管理人员任职资格实行分级审查、分级管理，分别规定了不同的任职资格条件。[②] 这里的高级管理人员，是指对保险公司的经营管理活动和风险控制具有决策权或者重大影响

① 《保险公司分支机构市场准入管理办法》第 6 条规定：注册资本为 2 亿元的保险公司，在住所地以外每申请设立一家省级分公司，应当增加不少于 2 000 万元的注册资本。注册资本在 5 亿元以上的，可不再增加。

② 参见《保险公司董事、监事和高级管理人员任职资格管理规定》第 4 条。

的下列人员：总公司和省级分公司的总经理、副总经理和总经理助理；其他分公司、中心支公司总经理；总公司董事会秘书、合规负责人、总精算师、财务负责人和审计责任人；支公司、营业部经理以及与上述高级管理人员具有相同职权的管理人员。

（三）保险公司资金运用的监管

国务院保险监督管理机构为了保证各保险公司的资金运用稳健、安全，保证其资产的保值升值，专门制定了《保险资金运用管理办法》，对保险公司的资金运用作了规定。随着我国分业经营体制的逐步放宽，保险公司资金开始进入证券投资市场、房地产市场、货币基金市场和银行间市场等。国务院保险监督管理机构同时加强了对保险公司进入上述市场的资格、投资范围等方面的监管措施。

（四）保险公司偿付能力的监管

偿付能力是指保险公司履行赔偿或给付责任的能力。对偿付能力的监管主要是考察保险公司依其资金能力是否足以履行其承担的危险赔偿责任。保险公司具备基本的偿付能力，不仅是保护被保险人利益的需要，也是保险公司自身稳定经营的需要。为了确保保险公司的偿付能力，法律规定了强制提取保险准备金和在一定情况下增加资本金制度。在保险公司的实际资产减去实际负债后的差额低于国务院保险监督管理机构规定的金额时，应增加资本金，补足差额。此外，相关规范性文件有《中国第二代偿付能力监管制度体系整体框架》。

三、对保险专业代理机构、保险经纪机构和保险从业人员的监管

保险专业代理机构是指根据保险公司的委托，向保险公司收取佣金，在保险公司授权的范围内专门代为办理保险业务的机构，包括保险专业代理公司及其分支机构。在中华人民共和国境内设立保险专业代理公司，应当符合国务院保险监督管理机构规定的资格条件，取得经营保险代理业务许可证。除国务院保险监督管理机构另有规定外，保险专业代理机构应当采取有限责任公司和股份有限公司的组织形式，经营区域不限于注册登记地所在省、自治区、直辖市、计划单列市的注册资本最低限额为5 000万元，经营区域为注册登记地所在省、自治区、直辖市、计划单列市的注册资本最低限额为2 000万元，国务院保险监督管理机构另有规定的除外，且必须为实缴资本。保险专业代理公司分支机构包括分公司、营业部。保险专业代理公司设立分支机构应当具备内控制度健全等条件。

保险经纪包括直接保险经纪和再保险经纪。直接保险经纪是指保险经纪机构与投保人签订委托合同，基于投保人或者被保险人的利益，为投保人与保险公司订立保险合同提供中介服务，并按约定收取佣金的行为。再保险经纪是指保险经纪机构

与原保险公司签订委托合同，基于原保险公司的利益，为原保险公司与再保险公司安排再保险业务提供中介服务，并按约定收取佣金的行为。除国务院保险监督管理机构另有规定外，保险经纪机构应当采取有限责任公司和股份有限公司的组织形式，其注册资本最低限额根据经营区域是否限于工商登记注册所在地的省、自治区、直辖市、计划单列市分别为 5 000 万元和 1 000 万元，且必须为实缴资本。

保险从业人员是指取得国务院保险监督管理机构颁发的资格证书，为保险公司销售保险产品及提供相关服务，并收取手续费或者佣金的个人，主要包括保险销售从业人员、保险经纪从业人员和保险公估从业人员等。国务院保险监督管理机构根据国务院授权，对保险从业人员履行监管职责。保险从业人员应当通过相应的保险从业人员资格考试，取得保险从业人员资格证书。

第五节　其他金融业监督管理法

一、其他金融机构的范围

除银行业金融机构、证券机构和保险机构外，我国还存在金融资产管理公司、信托公司、企业集团财务公司、汽车金融公司、消费金融公司、货币经纪公司、融资性担保公司，以及经国务院银行业监督管理机构批准设立的其他从事金融业务的机构，这些机构被称为非银行金融机构。

二、对其他金融业的法律监管

根据我国《银行业监督管理法》的规定，在中华人民共和国境内设立的金融资产管理公司、信托投资公司、财务公司、金融租赁公司，以及经国务院银行业监督管理机构认定的其他从事金融业务的机构，适用该法关于对银行业金融机构监督管理的规定。

除此之外，上述其他金融机构还分别受到我国《金融资产管理公司条例》《信托公司管理办法》《金融租赁公司管理办法》《企业集团财务公司管理办法》《消费金融公司试点管理办法》等行政法规、部门规章以及规范性文件的监管。

（一）对金融资产管理公司的监管

金融资产管理公司，是指经国务院决定设立的收购国有银行不良贷款，管理和处置因收购国有银行不良贷款形成的资产的国有独资非银行金融机构。金融资产管理公司以最大限度保全资产、减少损失为主要经营目标，依法独立承担民事责任。

中国人民银行、财政部和中国证监会依据各自的法定职责对金融资产管理公司实施监督管理。金融资产管理公司的注册资本为人民币 100 亿元，由财政部核拨。金融资产管理公司收购国有银行不良贷款的范围和额度由国务院确定；超出确定的范围或者额度收购的，须经国务院专项审批。金融资产管理公司应当按照中国人民银行、财政部和中国证监会等有关部门的要求，报送财务、统计报表和其他有关材料。金融资产管理公司应当依法接受审计机关的审计监督。金融资产管理公司在 20 世纪 90年代银行业股份制改革中发挥了重要的作用。

（二）对信托公司的监管

根据我国《信托公司管理办法》的规定，设立信托公司，应当采取有限责任公司或者股份有限公司的形式。设立信托公司，应当经国务院银行业监督管理机构批准，并领取金融许可证。设立信托公司，应当具备的条件包括：有符合我国《公司法》和国务院银行业监督管理机构规定的公司章程；有具备规定的入股资格的股东；具有法定的最低限额的注册资本；有具备国务院银行业监督管理机构规定的任职资格的董事、高级管理人员和与其业务相适应的信托从业人员；具有健全的组织机构、信托业务操作规程和风险控制制度；有符合要求的营业场所、安全防范措施和与业务有关的其他设施，以及国务院银行业监督管理机构规定的其他条件。信托公司注册资本最低限额为 3 亿元人民币或等值的可自由兑换货币。此外，信托公司在设立分支机构及变更名称、注册资本、公司住所、组织形式等方面，均应经国务院银行业监督管理机构批准。信托公司在经营外汇业务时，还应接受国家外汇主管部门的检查、监督。

（三）对企业集团财务公司的监管

企业集团财务公司，是指以加强企业集团资金集中管理和提高企业集团资金使用效率为目的，依托企业集团、服务企业集团，为企业集团成员单位提供金融服务的非银行金融机构。企业集团财务公司依法接受国务院银行业监督管理机构的监督管理，其设立应经国务院银行业监督管理机构批准。企业集团设立财务公司应当具备的条件包括：确属集中管理企业集团资金的需要，经合理预测能够达到一定的业务规模；有符合法律规定的章程；有符合我国《企业集团财务公司管理办法》规定的最低限额注册资本金；有符合国务院银行业监督管理机构规定的任职资格的董事、高级管理人员和规定比例的从业人员．在风险管理、资金集约管理等关键岗位上有合格的专门人才；在法人治理、内部控制、业务操作、风险防范等方面具有完善的制度；有符合要求的营业场所、安全防范指施和其他设施等。设立企业集团财务公司的注册资本金最低为 10 亿元人民币。经营外汇业务的财务公司，应当遵守国家外汇管理的有关规定。企业集团财务公司的业务范围、设立分公司等须经国务院银行业监督管理机构批准，其经营业务应遵守规定的资产负债比例要求。

（四）对金融租赁公司的监管

2014年3月，中国银保监会公布了新的《金融租赁公司管理办法》。金融租赁公司是以经营融资租赁业务为主的非银行金融机构。融资租赁，是指出租人根据承租人对固定资产和供货人的选择或认可，将其从供货人处取得的固定资产按合同约定出租给承租人占有、使用，向承租人收取租金的交易活动。对金融租赁公司实施监督管理的主管机关是国家金融监督管理总局及其派出机构。申请设立金融租赁公司应具备的条件包括：具有符合规定条件的发起人、最低限额注册资本①和符合《公司法》、国家金融监督管理总局规定的公司章程；具有符合国家金融监督管理总局规定的任职资格条件的董事、高级管理人员和熟悉融资租赁业务的合格从业人员；建立了有效的公司治理、内部控制和风险管理体系；建立了与业务经营和监管要求相适应的信息科技架构，具有支撑业务经营的必要、安全且合规的信息系统，具备保障业务持续运营的技术与措施；有与业务经营相适应的营业场所、安全防范措施和其他设施；国家金融监督管理总局规定的其他审慎性条件。

金融租赁公司的发起人通常为银行、融资租赁公司、大型企业等。《金融租赁公司管理办法》对金融租赁公司的发起人区分境内外注册，相应有较为严格的规定，金融租赁公司至少有一名符合规定的发起人，且其出资比例不低于拟设金融租赁公司全部股本的30%。金融租赁公司设立分支机构及变更名称、住所、注册资本等方面须经国家金融监督管理总局批准，其董事和高级管理人员的任职资格须经国家金融监督管理总局核准。金融租赁公司须遵守法定的监管指标，并按照相关企业会计准则及国家金融监督管理总局有关规定进行信息披露。

（五）对期货市场的监管

2022年4月20日，全国人民代表大会常务委员会通过《中华人民共和国期货和衍生品法》，自2022年8月1日起施行。中国证监会是国务院期货监督管理机构，依法对全国期货市场实行集中统一监督管理，下设期货监管部。期货交易所和期货经营机构是两个主要的监管对象。

期货交易所是依照我国《期货和衍生品法》、《期货交易管理条例》（2017年修订）和《期货交易所管理办法》（2017年修改）的规定设立的，履行法律规定的职责，按照章程和交易规则实行自律管理的法人。设立期货交易所，由国务院期货监

① 根据规定，金融租赁公司的最低注册资本为1亿元人民币或等值的可自由兑换货币，且必须为一次性实缴资本。

督管理机构批准；未经批准，任何单位或者个人不得设立期货交易所或者以任何形式组织期货交易及其相关活动。期货交易所可以采取会员制或者公司制的组织形式。会员制期货交易所的注册资本被划分为均等份额，由会员出资认缴。公司制期货交易所采用股份有限公司的组织形式。国务院期货监督管理机构对期货交易的监管主要通过审批和报告制度实施。

期货经营机构是指依照《公司法》和期货和衍生品法设立的期货公司以及国务院期货监督管理机构核准从事期货业务的其他机构。对期货公司的监管分为三个层次：中国证监会及其派出机构依法对期货公司及其分支机构实行监督管理；中国期货业协会、期货交易所依法对期货公司实行自律管理；期货保证金安全存管监控机构依法对保证金安全实施监控。

申请设立期货公司，应当符合我国《公司法》、《期货和衍生品法》、《期货交易管理条例》、《期货公司监督管理办法》(2019年)的相应规定，其注册资本最低限额为人民币1亿元，且应当为实缴资本。此外，中国证监会对期货交易人员的从业资格，期货公司的经营、变更，营业部的设立、停业、终止等，均作出了相应的监督管理规定。

法律应用

国务院金融稳定发展委员会

2017年7月14日至15日，在北京召开的全国金融工作会议宣布设立国务院金融稳定发展委员会，作为国务院统筹协调金融稳定和改革发展重大问题的议事协调机构，其主要职责为：落实中共中央、国务院关于金融工作的决策部署；审议金融业改革发展重大规划；统筹金融改革发展与监管，协调货币政策与金融监管相关事项，统筹协调金融监管重大事项，协调金融政策与相关财政政策、产业政策等；分析研判国际国内金融形势，做好国际金融风险应对，研究系统性金融风险防范处置和维护金融稳定重大政策；指导地方金融改革发展与监管，对金融管理部门和地方政府进行业务监督与履职问责等。2017年11月，经中共中央、国务院批准，国务院金融稳定发展委员会成立，并召开了第一次全体会议。

2019年7月28日，中国工商银行、中国信达资产管理公司、中国长城资产管理公司宣布财务性投资入股锦州银行。

2019年11月6日，国务院金融稳定发展委员会召开第九次会议，学习贯彻中国共产党的十九届四中全会精神，研究深化中小银行改革、防范化解金融风险等问题，部署金融领域重点工作。会议指出，要深化中小银行改革，健全适应中小银行特点的公司治理结构和风险内控体系，从根源上解决中小银行发展的体制机制问题。当前要重点支持中小银行多渠道补充资本，优化资本结构，增强服务实体经济和抵御风险的能力。

2019 年 12 月 18 日，恒丰银行审议通过了非公开发行 1 000 亿股普通股股份的议案。中央汇金投资有限责任公司拟认购 600 亿股，山东省金融资产管理股份有限公司拟认购 360 亿股，新加坡大华银行和其他股东拟认购 40 亿股。

案例与思考

1. 综合案例：英国的金融监管

1997 年 5 月 20 日，英国宣布金融监管体系改制，将对资金供需与支付清算系统中居枢纽地位的银行体系和隶属于证券投资委员会的各类金融机构业务的监管整合，成立单一的监管机构，即金融服务总署（Financial Services Authority，FSA）。

FSA 的目的和任务主要有：（1）保持公众对英国金融系统和金融市场的信心；（2）向公众宣传，使公众能够了解金融系统及与特殊金融产品相连的利益和风险；（3）确保为消费者提供必要的保护；（4）为发现和阻止金融犯罪提供帮助。

FSA 作为英国唯一的、独立的、对英国金融业实行全面监管的执法机构，拥有制定金融监管法规、颁布与实施金融行业准则、给予被监管者以指引和建议，以及借以开展工作的一般政策和准则的职能。根据有关法律，FSA 拥有监管金融业的全部法律权限，并从 2001 年 12 月 1 日起开始行使其全部监管职能。

FSA 并不是政府机构，而是一个独立的非政府的监管组织，它的经费收入直接来源于它所监管的金融机构。FSA 虽然要全面负责对拥有一百多万名员工的英国金融业的监管，但其机构并不庞大，现有雇员仅 2 100 人。

2008 年美国“次贷危机”后，英国出台了《2012 年金融服务法案》，该法案对英国金融监管体系进行了较大调整，将 FSA 的职能分拆由审慎监管局（PRA）和金融行为监管局（FCA）两个机构分别承担。其中，PRA 作为英格兰银行的附属机构，负责审慎监管；FCA 作为独立机构，承担金融消费者保护职能。两个机构相互合作，形成了英国的双峰监管模式。

问题：

（1）英国金融监管体制改革的深层次原因是什么？

（2）请比较中、英两国金融监管体制的发展变化，谈谈你对金融监管体制演变的思考。

2. 思考题

(1) 什么是狭义的金融监管法律关系？

(2) 分业监管和混业监管模式各有哪些优劣？

(3) 试述金融监管法的基本原则。

(4) 试述国家金融监督管理总局和中国证监会的主要监管职责。

参考书目

1. 盛学军．全球化背景下的金融监管法律问题研究．北京：法律出版社，2008.

2. 黄毅．银行监管与金融创新．北京：法律出版社，2009.

3. 朱崇实，刘志云．混业经营趋势下的中国金融监管法：挑战与革新．厦门：厦门大学出版社，2013.

4. 刘平．近代中国银行监管制度研究：1897—1949. 上海：复旦大学出版社，2008.

5. 祁敬宇，祁绍斌．金融监管案例评析．北京：首都经济贸易大学出版社，2011.

6. 尚福林．证券市场监管体制比较研究．北京：中国金融出版社，2006.

7. 孟昭亿．国际保险监管文献汇编・NAIC卷：上，下册．北京：中国金融出版社，2008.

8. 胡滨，等．金融监管蓝皮书：中国金融监管报告2014. 北京：社会科学文献出版社，2014.

第十三章
金融调控与金融监管之职能的分离和兼容

本章要点

1. 金融调控与金融监管的联系和差异
2. 金融调控与金融监管之职能分离抑或兼容的考量因素
3. 协调金融调控与金融监管之职能分离的法律机制

第一节　金融调控与金融监管概述

金融即货币资金的融通，它是现代经济的核心，是以银行等金融机构为中心的各种形式的信用活动以及在信用基础上组织起来的货币流通等经济活动的总称。金融市场是瞬息万变、充满不确定风险的市场，并且，任何一个金融机构金融活动的开展，其影响都会超过交易个体自身的范围，都现实地或潜在地对其他市场主体产生着影响，从而对社会经济发生作用。在现代经济生活中，金融居于核心的地位，正如邓小平所说："金融很重要，是现代经济的核心。金融搞好了，一着棋活，全盘皆活。"① 由于金融影响着国民经济总体的运行，所以在当今世界，各国无不在尊重市场机能的前提下，从社会整体利益出发，通过金融实现经济的宏观调控，同时加强对金融的有效监管。金融调控和金融监管正是在这种情况下由国家实行的干预措施。

一、金融调控与金融监管的具体内涵

（一）金融调控

金融调控一般指各国金融调控当局（中央银行）根据确定的经济发展目标，运

① 《邓小平文选》，第3卷，366页，北京，人民出版社，1993。

用货币政策工具对货币供应量和信贷总量、结构的调节和控制，以保证整个经济从宏观上实现总供给与总需求的平衡。金融调控的实质是货币政策的制定和实施，它作为宏观调控的重要组成部分，主要由中央银行通过制定和实施货币政策来实现。它是一种调节社会总需求的宏观性、长期性、间接性经济措施。由于金融对国民经济有着直接的影响，所以，金融调控对宏观经济总量（总供给和总需求）的作用，比其他诸多宏观调控措施更加明显。

根据上述概念，我们不难归纳出金融调控的特征主要在于：其一，金融调控的主体是中央银行。其二，金融调控的手段主要是货币政策，包括金融调控当局为实现特定目标调节和控制货币供应量及处理货币事务的路线、方针、规范和措施等。其三，金融调控的手段虽具有灵活性与适应性，但其本身并不是严格意义上的法律，必须在法律框架下运作，这个法律框架就是金融调控法。

（二）金融监管

至于金融监督与管理，其含义与金融调控有所不同。金融监管是在市场运作的条件下，以克服市场机制的缺陷、改善市场机制的运行效率为目的，由法定的监管机关对金融机构及其行为进行监督与管理，以保障金融业的安全稳定发展。金融监管即金融监督和金融管理之简称。前者是指金融主管部门通过对金融机构全面的经常性的检查来以促使其依法稳健经营、安全可靠和健康发展。后者则由国家根据有关法律，授权有关部门制定、颁布和实施有关规范金融业的组织机构与业务活动的特殊规定和条例，通过这些规定和条例的制定、实施，力图将金融业务活动纳入有序轨道，建立一个健康、安全的金融体系，为金融客户提供公正、有效的服务。

总的说来，金融监管着眼于维护金融体系的安全与稳定，限制金融交易关系中产生的过度竞争和不正当竞争，以保护存款人、投资者和社会公众的利益，使竞争环境趋于公平、有效，从而达到维护金融业合法、稳健、高效运行的目标。从实施手段看，金融监管是通过金融主管部门对金融机构的审批、检查、稽核，对金融机构和金融市场的统计管理，对金融机构的财务会计管理，对金融市场主体的行政处罚强制等形式来实现的，其中又以对金融经营的资本充足性、流动性与贷款集中度的监管最为重要。

综上所述，金融调控和金融监管皆为国家干预社会经济的措施，但金融调控着眼于对金融总量的干预，金融监管则着眼于对金融机构运行的干预。前者属于国家宏观管理措施之一，作用于宏观经济领域，而后者属于国家市场管理行为，作用于微观经济领域。

二、金融调控与金融监管的区别和联系

比较分析的目的是在一种制度类型与另一种制度类型的对比中，研究它们的一般性和共同性以及隐藏在共同表象之后的有意义的特殊形态。这是认识特征、揭示本质的有效方法，并在此基础上获取其进一步完善与发展的捷径。

（一）金融调控关系与金融监管关系的差异

1. 法律性质与价值取向的差异

在国家干预经济的过程中一般会产生两种内涵迥异的经济关系，即宏观调控关系和市场规制关系。显然，金融调控是指金融主管部门运用各种金融杠杆调节货币供给总量和结构的活动，政府对金融的调控必须被置于经济运行的整体利益之中加以评判，必须以社会整体利益为最高准则。如中央银行调控货币供应量时，必须以其所产生的社会总需求与总供给间是否达到平衡、是否实现整体经济效益作为评判标准。金融调控的调控决策是根据宏观金融运行和宏观经济运行状态来确定的。

金融监管关系是金融主管部门在对金融机构等市场主体的金融业务的监督与管理中所产生的，是以秩序作为价值取向的，其所蕴含的秩序价值是通过一系列规范金融机构的行为、保护存款者及其他社会公众之利益的监管制度的设计实现的，显然具有市场规制关系性质。如，市场准入监管旨在控制过度竞争，消除金融机构垄断所带来的负面效应，即效率下降、金融产品质量不高；资本充足率管理则要求银行资本实力雄厚，用来吸收银行营业中的意外损失，维护社会公众对银行体系的信心，消除银行的非秩序状态。资本流动性监管重在确保以适当的价格获取可用资金来应付挤提和满足信用需求，以防止挤兑风潮，避免银行秩序混乱。

2. 主体与行为客体的差异

金融调控关系蕴含着宏观性和总体性，着眼于社会经济的宏观结构和总体运行，所实行的措施影响到社会经济的全局，而不仅仅触及某些局部和个体；调控机构不与调控对象发生直接的联系，金融调控的行为主体被《中国人民银行法》恒定为中央银行，除中央银行之外的其他任何金融机构和机关都不具有金融调控的职能。金融调控的客体具有广泛性，只要参与了金融行为就有可能成为金融调控的对象。而金融监管的实现主要是通过一系列的监管手段与监管对象发生直接的联系，是一种直接的监管行为。金融监管的主体具有多样性、交叉性和重叠性，以国务院银行保险监督管理机构为主，以国务院其他部门为辅，开展金融监管工作。金融监管的客体主要是从事金融活动的机关、团体、社会组织以及个人。

3. 目标与手段的差异

以稳定币值为目标，保证无通货膨胀的货币控制，从而促进本国经济持续、稳定发展，是多数国家中央银行金融调控的首选目标。金融调控的目标主要通过制定和实施货币政策来实现，货币政策以整个银行系统的资产运用和负债经营为干预对象，通过对一系列可调控、可观测的有密切联系的中介目标施加影响，并通过传导机制来达到终极目标。这种通过中介传导而产生的具有连锁反应的干预行为不是必然作出的，是以经济利益为动力源的，是合理预期状态下的意志行为，具有较大的弹性。其所采用的方式重在对社会经济活动予以引导和促进，主要通过中央银行对金融的间接调控完成。

金融监管的目的是确保金融机构合法、稳健运营，防范和化解金融风险。其目标主要体现在以下几个方面：一是保证金融机构经营的安全与稳定。二是保证金融业竞争的平等，使金融业在合法的竞争中为社会提供高效率的融资机制，为经济的稳定发展创造一个良好的金融环境。三是保证金融活动各方的正当权益。四是建立及时、准确反映金融机构经营状况的金融信息系统。通常对金融业实施监督与管理的手段是颁布一系列法律法规，在开业、营业、资产种类、资金运用、偿付能力等各个环节加强监管；在危机时期，还频频推出带有强制执行色彩的命令、决定，以保障金融机构市场退出的安全。另外，监管机构还针对金融机构的具体行为实行常规的检查监督，定期或不定期地进行现场检查以及对出现问题的金融机构进行稽核处罚，以起到化解风险、保障安全的作用。

归纳起来，由于法律性质与价值取向、主体与行为客体、目标与手段不同，金融调控和金融监管必然存在着冲突。由于金融监管依靠强制力实施，对金融机构是硬约束，冲突的结果必然是金融调控让位于金融监管。

（二）金融调控与金融监管的联系

随着各种因素的推动，金融调控与金融监管在职能上的差异是比较明显的。但这并不意味着两者之间就不存在任何联系，相反，金融调控的顺利实施离不开健全的银行体系，而银行体系的安全也离不开货币当局的支持，这两个职能之间仍然存在着不可分割的联系。

这种联系具体体现在以下几个方面。

1. 货币稳定和银行体系的稳定紧密联系

货币政策的实施是要经过几个中间环节的，其中银行是重要的传导渠道。银行对货币政策实施作用、影响程度的大小是和银行体系在整个金融体系中的地位相对应的。如果一个国家的银行体系在金融体系中占绝对的地位，那么货币政策实施的效果将受到银行体系运行状况的巨大影响，这在包括我国在内的发展中国家表现得尤其明显。同样，如果货币政策出现问题，不能保证一个稳定的货币环境，那么银行体系的安全也难以得到保证。

2. 职能的互补性

货币政策是当今各国进行宏观经济调控的主要手段，而中央银行是利用货币政策实施宏观经济调控的主体。货币政策的有效实施必须依靠金融市场上的成员机构的经营业务活动，运用各种货币政策工具推行中央银行的政策意向，实现货币政策目标。安全有效的金融体系是货币政策有效传导的重要前提，金融体系的不稳定会增大货币政策的实施成本，影响货币政策的实施效果。有效的货币政策能够创造稳定的货币环境，有利于实现宏观经济形势的稳定，从而有助于保障金融体系的稳健和金融监管的实施。为了保证货币政策的顺利实现，金融监管机构应当通过监管，使金融机构的经营活动与中央银行的货币政策目标保持一致，并使其及时、准确地传导和执行中央银行的调节手段，这样，在宏观经济发展之下的金融监管才有实际意义。

货币币值的稳定是宏观经济政策稳健的重要内容，货币币值不稳定，将导致银行及其他金融机构据以决策的信息失真，扭曲金融机构的经营行为，从而造成微观经济主体效率下降和系统性风险增加。有效的金融监管可保证金融体系的稳定，提高货币当局制定和执行货币政策的能力，增强货币政策的有效性。金融监管不力会使货币政策传导机制复杂化，加剧金融风险，增加中央银行制定和实施货币政策的难度，降低货币政策的有效性。同时，维护金融稳定是中央银行的重要职责，这种稳定侧重于宏观的金融稳定，但也以各类金融机构的微观稳定为基础，而微观的稳定以有效的金融监管为前提。可见，在维护金融稳定方面，金融调控和金融监管是互补的。中央银行灵活运用货币政策工具，可以化解金融风险，特别是局部性的金融风险，也有助于金融监管效率的提高。

3. 金融监管信息的反馈可以促进货币政策完善、合理

货币政策的决策和金融监管政策的制定，都需要从银行等金融机构收集大量数据和信息。如中央银行对货币政策的调整会影响银行等金融机构的头寸和经营，为保证货币政策的准确性，中央银行必须掌握详尽的金融机构信息，以便对金融运行情况以及金融运行可能引发的问题作出正确的判断；中央银行为正确地发挥最后贷款人的作用，需要及时了解商业银行的运行状况，金融监管所获得的银行等金融机构运行的信息是中央银行制定和实施货币政策的重要基础与重要保证。因此，金融调控与金融监管在不同的条件下存在着许多差别，必须加强中央银行与金融监管机构之间信息获得的协调、顺畅，保证数据和信息的及时、可靠和一致，实现两种职

能之间的信息共享，协调二者之间的相互关系。同时，作为支付、清算的组织者，中央银行可获得对金融市场形势的第一手资料信息，在获得宏观经济运行中资金流向与流量的信息方面，具有不可比拟的优势。这些信息可以为金融监管提供支持，也可以避免增加银行的负担。

综上所述，金融调控与金融监管如同一枚硬币的正反两面，在政策操作中相互作用、相互制约，存在着密不可分的联系。金融调控的有效实施需要有效的金融监管的支持，而稳定的银行体系是保障金融调控顺利实施的重要条件。银行等金融机构良好的资产负债结构和稳健的经营策略，是金融调控充分发挥效应的重要基础。由此可见，货币政策和金融监管的关系决定了二者必须要协调运行。

第二节　金融调控与金融监管之关系的理论争议

按照传统惯例，一国的中央银行肩负着双重责任：根据宏观调控的需要和国民经济的变化制定、执行货币政策，确保一国币值的稳定和经济的发展；通过涉金融机构经营管理行为规定和内部风险体系评价立法和执法活动来确保金融机构在经营活动中遵守法律法规，保护消费者利益。这里实际包含着一个隐含的假定：中央银行将货币政策与金融监管的权力集于一身。但近年来，一些发达国家出于政治和经济的考虑，逐渐将金融监管职能从中央银行的职能中分离出来，成立独立的监管机构，从而引发了两项职能应分离还是兼容的争论。

一、金融调控和金融监管分离论

持金融调控职能和金融监管职能分离论的人认为，无论是从规模效应、避免目标冲突、道德风险还是从避免中央银行的声望损失方面来讲，两项职能分离具有明显的改进优势。

（一）中央银行的“双重角色冲突”

中央银行在执行金融调控与金融监管时的“双重角色冲突”，是学者倾向于中央银行和金融监管机构分立的主要理由。关于角色冲突的通常说法是：中央银行既实施金融调控又拥有金融监管的权力，存在着整体和局部的矛盾。中央银行进行金融调控的目标不外乎物价稳定、经济增长、充分就业和国际收支平衡（或汇率稳定）等，而这些一般都是为了公众利益而考虑的，并不意味着中央银行可以利用金融调控对金融业这个特殊的行业作特别的融通。但中央银行在身兼二任时，往往会在实施监管时成为商业银行的监管“捕获者”，使公众利益和金融业的特殊利益产生冲突，结果是中央银行过多地考虑保护银行而非社会公众的利益，倾向于尽可能不采取或少采取不利于银行业利益的事情（例如降低利差）。比如，在经济处于高通货膨胀时期，中央银行急需采取紧缩货币政策，但由于银行体系的脆弱，中央银行将面临相当的压力，不得不拖延实施紧缩的货币政策或者对货币政策进行不适当的放松，导致无法有效缓解通货膨胀的局面。根据一些经验性的研究，由中央银行负责银行监管的国家有着较高的通货膨胀率、货币增长率和财政赤字、GDP 比率。① 由于独立的中央银行能够更好地达到货币政策目标，因而大多数中央银行倾向于不负责金融监管。② 在微观方面，在中央银行负责金融监管的国家，银行失败的明显较少，银行业的利润较高，但是人事费用高出 50%。③

（二）分工专业化

支持两项职能分离者认为，随着金融全球化的深化、IT 技术对金融业的深度影响以及金融混业浪潮的迅猛发展，金融监管面临着非常紧迫的专业化要求。专业化的分工能使管理者的工作范围更专一、工作目标更单一，管理的效率更高。如果不能专业化，金融监管就可能既缺乏事先对有问题银行进行系统、有效的预警的机制，又缺乏在监管过程中敏锐地捕捉和发现问题的能力，更缺乏在事后对有问题银行救助的体系。结果是，非专业化的金融监管或对危机视而不见，或贻误处理问题的时机，或徒劳无益地对明明挽救无望的银行进行代价昂贵的救助。因此，当中央银行集金融调控和金融监管职能于一身时，会不堪重负，影响金融监管的有效性。

（三）有助于避免道德风险

当金融调控职能和金融监管职能融于中央银行一身时，作为金融监督者，中央银行的一个重要功能就是充当最后贷款者，向即将破产者和社会提供资金以维持金融体系必要的流动性。但这往往会产生“太大以致不能倒”等道德风险问题：银行普遍相信，当它们出现流动性风险或挤兑危机时，中央银行会出于防止金融系统性风险的考虑而给予援助。在这种预期下，银行往往缺乏动力去遵守审慎经营原则和市场约束，甚至倾向于实施高风险的经营策略。而将金融调控职能和金融监管职能彻底分离，有助于消除银行的保险预期，避免道德风险的产生。

---

① See Grilli V., Mesciandaro D., Tabellini G., “Political and Monetary Institutions and Public Finance Policies in the Industrial Countries”, *Economic Policy*, 1991, 13: 3412392.

② See Goodhart C., Schoenmaker D., “Should the Functions of Monetary Policy and Banking Supervision Be Separated?”, *Oxford Economic Papers*, 1995, 47 (4): 5392560.

③ See Di Noia, Di Giorgio, “Should Banking Supervision and Monetary Policy Task be Given to Different Agencies?”, University at Pompeu Fabra, Department of Economics and Business, Economics Working Papers, 1999, 411.

（四）避免中央银行的声望损失

金融市场秩序良好，整个体系稳定，各家金融机构进行良性竞争、健康发展时，社会收益的增加归因于金融机构的创新和开拓精神，而金融监管机构的努力却不易被衡量、得不到相应的肯定。而且，当一些小小的工作失误甚至某一偶发事件引发金融震荡时，对金融监管机构的指责就会铺天盖地而来。与之相反的是，金融调控的目标越来越容易被量化，如设立通货膨胀率的目标等，这意味着金融调控的成败绩效较容易衡量，也容易树立威信。因此，中央银行兼容监管职能，监管不力时对其权威性、可信度、独立性的损害必然会间接影响金融调控的独立性和有效性。

二、金融调控和金融监管兼容论

坚持金融调控和金融监管职能兼容的学者认为，职能分离所导致的信息交流阻塞会直接影响监管的有效性，而两项职能兼容具有以下优势。

（一）有助于收集信息

金融监管信息与金融调控信息的交叉互补，客观上要求两种职能加强融合、提高效率。就金融监管职能而言，了解宏观决策层意图和未来金融调控走向，有助于更好地实施监管职能。就金融调控职能而言，微观监管信息对宏观决策具有十分重要的作用，且中央银行制定和实施货币政策的过程依赖在金融监管活动中获取的各种信息，以及在监管过程中形成的中央银行对金融机构的制约关系。若中央银行无监管职能，部分有用的监管信息将会不可避免地流失掉，影响到宏观稳定决策的实施。同时，通过一系列监管活动，中央银行才能获取商业银行的业务经营、财务状况和风险控制情况，为制定和实施金融调控政策提供依据，进而保证中央银行对商业银行金融监管的合法性和权威性。

（二）维持金融体系之间的支付、结算体系

由于金融机构之间的支付、结算存在着一定的时间差额，因而如果在整个支付、结算体系中，一旦有一个环节出现问题，那么整个体系将会遭受打击，从而影响整个金融体系的稳定。这方面最典型的例证莫过于在1974年发生的德国赫斯塔特银行倒闭事件：1974年，该银行在一笔6.2亿美元的外汇交易过程中，未能转移相应的美元，从而造成美国银行业的混乱，那些已经交付马克给德国赫斯塔特银行的美国银行拒绝支付其本身和其客户的其他款项，整个CHIPS（美国清算同业支付系统）一时间陷入恐慌。德国中央银行遂将赫斯塔特银行关闭。如果金融调控与金融监管统一于中央银行，中央银行就能够及时察觉金融监管中产生的问题，并对支付结算过程中因时间差而产生的问题给予资金解决，避免产生类似的问题。

（三）减少信息交流摩擦

对金融调控职能和金融监管职能分离持反对意见的人认为，将金融监管权力从中央银行的职权中分离，最大的问题在于：中央银行不易发现金融调控的错误，日积月累，可能给金融体系带来更大的灾难，从而损害公众的利益；中央银行在拥有金融监管权力时，因其本身具备最后贷款人角色，在金融危机到来时，比较容易协调整个金融体系以应付危机。另外，因为金融产品不断创新，传统货币与非传统货币之间的界限越来越模糊，金融产品之间相互替代等更需要有效执行金融调控，所以中央银行直接监管金融业是必要的。

第三节　金融调控与金融监管职能分离之时经验考察

有效率的银行监管体制在保障货币政策和银行监管的功能发挥方面具有重要作用，这主要是因为监管体制的选择和设计直接影响到货币政策与银行监管的关系，监管体制为二者的协调运行提供了制度保证。在建立有效的银行监管体制方面，核心和基本的问题是：为了货币政策和银行监管的有效性，负责货币政策与银行监管的机构是应该各自独立还是处于同一管理机构之下甚至就是同一机构呢？

一、金融调控与金融监管之关系的国际趋势

在相当长的时期内，大多数国家的中央银行集金融调控和金融监管职能于一身，这证明这两项职能具有高度的关联性和互存性。20 世纪 80 年代至 90 年代末期是部分发达国家中央银行的金融调控和金融监管职能相分离的重要拐点时期，这与国际经济、金融环境以及本国的金融发展紧密相连。

从现阶段发达国家或工业化国家中央银行是否对银行业进行金融监管来看，并不存在很明显的特征或规律可循，在经济制度、经济规模、地域特点、中央银行是否充当“最后贷款人”角色等方面，更没有明显特征可以进行考量。在 20 世纪 80 年代后期受世界经济一体化、贸易自由化的冲击，金融自由化一时成为潮流，金融创新产品的产生、开发和运用来势凶猛，金融制度改革的滞后危及金融体系的安全；原有不同类型金融活动的界限逐渐模糊，金融业混业经营成为许多国家主要的制度选择。在发达国家，中央银行传统的金融调控从中介目标到政策工具都产生明显的变化，货币供应量与主要经济变量的数量关系变得越来越不明确，原来有效的金融调控工具如存款准备金制度、贴现率制度等的重要性不断下降，运用金融调控的目

的更完全地转向维持金融的安全和价格的稳定，而不再是简单运用金融调控手段来刺激需求。

正是在这一背景下，世界许多国家在强化中央银行独立性的同时，将金融监管职能从中央银行的职能中分离出来，交由另外的政府机构承担，以更好地适应本国及世界的经济发展。根据国际货币基金组织的一份研究报告，截至 2001 年 9 月，在 159 个国家和地区中，中央银行不负责银行监管的国家共有 42 个，占总数的 26%；而 29 个经济合作与发展组织成员国中，中央银行参与银行监管的国家有 16 个，占总数的 55%。①

二、西方国家金融调控与金融监管之职能分离的客观条件

从中央银行的职能中分离出银行业的监管职能是相对的和有条件的，可以概括为四个方面。

（一）完善的金融微观基础

从经济金融环境看，西方发达国家一般具有相对有利的分离背景：一是具有良好的金融信誉和完善的指标体系，信息的透明度、真实性和及时性较好。金融监管机构分设后的信息交流成本较低。二是拥有丰富的监管人力资源和良好的法律制度保障。三是金融业运行机制良好，利益约束较强，一般都建立了现代法人治理结构。四是这些国家金融市场的成熟度较高，市场调节较为灵敏。在这样的金融微观运行机制和金融市场基础的前提下，中央银行贯彻实施金融调控主要通过市场信号的调节和引导，关于和金融调控与金融监管密切联系的政策意图和调控重点可以通过协商机制达成共识，中央银行就可以把主要精力放在制定和实施金融调控政策、措施上，而金融监管机构在为中央银行提供服务的同时负责对银行业的监管。

（二）金融调控层次和内容的变化

自 20 世纪 90 年代以来，金融调控的终极目标、中介目标和操作手段都随着金融管制的放松、金融全球化的发展而变化。从一定的意义上说，发达国家已经开始放弃传统的简单运用金融调控工具直接调控宏观经济的观念，使金融调控更多地表现为传导政府或货币金融调控部门信息的途径，以及对经济预期和社会信心的调节。这不仅使金融调控被注入新的调节内容，而且是更高层面上的调节。这些变化意味

---

① 目前世界上采用分离制的国家主要有：奥地利、比利时、加拿大、丹麦、芬兰、法国、德国、瑞典、瑞士、英国、美国、日本、墨西哥、挪威等。而采用兼容制的国家和地区主要有：希腊、爱尔兰、意大利、荷兰、新西兰、葡萄牙、西班牙、奥地利、卢森堡，以及中国香港特别行政区等。从数量来看，分离占了上风，且兼容还带有“水分”，如卢森堡的中央银行并无制定货币政策的权力，新西兰储备银行对金融监管则采取较为自由的态度。参见孙涛：《国际金融监管的新进展》，载《世界经济》，2002 (4)。

着中央银行需将更多的精力放在货币政策的制定和实施上，从而对金融监管职能的分离提出了需求。

（三）雄厚的财政基础和存款保险制度

雄厚的财政基础和存款保险制度可以有效地解决中央银行最后贷款人职能与金融监管职能分离后带来的问题，减轻中央银行对出现危机的金融机构单独承担救助性资金支持的压力。

实行金融调控与金融监管分离的西方国家都具有由财政资金化解金融危机的实力，而且几乎都建立了存款保险制度，使金融监管机构相对独立于中央银行成为可能，只是在具体的组织形式上有所不同：有的建立基金，有的建立独立的公司。在处理金融机构出现的金融危机方面，主要由存款保险公司和政府等联合拯救，中央银行基本上不对出现危机的金融机构单独提供救助性的资金支持。

（四）完善的信息共享和协调机制

西方国家中央银行与金融监管机构分工协作的基本原则是明确责任、充分透明、避免重复和共享信息。从实践来看，实行职能分离的国家并不否认金融调控和金融监管的内在联系，并为了保证二者协调运作，采取了一系列的保障手段，具体包括：一是使金融监管机构隶属于中央银行。二是两类机构的高层决策者相互兼任。三是由于审慎监管原则和中央银行为最后贷款人，有些国家的中央银行仍在一定程度上与金融监管机构共同对银行业进行监管，并保留一定层面的对银行业进行检查的权力。如澳大利亚尽管成立了专门的金融监管机构，但同时保留了中央银行为实施金融调控所需要的监管职能。四是建立协商机制和信息沟通管道。如英国金融行为监管局及财政部签署了《谅解备忘录》，对金融行为监管局与财政部之间的信息收集、交换和共享方面作了详细的制度安排，并且设立了协调机构——常务委员会，允许相互之间借调人员以加强联系，保证政策的一致性和行动的协调性。

三、金融调控与金融监管分离抑或兼容的考量因素

金融调控与金融监管是分离还是兼容各有其存在的理由，少有“放之四海而皆准”的定论，此外，还涉及诸如各国金融发展历程、金融体系的结构以及金融市场成熟度等相关因素。但无论如何，进行制度选择时应当考虑以下因素。

其一，就双重角色冲突而言，金融调控与金融监管分离或兼容取决于中央银行的独立性。如果中央银行独立性较弱，在执行金融监管职能时，容易受到政府部门、金融机构或者某些政治集团的干预或影响，会模糊金融调控与金融监管之职能，不

能平衡公众利益与金融业利益，寻求短期利益的输送，使金融监管与金融调控的矛盾激化，减弱或影响金融调控的有效性，也不利于金融监管效率的提高，则宜将金融调控职能与金融监管职能分离；反之，如果中央银行能较好地在两者之间作出取舍，金融调控职能与金融监管职能兼容的危害就不大。

其二，就金融监管效率而言，无论是成立独立的金融监管机构（分离）还是中央银行将金融调控职能和金融监管职能集于一身（兼容），都会影响到金融监管体系的效率。根据产业组织理论，金融监管体系的效率包括分配效率和生产效率：前者指实际监管机构将监督信息交流和汇集于宏观金融调控执行部门的效率，而后者指实际监管机构进行监管的效率。实行分离，成立独立于中央银行的金融监管机构，在不同的地区、对不同的部门进行金融监管的，由于具有专门化的知识和较易执行的现场监督，监管效率有所提高。但监管信息需要传递给执行金融调控的中央银行，即使在电子技术发达的今天，这也需要一定的成本，而且有的信息是无法传递的。因此，分离相对于兼容提高了生产效率却降低了分配效率。同样，采用兼容方式，金融监管机构与金融宏观调控部门的信息传递效率提高，但监管的效率有所降低，因为没有专业的知识、人才和较为便利的现场监督等条件对金融业进行监管。故兼容相对于分离提高了分配效率却降低了生产效率。因此，应权衡兼容与分离对金融调控信息成本的影响和对金融体系监管效率的影响，来决定采取何种制度。一国金融市场的联结程度越高、金融体系越健全，采用兼容带来的分配效率损失越小，越可以采用兼容的方式，反之，则应采用分离方式；一国的地区性差异越大，金融机构越有违法的可能，兼容带来的分配效率损失越大，同时分离带来的生产效率增加越大，越应倾向于分离的方式，反之，则应采用兼容的方式。

其三，就中央银行维护支付结算系统而言，涉及本国货币市场，特别是银行金融市场的建设以及支付结算体系的成熟程度问题。货币市场和支付结算体系越成熟、有效，商业银行在出现问题时获取额外货币以满足流动性需求的能力越强，兼容的需要就越弱；反之，则分离的需求越弱。

其四，由于金融调控与金融监管具有内在的密切联系和较强的互补性，即使选择了职能分离，在分拆之后，也应当在二者之间建立、完善有效的协调机制，包括在组织、信息上共享以及在职能交叉所涉及的协调行动方面建立联系，以发挥其协同效应。联系重点指向的是保证银行的系统安全，这需要双方在安全评价机制、监控指标体系、预警机制以及金融安全网的建设方面加强协调。

第四节　我国金融调控与金融监管制度的改革

一、我国金融调控与金融监管之关系的历史演进

大致来说，我国金融调控与金融监管的关系经历了三个阶段。

（一）国家银行时期

1948年至1978年间“一身二任”的中国人民银行是在模仿苏联“大一统”银行体制的基础上建立起来的，即集中央银行业务和商业银行业务于一身，从而成为全国高度垄断的独家大银行。1979年至1982年间进行了金融体制改革，中国农业银行、中国银行先后从中国人民银行中独立出来，行使专业银行的职能。这些举措为中国人民银行专门行使中央银行的职能做了重要的制度、组织等方面的准备。

（二）兼容时期

1983年以后，国务院决定中国人民银行独立行使中央银行职能，同时成立中国工商银行来承担原由中国人民银行经办的工商信贷业务和储蓄业务。至此，中国人民银行“一身二任”的历史真正结束了，中国人民银行成为现代意义上的中央银行。1995年《中国人民银行法》《商业银行法》确立了中国人民银行兼具金融调控和金融监管的双重职能。

为了增强中国人民银行的调控职能，1998年下半年国务院对中国人民银行分支机构作出了相应的调整，改变按照行政区划设置分支机构的做法，转而按照货币在全国范围流通的要求，把全国划分为若干经济区域，在每一区域设置分支机构。中国人民银行的分支机构作为总行的派出机构，统一接受总行的集中管理，从而摆脱各级地方政府的干预，保障金融宏观调控的统一和有效性。

（三）分离时期

2003年我国设立了中国银监会，剥离中国人民银行的金融监管职能，使中国人民银行专门行使金融调控职能，以保障中国人民银行金融宏观调控的科学性和有效性。这标志着我国货币政策制定与金融监管职能分离的机制正式确立。对此，2003年修订的《中国人民银行法》还进一步提高了货币政策委员会的法律地位，强化了中国人民银行在国家金融宏观调控、货币政策制定和执行方面的重要地位。

党的二十届二中全会通过了《党和国家机构改革方案》，统筹推进中国人民银行分支机构改革，撤销中国人民银行大区分行及分行营业管理部、总行直属营业管理部和省会城市中心支行，在31个省（自治区、直辖市）设立省级分行，在深

圳、大连、宁波、青岛、厦门设立计划单列市分行。不再保留中国人民银行县（市）支行，将相关职能上收至中国人民银行地（市）中心支行。同时，在中国银保监会基础上组建国家金融监督管理总局，作为国务院直属机构，统一负责除证券业之外的金融业监管。国家金融监督管理总局，将中国人民银行对金融控股公司等金融集团的日常监管职责、有关金融消费者保护职责，中国证监会的投资者保护职责划入国家金融监督管理总局，又进一步强化金融调控与金融监管的职能独立与相互分离。

二、我国金融调控与金融监管之职能分离的依据

按照兼容论和分离论各自的理由及发达国家金融调控与金融监管职能分离的演变条件，对照我国的现实情况，金融调控与金融监管职能的分离条件表现为（具体见表13－1）。

表13－1　中国人民银行选择职能兼容或分离的条件分析

条件	状况和程度	结论	中国的情况	中国的结论	中国的发展趋势
中央银行的独立性	强（弱）	兼容（分离）	弱	分离	逐步加强
金融体系（银行）负债（存款）和资产（贷款）分布结构	分散（集中）	兼容（分离）	分散	兼容	未判断
金融体系（银行）国有化程度	高（低）	兼容（分离）	高	兼容	逐渐降低
金融体系（银行）资产负债结构匹配	好（差）	兼容（分离）	差	分离	逐步良好
金融市场的联结程度	高（低）	兼容（分离）	低	分离	逐步提高
地区性、差异性、金融机构违法习惯	大（小）	分离（兼容）	大	分离	基本不变
货币市场和支付结算体系的成熟度	强（弱）	分离（兼容）	弱	兼容	逐步加强

资料来源：黄凯、张源：《货币政策和金融监管的兼容或分离》，载《世界经济研究》，1999（3）。

首先，就利益冲突而言，中央银行的独立性越强，职能兼容所产生的冲突越小；反之，应采用分离制。在我国《中国人民银行法》虽然明确赋予中国人民银行较强的独立性，但从实际情况来看，中国人民银行的独立性较弱，许多权力行使易受干预，需要将金融监管职能适当从中国人民银行的职能中分离。

其次，金融调控和金融监管的效率与一国金融体系的结构相关，我国金融体系

的负债和资产分布结构分散，金融体系的国有化程度很高，金融体系（银行）的资产负债结构匹配差，适宜选择职能分离。

再次，从维护金融支付结算体系出发，尽管我国积极地建设金融市场，但整体水平还较低，适合采取职能兼容。但随着金融市场的日益发展，会减少对职能兼容的依赖。

最后，就信息收集的便利和充分而言，尽管职能兼容有利于更好地收集金融监管信息，减少信息收集成本，但其易受到我国金融市场联结程度低及地区性、差异性大的限制。

从表 13－1 可知，虽然我国既存在支持分离的理由，又有支持兼容的理由，但随着我国经济、金融改革的逐步深化和发展，以及全球经济金融一体化的不断深入，我国的金融监管职能必须加强，且金融调控也要更能反映我国经济发展的需要，这两方面的要求使我国选择分离制是比较符合经济、金融发展需要的。

三、我国金融调控与金融监管职能分离之制度保障

我国作为发展中国家，逐步实现了金融宏观调控职能与主要的金融监管职能分别由不同机构承担的变革，形成了中国人民银行承担金融宏观调控和货币监管，国家金融监督管理总局承担对银行业、保险业金融机构的监管，中国证监会承担对证券类金融机构的监管（简称“一行两会”）。分离是提高效率、解决冲突的客观需要，对于有效实施金融宏观调控与金融监管都是有利的。相伴而生的问题是，如何在这两项职能之间建立良好的协调运作法律机制。

从我国目前货币政策的制定与银行业监管分设的基本情况出发，结合理论与国际演变趋势的经验，我国在选择了金融监管和金融调控职能分离的体制之后，更应当强调二者协调与合作的法律机制。

（一）持续优化组织协调

2017 年第五次全国金融工作会议提出设立金融稳定和发展委员会，并设立或涉及协调地方金融及一行两会与党中央、国务院工作对接，且与国务院金融委汇报工作的常设机构，作为国务院统筹协调金融稳定和改革发展重大问题的议事协调机构，从以往的只关注部际间的“水平协调”扩充为“水平协调”与“上下级垂直协调”为一体的立体式、全方位的金融监管协调，为金融监管部门之间进一步加强金融信息收集与共享创造了条件。正式的金融监管协调组织比以前基于备忘录的协调机制更能有效运转和发挥协调作用，更有利于明确和固定协调职能，更有利于落实金融监管机构的主体责任和配合职责。

（二）加强信息共享

中央银行为了较好地充当最后贷款人，需要及时、完整地了解商业银行的流动性和清偿能力，在发生金融危机时拥有这些信息更为重要；国家金融监督管理总局虽然拥有详细、权威的银行业运营信息，但缺少中央银行拥有的宏观货币、金融、经济数据。为最大限度实现金融调控和金融监管的配合协调，需要更完善的信息和政策协调交流机制，尤其是发挥中央银行的金融市场和金融风险动态信息掌握者的关键作用，明确如何与各职责部门之间沟通具体的政策和信息，事先防范金融系统性风险。《金融稳定法》（草案）第 18 条要求中国人民银行推动建设国家金融基础数据库，并依法向国家金融稳定发展统筹协调机制成员单位共享数据资料。同时，金融稳定法作为体系统合的法律，可以各部分联合建立数据库，定期整合发布金融指标等数据，要求金融机构应按照规定真实、准确、完整地向国务院金融管理部门报送经营管理、财务状况、风险状况、统计数据等相关资料。

（三）强化中央银行的独立性

2003 年国务院机构改革成立中国银监会的主要目的，就是把中央银行实施金融调控和金融监管的职能相分离，提高金融调控与金融监管的专业化水平，更好地发挥其执行金融调控的功能。

由于金融调控从谋划到出台往往时滞过长，容易错过最佳时机，因此，应强化中国人民银行金融调控决策权，适度提高货币政策委员会的法律地位，增强其各方面代表性，优化其组成结构，增加金融专家在货币政策委员会中的比重，货币政策委员会中企业界、银行界的代表应来自中华全国工商业联合会、中国银行业协会等相关行业组织，以便准确地反映有关各方的普遍呼声。

（四）建立并完善金融保障体系

由于银行业风险一般都具有暂时性、突发性的特征，一旦不及时救援就会发生严重的社会问题，因此，选择金融调控与监管职能分离，还应建立并持续完善金融保障制度，有效处置应对跨行业、跨领域的重大系统性金融风险。就金融保障体系而言，存款保险作为一项金融业基础性制度安排，已于 2015 年 5 月 1 日在我国正式建立。但存款保险制度难以有效解决某一行业或领域重点银行风险问题。《金融稳定法》（草案）第 29 条要求国家建立金融稳定保障基金，由国家金融稳定发展统筹协调机制统筹管理，作为应对重大金融风险的后备资金。金融稳定保障基金由向金融机构、金融基础设施等主体筹集的资金以及国务院规定的其他资金组成。必要时，中国人民银行再贷款等公共资金可用于为金融稳定保障基金提供流动性支持，金融稳定保障基金应当以处置所得、收益和行业收费等偿还。

思考题

1. 试述我国金融调控与金融监管职能分离的依据。

2. 试论我国金融调控和监管职能协调的法律机制。

参考书目

1. 刘晓勇．银行监管有效性研究．北京：社会科学文献出版社，2007.

2. 盛学军．金融监管法制的源与流．社会科学研究，2009（2）.

3. 胡光志．金融调控权若干问题探讨．经济体制改革，2009（2）.

4. 孙天琦．改进杠杆率监管：次贷危机给监管当局提出的重要任务．金融时报，2008－11－17（理论版）.

5. 陈共，昌忠泽．全球经济调整中的中国经济增长与宏观调控体系研究：新时期国家经济调整中的基本取向与财政金融政策的有效组合．北京：中国人民大学出版社，2007.

6. 张秋云，等．金融组织与调控机制的思想演进．北京：社会科学文献出版社，2006.

7. 杨松．美国金融危机引发的法律思考．辽宁大学学报，2009（1）.

8. 张细松．中央银行区域金融调控研究．金融教学与研究，2010（12）.

9. 姜影．后危机时代法同金融监管改革新框架及其启示．现代管理科学，2014（4）.

10. 杰弗里·弗里德曼．助推金融危机：系统性风险与监管失灵．北京：中国金融出版社，2013.

11. 胡滨，刘亮，尹振涛．金融风险与监管：国际研究镜鉴．Ⅱ．北京：经济管理出版社，2019.

第四篇

涉外金融法

第十四章

外资国内证券市场投资法

本章要点

1. 外资对国内证券市场投资的基本类型
2. QFII/RQFII 法律制度的主要内容
3. 外资对国内证券市场投资的基本法律规定
4. 我国证券市场法律监管国际合作与协调的现状、不足及完善

第一节　外资国内证券市场投资概述

一、国内证券市场的国际化

自 20 世纪 70 年代以来，随着各国金融管制的放松，信息技术的日趋发达，金融创新的层出不穷，以及经济全球化、一体化趋势的加强，证券市场国际化的步伐大大加快，很多发达国家将国际化作为本国证券市场的发展目标，并采取了一系列应对措施。美国的证券市场已是国际性市场，其国内三大交易所（纽约证券交易所、纳斯达克证券交易所和美国证券交易所）既可以接受美国境内公司上市，也可以接受美国境外公司上市。日本东京证券交易所则于 1973 年就设立了外国股票部，以促进资本的跨国流动和日本证券市场的国际化。新加坡也专设外国股票交易板，以较低的上市条件为有良好发展前景的外国企业提供上市机会。其他国家如英国、法国，也纷纷采取相应措施。对我国而言，启动国际化步伐一直是我国国内证券市场发展的一项重要战略。从 2003 年合格的境外机构投资者（Qualified Foreign Institutional Investors，QFII）制度的落地运行、2011 年人民币合格境外机构投资者（RMB Qualified Foreign Institutional Investorts，RQFII）业务的投资许可，到 2014 年“沪港通”的开通、2018 年中国存托凭证（CDR）制度的落地和 2019 年“沪伦通”的正式启动，我国国内证券市场国际化正在有条不紊地向前迈进。而 2019 年国家外

汇管理局对 QFII/RQFII 投资额度限制的彻底放开，意味着我国证券市场已经间接向境外投资者打开了大门。

二、证券市场国际化的法律特征

证券市场国际化，是指以证券为媒介的国际资本流动，即证券发行、证券交易、证券投资超越一国的界限，实现国际自由化，从而使一国性的证券市场变成国际性的证券市场。

从一国的角度来看，证券市场国际化包括三个方面的内容：(1) 投资主体的国际化，又称证券投资的国际化，指投资者直接或通过投资基金间接投资于在本国证券市场上市的外国公司或投资于境外证券市场。(2) 上市公司的国际化，又称证券筹资的国际化，即外国公司在本国证券市场上市发行证券和本国公司到海外上市发行证券。(3) 证券中介机构的国际化，即证券公司、会计师事务所、律师事务所等证券中介机构为本国发行人在境外发行、上市提供服务，或者在境外设立分支机构而直接在海外拓展证券业务。随着各国和各地区在一定程度上放松对银行进入证券业务领域的管制，产生了越来越多的致力于全球经营的金融集团，这些金融集团和其下属的证券公司向国外派出的分支机构、设立的子公司，可以从事包括衍生品交易在内的大多数证券业务。

就一国证券市场国际化进程而言，在早期主要表现为筹资功能的国际化，在中、后期则主要表现为投资主体的国际化。这种投资主体国际化可以充分发挥证券市场配置全球资源的作用，实现资源在世界各地、各行业的合理配置。

本章以我国为基点，探讨的正是投资主体国际化这种证券国际化形式。如无特别说明，这种研究对象被限定于外资（包括国外的自然人、法人和其他经济组织）参与国内证券市场投资，以我国企业或公司在境内发行的股票及债券为投资对象，而获取股息或利息等证券收益形式的投资行为。

三、外资对国内证券市场投资的类型

综合而言，外资投资我国国内证券市场主要有以下三种类型。

（一）外资直接投资国内 B 股市场

B 股，又称上市外资股，是指国内公司发行的以人民币标明面值和以外币认购和进行交易，专供外国和我国港、澳、台地区的投资者买卖的特种股票。根据 1995 年《国务院关于股份有限公司境内上市外资股的规定》第 4 条的规定，我国 B 股投资者限于：(1) 外国的自然人、法人和其他组织；(2) 中国香港、澳门、台湾地区的自然人、法人和其他组织；（3）定居在国外的中国公民；（4）中国证监会规定的境内上市外资股的其他投资人。中国证监会于2001年2月19日发布了境内居民可投资B股市场的决定，境内居民个人可以按照《关于境内居民个人投资境内上市外资股若干问题的通知》［证监发〔2001〕22号］的规定从事B股投资。自1992年2月上海证券交易所第一只人民币特种股票上海电真空B股发行上市以来，我国B股市场发展很快，发行公司从深沪两地迅速扩展到全国，所属行业也从房地产、综合贸易型转向基础工业、支柱产业及主业突出型，并逐步引起海外投资者的普遍关注，一段时间内曾出现过非常活跃的局面。截至2023年7月8日，我国B股上市公司有86家，其中上海证券交易所B股上市公司总数为44家，深圳证券交易所B股上市公司总数为42家。

与我国主体证券市场A股市场相比，目前的B股市场规模偏小、市值偏少、流动性差、信息披露工作不到位，而且外国投资者与中国投资者在投资观念与投资风格上存在巨大差异，所有这些因素都严重影响、制约着外国投资者对我国B股的投资，以致我国B股市场交易远不及A股市场交易活跃。尽管如此，B股这一有中国特色的股票种类意义重大：不仅弥补了国内建设资金的不足，而且开辟了一条在外汇市场管制情形下通过股票市场筹集外资的新渠道。这种将中国企业推向国际市场、将境外投资者引入中国证券市场的举措无疑成为中国证券市场国际化的先驱。

（二）外资通过QFII投资国内A股市场

A股，又称人民币普通股，是指国内股份有限公司经中国证监会批准，依法发行的上市流通普通股股票。在我国目前资本项目尚未完全开放的情况下，该类股票主要对境内投资者开放，而对外国投资者只是作有限的开放，只有特定的境外投资者，即“合格的境外机构投资者”（QFII）方可认购与交易A股。所谓QFII制度，即合格的外国机构投资者制度，是指允许经核准的合格外国机构投资者，在一定规定和限制下汇入一定额度的外汇资金，并转换为当地货币，通过严格监管的专门账户投资当地证券市场，其资本利得、股息等经批准后可转为外汇并汇出的一种市场开放模式。QFII制度是在人民币未完全自由兑换的前提下，以证券投资形式有控制地引入外资，作为对直接投资的有效补充。

我国QFII制度于2002年11月公布实施，于2003年5月正式启动，至今已有20余年历史。在此期间，我国金融监管机构对QFII施予审慎监管的同时也给予积极的支持，在2003年、2004年、2005年、2006年、2007年分别批准了17亿美元、17.25亿美元、22.2亿美元、34亿美元、100亿美元的QFII投资额度。为进一步提高我国证券市场对外开放水平，经国务院批准，2007年12月，我国QFII投资总额度从 100 亿美元提高到 300 亿美元。而 2012 年 4 月 QFII 的额度进一步提高到 800 亿美元。总体而言投资总额度不断地提高，截至 2020 年 5 月 31 日，QFII 累计获批投资额度为 1 162.59 亿美元。[①] 为进一步扩大金融市场对外开放，2019 年 9 月 10 日，国家外汇管理局取消了 QFII 投资额度限制。

概言之，引进和实施 QFII，是我国管理层在积极稳妥的开放进程中规范发展证券市场、推进人民币资本项目可兑换的重要举措。该措施吸引了众多的外国机构投资者进入中国市场。它们的资金优势、丰富的管理经验和理性的价值投资理念，给中国的资本市场注入了一股新鲜血液，不仅大大提高了我国证券市场的知名度，而且对我国证券市场未来的发展产生了深远的影响，标志着我国在证券市场国际化和资本项目开放的道路上迈出了重要的一步。

（三）外资通过 RQFII 投资国内 A 股市场

2011 年 12 月 16 日中国证监会发布了《基金管理公司、证券公司人民币合格境外机构投资者境内证券投资试点办法》（已失效）。该办法适用于境内基金管理公司、证券公司的香港子公司（以下简称香港子公司）运用在香港募集的人民币资金投资境内证券市场的行为。中国证监会依法对香港子公司的境内证券投资实施监督管理，中国人民银行依法对香港子公司在境内开立人民币银行账户进行管理，国家外汇管理局依法对香港子公司的投资额度实施管理，中国人民银行会同国家外汇管理局依法对资金汇出入进行监测和管理。该办法的出台带来了一种新的 QFII 模式 RQFII，即人民币合格境外机构投资者。

2013 年 3 月 1 日中国证监会发布了《人民币合格境外机构投资者境内证券投资试点办法》，《基金管理公司、证券公司人民币合格境外机构投资者境内证券投资试点办法》同时废止。该试点办法明确指出人民币合格境外机构投资者（RQFII）是指经中国证监会批准，并取得国家外汇管理局批准的投资额度，运用来自境外的人民币资金进行境内证券投资的境外法人。随着 2020 年颁布的《合格境外机构投资者和人民币合格境外机构投资者境内证券期货投资管理办法》生效，该试点办法被废止。

自 2011 年 12 月 21 日中国证监会批准了第一家人民币合格境外机构投资者［华安资产管理（香港）有限公司］以来，截至 2020 年 5 月 31 日，获得 RQFII 资格的机构达 230 家，国家外汇管理局累计审批 RQFII 额度 7 229.92 亿元。[②] 同 QFII 一

① 参见国家外汇管理局“合格境内机构投资者（QFII）投资额度审批情况表（停止更新）”（截止日期：2020 年 5 月 31 日）。

② 参见国家外汇管理局“人民币合格境外机构投资者（RQFII）投资额度审批情况表（停止更新）”（截止日期：2020 年 5 月 31 日）。

样，目前国家外汇管理局取消了 RQFII 的投资额度限制。

四、外资投资国内证券市场的流程

除了以外币而非人民币进行认购和交易，外资投资国内 B 股市场与国内居民投资 A 股市场在地点和程序上并无不同，在此不作赘述。下面以 QFII 投资国内 A 股市场为例，简要介绍其具体的投资业务操作流程：首先，为买卖证券，QFII 凭国家外汇管理局投资额度及开户批复文件，在托管人处开立外汇账户和人民币专用存款账户，并汇入本金。接着，QFII 在选定为其交易的证券公司后，委托托管人为其在中国证券登记结算有限责任公司开立证券账户。然后，QFII 委托证券公司代为买卖证券，并由托管人进行资金结算和证券交收。最后，QFII 将投资收益通过托管人进行结汇后汇入其所在国的账户。其中，在委托证券公司买卖证券方面，QFII 与同为 A 股市场投资者的国内居民相比，有如下三个明显区别：第一，由于 QFII 为境外机构，其买卖证券的指令一般不是直接而是通过其代理人下达给证券公司，而国内投资者一般都是直接通过柜台、电话或网络对证券公司下达交易指令。第二，证券交易的清算指令到达登记结算机构后，登记结算机构不是与 QFII 而是与托管人进行资金清算和证券交收，与国内投资者相比托管人担任了证券公司在代国内投资者购买股票时的结算参与人角色。第三，为确保 QFII 证券投资的安全，托管人最后还要根据成交回报和清算结果核对 QFII 在证券公司的证券账户。

由此可见，由于托管人的存在，QFII 在买卖证券时必须将所有资金存在托管人处，与国内证券投资者将资金托管于银行类似。只是在证券资金的结算上 QFII 与托管人结算，国内投资者与证券公司结算。资金存在托管人处可以防止证券公司、代理人挪用资金，从而保证资金的安全；通过托管人与证券公司每日对证券库存的核对，托管人可以随时监督证券账户，确保证券账户的安全。

第二节　外资国内证券市场投资的主要法律规定

一、外资国内证券市场投资的制度框架

我国目前有关外资国内证券市场投资的法律法规体系大致可被分为包括以下四个层次：第一个层次是由全国人大及其常委会制定的法律，内容是有关外资国内证券市场投资的基本制度，主要有《证券法》《公司法》《外商投资法》等。这些法律

虽非外资国内证券市场投资的专门性规定，但其中的有关内容是一切证券投资的法律基础。第二个层次是由国务院制定的行政法规，内容是有关外资国内证券市场投资的市场准入与活动、范围方面的规范，主要包括国务院《关于股份有限公司境内上市外资股的规定》（1995 年）、《指导外商投资方向规定》（2002 年）。第三个层次是国务院的各部、委、局颁布的部门规章，内容是有关外资国内证券市场投资监管的专项规定，现行有效的主要有《合格境外机构投资者和人民币合格境外机构投资者境内证券期货投资管理办法》（2020 年）、《境外机构投资者境内证券期货投资资金管理规定》（2020 年）、《鼓励外商投资产业目录》（2022 年版）、《外商投资准入特别管理措施（负面清单）》（2021 年版）、《关于实施〈合格境外机构投资者和人民币合格境外机构投资者境内证券期货投资管理办法〉有关问题的规定》（2020 年）等。第四个层次是证券交易场所和登记结算机构制定的各种涉及 QFII 的自律性文件及相应的交易、结算规则，主要包括《上海证券交易所证券交易规则适用指引第 1 号——合格境外机构投资者和人民币合格境外机构投资者》（2020 年修订）、《深圳证券交易所合格境外机构投资者和人民币合格境外机构投资者证券交易实施细则》（2020 年修订）、中国证券登记结算有限责任公司发布的《中国证券登记结算有限责任公司合格境外机构投资者和人民币合格境外机构投资者境内证券投资登记结算业务实施细则》（2020 年）等。

在上述法律、法规、规章和规范性文件中，《合格境外机构投资者和人民币合格境外机构投资者境内证券期货投资管理办法》、《关于实施〈合格境外机构投资者和人民币合格境外机构投资者境内证券期货投资管理办法〉有关问题的规定》（2020 年），以及上海、深圳证券交易所等发布的有关 QFII/RQFII 交易、结算规则，共同构成了我国现有 QFII/RQFII 制度的主要内容，是我国当前规范外资国内证券市场投资的专门法律制度。

二、外资国内证券市场投资的专门法律规定

（一）《合格境外机构投资者和人民币合格境外机构投资者境内证券期货投资管理办法》

2002 年 11 月 5 日，中国证监会和中国人民银行联合出台了《合格境外机构投资者境内证券投资管理暂行办法》（以下简称《2002 年办法》），标志着我国 QFII 制度的正式出台。2006 年 8 月 24 日颁布了《合格境外机构投资者境内证券投资管理办法》（以下简称《2006 年管理办法》）。2020 年 9 月 25 日颁布的《合格境外机构投资者和人民币合格境外投资者境内证券期货投资管理办法》（以下简称《2020 年管

理办法》）生效后，《2002 年办法》《2006 年管理办法》废止。[①]《2020 年管理办法》共 29 条，将 QFII 与 RQFII 的资格和制度规则合二为一，其中分别就外资进入我国国内 A 股市场的主体资格条件与审批程序、托管登记与结算、投资运作、资金管理、监督管理等方面进行了较为详尽的规定。

1. 合格境外投资者准入的资格条件与审批程序

前已述及，QFII 制度是我国在资本项目未完全开放的情况下对外开放证券市场的一种过渡性安排。为保证这种开放的稳妥、有序，减少国外资本尤其是短期游资对国内经济和证券市场的冲击，应尽可能将那些资信差、实力弱、营业记录不良的外国机构投资者排除在外。为此，《2020 年管理办法》从主体资格和审批程序两个环节对外资的准入加以把关。

就外资的主体资格而言，《2020 年管理办法》第 6 条规定，申请合格境外投资者资格应当具备下列条件：（1）财务稳健，资信良好，具备证券期货投资经验；（2）境内投资业务主要负责人员符合申请人所在境外国家或者地区有关从业资格的要求（如有）；（3）治理结构、内部控制和合规管理制度健全有效，按照规定指定督察员负责对申请人境内投资行为的合法合规性进行监督；（4）经营行为规范，近三年或者自成立以来未受到监管机构的重大处罚；（5）不存在对境内资本市场运行产生重大影响的情形。

申请人应当通过托管人向中国证监会报送合格境外投资者资格申请文件。中国证监会自受理申请文件之日起 10 个工作日内，对申请材料进行审核，并作出批准或者不予批准的决定。决定批准的，作出书面批复，并颁发“经营证券期货业务许可证”；决定不予批准的，书面通知申请人。

2. 合格境外投资者的托管、登记与结算

《2020 年管理办法》第 8～13 条第三章专门就托管人的资格、申请程序和职能作了专门详尽的描述。第 10 条规定托管人应当具备下列条件：（1）有专门的资产托管部门和符合托管业务需要的人员、系统、制度；（2）具有经营外汇业务和人民币业务的资格；（3）未发生影响托管业务的重大违法违规行为；（4）中国证监会、中国人民银行和国家外汇管理局根据审慎监管原则规定的其他要求。托管人首次开展合格境外投资者资产托管业务的，应当自签订托管协议之日起 5 个工作日内，报中国证监会备案。根据审慎监管的原则，第 9 条关于托管人职责的规定要求托管人保存合格境外投资者的资金汇入、汇出、兑换、收汇、付汇和资金往来记录等相关资

① 《2020 年管理办法》已于 2006 年 9 月 1 日《2006 年管理办法》施行后同时废止；《2006 年管理办法》已于 2020 年 11 月 1 日《2020 年管理办法》施行后同时废止。

料，保存期限不少于20年，监督合格境外投资者的投资运作，发现其投资指令违法、违规的，及时向中国证监会、中国人民银行和国家外汇管理局报告。托管人应当将其自有资产和受托资产严格分开，对受托资产实行分账托管。合格境外投资者委托两个以上托管人的，应当指定一个主报告人，负责代其统一办理资格申请、重大事项报告、主体信息登记等事项。合格境外投资者应当在指定主报告人之日起5个工作日内，通过主报告人将所有托管人信息报中国证监会、国家外汇管理局备案。合格境外投资者可以更换托管人。中国证监会、国家外汇管理局根据审慎监管原则可以要求合格境外投资者更换托管人。合格境外投资者应当依法申请开立证券期货账户。合格境外投资者进行证券期货交易，应当委托具有相应结算资格的机构结算。

3. 合格境外投资者投资范围与投资额度的限制

投资范围限制主要是对合格境外投资者所进入的市场类型以及行业进行限制，投资额度包括两方面：一是指进入国内市场的最高资金额度和单个投资者的最高投资数额，二是投资于单个股票的最高比例。循此，《2020年管理办法》第14条第1款规定，合格境外投资者的投资本金及在境内的投资收益可以投资于符合规定的金融工具。2020年《关于实施〈合格境外机构投资者和人民币合格境外机构投资者境内证券期货投资管理办法〉有关问题的规定》第6条明确规定，合格境外投资者可以投资于下列金融工具：（1）在证券交易所交易或转让的股票、存托凭证、债券、债券回购、资产支持证券；（2）在全国中小企业股份转让系统（以下简称全国股转系统）转让的股票等证券；（3）中国人民银行允许合格境外投资者投资的在银行间债券市场交易的产品以及债券类、利率类、外汇类衍生品；（4）公募证券投资基金；（5）在中国金融期货交易所（以下简称中金所）上市交易的金融期货合约；（6）在中国证监会批准设立的期货交易场所上市交易的商品期货合约；（7）在国务院或中国证监会批准设立的交易场所上市交易的期权；（8）国家外汇管理局（以下简称外汇局）允许合格境外投资者交易基于套期保值目的的外汇衍生品；（9）中国证监会允许的其他金融工具。合格境外投资者可以参与证券交易所和全国股转系统新股发行、债券发行、资产支持证券发行、股票增发和配股的申购，可以参与证券交易所融资融券、转融通证券出借交易。合格境外投资者可以投资证券期货经营机构以及中国证券投资基金业协会登记的私募投资基金管理人依法设立的私募投资基金，相关私募投资基金的最终投资范围应当符合前述规定。合格境外投资者可参与的金融期货、商品期货、期权等的具体品种和交易方式，由证券期货交易场所报中国证监会同意。合格境外投资者可以委托其控制或在同一控制下的境内私募投资基金管理人提供投资建议服务。同时第7条规定，合格境外投资者及其他境外投资者的境内证券投资，应当遵循下列持股比例限制：(1) 单个合格境外投资者或其他境外投资者持有单个上市公司或者挂牌公司的股份，不得超过该公司股份总数的10%；(2) 全部合格境外投资者及其他境外投资者持有单个公司A股或者境内挂牌股份的总和，不得超过该公司股份总数的30%。合格境外投资者及其他境外投资者依法对上市公司战略投资的，其战略投资的持股不受前述比例限制。境内有关法律、行政法规、产业政策对合格境外投资者及其他境外投资者的持股比例有更严格规定的，从其规定。

4. 对合格境外投资者资金的管理

从印度、韩国的经验来看，对合格境外投资者资金运作的管理一般有两种手段可供选择：一种是强制的方法，规定资金汇出、汇入的时间与额度；另一种是税收手段，对不同的资金汇出、汇入时间与额度征收不同的税，从而限制外资、外汇的流动。我国曾经采取的是前者，如已被废止的《2006年管理办法》第26条规定：合格投资者应当在国家外汇管理局规定的时间内汇入本金，汇入的本金应当是国家外汇管理局批准的可兑换货币，金额以批准额度为限。合格投资者未在国家外汇管理局规定的时间内汇满本金的，应当向中国证监会和国家外汇管理局作出书面解释，并以实际汇入金额为批准额度；已批准额度和已实际汇入金额的差额，在未经国家外汇管理局批准之前不得汇入。第27条又规定，合格投资者可以在国家外汇管理局规定的期限届满之日起向国家外汇管理局申请汇出资金，国家外汇管理局另有规定的除外。国家外汇管理局可以根据我国经济金融形势、外汇市场供求关系和国际收支状况，按照中国人民银行的安排，对合格投资者本金的汇入汇出时间、金额以及汇出资金的期限予以调整。而《2020年管理规定》第20条规定，合格境外投资者应当按照中国人民银行、外汇局相关规定汇入本金，以外汇形式汇入的本金应当是在中国外汇市场可挂牌交易的货币。合格境外投资者可以按照中国人民银行、外汇局相关规定汇出资金。由此可见我国目前取消了投资额度限制，合格境外机构投资者不再需要向外汇局备案或批准来获得投资额度。取而代之的是，在取得中国证监会颁发的“经营证券期货业务许可证”之后，只需要委托托管人向外汇局申请办理业务登记，即可开立用于跨境投资交易的托管账户。

2020年中国人民银行、外汇局发布了《境外机构投资者境内证券期货投资资金管理规定》，其第8条规定：合格投资者应在每次投资额度获批之日起6个月内汇入投资本金，未经批准逾期不得汇入。在规定时间内未足额汇入本金但超过等值2 000万美元的，以实际汇入金额作为其投资额度。合格投资者汇入本金为非美元货币时，应参照汇入当月外汇局公布的各种货币对美元折算率表计算汇入的等值美元投资额度。但该规定并未提及投资额度的限制性规定。

5. 对违规合格境外投资者的监管

作为我国加入世界贸易组织以后全面对外开放的产物，QFII 制度的实施使我国资本项目开放的进程日渐加快。为了保障 A 股市场在外资冲击下继续保持应有的稳定，对合格境外投资者运作施以相关的监管颇为必要。《2020 年管理办法》确立了对合格境外投资者的检查、备案、证券投资业务再许可、投资资格终止以及违法、违规惩戒制度，强化了违规惩处，细化了对具体违规情形适用的监管措施。其第 25 条、第 26 条、第 27 条规定了合格境外投资者和托管人的违法违规责任和处罚：合格境外投资者有下列情形之一的，中国证监会、中国人民银行和外汇局可以对其采取、责令改正、监管谈话、出具警示函等监管措施；对直接负责的主管人员和其他直接责任人员，可以采取监管谈话、出具警示函、责令定期报告等监管措施：（1）未按规定开立账户；（2）未按规定开展境内证券期货投资；（3）未按规定履行信息披露义务；（4）未按规定有效实施内部控制和合规管理制度；（5）未按规定变更、换领或者交还许可证；（6）未按规定办理资金汇入、汇出、结汇或者收汇、付汇；（7）未按规定报送有关报告、材料或者相关内容存在虚假记载、误导性陈述或者重大遗漏；（8）不配合有关检查，拒绝、拖延提供有关资料；（9）违反该办法规定的其他行为。合格境外投资者违反《证券法》《期货交易管理条例》《外汇管理条例》等法律、行政法规的，按照有关规定实施行政处罚。涉嫌犯罪的，依法将案件移送司法机关追究刑事责任。合格境外投资者在开展境内证券期货投资过程中发生重大违法违规行为的，中国证监会可以依法采取限制相关证券期货账户交易等措施。托管人未按照规定进行备案，未履行《2020 年管理办法》第 9 条规定的职责，或者违反《2020 年管理办法》第 10 条等的规定的，中国证监会可以对其采取责令改正、监管谈话、出具警示函等监管措施；对直接负责的主管人员和其他直接责任人员，可以采取监管谈话、出具警示函、责令定期报告等监管措施。违反有关法律、行政法规的，按照有关规定实施行政处罚。涉嫌犯罪的，依法将案件移送司法机关追究刑事责任。

（二）《境外机构投资者境内证券期货投资资金管理规定》

现行有效的《境外机构投资者境内证券期货投资资金管理规定》（以下简称《管理规定》）为 2020 年颁布的。同时，2018 年颁布的《合格境外机构投资者境内证券投资外汇管理规定》废止。该规定分 7 章，总共 30 条，主要包括以下内容。

1. 总则

合格境外机构投资者和人民币合格境外机构投资者（以下简称合格境外投资者）应当委托其境内托管人（以下简称托管人）代为办理 2020 年《管理规定》所要求的

相关手续。中国人民银行、外汇局及其分支机构依法对合格境外投资者的资金账户、资金收付及汇兑等实施监督、管理和检查。

2. 投资额度管理

目前已取消了对QFII/RQFII投资额度的限制，明确不再对单家合格投资者的投资额度进行备案和审批。届时，合格境外投资者在获得中国证券监督管理机构批准的相关资格后，应委托托管人按规定办理相关登记，凭外汇局出具的业务登记凭证在托管人开立专用资金账户及办理后续资金汇兑等业务。[1] 2020年《管理规定》落实了取消合格境外投资者境内证券投资额度的管理要求，对合格投资者跨境资金汇出入和兑换实行登记管理。

3. 账户管理

有关账户管理的规定主要体现在《2020年管理规定》的第三章：一是要求账户分立。合格投资者应凭外汇局出具的业务登记凭证，根据投资和资金汇入需要，在托管人处开立一个或多个合格投资者专用账户。合格境外投资者仅汇入外币资金的，须开立外币专用账户及与外币专用账户相对应的人民币专用存款账户；仅汇入人民币资金的，须开立人民币专用存款账户；同时汇入人民币和外币资金的，须分别开立人民币专用存款账户、外币专用账户及与外币专用账户相对应的人民币专用存款账户，对两类人民币专用存款账户的命名应予以有效区分。二是明确了合格境外投资者外币专用账户的收入和支出范围，收入范围是合格投资者从境外汇入的本金及支付有关税费（税款、托管费、审计费、管理费等）所需外币资金，外币利息收入，开展外汇衍生品交易的相关资金划入，从与外币专用账户相对应的人民币专用存款账户购汇划入的资金，以及符合外汇管理规定的其他收入。支出范围是结汇划入与外币专用账户相对应的人民币专用存款账户，开展外汇衍生品交易的相关资金划出，向境外汇出本金及收益，以及符合外汇管理规定的其他支出。三是规定了专用账户使用的禁止情形。合格境外投资者专用账户与其境内其他账户之间不得划转资金，法律、法规、规章另有规定的除外。同时汇入人民币和外币资金的合格境外投资者所开立的两类人民币专用存款账户之间不得划转资金。合格境外投资者专用账户内资金不得用于境内证券期货投资及基于套期保值目的的风险管理以外的其他用途，法律、法规、规章另有规定的除外。合格境外投资者专用账户不得支取现金。

4. 汇兑管理

有关汇兑管理的规定主要体现在《2020年管理规定》的第四章，该章对资本的汇入和汇出作出了规定，明确了合格境外投资者可自主选择汇入资金币种。合格境

[1] 《合格境外机构投资者境内证券投资外汇管理规定》于2020年6月6日《管理规定》实施后废止。

外投资者可自主选择汇入币种开展境内证券期货投资。合格境外投资者汇入外币进行投资的，可根据投资计划等，及时通知托管人直接将投资所需外币资金结汇并划入其与外币专用账户相对应的人民币专用存款账户。合格境外投资者汇入人民币进行投资的，可根据投资计划等，将投资所需的境外人民币资金直接汇入其人民币专用存款账户。合格境外投资者应委托托管人办理相关投资本金和收益汇出手续。合格境外投资者如需汇出已实现的累计收益，托管人可凭合格境外投资者书面申请或指令、合格境外投资者出具的承诺按照中国境内相关税务法律法规足额缴纳税费的承诺函等，为合格境外投资者办理相关资金汇出手续。合格境外投资者清盘（含产品清盘）的，托管人可凭合格境外投资者书面申请或指令、中国注册会计师出具的投资收益专项审计报告、税务备案表（按规定无须提供的除外）等，为合格境外投资者办理相关资金汇出及关户手续。合格境外投资者境内证券期货投资汇出与汇入的资金币种原则上应保持一致，不得进行人民币和外币间的跨币种套利。

5. 投资风险管理

有关投资风险管理的规定主要体现在《2020 年管理规定》的第五章，该章完善了对合格境外投资者境内证券投资外汇风险及投资风险的管理要求：一是要求合格境外投资者在境内开展的衍生品交易，仅限于以套期保值为目的的外汇风险对冲产品和符合规定的金融衍生品，衍生品敞口与作为交易基础的境内证券期货投资项下投资风险敞口应具有合理的相关度；二是明确了合格投资者的外汇衍生品业务可以通过具备代客人民币对外汇衍生品业务资格的托管人或境内金融机构办理；三是要求合格境外投资者以及外汇衍生品业务经办机构开展外汇衍生品业务遵守实需交易原则；四是明确了外汇衍生品业务经办机构的报告义务。

6. 统计与监督管理

有关监督管理的规定主要体现在《2020 年管理规定》的第六章：一是明确了合格境外投资者变更登记、报告制度。二是要求托管人在为合格境外投资者办理资金汇出入时，应当对相应的资金收付进行真实性与合规性审查，并切实履行反洗钱和反恐怖融资等义务，应当定期报送有关合格投资者的监管和统计数据，应当及时、准确地进行国际收支统计申报并报送其他相关数据。三是明确了对合格境外投资者和托管人违规行为的处罚措施。合格境外投资者有下列行为之一的，外汇局可依据《外汇管理条例》等的相关规定予以处罚：（1）未按规定办理业务登记的；（2）未按规定向外汇局或托管人提供境内证券期货投资相关信息和材料，或提供虚假信息和材料的；（3）开展境内证券期货投资过程中违反账户、资金收付及汇兑管理等相关规定的；（4）开展外汇衍生品交易过程中违反相关外汇管理规定的；（5）有其他违反外汇管理规定的行为。

（三）《合格境外机构投资者和人民币合格境外机构投资者证券交易实施细则》

为规范合格境外投资者在上海、深圳证券交易所从事交易活动，维护证券市场交易秩序，作为我国证券交易一线监管机构的上海和深圳证券交易所分别根据《2020 年管理办法》的相关业务规则，制定了专门针对合格境外投资者投资活动的实施细则，以对合格境外投资者的证券交易活动实行实时监控。

2014 年上海证券交易所和深圳证券交易所分别公布了《上海证券交易所合格境外机构投资者和人民币合格境外机构投资者证券交易实施细则》《深圳证券交易所合格境外机构投资者和人民币合格境外机构投资者证券交易实施细则》（均已废止）。北京证券交易所（以下简称北交所）于 2021 年 9 月 3 日注册成立，是经国务院批准设立的我国第一家公司制证券交易所。随后北交所发布了《北京证券交易所合格境外机构投资者和人民币合格境外机构投资者证券交易实施细则》。2020 年，上海证券交易所对《上海证券交易所合格境外机构投资者和人民币合格境外机构投资者证券交易实施细则》进行了修订，并更名为《上海证券交易所证券交易规则适用指引第 1 号——合格境外机构投资者和人民币合格境外机构投资者》。同年，深圳证券交易所对《深圳证券交易所合格境外机构投资者和人民币合格境外机构投资者证券交易实施细则》进行了修订，发布了《深圳证券交易所合格境外机构投资者和人民币合格境外机构投资者证券交易实施细则（2020 年修订）》。

两细则的内容基本相同，其核心内容均是对合格境外投资者的证券交易活动进行实时监控，对其异常交易行为予以重点监控并采取相应的纪律处分和监管措施。两细则都规定：单个合格投资者或其他境外投资者持有单个上市公司的股份，不得超过该公司股份总数的 10%，全部合格投资者及其他境外投资者持有单个公司 A 股股份的总和，不得超过该公司股份总数的 30%。全部合格投资者及其他境外投资者持有单个上市公司 A 股股份合计达到或超过该公司股份总数的 24%时，本所于次一交易日开市前通过交易所网站公布其已持有该公司 A 股股份的总数及占公司股份总数的比例。当日交易结束后，单个合格投资者或其他境外投资者持有单个上市公司股份超过限定比例的，应当在 5 个交易日内对超过限制的部分予以减持，并按照有关规定及时履行信息披露义务。当日交易结束后，如全部合格投资者及其他境外投资者持有单个上市公司 A 股股份合计超过限定比例的，本所将于次一交易日向受托证券期货经营机构及托管人发出减持通知。合格投资者及其他境外投资者应在接到本所通知之日起的 5 个交易日内，对超出限定比例的部分，作出相应的处理以满足持股比例限制要求。

（四）《中国证券登记结算有限责任公司合格境外机构投资者和人民币合格境外机构投资者境内证券投资登记结算业务实施细则》

2002 年 12 月 1 日，为规范合格投资者境内证券投资的登记结算业务，经中国证监会批准，中国证券登记结算有限责任公司根据《合格境外机构投资者境内证券投资管理暂行办法》制定了《合格境外机构投资者境内证券投资登记结算业务实施细则》。2013 年中国证券登记结算有限责任公司修订了《中国证券登记结算有限责任公司合格境外机构投资者境内证券投资登记结算业务实施细则》。2020 年中国证券登记结算有限责任公司颁布了《中国证券登记结算有限责任公司合格境外机构投资者和人民币合格境外机构投资者境内证券投资登记结算业务实施细则》，并于 2020 年 11 月 1 日起施行。同时 2013 年细则废止。2020 年实施细则共由 6 章、35 个条文组成，主要从证券账户业务、证券登记业务、证券资金结算业务、风险管理四个方面对合格境外投资者的证券交易相关问题作出了规定。首先，合格境外投资者应当委托托管人为其自有资金或管理的客户资金分别申请开立证券账户。合格境外投资者证券账户名称与人民币专用存款账户名称应当保持一致。合格境外投资者以其自有资金开立证券账户的，账户名称设置为“合格境外投资者＋自有资金”；合格境外投资者为其管理的客户资金开立证券账户的，账户名称设置为“合格境外投资者＋客户名称”、“合格境外投资者＋基金”或“合格境外投资者＋客户资金”。其次，证券发行人向投资者派发现金红利、债券本息等权益的，本公司按照证券发行人的委托将合格境外投资者的现金红利、债券本息等派发到结算参与人的结算备付金账户，结算参与人应当及时、足额地将现金红利、债券本息等发放给相应的合格境外投资者。最后，在风险管理上加大了对结算风险的管理力度，要求结算参与人及托管人应当建立健全内部风险管理和控制制度并按照有关规定缴纳证券结算保证金、交纳证券结算风险基金。

（五）《关于实施〈合格境外机构投资者和人民币合格境外机构投资者境内证券期货投资管理办法〉有关问题的规定》

在《2020 年管理办法》颁布之后，中国证监会随即于 2020 年 9 月 25 日颁布了《关于实施〈合格境外机构投资者和人民币合格境外机构投资者境内证券期货投资管理办法〉有关问题的规定》（以下简称《2020 年实施规定》）。《2020 年实施规定》根据《2020 年管理办法》的精神要义和相关规定，对《2020 年管理办法》原有的规定作了进一步细化和补充。且对原于 2012 年发布的《关于实施〈合格境外机构投资者境内证券投资管理办法〉有关问题的规定》（以下简称《2012 年实施规定》）的规定进行了一些修改，这些变化体现在六个方面。

（1）合格境外投资者开立证券期货账户的命名方式等的相关规定发生了变化。如规定，合格境外投资者应当委托托管人申请开立证券期货账户。合格境外投资者可以开立多个证券期货账户，申请开立的证券期货账户应当与人民币专用存款账户对应。合格境外投资者应当按照证券登记结算机构、期货交易场所和期货市场监控机构的业务规则开立、使用、管理证券期货账户。合格境外投资者开展境内证券期货投资，应当使用自有资金或者管理的客户资金，并为自有资金或者管理的客户资金分别申请开立证券期货账户。合格境外投资者为自有资金开立证券期货账户，应当将账户名称设置为“合格境外投资者＋自有资金”。合格境外投资者为管理的客户资金开立证券期货账户，应当使用“合格境外投资者＋客户名称”或“合格境外投资者＋基金”的账户名称；确有必要使用“合格境外投资者＋客户资金”的账户名称的，应当按照证券登记结算机构及期货市场监控机构的规定，通过托管人报送该账户下有关投资者或者基金的名称、资产状况等信息。“合格境外投资者＋客户名称”、“合格境外投资者＋基金”、“合格境外投资者＋客户资金”账户资产属客户、基金所有，独立于合格境外投资者和托管人。合格境外投资者开立其他账户的，应当按照中国证监会有关要求报送信息。

（2）以列举的方式明确了合格投资者的投资范围，一定程度上对投资范围进行了扩大。

（3）对合格境外投资者的持股比例作出了限制。如单个合格境外投资者或其他境外投资者持有单个上市公司或者挂牌公司的股份，不得超过该公司股份总数的10％；全部合格投资者及其他境外投资者持有单个公司A股或者境内挂牌股份的总和，不得超过该公司股份总数的30％。合格投资者及其他境外投资者依法对上市公司战略投资的，其战略投资的持股不受前款规定的比例限制。境内有关法律、行政法规、产业政策对合格投资者及其他境外投资者的持股比例有更严格规定的，从其规定。

（4）明确了合格投资者的信息披露义务。合格境外投资者名下的境外投资者的境内证券投资达到信息披露要求的，作为信息披露义务人，应当通过合格境外投资者向交易场所提交信息披露文件。合格境外投资者应当充分了解其名下的境外投资者的境内证券持仓情况，并督促其严格履行信息披露的有关规定。

（5）明确了合格境外投资者应当指定符合条件的人员担任督察员。合格境外投资者应当指定熟悉境内证券期货市场相关法律法规、职业操守良好的人员担任督察员，负责监督合格境外投资者合法合规运作。

（6）规定了有关管理部门之间应当加强监管协调，建立信息共享机制。如

《2020 年实施规定》第 16 条规定，证券期货交易场所、证券登记结算机构、证券期货市场监测监控机构负责对合格境外投资者境内证券期货投资交易活动的监测分析和自律管理，建立信息共享和协作配合机制，及时发现和处置跨市场异常交易行为。证券期货交易场所、证券登记结算机构、证券期货市场监测监控机构应当定期向中国证监会报送合格境外投资者境内投资情况。中国证监会、人民银行、外汇局就合格境外投资者投资境内证券期货的情况加强监管协调，建立信息共享机制。

三、外资国内证券市场投资所涉及的法律关系

综合上述有关合格境外投资者投资国内证券市场相关法律规定，我们不难发现，合格境外投资者证券交易、清算与结算遵循的是一种间接持有的模式，这种模式与我国现行的证券直接持有模式并不相同。[①]

所谓间接持有，简单说是指投资者通过在某一中介机构开立的账户持有证券。这个机构本身处于一个多层次的证券持有系统中，按照这种持有系统，在证券发行人处登记的证券持有人是处于这个证券持有体系最顶层的机构而非投资者本人，投资者开立了证券账户的中介机构在位于其上层的其他机构那里以自己的名义开立证券账户，在混同的基础上为客户持有证券。在金融日益全球化的今天，跨境资本流动和跨境证券交易的规模呈几何级数扩大，而证券间接持有正是适应这种跨境证券交易需要而诞生的一种金融创新。在证券间接持有的新系统下，证券间接持有中介机构（securities intermediary）不仅代表账户持有人持有证券、享受证券利益，而且自身亦对间接持有的证券享有利益。虽然《2020 年实施规定》规定合格境外投资者应当为自有资金或管理的客户资金分别申请开立证券期货账户，但是，这仅仅是

① 证券直接持有模式是指投资者直接持有证券，表明拥有证券所有权，而证券发行人不需要通过中介机构就能够直接知道投资者是谁，因此确认投资者的所有者权益。以我国现行的做法为例，中登公司既是中央证券存管机构（Central Securities Depositories，以下简称 CSD），又是中央证券登记结算机构；在中央证券登记结算法律关系中，以证券公司在交易所的交易席位为最小结算单位，结算参与人（证券公司）之间的债权债务经轧差成净额，以中登公司为中央结算对手进行证券与资金的电脑系统划账和交收。在证券公司代理证券交易的情形中，中央结算与中央登记并不一致，接收证券交收的证券公司并非在中登公司登记的证券持有人，由于“租用”证券公司交易席位进行证券交易的投资者并非 CSD 系统的结算参与人，其在公开证券市场购买并持有的证券（虽经 CSD 系统登记至自己名下）必须托管给证券公司并经其再存托于 CSD 系统。这样，中央结算与中央登记保持了表面一致。因此，特别证券账户和明细账户便构成了证券直接持有系统的核心：投资者委托证券公司自 CSD 结算系统交收的电子化证券被 CSD 记载在投资者而非结算参与人名下。此时，在 CSD 簿记系统中登记的证券所有人名称各不相同。这被称为特别证券账户体系。同时，在投资者委托多层中间人的情形，不但直接受托证券公司（直接中间人）的账簿上要记载该投资者的证券权利，间接受托证券公司（间接中间人）投资者的账簿上也要记载该投资者的证券权利。此时，各级中间人的账簿系统记载的投资者名称必须直达终极投资者。这被称为明细账户体系。

在间接持有制度下的一种内部区分，在 QFII 制度下，除合格境外机构投资者外，其他境外投资者不具有投资主体资格，不能直接持有证券。以下简要阐明我国合格境外投资者间接持有证券模式所涉及的法律关系。

前已提及，间接持有系统是个多层次的结构，处在结构顶层的是具有中央证券托管功能的机构 CSD，存管不同证券发行人发行的大量证券。处在 CSD 下层的是一些在 CSD 持有证券账户，与 CSD 有直接托管合同关系的证券机构、证券经纪人、区域性的证券托管人以及其他从事证券投资之类的中介机构，这些机构通常被称作 CSD 的参与人。它们在 CSD 开立账户，不管证券是谁投资的，账户登记的证券持有人都是这些中介机构而不是最终实际投资者。而且，这些参与人在 CSD 开立账户的下面并没有投资者名义的分账户。通常，CSD 参与人自身还会有客户，这些客户只能在 CSD 参与人处开立证券账户，由 CSD 参与人替自己存管证券。同时，间接持有方式的惯常做法是，对于客户持有的某一证券，在本机构内设立一个该证券的总账户，在混同的基础上记录所有客户的证券，然后在这个总账户下设立该客户名义的分账户，记录以该客户名义持有的证券数量。因此，从结构来看，处于底层的实际证券投资者与发行人和 CSD 之间的层次可能很多，形成一种金字塔式的形态。而站在“塔尖”往下看，发行人只需与 CSD 打交道，CSD 与其参与人打交道，CSD 参与人与下一级的中介机构打交道，最后是某个具体中介机构与证券实际投资者打交道。

根据以上分析可知，众多境外个人投资者经由合格境外投资者经纪业务投资于我国 A 股市场的法律行为，客观上形成了以合格境外投资者为证券中介机构的跨国证券间接持有的民事法律关系。而在此关系中：首先，中登公司扮演了 CSD 角色，位于合格境外投资者间接持有结构体系中的上端，存管着国内各上市公司发行的 A 股。由于合格境外投资者或其委托的国内证券公司通过托管银行参与以中登公司为中央对手方的证券、资金结算以及证券登记，所以，托管银行是 CSD 参与人，其与中登公司形成第一层级中介机构，合格境外投资者或其委托的国内证券公司则为 CSD 参与人即托管银行的客户，它们与托管银行形成第二层级中介机构。其次，由于合格境外投资者一般是境外基金管理机构、保险公司、证券公司或其他资产管理机构，所以合格境外投资者在这个民事法律关系中扮演的其实就是第三层级中介机构即专业投资人，其直接面对的是国外的个人投资者。[①] 最后，合格境外投资者之下的个人投资者对合格境外投资者持有的证券账户资产享有比例权利，是间接持有

① 事实上，合格境外投资者的客户不一定全是个人投资者，可能还有各级的机构投资者。为了分析方便，本书将合格境外投资者作为直接面对个人投资者的第一级中介机构。

人，扮演着类似我国股市散户的角色，但与我国股市散户直接持有不同的是，他们并不享有直接的财产权益，不能实际直接持有我国发行的A股。图14-1是我国合格境外投资者间接持有证券系统运作的一般形态的结构。

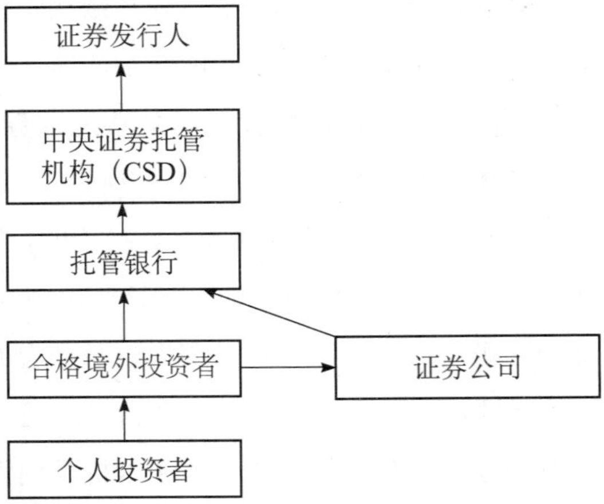

图14-1　我国合格境外投资者间接持有证券系统运作的一般形态的结构

第三节　中国证券市场国际化的若干法律问题

一、QFII制度下跨境投资者证券权利的保护

从图14-1可见，中登公司直接持有系统的登记链条，延伸至合格境外投资者就终止了，其簿记系统并不体现最终投资者的上述权利。而在我国法律中，中登公司登记的证券权利是公示的法定对世权利，上述第三层级跨境个人投资者对合格境外投资者证券账户享有的比例权利，既然未在中登公司簿记系统中记录和体现，自然不是受我国法律保护的证券权利，而只是他们在与合格境外投资者缔结的合同中享有的债权。这种债权是否受我国法律保护，要视该合同准据法是否为我国法律。即使受我国法律保护，这种债权性权利亦滞后于物权性权利（如合格境外投资者债权人对其证券账户享有的担保物权）。因此，将合格境外投资者经纪业务强行置入我国现行的直接持有法律框架的做法，并不利于保护跨境投资者的权利。这种巨大的法律风险无疑会削弱跨境个人投资者通过合格境外投资者的经纪业务投资我国证券市场的积极性。

为此，有学者建议我国将境外投资者通过合格境外投资者间接持有证券法律关系纳入《信托法》的法律框架内加以规制，并在时机成熟之时将我国的直接持有体系改造为间接持有体系[①]，具体为：首先，将合格境外投资者间接持有的境外投资者的证券权利界定为信托财产，以将合格境外投资者的固有财产与该信托财产相区分，从而使该信托财产在法律上隔离了合格境外投资者的自营财产风险与“破产风险”。其次，课以合格境外投资者受托人的职责，这与我国信托制开放基金的中央结算实践保持一致；合格境外投资者与境外投资者签订经纪业务合同之时，就是信托合同成立之时，合格境外投资者账簿贷记境外投资者对方证券账户之时则是信托物权法律关系生效之时；在合格境外投资者（受托人）与境外投资者（受益人）的法律关系中，信托物权法律关系“责任与利益相分离”的特殊机制使受益人只享受信托财产的利益而不必承担信托财产的责任，境外投资者对信托财产的受益权自然优先于合格境外投资者的登记证券权利。[②]

二、我国证券法律监管的国际合作与协调

（一）我国证券法律监管国际合作与协调的现状

实践证明，在经济全球化浪潮中，为了化解风险和促进竞争，单靠一国或地区的证券立法及监管很难解决由证券市场国际化所引发的种种问题。因此，要充分发挥证券市场国际化的积极作用，限制和避免其在国内、国际两个层面产生的不利影响，相互借鉴与合作成为各国（地区）证券法律监管发展的必由之路。在国际层面，这种合作与协调主要表现为以下几个方面：（1）各国国内的相关立法。这些立法的目的在于促进和规范证券市场的国际化以及加强国家监管合作。比如美国分别于1988年、1990年颁布了《内幕交易和证券欺诈执行法》(Insider Trading and Securities Fraud Enforcement Act）和《国际证券执行合作法》(International Securities Enforcement Cooperation Act)，通过专门立法的形式对证券监管的国际合作与协调进行了规范。(2）各国或各地区监管机构相互之间的双边合作，包括签署双边司法互助协定、谅解备忘录等。(3）区域性监管合作与协调。如自20世纪70年代末以来，欧共体（欧盟）不仅颁布和实施了许多有关证券发行、交易的指令，在有关市场准入、信息披露、内幕交易等方面，协调成员国对证券市场的监管，而且还创建

① 根据我国《信托法》，一旦委托人与受托人的信托合同生效，则产生受托人、受益人信托物权法律关系和独立于受托人固有财产的信托财产；信托合同作为继续性合同，在信托存续期间，与信托物权法律关系并存，这样，信托法律关系一方面表现为委托人—受托人—受益人三者之间的债权关系，另一方面则表现为受托人—受益人之间的物权关系。自益信托的受益人（同时是信托法律关系的债权人）对信托财产享有物权性权利，信托财产高度独立的机制则强化了受益人的这种物权性权利，并以这种物权性权利为债权人的债权提供优先受偿的法律保障。

② 参见张晓凌、杨月萍：《QFII制度下跨境间接持有证券的法律问题研究》，载《国际金融研究》，2004（10）。

了专门的协调机构——欧盟证券监管委员会。(4) 证券市场的全球性监管合作与协调。国际证监会组织（International Organization of Securities Commissions, IOSCO）成立于1983年，已成为推进国际证券监管合作与协调的专门化组织。截至2023年7月8日，IOSCO共有228个会员，包括131个正式会员（ordinary member）、34个联系会员（associate member）和74个附属会员（affiliate member），覆盖了全球95%以上的证券市场。目前，IOSCO被公认为证券市场国际标准的制定者，其制定的一系列监管原则、标准、准则和建议，为各成员间进行监管合作与协调提供了依据。

伴随着我国证券市场国际化向纵深发展，我国金融监管当局十分重视与境外监管机构的监管合作与协调，并取得了较大的成就。如在双边层面，为有效打击包括证券犯罪在内的各种犯罪行为，防止罪犯逍遥法外，我国自20世纪80年代中期开始签订司法协助条约。截至2020年11月，我国已与81个国家缔结引渡条约、司法协助条约、资产返还和分享协定、打击“三股势力”协定及移管被判刑人条约共169项（131项生效）。截至2022年12月，中国证监会已相继同67个国家和地区的证券期货监管机构签署了82个监管合作谅解备忘录。同时，在区域性层面，我国加强了与东盟各国在金融、证券领域的监管合作与协调。而在全球层面，早在1995年7月，中国证监会就正式加入IOSCO，并已连续五届当选为IOSCO执委会委员，积极参与IOSCO的相关活动，从而大大促进了我国证券市场规范化水平的提高，以及和其他国家（地区）监管机构间的监管合作与协调。①

（二）我国证券法律监管国际合作与协调的不足

首先，从证券市场国际化国家的国内相关立法来看，我国的证券立法一直严重滞后于证券市场的发展。作为证券市场的基本法，于2019年修订的《证券法》除了在第177条第1款规定“国务院证券监督管理机构可以和其他国家或者地区的证券监督管理机构建立监督管理合作机制，实施跨境监督管理”外，未有任何关于国际证券监管合作与协调的具体实体法规定。于2019年修订的《证券法》不仅在直接实体法方面存在欠缺，而且有关证券纠纷解决的冲突法规范不明确。

其次，从双边监管合作与协调的层面看，目前我国亦存在许多不足。如从中国证监会与境外证券监管机构签署的诸多谅解备忘录来看，多半强调的是发达证券市场对我国证券市场的技术援助，而有关证券法律实施的合作与磋商的规定只限于原

① 我国的上海证券交易所、深圳证券交易所于1996年9月加入IOSCO咨询委员会。IOSCO的附属委员会会员多为各国（地区）重要的证券、期货交易所和其他国际金融机构，这也有利于上海、深圳证券交易所同外国（地区）证券自律性组织的交流合作。

则性的，极少可操作性的。而对于合作中更为重要的信息共享的程序、使用信息方式的许可、保密要求等问题，规定以个案方式处理。此外，我国在这些备忘录中均未针对来华设立的各种外资证券经营机构如何加强东道国与母国的证券监管合作与协调作出相应的规定。

再次，在区域性监管合作与协调上，虽然我国与东盟各国已发表和签署了包含金融、证券领域监管合作内容在内的《东亚合作联合声明》和《中国—东盟全面经济合作框架协议》，但是，这种原则性的声明和框架协议针对我国与东盟的证券监管合作与协调并没有规定多少实质性的举措，因而成效不彰。

最后，在全球性监管合作与协调上，中国证监会虽然积极参与IOSCO进行证券监管合作与协调的各项活动，但参与的广度和深度欠缺，工作力度亟待加大。比如，对于IOSCO文件体系中里程碑式的三份核心文件——《证券监管的目标和原则》《外国发行人跨国证券发行与首次上市的国际披露准则》《关于咨询、合作与信息交换的多边备忘录》，在绝大多数成员已通过修改有关境内法律、规则和采取其他方法加以执行的情形下，中国证监会至今尚未对其进行全面、系统、深入的研究和探索，更未采取具体措施来实施上述文件的内容。

（三）完善我国证券法律监管国际合作与协调的对策与建议

针对上述不足，就目前现状而言，我国应着重从以下几个途径循序渐进，对我国证券法律监管国际合作与协调加以相应的完善。

（1）充实证券法律监管国际合作与协调的法律依据。如在实体法方面，可在后续通过制定配套法规、实施细则或司法解释等方式，对新修订《证券法》第177条第1款的原则性规定进行细化，对于证券监管国际合作的内容、领域等方面进一步详细规定，使之在实践中更加具有可操作性。与此同时，可以借鉴美国等国家的相关立法经验，适当推进《证券法》的域外适用效力，加强监管创新，从而促进跨境监管合作。[①]

（2）拓展双边监管合作与协调的相关内容。对中国证监会与境外监管机构签署的谅解备忘录的内容进行完善，包括：1）在谅解备忘录中增加有关信息的提取和获取程序的细致规定；2）积极拓宽双边监管合作的途径与内容，包括签署专门的关于证券与期货方面的民事和刑事双边司法互助协定，加强司法机关之间的跨境合作，从而间接促进各国证券市场的运作与监管；3）完善跨境监管双边合作的具体规定，包括对提供协助的权能、权限和权力形势的范围、要求、程序等作出具体规定等。[②]

① 参见廖凡：《中美证券跨境监管合作觅路》，载《中国外汇》，2020（11）。

② 参见韩龙：《金融法与国际金融法前言问题》，303～304页，北京，清华大学出版社，2018。

（3）拓展区域性监管合作与协调。中国应充分发挥“一带一路”倡议的独特优势，从以下几个方面加以努力：1）对我国签署的区域自由贸易协定中涉及证券监管合作的内容进行细化，积极采取行之有效的实质性的监管合作与协调举措；2）尽快与“一带一路”沿线国家、东盟各国签订证券监管合作的多边谅解备忘录，建立信息共享机制和跨国调查协作机制，使得各国在监管透明度和政策协调等方面达成共识①；3）适当借鉴欧盟区域性证券监管合作的成功经验，在不同国家之间对各国证券监管规则进行协调。②

（4）强化全球性监管合作与协调，具体体现在：1）发挥 IOSCO 规则在全球证券监管合作中的作用。首先，进一步推动 IOSCO《证券监管目标和原则》的落实，并以此为基础与境外监管机构协同打击虚假陈述、内幕交易、操纵市场、财务欺诈等跨境违法行为。其次，在已经签署《关于咨询、合作与信息交换的多边备忘录》的基础上，证监会应结合中国国情和证券市场发展阶段，在条件成熟时考虑成为 2017 年增强版《多边备忘录》其签署方，从而在更大范围、更深层次、更高水平上推进证券跨境监管合作。③ 2）我国有关部门和相关机构还应继续积极参加海牙国际私法会议、国际统一私法协会、联合国国际贸易法委员会等国际组织的活动，大力推动全球证券监管法律合作。

案例与思考

1. 综合案例

2019 年 10 月，某律师在为某拟从事 QFII 业务的商业银行提供法律咨询时，发表如下法律意见：(1) 商业银行可以就代为申请合格投资者资格和投资额度，分别向中国证监会和国家外汇管理局报送文件；(2) 托管资金锁定期最短为 3 个月；(3) 单个境外投资者通过该商业银行可持有不超过某上市公司股份总额的 10%的股票；(4) 所有境外投资者通过该商业银行可持有不超过某上市公司股份总额的 30%的股票。

请问：根据 2020 年《境外机构投资者境内证券期货投资资金管理规定》及相关规定，该法律意见存在哪些不正确的地方？

2. 思考题

(1) 比较分析 QFII 所涉及的法律关系与纯国内证券投资法律关系的不同点。

---

① 参见徐忆斌、马小晴：《“一带一路”国家间金融监管合作法律问题研究》，载《中国海洋大学学报（社会科学版）》，2019（3）。

② 参见何仲新、刘远志：《跨境证券交易法律监管模式研究》，载《广西民族大学学报（哲学社会科学版）》，2017（5）。

③ 参见廖凡：《中美证券跨境监管合作觅路》，载《中国外汇》，2020（11）。

（2）QFII 制度下应如何加强对跨境投资者证券权利的保护？

参考书目

1. 亚瑟·E. 艾普顿，帕特里克·F.J. 麦考瑞．国际贸易与跨境投资法指南．南京：南京大学出版社，2020.

2. 孔庆江．《中华人民共和国外商投资法》解读．北京：法律出版社，2019.

3. 余劲松．国际经济法学．2 版．北京：高等教育出版社，2019.

4. 韩龙．金融法与国际金融法前言问题．北京：清华大学出版社，2018.

5. 唐应茂．国际金融法：跨境融资和法律规制．北京：北京大学出版社，2015.

6. 邱润根．证券市场国际化法律制度．北京：法律出版社，2013.

第十五章
境内资金境外投资法律制度

本章要点

1. 境外投资项目的核准条件及核准程序
2. QDII 法律制度的主要内容
3. QDII 对中国金融监管体系的挑战
4. 境外投资外汇管理法律制度存在的问题及其完善

第一节　境内资金境外直接投资法律制度

一、境外投资的概念

随着经济的持续快速平稳发展和对外开放水平的不断提高，我国国际收支持续多年保持顺差，外汇储备大幅增长，境内资金日益富裕，境内个人和机构持有的金融资产快速增长。但是目前境内金融市场尚不发达，投资渠道相对偏少，部分境内个人和机构选择境外投资，以利用国际金融市场优化资产配置、分散投资风险、提高资金收益。

境外投资，是指境内投资者为获得一定经济效益而将其资本投入境外的一项经济活动。按投资形式与性质区分，广义上的境外投资可被分为境外直接投资和境外间接投资。狭义上的境外投资专指境外直接投资。境外直接投资，是指伴有企业经营管理权和控制权的投资，投资者在境外直接经营企业，并对企业的经营管理有较大的控制权。2014 年《境外投资管理办法》(商务部令 2014 年第 3 号) 第 2 条规定，境外投资是指在中华人民共和国境内依法设立的企业通过新设、并购及其他方式在境外拥有非金融企业或取得既有非金融企业所有权、控制权、经营管理权及其他权益的行为。2017 年《企业境外投资管理办法》(国家发展和改革委员会令第 11 号) 第 2 条第 1 款规定，境外投资“是指中华人民共和国境内企业（以下简称‘投资主体’）直接或通过其控制的境外企业，以投入资产、权益或提供融资、担保等方式，获得境外所有权、控制权、经营管理权及其他相关权益的投资活动”。境外间接投资是指投资者不参加企业经营管理，也不享有企业的控制权或支配权，而仅以其持有的能提供收入的股票或证券进行的投资，具体表现为：在境外证券市场上购买上市公司的股票或公司债券等获取股息或利息，向境外企业提供贷款，等等。境外直接投资与境外间接投资的区别，在于对企业有无控制权。

具体而言，对境外投资可以从如下六个方面加以理解。

（1）投资主体。进行境外投资的投资主体，包括两大类：1）中国境内的各类法人，包括各类工商企业、国家授权投资的机构和部门、事业单位等。这些机构属于中国境内的法人机构，受中国法律的管辖约束。2）由境内投资主体控股的境外企业或机构。境外企业或机构不属于中国境内的法人机构，不受境内相关法律的制约，但境内机构通过这些境外机构向境外进行投资时，仍然需要按照境内有关企业境外投资核准的法律规定，履行相应的核准手续。

（2）投资地区。适用境外投资管理的地区，不仅包括外国，也包括中华人民共和国辖区内的香港特别行政区、澳门特别行政区和台湾地区。凡在中国边境之外的任何地区进行的投资，均为境外投资。

（3）出资形式。境外投资所投入资产的形式广泛，包括货币资金的投入，股票、债券、信托凭证等金融资产的投入，各类实物资产的投入，知识产权、专有技术等无形资产的投入。只要是向境外输出资产的行为，无论是以什么方式出现，都应按照境外投资管理的有关规定履行相应的行政许可手续。

（4）投资方式。境外投资方式包括各类新建项目及改扩建项目的初始投资、再投资，也包括收购、合并、参股、增资扩股等权益投资活动，还包括对境外投资提供担保的行为。

（5）投资目的。境外投资的直接体现，是获得对境外资产或经营活动的所有权、经营管理权及其他相关权益，如收益分配权、资产支配权、资源勘探或开发权等。境外投资的目的，可以是在境外进行生产、销售、经营或研发，也可以是在境外进行融资。

（6）投资领域。境外投资涉及我国法律允许投资的国民经济各领域。我国政府积极引导境内企业开展如下境外投资：扩大境外资源开发利用，包括境外油气、金属和非金属矿产资源、林木资源以及经济作物种植、远洋渔业等资源；发展具有比较优势产业投资；积极推动境内企业到境外从事贸易分销、银行、保险、电信、物流航运和中介服务；引导境内企业在境外科技资源较为发达的地区设立研发中心。

二、境外直接投资法律制度

（一）2017 年《企业境外投资管理办法》

为加强境外投资宏观指导，优化境外投资综合服务，完善境外投资全程监管，促进境外投资持续健康发展，2017 年 12 月，国家发展和改革委（以下简称“国家发展改革委”）发布了《企业境外投资管理办法》（国家发展和改革委员会令第 11 号，以下简称“11 号令”），2014 年《境外投资项目核准和备案管理办法》（国家发展和改革委员会令第 9 号）同时废止。

1. “11 号令”监管的境外投资行为

“11 号令”第 2 条第 1 款规定：“……境外投资，是指中华人民共和国境内企业（以下称‘投资主体’）直接或通过其控制的境外企业，以投入资产、权益或提供融资、担保等方式，获得境外所有权、控制权、经营管理权及其他相关权益的投资活动。”第 2 款规定“前款所称投资活动，主要包括但不限于下列情形：（一）获得境外土地所有权、使用权等权益；（二）获得境外自然资源勘探、开发特许权等权益；（三）获得境外基础设施所有权、经营管理权等权益；（四）获得境外企业或资产所有权、经营管理权等权益；（五）新建或改扩建境外固定资产；（六）新建境外企业或向既有境外企业增加投资；（七）新设或参股境外股权投资基金；（八）通过协议、信托等方式控制境外企业或资产。”

对于何为“控制”，“11 号令”明确规定，是指“直接或间接拥有企业半数以上表决权，或虽不拥有半数以上表决权，但能够支配企业的经营、财务、人事、技术等重要事项”。

2. “11 号令”监管的投资主体

根据“11 号令”第 2 条第 1 款，境内企业、境内企业控股或以协议、信托等方式控制的境外企业，均属于“11 号令”所监管的投资主体。

同时，鉴于以往实践中对于金融企业在取得国家金融监管机构审批之后是否需要履行向国家发展改革委核准或备案手续存在不同理解，“11 号令”特别明确“企业”包括各种类型的金融和非金融企业。除此以外，“11 号令”还通过第 61 条关于参照适用的规定，将事业单位、社会团队等非企业组织也纳入监管的“投资主体”范围。

对于境内自然人的境外投资，“11 号令”明确规定，境内自然人直接对境外投资不适用“11 号令”，但是自然人通过其控制的境外企业在境外开展投资的，则应参照适用。

3. “11 号令”规定的监管措施

“11 号令”根据项目的不同类型设定了不同的监管措施，对投资主体直接或通过其控制的境外企业开展的敏感类项目实行核准管理，核准机关是国家发展改革委。“11 号令”第 13 条规定，敏感类项目包括涉及敏感国家和地区的项目，涉及敏感行业的项目。敏感国家和地区包括：与我国未建交的国家和地区；发生战争、内乱的国家和地区；根据我国缔结或参加的国际条约、协定等，需要限制企业对其投资的国家和地区；其他敏感国家和地区。敏感行业包括：武器装备的研制生产维修；跨境水资源开发利用；新闻传媒；根据我国法律法规和有关调控政策，需要限制企业境外投资的行业。敏感行业目录由国家发展改革委发布。项目违反有关法律法规、有关规划或政策、有关国际条约或协定，威胁或损害我国国家利益和国家安全的，核准机关可以不经过征求意见、委托评估等程序，直接作出不予核准的决定。

对投资主体直接开展的非敏感类项目，实施备案管理。非敏感类项目，是指不涉及敏感国家和地区且不涉及敏感行业的项目，备案机关视投资主体而有所区分。投资主体是中央管理企业（含中央管理金融企业、国务院或国务院所属机构直接管理的企业）的，备案机关是国家发展改革委；投资主体是地方企业，且中方投资额在 3 亿美元及以上的，备案机关是国家发展改革委；投资主体是地方企业，且中方投资额在 3 亿美元以下的，备案机关是投资主体注册地的省级政府发展改革部门。其中，中方投资额是指投资主体直接以及通过其控制的境外企业为项目投入的货币、证券、实物、技术、知识产权、股权、债权等资产、权益以及提供融资、担保的总额。

属于核准、备案管理范围的项目的，投资主体应当在项目实施前取得项目核准文件或备案通知书。投资主体未取得有效核准文件或备案通知书的，外汇管理、海关等有关部门依法不予办理相关手续，金融企业依法不予办理相关资金结算和融资业务。

（二）2014 年《境外投资管理办法》

除发展改革部门外，商务部门是对境内企业境外投资进行监管的另一主要政府部门。商务部于 2014 年 9 月 6 日发布了《境外投资管理办法》（商务部令 2014 年第 3 号，以下简称“3 号令”），2009 年《境外投资管理办法》（商务部令 2009 年第 5 号，以下简称“原 5 号令”）同时废止。“3 号令”具体包括以下内容。

1. 确立企业对外投资的主体地位

“3 号令”在第 3 条中首次明确企业开展境外投资得依法自主决策、自负盈亏。这确定了企业对外投资的主体地位，意味着企业在签署境外投资合同或协议时无须以取得商务主管部门的核准/备案为生效条件，企业可自行决定对外投资合同或协议的生效条件。

2. 确立“备案为主，核准为辅”的管理模式

“3 号令”确立了“备案为主，核准为辅”的管理模式，明确了仅当企业境外投资涉及敏感国家/地区和敏感行业时，才需要报请商务部核准。实行核准管理的国家即敏感国家，是指与我国未建交的国家、受联合国制裁的国家。必要时，商务部可另行公布其他实行核准管理的国家和地区的名单。实行核准的行业即敏感行业，是指涉及出口我国限制出口的产品和技术的行业、影响一国（地区）以上利益的行业。对属于核准情形的境外投资，中央企业向商务部提出申请，地方企业通过所在地省级商务主管部门向商务部提出申请。若存在“3 号令”第 4 条所列情形而不予核准的，商务部应当书面通知申请企业并说明理由，告知其享有依法申请行政复议或者提起行政诉讼的权利。企业提供虚假材料申请核准的，商务部得不予核准且给予警告，并依法公布处罚决定，该企业在一年内不得再次申请该项核准。企业以欺骗、贿赂等不正当手段获得境外投资核准的，商务部得撤销该企业境外投资核准，给予警告，并依法公布处罚决定，该企业在 3 年内不得再次申请该项核准；构成犯罪的，得依法追究该企业刑事责任。

相较于“原 5 号令”，“3 号令”下商务部及省级商务主管部门的核准权限发生了巨大的变化：

（1）商务部的核准权限：根据“3 号令”的规定，仅三种情形需要商务部核准，即：在未建交国家投资、在特定国家和地区投资、涉及多国（地区）利益的投资。

（2）商务部与省级商务主管部门的备案权限；对其他情形的境外投资，一律采取备案管理制度，即中央企业报商务部备案，地方企业报所在地省级商务主管部门备案。商务部可根据具体情况不予备案或撤销备案，即：企业不如实、完整填报“境外投资备案表”的，商务部或省级商务主管部门不予备案；企业以提供虚假材料等不正当手段办理备案并取得“企业境外投资证书”的，商务部或省级商务主管部门有权撤销该企业境外投资备案，给予警告，并依法公布处罚决定。

因此，“3 号令”下的商务部备案也是一种行政许可。但备案有别于核准，备案管理模式下，商务部只作形式审查，不作实质审查。只要“境外投资备案表”填写如实、完整，符合法定形式，且企业在该表中声明其境外投资无“3 号令”第 4 条所列情形的，商务部或省级商务主管部门就应自收到该表之日起 3 个工作日内予以备案，并颁发“企业境外投资证书”。

整体而言，“3 号令”放松了对境外直接投资的限制，如不再以发展改革部门的

核准或备案为前置条件。同时，“3号令”所附的“境外投资申请表”（样式）、“境外投资备案表”（样式）也删除了国家有关部门核准或备案文件一栏。换言之，国家发展改革部门的核准或备案文件不再是取得商务部门备案或核准的前置条件，企业报请境外投资的，可以先行办理商务部门的申报手续，或与发展改革部门的申报手续同时进行。

第二节　境内资金境外间接投资法律制度

一、境内资金境外间接投资概述

境内投资者除通过在境外设立企业、机构等方式进行境外直接投资外，还可以采取如下方式进行境外间接投资：

（1）商业银行代客境外理财渠道。境内机构和个人投资者可以运用人民币资金或者自有外汇资金，通过购买获得代客境外理财业务资格的境内商业银行发行的代客境外理财产品，投资包括股票、股票型基金、债券等在内的境外金融产品。

（2）保险机构境外证券投资渠道。境内保险公司可以在总资产的一定比例内，以自有外汇资金或者人民币资金购汇，通过“委托管理”的模式，委托符合条件的专业资产管理机构（多数是下属的保险资产管理公司），投资于境外证券市场。

（3）证券类经营机构境外证券投资渠道。境内机构和个人投资者可以运用人民币资金或者自有外汇资金，通过购买基金管理公司、证券公司等证券类经营机构所发行的境外证券投资基金、境外证券投资集合资产管理计划产品，投资于境外证券市场。

（4）信托公司受托境外理财渠道。境内机构和个人投资者可以以人民币资金或者自有外汇资金，委托信托公司进行境外理财。

（5）个人投资者直接对外证券投资渠道。境内个人投资者可以在获得批准的境内商业银行开立资金账户，通过与该银行合作的境外证券公司直接投资于境外证券市场。

在中国现有的法律制度框架内，境内投资者主要采取通过商业银行、证券类经营机构、信托公司等发行的QDII产品进行境外间接投资。

二、QDII概述

QDII（Qualified Domestic Institutional Investor）即合格境内机构投资者，它

是在资本项目未完全开放的国家实行的，允许符合一定条件的境内机构投资者经国内有关金融监管机构特别批准，通过开立收支范围严格限定的特别外汇账户，在一定额度范围内投资境外资本市场的一种过渡性制度。

QDII 与 QFII 相对应，是一种开放资本市场的渐进制度。在这种制度安排下，合格的境内机构投资者，包括符合条件的商业银行、基金管理公司、证券公司以及保险公司等金融机构，集合境内机构和个人的人民币资金购买外汇或境内机构与个人自有外汇，投资于境外固定收益类产品、股票证券及货币市场工具等金融产品。

我国已于 1996 年基本实现人民币经常项目下的自由兑换。2001 年加入世界贸易组织后，我国积极推动资本与投资项目下的对外开放和自由兑换。但是在人民币尚不能自由兑换、资本项目受限，以及货币政策、金融体系与金融监管法律制度亟待完善的背景下，我国还不完全具备投资市场完全开放或资本自由流动的条件。我国推行 QDII 的目的是有限地突破目前法律上或政策上的限制，在现有的制度框架下实现有限的资本流动，适应和满足境内资本市场发展的需求，并为资本市场的全面开放积累经验。

三、QDII 分类

根据目前我国 QDII 的实践，按照当前金融监管机构核准的主体来划分，QDII 产品大致可以分为四大类，即银行系 QDII、基金和券商系 QDII、保险系 QDII 和信托系 QDII。

（1）银行系 QDII，即由金融监管机构核准的商业银行作为合格的境内机构投资者，是当前我国 QDII 的主流。2006 年 4 月，中国人民银行发布 5 号公告，允许符合条件的境内银行集合境内机构和个人的人民币资金，在一定额度内购汇投资于境外固定收益类产品。同月，中国人民银行、中国银监会和国家外汇管理局颁布、实施《商业银行开办代客境外理财业务管理暂行办法》（银发〔2006〕121 号），允许符合条件的境内商业银行募集境内个人和机构的人民币与外汇资金进行境外证券投资。2007 年 5 月，中国银监会办公厅出台《关于调整商业银行代客境外理财业务境外投资范围的通知》（银监办发〔2007〕114 号），将商业银行代客境外理财产品境外投资范围拓宽至股票、股票型基金等金融产品。

（2）基金和券商系 QDII，是指由金融监管机构核准的基金管理公司和证券公司作为合格的境内机构投资者。2006 年 8 月，中国证监会批准华安基金管理公司开展境外证券投资试点。2007 年 6 月，中国证监会发布《合格境内机构投资者境外证券投资管理试行办法》（中国证监会令第 46 号），从市场准入、审批程序、境外投资顾问设置、资产托管以及资金运作等方面，对基金管理公司、证券公司等证券类经营机构的境外证券投资业务进行规范。

（3）保险系 QDII，是指由金融监管机构核准的保险公司取得合格境内机构投资者的资格。2004 年 8 月，中国人民银行和中国保监会联合发布《保险外汇资金境外运用管理暂行办法》（中国保监会令 2004 年第 9 号，已失效），允许符合一定条件的保险公司运用自有外汇资金的一定比例，投资于境外债券、货币市场工具等风险较低的境外金融产品，但不得以人民币购外汇进行境外投资。2005 年 9 月，中国保监会发布《保险外汇资金境外运用管理暂行办法实施细则》（保监发〔2005〕77 号，已失效），进一步将保险外汇资金境外投资范围拓宽至境内企业在纽约、伦敦、法兰克福、东京、新加坡，以及香港证券交易所上市的股票，使保险外汇资金境外投资资产配置更为灵活。在该项业务开展 3 年以后，在部分保险机构境外证券投资所积累的经验和所取得的较好收益基础上，2007 年 6 月，中国人民银行、中国保监会和外汇局联合发布《保险资金境外投资管理暂行办法》（中国保监会、中国人民银行、国家外汇管理局令 2007 年第 2 号），允许保险机构以其自有外汇资金或者购汇进行境外证券投资。这标志着保险资金境外证券投资步入新的发展阶段。2012 年 10 月，中国保监会发布《保险资金境外投资管理暂行办法实施细则》（保监发〔2012〕93 号，2021 年修正），对保险资金境外投资领域、投资地域及审批程序等作了进一步细化。

（4）信托系 QDII，是指由金融监管机构核准的信托公司取得合格境内机构投资者的资格。2007 年 3 月，中国银监会和外汇局联合发布《信托公司受托境外理财业务管理暂行办法》（银监发〔2007〕27 号），允许符合条件的信托公司募集投资者的人民币资金及外汇资金，进行境外证券投资，从而为信托公司受托理财开辟了境外投资的新渠道。

四、QDII 运作流程

1. 资金汇入汇出流程

为买卖证券，QDII 须开设资金和证券账户，汇出资金。其基本流程如下：（1）选择境内证券公司设在境外的分支机构或相关的基金管理公司作为代理人；（2）由代理人在资本项目下设立专门的 QDII 资金账户；（3）通过审批后在境内公开发行外汇基金；（4）代理人以 QDII 名义开设证券账户；（5）资金汇出时，QDII 直接将资金汇入境外银行资金往来账户；（6）股票买卖时，通过境内证券公司设在境外的分支机构代理，在境外交易所的股东账户进行；（7）资金汇入时，由境外银行资金账户汇入 QDII 在境内的资金账户。

2. 证券买卖流程

（1）QDII 将买卖指令通知代理人；（2）代理人向证券公司发出买卖指令；（3）买入证券时，证券公司需要核对 QDII 在境外银行的资金账户，防止透支；（4）卖出证券时证券公司需要检查 QDII 在本公司的证券账户，防止卖空；（5）指令通过证券公司席位传至交易所，如果成交则成交回报通过证券公司到达代理人和境外银行；（6）清算指令通过交易所到达登记结算机构，登记结算机构与境外银行清算资金，与证券公司交割证券；（7）境外银行根据成交回报和清算结果核对在证券公司的证券账户，确保 QDII 证券的安全。

五、QDII 法律制度的主要内容

（一）市场准入制度

市场准入制度是关于市场主体和交易对象进入市场的管制规则，是监管机构对市场管理的一种制度安排。它是监管机构或行业组织出于公共利益的需要，为改善市场机制的内在问题所制定的对社会经济活动主体进行限制的各种规则，旨在维护市场秩序和保护投资者。

根据《合格境内机构投资者境外证券投资管理试行办法》的规定，证券公司和基金管理公司从事 QDII 业务需满足如下条件：（1）申请人的财务稳健，资信良好，资产管理规模、经营年限等符合中国证监会的规定。也即证券公司的各项风险控制指标符合规定标准，净资本不低于 8 亿元人民币，净资本与净资产比例不低于 70%，经营集合资产管理计划（以下简称集合计划）业务达 1 年以上，在最近一个季度末资产管理规模不少于 20 亿元人民币或等值外汇资产；基金管理公司的净资产不少于 2 亿元人民币，经营证券投资基金（以下简称基金）管理业务达 2 年以上，在最近一个季度末资产管理规模不少于 200 亿元人民币或等值外汇资产。（2）拥有符合规定的具有境外投资管理相关经验的人员，即具有 5 年以上境外证券市场投资管理经验和相关专业资质的中级以上管理人员不少于 1 名，具有 3 年以上境外证券市场投资管理相关经验的人员不少于 3 名。（3）具有健全的治理结构和完善的内控制度，经营行为规范。（4）最近 3 年没有受到监管机构的重大处罚，没有重大事项正在接受司法部门、监管机构的立案调查。（5）中国证监会根据审慎监管原则规定的其他条件。

根据《商业银行开办代客境外理财业务管理暂行办法》的规定，商业银行从事 QDII 业务需满足如下条件：（1）是外汇指定银行；（2）建立了健全有效的市场风险管理体系；（3）内部控制制度比较完善；（4）具有境外投资管理的能力和经验；（5）理财业务活动在申请前一年内没有受到国务院银行业监督管理机构的处罚；（6）国务院银行业监督管理机构要求的其他审慎条件。

根据《保险资金境外投资管理暂行办法》及2012年《保险资金境外投资管理暂行办法实施细则》，境内保险机构作为委托人从事QDII业务需满足如下条件：（1）建立健全的法人治理结构和完善的资产管理体制，内部管理制度和风险控制制度符合保险资金运用风险控制有关规定；（2）具有较强的投资管理能力、风险评估能力和投资绩效考核能力；（3）有明确的资产配置政策和策略，实行严格的资产负债匹配管理；（4）投资管理团队运作行为规范，主管投资的公司高级管理人员从事金融或者其他经济工作10年以上；（5）财务稳健，资信良好，偿付能力充足率和风险监控指标符合国务院保险监督管理机构有关规定，近3年没有重大违法、违规记录；（6）具有“经营外汇业务许可证”；（7）设置境外投资相关岗位，境外投资专业人员不少于3人，其中具有3年以上境外证券市场投资管理经验的人员不少于2人；（8）投资时上季度末偿付能力充足率不低于120%；（9）投资境外未上市企业股权、不动产及相关金融产品，投资管理能力应当符合有关规定。境内保险资产管理公司以及其他专业投资管理机构作为境内受托人，需满足如下条件：（1）具有从事保险资产管理业务的相关资格；（2）建立健全的法人治理结构和有效的内部管理制度；（3）建立严密的风险控制机制，具有良好的境外投资风险管理能力、安全高效的交易管理系统和财务管理系统；（4）具有经验丰富的管理团队，擅长境外投资和保险资产管理业务，配备一定数量的投资专业人员，主管投资的公司高级管理人员从事金融或者其他经济工作10年以上；（5）实收资本和净资产均不低于1亿元人民币或者等值的自由兑换货币，资本规模和受托管理的资产规模符合国务院保险监督管理机构的规定；（6）财务稳健，资信良好，风险监控指标符合国务院保险监督管理机构的有关规定，近3年没有重大违法、违规记录；（7）具有3年以上保险资产管理经验；（8）最近一个会计年度受托管理资产规模不低于100亿元人民币；（9）境外投资专业人员不少于5人，其中具有5年以上境外证券市场投资管理经验的人员不少于3人，具有3年以上境外证券市场投资管理经验的人员不少于2人。境外投资管理机构作为境外受托人的，需满足如下条件：（1）具有独立法人资格，依照所在国家或者地区的法律，具有从事资产管理业务的相关资格；（2）建立健全的法人治理结构，实行有效的内部管理制度；（3）建立严密的风险控制机制、安全高效的交易管理系统和财务管理系统，具备全面的风险管理能力；（4）具有经验丰富的管理团队，擅长保险资产管理业务，配备一定数量的投资专业人员且平均专业投资经验在10年以上；（5）财务稳健，资信良好，风险监控指标符合所在国家或者地区法律和监管机构的有关规定，近 3 年没有重大违法、违规记录；（6）有符合国务院保险监督管理机构规定的资本规模和资产管理规模；（7）购买与资产管理规模相适应的有关责任保险；（8）所在国家或者地区的金融监管制度完善，金融监管机构与中国金融监管机构已经签订监管合作文件，并保持有效的监管合作关系；（9）具有 5 年以上国际资产管理经验，以及 3 年以上养老金或者保险资产管理经验；（10）最近一个会计年度实收资本或者净资产不低于 3 000 万美元或者等值可自由兑换货币；（11）最近一年平均管理资产规模不低于 300 亿美元或者等值可自由兑换货币，管理非关联方资产不低于管理资产总规模的 50%，或者不低于 300 亿美元或者等值可自由兑换货币；（12）投资团队符合所在国家或地区从业资格要求，且具有平均从业经验 5 年以上，其中主要投资管理人员具有从业经验 8 年以上；（13）具有良好的过往投资业绩。

根据《信托公司受托境外理财业务管理暂行办法》，信托公司从事 QDII 业务需满足如下条件：（1）注册资本金不低于 10 亿元人民币或等值可自由兑换货币。经批准具备经营外汇业务资格，且具有良好开展外汇业务经历。连续 2 年监管评级为良好以上。（2）最近 2 年连续盈利，且提足各项损失准备金后的年末净资产不低于其注册资本金；最近 2 年没有受到监管机构的行政处罚。（3）具有健全的公司治理结构、内控制度和风险管理机制，且执行良好。（4）配备能够满足受托境外理财业务需要且具有境外投资管理能力和经验的专业人才（2 年以上从事外币有价证券买卖业务的专业管理人员不少于 2 人）；设有独立开展受托境外理财业务的部门，对受托境外理财业务集中受理、统一运作、分账管理。（5）具备满足受托境外理财业务需要的风险分析技术和风险控制系统；具有满足受托境外理财业务需要的营业场所、计算机系统、安全防范设施和其他相关设施；在信托业务与固有业务之间建立了有效的隔离机制。（6）国务院银行业监督管理机构规定的其他审慎性条件。

综上可知，为防范国际资本市场的巨大风险，我国对合格境内投资者的资格进行了严格的规定，对从事 QDII 的商业银行、证券公司、基金管理公司、保险公司、信托公司的诸多方面进行详细的规定，其中，健全的法人治理结构、完善的资产管理体系与内部治理机构及资信良好是合格投资者的必要条件，然而，上述法律法规并未对“健全”“完善”“资信良好”进行明确的定义。对 QDII 的资格认定，应本着稳妥渐进、宁缺毋滥的原则，对不同性质的金融机构的资产规模、业务范围、经营业绩、公司治理、风险控制、产品设计、人才资源等方面提出明确要求，严把市场准入关。

（二）合格的证券

原则上，境内监管机构不需要对 QDII 的投资范围作出规定，而应遵从境外间接投资所在地的相应交易法规。但考虑到中国的特殊国情，为了切实保护境内居民投资者的利益，相关法律法规对 QDII 的投资范围进行了限制，但呈现越来越宽松的趋势。《商业银行开办代客境外理财业务管理暂行办法》规定，QDII 资金只限于投资境外固定收益产品。2007 年 5 月 10 日，中国银监会《关于调整商业银行代客境外理财业务境外投资范围的通知》将“不得直接投资于股票及其结构性产品、商品类衍生产品，以及 BBB 级以下证券”的规定，调整为“不得投资于商品类衍生产品，对冲基金以及国际公认评级机构评级 BBB 级以下的证券”，把股票及其结构性产品正式纳入银行 QDII 产品投资范围。《合格境内机构投资者境外证券投资管理试行办法》及其通知，将投资产品扩大到挂牌交易的股票、债券、存托凭证、房地产信托凭证、公募基金、结构性投资产品及金融衍生品等。

然而，上述规定回避了“证券”这一对 QDII 业务来说至关紧要的概念。我国对“证券”的界定与证券市场成熟国家的界定存在着较大差别。《证券法》（2019 年修订）第 2 条第 1 款规定：“在中华人民共和国境内，股票、公司债券、存托凭证和国务院依法认定的其他证券的发行和交易，适用本法；本法未规定的，适用《中华人民共和国公司法》和其他法律、行政法规的规定。”在我国，证券主要限于股票、公司债券、存托凭证三种。而美国 1933 年《证券法》对“证券”所作的定义是：“所谓证券，系指任何票据；股票；库存股票、债券、公司信用债券；债务凭证；盈利分享协议下的权益证书或参与证书；以证券作为抵押的信用证书；公司成立前之认购证；可转让股票；投资契约；股权信托凭证；证券存放证明；石油、天然气或其他矿产之小额利息滚存权；或一般来说被普遍认为是证券的任何权益或票据；或上述任何一种证券的权益或参与证书、临时证书、收据、担保证书，或认股证书或订购权或购买权等。”相对而言，美国法中“证券”的外延非常广泛，涵盖了各种证券衍生工具和能获得证券的权利，甚至“投资合同”也被纳入其中。QDII 投资境外证券市场时，可能会涉及期货与期权等金融衍生品，我国应有意识地在兼顾本国金融发展状况和国际通行做法的基础上，对“证券”重新进行合理的定义。

（三）信息披露制度

信息披露制度，又称信息公开制度，是指证券市场上的有关当事人在证券发行、上市和交易等一系列环节中，依照法律法规、证券监管机构的管理规则及证券交易场所的有关规定，以一定方式向社会公众公布或向证券监管机构或自律机构提交、申报与证券有关的信息而形成的一整套行为规范和活动准则的总称。

《商业银行开办代客境外理财业务管理暂行办法》第 27 条、第 28 条规定：从事代客境外理财业务的商业银行应在发售产品时，向投资者全面详细告知投资计划、产品特征及相关风险，由投资者自主作出选择。从事代客境外理财业务的商业银行应定期向投资者披露投资状况、投资表现、风险状况等信息。《合格境内机构投资者境外证券投资管理试行办法》第 32 条规定："境内机构投资者、托管人等信息披露义务人应当严格按照有关法律法规规定的要求进行信息披露。"《保险资金境外投资管理暂行办法》第 47 条规定："保险资金境外投资当事人应当按照中国保监会的规定，真实、准确、完整地向相关当事人披露下列信息，不得有重大遗漏和虚假、误导、诋毁性陈述：（一）境外投资战略配置和投资决策；（二）境外投资交易执行、资金清算和资产托管情况；（三）境外投资风险状况、合规监控、重大危机等有关重要事项。"

证券市场上的信息披露应该是一种持续性的披露，既包括证券交易前相关信息的公开，也包括交易后信息的公开；既包括定期性的披露，也包括不定期的披露。然而，QDII 信息披露制度存在着"重交易前披露、轻交易后披露"的问题，仅仅关注发行人发行阶段的信息，所要求公示的信息都是对投资产品的说明，没有深入地涉及与产品的发行者相关的重大信息。对于投资者而言，真正关注的是后期持续性披露的信息（如定期性的年度报表、中期报告等）及临时披露（如发行人内部的重大变动、内幕交易人报告及收购中的预警披露等）。此外，《合格境内机构投资者境外证券投资管理试行办法》对信息披露的要求仅是在第 32 条规定交由"有关法律法规"加以规定。但《关于实施〈合格境内机构投资者境外证券投资管理试行办法〉有关问题的通告》（证监发〔2007〕81 号）没有进一步说明。

六、QDII 对中国金融监管体系的挑战及其应对

（一）QDII 对我国金融分业监管体系的挑战及其应对

"分业经营与分业管理"是我国金融业经营与管理框架划分的基本原则。《商业银行法》（2015 年修订）第 43 条规定："商业银行在中华人民共和国境内不得从事信托投资和证券经营业务，不得向非自用不动产投资或者向非银行金融机构和企业投资，但国家另有规定的除外。"《证券法》（2019 年修订）第 6 条规定："证券业和银行业、信托业、保险业实行分业经营、分业管理，证券公司与银行、信托、保险业务机构分别设立。国家另有规定的除外。"《保险法》（2015 年修正）第 106 条规定："保险公司的资金运用必须稳健，遵循安全性原则。""保险公司的资金运用限于下列形式：（一）银行存款；（二）买卖债券、股票、证券投资基金份额等有价证券；

（三）投资不动产；（四）国务院规定的其他资金运用形式。”“保险公司资金运用的具体管理办法，由国务院保险监督管理机构依照前两款的规定制定。”银行、证券公司、保险公司纷纷参与 QDII 业务这一现状，客观上要求改变目前分业监管的模式，建立适当的联合监管体制以防范与化解 QDII 业务中的风险。

《商业银行法》与《证券法》以“国家另有规定的除外”这一立法方式预留了混业监管的法律空间。《银行业监督管理法》第 6 条和《中国人民银行法》第 35 条规定，国务院银行业监管机构和中国人民银行相互之间及与其他金融监管机构之间建立监管信息共享机制，《中国人民银行法》第 9 条则授权国务院建立金融监管协调机制。基于金融监管的需要，我国于 2000 年建立了中国人民银行、中国证监会和中国保监会三方联席会议制度。2004 年中国银监会、中国证监会、中国保监会公布监管分工合作备忘录，决定建立“监管联席会议机制”和“经常联系机制”，旨在充分发挥金融监管机构的职能作用，交流监管信息，及时解决分业监管中的政策协调问题。但是，备忘录只是各金融监管机构之间的君子协定，并非法律意义上的规范性文件，很难实现备忘录所预期的目标，也很难真正满足对 QDII 进行有效监管的要求。

2013 年《国务院关于同意建立金融监管协调部际联席会议制度的批复》在一定程度上改变了分业监管协调难的现状，但鉴于其“不改变现行金融监管体制，不替代、不削弱有关部门现行职责分工，不替代国务院决策”的工作规则，分业监管框架仍然没有实质性的变化。2018 年中国银监会与中国保监会合并成为中国银保监会，及至 2023 年国家金融监督管理总局的成立，对于 QDII 的协同监管具有一定的推进作用。不过，鉴于 QDII 主要是证券投资，应由中国证监会来承担主要监管者之职责。

（二）QDII 对我国证券监管国际合作机制的挑战及其应对

目前我国对 QDII 业务最有效的监管主要表现为对境内投资机构海外入市资格的认定，至于 QDII 在境外证券市场的投资行为及其风险，目前尚缺乏有效的监管。我国对 QDII 设置了“境外投资顾问”的要求，《合格境内机构投资者境外证券投资管理试行办法》第 16、17 条规定：“投资顾问应当严格遵守境内有关法律法规、基金合同和集合资产管理合同的规定，始终将基金、集合计划持有人的利益置于首位，以合理的依据提出投资建议，寻求基金、集合计划的最佳交易执行，公平客观对待所有客户，始终按照基金、集合计划的投资目标、策略、政策、指引和限制实施投资决定，充分披露一切涉及利益冲突的重要事实，尊重客户信息的机密性。”“境内机构投资者授权投资顾问负责投资决策的，应当在协议中明确投资顾问由于本身差错、疏忽、未履行职责等原因而导致财产受损时应当承担相应责任。”然而，对域外投资顾问的监管仍有赖于投资国监管机构的密切配合。

根据中国证监会的规定，QDII投资所在的国家或地区必须已与我国签订了双边监管合作谅解备忘录，并保持着有效的监管合作关系。从法律属性来看，“备忘录”并不属于国际法的范畴，它对双方国家并不具有类似条约的约束力，只能表明当事国对某些特定事件的政治态度。再者，备忘录内容比较抽象、模糊，不能满足QDII业务所内含的微观性要求。为确保我国机构投资者在海外资本市场上投资的利益，我国应在现有备忘录的基础上与投资国签订正式的双边条约或国际协定，主要内容应涵盖监管合作的范围、信息的公开与保密、请求及执行协助请求之程序、信息交流机制、突发事件应对条款、例外性的规定，以及相关判决的承认与执行等。

第三节　境内资金境外直接投资外汇管理法律制度

一、2009年《境内机构境外直接投资外汇管理规定》

我国境内机构境外直接投资外汇管理的有关规定较为分散。2009年7月13日，外汇局发布了《境内机构境外直接投资外汇管理规定》（汇发〔2009〕30号，以下简称“30号文”），对境内机构向境外直接投资的外汇操作和管理进行了详细规定。

（一）扩大境外直接投资外汇资金来源，放松境外直接投资外汇资金审查

“30号文”对境外直接投资外汇资金来源的要求较之前有所放松，具体表现在如下方面。

首先，扩大了境外直接投资外汇资金来源。根据“30号文”第4条，境内机构不仅可以使用自有外汇资金、符合规定的国内外汇贷款、人民币购汇或实物、无形资产及经外汇局核准的其他外汇资产来源等进行境外直接投资，还可以将境外直接投资利润所得留存于境外用于境外直接投资。其中，自有外汇资金包括经常项目外汇资产、外商投资企业资本金账户等账户内的外汇资金。

其次，改变对境外直接投资外汇资金的审查方式，由事前审查改为事后登记，即境内机构在取得主管部门批准后再到所在地外汇局办理境外投资外汇登记，并就其外汇资金来源情况进行说明。

放松境外直接投资外汇资金来源的要求在一定程度上增加了国家的金融风险。为防范因国际收支形势发生明显变化而导致的风险，“30号文”明确规定，外汇管理局可以根据我国国际收支形势和境外直接投资情况，对境内机构境外直接投资外汇资金来源范围、管理方式及境外直接投资所得利润留存境外的相关政策进行调整。

在实际操作中，外汇指定银行需查询外汇局登记的境内机构的境外直接投资外汇资金来源情况，方可为其办理境外投资款的汇出。因此，从总体情况看，调整境外投资外汇资金来源审查方式所带来的风险有限，可以通过其他部门的配合及外汇局的登记环节防范所涉风险。

（二）境外直接投资外汇登记、变更、备案与注销

根据“30 号文”第 6 条，外汇局对境内机构境外直接投资及其形成的资产、相关权益实行外汇登记及备案制度；境内机构在向所在地外汇局办理境外直接投资外汇登记时，应说明其境外投资外汇资金来源情况。

境内机构在境外直接投资获得主管部门核准后，需到所在地外汇局办理境外直接投资外汇登记。办理境外直接投资外汇登记时，境内机构需提供如下申请材料：（1）书面申请并填写的“境外直接投资外汇登记申请表”；（2）外汇资金来源情况的说明材料；（3）境内机构有效的营业执照或注册登记证明及组织机构代码证；（4）境外直接投资主管部门对该项投资的核准文件或证书；（5）如果发生前期费用汇出的，提供相关说明文件及汇出凭证；（6）外汇局要求的其他材料。

外汇局审核上述材料无误后，在相关业务系统中登记有关情况，并向境内机构颁发境外直接投资外汇登记证。境内机构凭此办理境外直接投资项下的外汇收支业务。多个境内机构共同实施一项境外直接投资的，由境内机构所在地外汇局分别向相关境内机构颁发境外直接投资外汇登记证，并在相关业务系统中登记有关情况。

除此以外，“30 号文”在第 9、10 条分别对境外直接投资外汇登记、变更、备案与注销的情况予以规定。根据“30 号文”，境内机构应在如下情况发生之日起的规定期限内，持境外直接投资外汇登记证、境外直接投资主管部门的核准或备案文件及相关真实性证明材料，到所在地外汇局办理境外直接投资外汇登记、变更、备案或注销手续：

（1）境内机构将其境外直接投资所得利润以及其所投资境外企业减资、转股、清算等所得资本项下外汇收入留存境外，用于设立、并购或参股未登记的境外企业的，应就上述直接投资活动办理境外直接投资外汇登记手续；

（2）已登记境外企业发生名称、经营期限、合资合作伙伴及合资合作方式等基本信息变更，或发生增资、减资、股权转让或置换、合并或分立等情况的，境内机构应就上述变更情况办理境外直接投资外汇登记变更手续；

（3）已登记境外企业发生长期股权或债权投资、对外担保等不涉及资本变动的重大事项的，境内机构应就上述重大事项办理境外直接投资外汇备案手续；

（4）境内机构持有的境外企业股权因转股、破产、解散、清算、经营期满等原

因注销的，应持有相关材料到所在地外汇局办理注销境外直接投资外汇登记手续。

（三）境外直接投资资金、前期费用的汇出

1. 境外直接投资资金的汇出

境内机构在获得境外直接投资主管部门的核准文件和境外直接投资外汇登记证后，应在外汇指定银行办理直接投资资金汇出手续。外汇指定银行进行真实性的审核后，方可为其办理汇出手续。

“30号文”对资金汇出实行总额控制，要求外汇指定银行在办理境外直接投资资金汇出时，累计金额不得超过该境内机构事先在外汇局相关业务系统中所登记的境外直接投资外汇资金总额。

2. 境外直接投资前期费用的汇出

根据“30号文”第13条，境外直接投资前期费用是指境内机构在境外投资设立项目或企业前，需要向境外支付的与境外直接投资有关的费用，包括但不限于：（1）收购境外企业股权或境外资产权益，按项目所在地法律规定或出让方要求需缴纳的保证金；（2）在境外项目招投标过程中需支付的投标保证金；（3）进行境外直接投资前，进行市场调查、租用办公场地和设备、聘用人员，以及聘请境外中介机构提供服务所需的费用。

境内机构应持以下材料到所在地外汇局申请办理前期费用汇出的核准手续：（1）书面申请（包括境外直接投资总额、各方出资额、出资方式，以及所需前期费用金额、用途和资金来源说明等）；（2）境内机构有效的营业执照或注册登记证明及组织机构代码证；（3）境内机构参与投标、并购或合资合作项目的相关文件（包括中外方签署的意向书、备忘录或框架协议等）；（4）境内机构已向境外直接投资主管部门报送的书面申请；（5）境内机构出具的前期费用使用书面承诺函；（6）外汇局要求的其他相关材料。

前期费用具有额度限制。境内机构向所在地外汇局申请汇出的前期费用，一般不超过其向境外直接投资主管部门申请的境外直接投资总额的15%；确因业务需要超过15%的，境内机构应持上述材料向所在地外汇局提出申请。境内机构经核准汇出境外的前期费用，应列入境内机构境外直接投资总额。外汇指定银行在办理境内机构境外直接投资资金汇出时，应扣减已汇出的前期费用金额。

两相比较，“30号文”对境外直接投资资金的汇出与对前期汇出的要求有所不同。境内机构若汇出除前期费用以外的其他境外投资资金，银行只需凭境内机构提交的境外直接投资主管部门的批准文件和“境外直接投资外汇登记证”，在直接投资外汇管理信息系统中查询相关信息后即可办理。而前期费用的汇出，需首先向所在地外汇局申请，然后凭外汇局核准件到银行办理汇出。

（四）建立全口径境外直接投资外汇管理体系，规范金融机构境外直接投资外汇监管

金融机构境外直接投资是指银行和非银行金融机构在境外设立下属或分支机构，或并购境外银行和非银行金融机构的股权，以取得其所有权、控制权或经营管理权等权益的行为，如银行和非银行金融机构在境外设立子（分）行或子（分）公司，购买境外银行或非银行金融机构原股东的股权等。这种投资有别于银行和非银行金融机构在境外进行的间接投资，即经国家有关主管部门批准，购买境外资本市场产品或货币市场工具等境外资产。

"30号文"明确了境内金融机构境外直接投资外汇管理的法规依据。根据"30号文"第22条，境内金融机构境外直接投资外汇管理，参照本规定执行；相关监管部门对境内金融机构境外直接投资的资金运用另有规定的，从其规定。因此，境内金融机构只要到境外直接投资，均应按照"30号文"的要求办理有关外汇登记和汇兑手续。

二、近年来境内资金境外直接投资外汇管理制度的改进

（一）"30号文"存在的不足

尽管"30号文"对于简化境内资金境外直接投资外汇管理的程序作出许多有益的改革，但仍存在如下不足之处。

（1）"30号文"未涉及境内个人境外直接投资的外汇问题。

"30号文"调整的境内投资主体限于企业。2014年《境外投资项目核准和备案管理办法》（国家发改委第9号令，已失效）第31条规定，自然人在境外实施的投资项目，参照本办法规定另行制定具体管理办法。由此可见，境内个人是可以对外进行直接投资的。但目前相应的管理办法尚未出台。另根据《外汇管理条例》第17条，境内个人向境外直接投资应当按照国务院外汇管理部门的规定办理登记。然而"30号文"调整的境内投资主体限于企业，个人被排除在外。这意味着，境内个人实施境外直接投资仍然缺乏可操作的依据。

（2）境外直接投资的审批手续仍显繁杂。

"30号文"着力于促进境内机构到境外直接投资的便利化，努力深化境外投资体制的改革，但开展境外投资在国内需要办理的审批手续仍显繁杂。尽管境外直接投资外汇资金的审查方式已经由事前审查改为事后登记，但境外直接投资前期费用的汇出仍然需要经过外汇局的核准，这在一定程度上加大了境内机构的投资成本。

（二）“30号文”后直接投资外汇管理制度的改进

针对“30号文”所存在的不足，国家外汇管理局进一步深化外汇管理体制改革，简化行政审批程序。2012年，国家外汇管理局《关于进一步改进和调整直接投资外汇管理政策的通知》（汇发〔2012〕59号，2015年修正）出台，取消了境内机构向境外汇出境外投资前期费用核准的规定，允许银行根据外汇局相关业务系统中的登记信息为境内机构办理境外投资前期费用购汇及对外支付手续。

2015年，国家外汇管理局《关于进一步简化和改进直接投资外汇管理政策的通知》（汇发〔2015〕13号，部分失效）、对直接投资外汇管理政策作进一步简化和改进，具体措施如下。

（1）取消境外直接投资项下外汇登记核准事项。

银行可直接审核办理境外直接投资项下外汇登记，国家外汇局及其分支机构通过银行对直接投资外汇登记实施间接监管。相关市场主体可自行选择注册地银行办理境外直接投资外汇登记，然后办理后续直接投资相关账户开立、资金汇兑等业务（含利润、红利汇出或汇回）。

（2）简化部分直接投资外汇业务办理手续。

取消境外再投资外汇备案的要求，境内投资主体设立或控制的境外企业在境外再投资设立或控制新的境外企业无须办理外汇备案手续。

取消直接投资外汇年检，改为实行存量权益登记。相关市场主体可自行或委托会计师事务所、银行通过外汇局资本项目信息系统报送上年末境外直接投资存量权益数据。

案例与思考

1. 综合案例

2019年10月，某国内基金管理公司向中国证监会申请QDII资格。据了解，该公司注册资本金为10亿元人民币，净资产为1.5亿元人民币，经营证券投资基金管理业务3年以上，具有3名从事外币有价证券买卖业务的专业管理人员，其中有2名具有3年以上的境外证券市场投资管理经验，但该公司于2016年11月受到过中国证监会的重大处罚。

根据《合格境内机构投资者境外证券投资管理试行办法》，请问：该基金管理公司申请QDII资格存在哪些不合规定之处？

2. 思考题

（1）QDII与QFII制度的监管重点有哪些区别？

（2）QDII 对我国的金融监管体系在哪些方面构成挑战？我国应如何应对？

参考书目

1. 唐应茂．国际金融法：跨境融资和法律规制．北京：北京大学出版社，2015.

2. 肖黎明．中国境外投资与国家经济利益．北京：经济科学出版社，2007.

3. 孙天琦．外汇管理体制改革与创新．北京：中国金融出版社，2018.

4. 刘天姿．构建我国个人境外直接投资法律制度的若干问题研究．时代金融，2019（8）.

5. 赵颖．个人境外直接投资管理现状、难点及对策．区域金融研究，2012（5）.

6. 张雅．我国个人对外直接投资管理制度的历史变迁与进展．金融与经济，2014（7）.

7. 张文斌，赵小宁，王文芳．论 QDII 制度中我国外汇管制的法律问题．时代金融．2011（36）.

第十六章 境内企业境外上市法

本章要点

1. 境内企业境外上市的类型及其优缺点
2. 境内企业境外上市法律制度的演变历程
3. 现行返程投资外汇管理措施的不足之处及其完善建议
4. 外资并购法律制度对境内企业境外上市的影响

第一节　境内企业境外上市概述

境内企业选择境外上市的重要原因之一是境内境外上市制度和要求的差异。如我国A股对拟上市企业的财务要求比较严格，包括连续三个会计年度的净利润、现金流量累计净额、发行前股本总额、无形资产占比等，而且上市周期长、流程复杂，许多处于创业初期的中小型企业无法满足其要求，只能选择在境外上市。此外，境内资本市场融资能力相对有限，且上市公司鱼龙混杂，个别上市公司内部治理存在严重问题，而境外资本市场虽然对上市公司的监管比较严格，但市场较为规范，有利于提高上市公司的国际声誉，且在持续融资、股权激励等方面给予上市公司较大的自由度，所以许多优秀的境内企业选择去境外上市。

一、境内企业境外上市的类型

境内企业在选择境外上市时，要综合比较各种上市方式的优劣，选择适当的上市方式。依上市方式不同，境外上市分为境外直接上市和境外间接上市，境外间接上市又可进一步划分为买壳上市和造壳上市等。

（一）境外直接上市

境外直接上市是指直接以境内企业的名义向国外证券主管机构申请发行登记注

册，并发行股票，向当地证券交易所申请挂牌上市交易。境外直接上市通常采取IPO（Initial Public Offering）方式，即首次公开发行：境内企业直接以自己的名义在境外发行股票并在境外交易所挂牌上市交易。通常所说的H股是指中国内地企业在中国香港联合交易所发行股票并上市，取Hong Kong的第一个字母“H”为名；N股是指中国企业在纽约交易所发行股票并上市，取New York的第一个字母“N”为名；S股是指中国企业在新加坡交易所发行股票并上市，取Singapore的第一个字母“S”为名。

境内企业如采用境外直接上市方式，在上市前通常会进行大规模的路演等推销活动，且通常采取投资银行包销的形式，上市后能立即实现融资的目的。简言之，境外直接上市能够使公司股价达到较高的价位，提高公司的国际声誉，使股票发行的范围更为广泛。

境外直接上市的缺点在于：（1）上市之前一般需要经过漫长的准备过程。目前我国对申请境外上市的审批程序复杂，且门槛较高，境内企业要实现境外直接上市目标通常需要经过3年至5年的时间。（2）境内外法律的差异导致上市成本增加。境内企业需同时满足中国以及拟上市地的法律、会计准则等要求，从而加大了境内企业实现境外直接上市的难度。为此，境内企业需要投资银行、律师事务所、审计师事务所、评估师事务所等专业机构组成庞大的团队予以帮助，上市成本较大。

（二）境外间接上市

境内企业境外间接上市是指通过涉及境内权益的境外企业在境外借壳上市，即境内企业不直接在境外发行股票挂牌上市，而是利用在境外注册企业的名义在境外上市，上市公司与境内企业的联系是通过资产或业务的注入、控股等方式来实现的，从而使境内企业达到境外上市的目的。境外间接上市主要有两种形式：买壳上市和造壳上市。

1. 买壳上市

买壳上市，又称反向并购，是指境内企业以现金或交换股票的手段并购另一家已在境外证券市场挂牌上市公司（壳公司）的部分或全部股权，然后通过注入母公司资产的方式，实现母公司到境外上市的目的。

买壳上市的优点在于：（1）绕开严格的资本审批与外汇管制程序，境内企业可以不必经过境外投资登记和审批手续，仅需按照壳公司注册地和上市地法律要求进行企业改造、资产重组包装、审计，由上市地发行审核机构一次性审核通过，即可控制一家境外上市公司。（2）通过并购、注资、换股，境内企业的股权为境外公司所控制，在法律上变更为外商投资企业，可以享受外商投资企业的优惠待遇。

(3) 境内企业的股东可以通过境外上市公司实现所持股份的全流通，同时可按照壳公司注册地的法律简便办理有关股权的转让、抵押、增资、减资等系列资本运作，避免依照境内公司法和外商投资企业法律的规定履行关于资本变动的烦琐程序。(4) 买壳上市适用境外注册地的法律和会计制度，更容易得到投资者的认可。

买壳上市的缺点在于：(1) 境内企业需承担壳公司之前所隐藏的责任，因此需谨慎选择目标壳公司，选择不当可能会影响融资目标的实现。(2) 买壳上市并不能实现直接融资，有赖于壳公司进一步的操作来完成。(3) 买壳上市面临着法律、政策上的风险，境内企业需向中国证监会报材料备案，并遵守国内法有关壳公司对境内资产的控股比例的规定，且面临双重征税的风险。

2. 造壳上市

造壳上市，又称红筹上市，在境外间接上市方式中占主导地位，是指境内企业以在百慕大群岛（Bermuda Islands）、开曼群岛（Cayman Islands）、库克群岛（Cook Islands）等地新注册成立公司，或并购当地已经存续的未上市公司，通过现金或股权置换等方式使境外企业控股境内企业，境内企业将相应比例的权益及利润并入境外企业后推动该境外企业上市。

造壳上市的优点在于：(1) 造壳上市是以境外未上市公司的名义在当地交易所申请挂牌，可以避开境外直接上市可能遇到的与居住国或拟上市地的法律相抵触的问题。(2) 境内企业可以构造符合本企业意图的壳公司，降低上市的成本和风险。(3) 壳公司多在百慕大、开曼或库克群岛等离岸地成立，有关法律在股权转让、认股权证及公司管理方面的要求都与国际接轨，对发起人、股东、管理层均比较有利，亦较容易为国际投资者所接受。

造壳上市的缺点在于：(1) 境内企业须先在境外注册或并购公司，故对境内企业的资金要求较高。(2) 境内企业须先在境外先注册企业或并购满足要求的境外企业，然后建立境外控股企业，再按照境外上市要求改制境外企业并最终实现上市。故与买壳上市相比，造壳上市所需时间较为漫长。

(三) 其他境外上市方式

除上述两种方式外，少数在境外已上市的企业在再次融资时往往采取可转换债券（Convertible Bond）和存托凭证（Depository Receipt）两种方式。

1. 可转换债券

可转换债券是公司发行的一种债券，债券持有人在债券条款规定的未来某一时间内可以将这些债券转换成发行公司一定数量的普通股股票，发行公司以其信誉担保支付其债务，并以契约形式作为负债凭证。通过可转换债券进行境外上市，境内企业得以低成本在境外债券市场筹集资金，从而既降低融资成本又增加财务控制机会。但可转换债券上市方式对境内企业的信用等级要求较高，一般境内企业达不到要求，而且境内企业在可转换债券转换成普通股时存在着股本扩张问题，须由股东大会通过并进行工商变更登记，程序较为复杂。

2. 存托凭证

存托凭证是一种以证书形式发行的可转让证券，依其发行范围可分为美国存托凭证（American Depository Receipts，ADR）和全球存托凭证（Glcbal Depository Receipts，GDR）两种。前者是一种代表拥有外国公司股权的可转让证明，可在美国证券市场以美元报价、交易。根据美国证券法，存托凭证可被看作美国境内证券，任何外国公司如想在美国融资或吸纳美国投资均可发行存托凭证。后者指在两个以上国家发行，代表一家国外公司的银行证书。这些股票由国际银行的国外分行持有，与境内股票一同交易，但通过不同银行分行进行全球销售。通过买卖全球存托凭证，国际投资者可以间接投资该公司的股票。

二、境内企业境外上市地点的选择

境内企业选择境外上市地点时需考虑如下因素：投资者基础、流通性、估值、信息披露的要求、上市费用等。境内企业应根据自己所属行业、筹备上市项目，结合各地股票市场的特点，审慎选择最适合本企业的上市地点。从现有情况来看，境内企业选择境外上市的地点一般为我国香港、美国、新加坡等地。

1. 中国香港证券市场

作为境内企业对外融资的主要窗口，香港因为地域、语言、市场推广和政策的关系，成为长期以来境内企业境外上市的首选之地。香港投资者对内地企业的认知度比较高，再加上香港拥有全球最为活跃的投资者，因而香港的资本市场拥有很好的流动性。

香港联合交易所主板主要针对那些大型、基础好、有盈利记录、多元化的公司。在香港主板上市的财务要求是满足如下其中一项测试要求：（1）利润测试：3 年累计利润不少于 5 000 万港元，上市前 1 年利润不少于 2 000 万港元、市值不少于 5 亿港元。（2）市值/收入测试：最近一年收入不少于 5 亿港元，市值不少于 40 亿港元。（3）市值/收入/现金流量测试：最近一年收入不少于 5 亿港元，市值不少于 20 亿港元，经营业务前 3 年营业现金流合计不少于 1 亿港元。除此以外，最低公众持股量一般为 25%，如上市时市值不少于 100 亿港元，公众持股量可减至 15%；股东人数不少于 300 名。

创业板是为有一定的增长潜力、主营业务比较单一、目前还没有很好的盈利记录的公司所提供的平台。香港创业板的上市要求低于主板的，不设最低盈利要求，具体条件如下：(1) 财务要求：经营业务有现金流入，前两年营业现金流合计不少于 3 000 万港元，市值不低于 1.5 亿港元。(2) 最低公众持股量一般为 25%，如上市时市值超过 100 亿港元，公众持股量可减至 15%。(3) 股东人数不少于 100 名。

2. 美国纽约证券市场

美国纽约较有代表性的是纽约证券交易所、纳斯达克（又称全美证券商协会自动报价系统，National Association of Securities Dealers Automated Quotations，NASDAQ）等。

纽约证券交易所是全球公认的组织结构最健全、设备最完善、管理最严格、上市标准也很高的证券市场。纽约证券交易所对非美国公司上市的要求较为严格，须满足如下其中一项财务要求：(1) 利润标准：最近 3 年利润总额不少于 1 亿美元，其中最近两年中每年的利润不少于 2 500 万美元。(2) 估值/收入与现金流标准：全球市值总额不少于 5 亿美元，最近 1 年收入不少于 1 亿美元，最近 3 年累计现金流总额不少于 1 亿美元，其中最近 2 年中每 1 年不少于 2 500 万美元。(3) 纯估值/收入标准：最近 1 年全球市值不少于 7.5 亿美元，收入不少于 7 500 万美元。

NASDAQ 始建于 1971 年，是全美也是世界最大的证券交易市场，包括全球精选市场、全球市场与资本市场三个层次，其财务标准和流动性要求各不相同，其中全球精选市场要求最高，根据 NASDAQ 2023 年上市规则，在全球精选市场的公司须满足如下其中一项财务要求：(1) 利润标准：近 3 年税前利润总额不少于 1 100 万美元，且近 3 年每年利润均大于 0，其中 2 年的税前利润均不少于 220 万美元。(2) 现金流标准：最近 3 个财政年度现金流不少于 2 750 万美元，且近 3 年每年现金流均大于 0。近 12 个月平均市值不少于 5.5 亿美元；前 1 年度收入不少于 1.1 亿美元。(3) 收入标准：近 12 个月平均市值不少于 8.5 亿美元；前 1 年度收入不少于 9 000 万美元。(4) 资产与权益标准：市值不少于 1.6 亿美元；总资产不少于 8 000 万美元；股东权益不少于 5 500 万美元。

NASDAQ 全球市场由之前的 NASDAQ 全国市场升级而来。在 NASDAQ 全球市场上市的公司须满足如下其中一项财务要求：(1) 收入标准：最近 1 年或最近 3 年中有 2 年的税前收入不少于 100 万美元，股东权益不少于 1 500 万美元，非受限公众持股不少于 110 万股且市值不少于 800 万美元。(2) 权益标准：股东权益不少于 3 000 万美元，非受限公众持股不少于 110 万股且市值不少于 1 800 万美元。(3) 市值标准：上市证券总值不少于 7 500 万美元，非受限公众持股不少于 110 万股且市值不少于2 000万美元。(4) 总资产标准：总资产不少于7 500万美元，且最近1年或最近3年中有2年的利润不少于7 500万美元，非受限公众持股不少于110万股且市值不少于2 000万美元。

NASDAQ资本市场前身为NADSAQ小型资本市场。在NASDAQ资本市场上市的公司须满足如下其中一项财务要求：(1) 权益标准：股东权益不少于500万美元，非受限公众持股不少于100万股且市值不少于1 500万美元，经营年限不少于2年。(2) 上市证券权益标准：股东权益不少于400万美元，非受限公众持股不少于100万股且市值不少于1 500万美元，上市证券市值不少于5 000万美元。(3) 净收入标准：股东权益不少于400万美元，非受限公众持股不少于100万股且市值不少于500万美元，最近1年或最近3年中有2年的净收入不少于75万美元。

3. 新加坡证券市场

新加坡交易所是亚太地区首家集证券交易及金融衍生产品交易于一体的股份制化交易所。欲在新加坡主板上市的企业在财务方面须满足如下其中一项财务要求：(1) 有3年以上经营记录，且最近1年最低综合税前利润不少于3 000万新元；(2) 有3年以上经营记录，且最近1年盈利，市值不少于1.5亿新元；(3) 最近1年的营业收入与市值不少于3亿新元。

在实践中，部分境内企业会选择在多个证券市场上市，如公司主挂牌地在中国香港，同时通过全球存托凭证和美国存托凭证，分别在全球各地和美国纽约证券交易所上市。2006年10月，中国工商银行在沪、港两市同时上市，开创了境内“A+H”同步上市的新模式。多地上市是经济全球化的需要，也是中国境内企业融资全球化的需要。境内企业通过多地上市可以分散单一证券市场可能存在的系统性风险、操作风险、交易风险和法律风险。

第二节　境内企业境外上市法律制度的发展

一、境外企业境外上市法律制度的发展历史

(一) 行政监管阶段 (1990—1999年)

在20世纪90年代初，中国境内资本市场刚刚起步，境内企业开始积极利用资本市场筹集资金，但当时境内资本市场主要定位于配合国有企业脱困，在A股市场上市融资的企业数量相当有限，难以在A股市场融资的企业开始选择境外的资本市场。以1990年中信泰富在香港借壳上市为肇始，在1990—1999年间，境内企业先

后经历了三次境外上市浪潮：1992—1994 年的制造业企业境外上市浪潮，1995 年的基础设施类企业上市浪潮，1996—1997 年的红筹股境外上市浪潮。

在该阶段，我国主要通过国务院和国务院证券主管部门颁布的一系列法规和文件，对境内企业在境外发行股票和上市进行规定。1993 年 4 月，国务院证券委员会发布《关于批转证监会〈关于境内企业到境外公开发行股票和上市存在的问题的报告〉的通知》(证委发〔1993〕18 号，已失效)，规定，企业到境外公开发行股票和上市，均应事先报证券委审批。“中国证券监督管理委员会对获得批准到境外发行股票和上市的企业及其他业务活动进行监管”，可见，当时对境内企业境外上市采取严格控制的态度。1997 年 6 月，国务院发布《关于进一步加强在境外发行股票和上市管理的通知》(国发〔1997〕21 号，以下简称“21 号文”，已失效)，规定：境内企业境外上市必须事先经省级人民政府或者国务院有关部门同意，并报中国证监会审核，由国务院证券委员会按照国家产业政策、国务院有关规定和年度总规模审批，禁止境内机构和企业通过购买境外上市公司控股股权的方式进行买壳上市，鼓励采取直接上市的方式。

总体而言，在 1999 年以前，我国对境内企业境外上市的监管基本上沿用行政监管模式，对境外上市尤其是间接上市采取简单的否定态度。但是，由于缺乏明确的法律法规和监管细则，相关政府主管部门未能对境外上市实施有效的监管，境内企业违反规定赴境外上市的现象屡禁不止。

（二）“无异议函”监管阶段（1999—2004 年）

随着境内企业境外上市数量的日益增多，我国对境外上市的态度开始从简单的否定转变为鼓励支持和加强管理。在境外直接上市方面，1999 年 7 月，中国证监会发布《关于企业申请境外上市有关问题的通知》(证监发行字〔1999〕83 号，已失效)，要求境内非上市公司申请境外直接上市必须满足以下条件：净资产不少于 4 亿元人民币，筹资金额按合理预期市盈率计算不少于 5 000 万美元，过去一年的税后利润不少于 6 000 万元人民币。此外，该通知对境外直接上市的申请和批准程序进行规定：公司在向境外证券监管机构或交易所提出发行上市初步申请前，须向中国证监会报送相关资料，中国证监会就有关申请是否符合国家产业政策、利用外资政策以及有关固定资产投资立项规定会商国家计委和国家经贸委，决定是否同意受理其境外上市申请；公司应将拟选中介机构名单书面上报中国证监会备案，并在向境外证券监管机构或交易所提交发行上市初步申请前，将发行上市初步申请的内容报中国证监会备案；公司在向境外证券监管机构或交易所提出发行上市正式申请前，应报经中国证监会审核批复。该通知明确了境外直接上市的财务要求，并确立了中国证监会的备案监管体制。此后，我国未就境外直接上市出台新的专门性法律法规。

直接上市门槛的提高迫使许多企业转而选择境外间接上市。随着境外间接上市企业的数量越来越多，借道境外间接上市方式向境外转移国有资产的问题日益严重。2000 年 6 月，中国证监会颁布了《关于涉及境内权益的境外公司在境外发行股票和上市有关问题的通知》(证监发行字〔2000〕72 号，已失效)，明确规定：有关境外发行股票和上市事宜不属于国务院 1997 年“21 号文”规定情形的，由中国境内律师对境外发行股票和上市事宜出具法律意见书，中国证监会受理律师出具的法律意见书，经过一定程序，如果没有进一步异议，由中国证监会法律部函复律师事务所。此即“无异议函”制度。

“无异议函”制度的出台严重限制了境内企业境外间接上市的开展。烦琐的审批程序使众多企业无法顺利获得“无异议函”，只能暂时放弃境外上市计划。在“无异议函”制度生效后的 2001 年，中国企业仅通过红筹上市方式融资 202 亿元人民币，筹资额只相当于 2000 年以红筹上市方式融资额的 1/18。2003 年 4 月，中国证监会发布《关于取消第二批行政审批项目及改变部分行政审批管理方式的通告》以及《关于做好第二批行政审批项目取消及部分行政审批项目改变管理方式后的后续监管和衔接工作的通知》(证监发〔2003〕17 号，以下简称“17 号文”)，宣布取消中国证监会对于中国律师出具的关于涉及境内权益的境外公司在境外发行股票和上市的法律意见书的行政审批，废止了“无异议函”制度。由此，中国证监会取消了对境外间接上市的审查程序，不再对境外间接上市实施监管。有关法律法规也没有对自然人到境外投资设立公司或持有境外公司股权设定任何限制性规定。境内企业境外上市，尤其是间接上市，基本上处于监管真空状态。境内企业赴境外上市在 2005 年达到了高潮，国际航空公司、交通银行、中国建设银行等企业纷纷在境外上市。

(三) 规范监管阶段 (2005—2022 年)

管理措施的放松为以向境外支付利润、利息等名义的资本外逃出境提供了便利的合法通道。为加强对境外间接上市的外汇管理，2005 年 1 月，外汇局发布《关于完善外资并购外汇管理有关问题的通知》(汇发〔2005〕11 号，以下简称“11 号文”)，规定：境内居民境外投资直接或间接设立、控制境外企业应当参照《境外投资外汇管理办法》的规定办理审批、登记手续；境内企业与境外公司股权置换和境内资产出售须经外汇局批准。2005 年 4 月，外汇局发布《关于境内居民个人境外投资登记及外资并购外汇登记有关问题的通知》(汇发〔2005〕29 号，以下简称“29 号文”)，要求相关主体披露更多信息，试图通过强化“信息披露”加强境外上市监管。“29 号文”规定，境内居民个人将境内资产、股权注入境外企业并直接或间接持有境外企业股份、股票的，应到企业所在地外汇局补办境外投资外汇登记。

外汇局的“11号文”和“29号文”的本意是为抑制资本外逃设定严格的审批程序，但客观上给境内企业境外间接上市设置了法律障碍。“11号文”和“29号文”下发后，境内企业境外红筹上市基本陷入停滞状态。为缓解上述两个文件对境外间接上市方式的阻碍，2005年10月，外汇局发布了《关于境内居民通过境外特殊目的公司融资及返程投资外汇管理有关问题的通知》（汇发〔2005〕75号，以下简称“75号文”，已失效），“11号文”“29号文”相应被废止。“75号文”对于设立“特殊目的公司”的审批程序和审核文件进行详细的规定，境内居民可以通过设立或控制“特殊目的公司”的方式完成境外融资，由此境内企业境外间接上市取得基本的法律依据，一度停滞的境外间接上市重见曙光。2006年8月，商务部、国资委、国家税务总局、国家工商总局、中国证监会、外汇局联合发布了《关于外国投资者并购境内企业的规定》（商务部、国资委、国家税务总局、国家工商总局、中国证监会、国家外汇管理局令2006年第10号，以下简称“10号文”），对外资并购境内企业到境外进行并购，以及境内企业以换股方式并购境内资产、再重组到境外上市的审批等内容加以细化。2009年6月，商务部对“10号文”进行修订。2014年7月，外汇局发布《关于境内居民通过特殊目的公司境外投融资及返程投资外汇管理有关问题的通知》（汇发〔2014〕37号，以下简称“37号文”），“75号文”同时废止。

二、境内企业境外上市备案制度

2023年2月，中国证监会正式发布《境内企业境外发行证券和上市管理试行办法》（证监会公告〔2023〕43号，以下简称“43号文”）以及5项监管适用指引①，就境内企业境外发行上市的备案要求、备案流程以及备案材料的内容和格式等具体事项予以明确和细化，明确将境内企业直接和间接境外上市全面纳入中国证监会监管范围，实行统一的备案制管理。这意味着境内企业境外上市全面进入备案管理制阶段。“43号文”共6章、35条。

（一）备案适用情形

“43号文”明确规定，境内企业直接或者间接到境外发行证券或将其证券在境

① 《监管规则适用指引——境外发行上市类第1号》，简称《监管规则适用指引1号》；《监管规则适用指引——境外发行上市类第2号：备案材料内容和格式指引》，简称《监管规则适用指引2号》；《监管规则适用指引——境外发行上市类第3号：报告内容指引》，简称《监管规则适用指引3号》；《监管规则适用指引——境外发行上市类第4号：备案沟通指引》，简称《监管规则适用指引4号》；《监管规则适用指引——境外发行上市类第5号：境外证券公司备案指引》，简称《监管规则适用指引5号》。

外上市交易的相关活动需要进行备案。境内企业直接到境外发行上市，是指以境内企业的名义向境外证券主管机构申请发行的登记注册，并发行证券，向当地证券交易所申请挂牌上市交易的活动。境内企业间接到境外发行上市，是指主要经营活动在境内的企业，以注册在境外的企业的名义，基于境内企业的股权、资产、收益或其他类似权益在境外发行上市，包括买壳上市和造壳上市两种形式。

“43号文”对被视为“境内企业间接境外发行上市”的认定情形作出了限定：在财务层面，境内企业最近一个会计年度的营业收入、利润总额、总资产或者净资产，任一指标占发行人同期经审计合并财务报表相关数据的比例超过50%；在企业经营层面，经营活动的主要环节在境内开展或者主要场所位于境内，或者负责经营管理的高级管理人员多数为中国公民或者经常居住地位于中国境内。境内企业间接境外发行上市的认定，遵循实质重于形式的原则。

（二）备案主体

备案主体分为两种情形。(1) 发行人直接备案。境内企业直接在境外发行上市的，由发行人向中国证监会备案。(2) 境内运营实体备案。境内企业间接在境外发行上市的，发行人应当指定一家主要境内运营实体为境内责任人，向中国证监会备案。

（三）备案时间

备案时间，可被划分为发行上市前备案时间和发行上市/交易后备案时间两大类别。

1. 发行上市前备案时间

这一类型包括如下四种情形。(1) 发行人在境外首次公开发行或者上市的，应当在提交发行上市申请文件后3个工作日内申请备案。发行人在境外采用秘密或者非公开方式提交发行上市申请文件的，可以在备案时提交说明，申请延后至申请文件在境外公开后3个工作日内向中国证监会报告。(2) 发行人在境外发行上市后，在其他境外市场发行上市的，应当在提交发行上市申请文件后3个工作日内进行备案。但是在境外市场转换上市地且不涉及发行股份的，无须备案，只需提交重大事项变更报告。(3) 通过一次或多次收购、换股、划转以及其他交易安排实现境内企业直接或者间接在境外上市的，应当在提交发行上市申请文件后3个工作日内备案。(4) 境内企业在直接境外发行上市的，持有其境内未上市股份的股东申请将其持有的境内未上市股份转换为境外上市股份并到境外交易场所上市流通的，应当符合中国证监会有关规定，并委托境内企业向中国证监会备案。

2. 发行上市/交易后备案时间

这一类型包括如下三种情形。(1) 发行人在境外发行上市后，在同一市场再次融资的，备案时间为发行完成后3个工作日内。但此类情形不涵盖发行证券用于实施股权激励、公积金转增公司资本、分配股票股利等。(2) 发行人在境外发行上市后，在授权范围内采用分次发行的，应当在首次发行完成后3个工作日内向中国证监会说明拟发行的总数。全部发行完成后，发行人应当向中国证监会汇总报告发行情况。(3) 通过一次或多次收购、换股、划转以及其他交易安排实现境内企业直接或间接境外上市且不涉及在境外提交申请文件的，备案时间为首次公告交易具体安排之日起3个工作日内。

（四）备案流程

备案流程分为三个阶段：提交备案材料阶段、审核阶段、公示阶段。发行人备案材料完备、符合规定的，中国证监会应当在收到备案材料之日起20个工作日内办结备案，并通过网站公示备案信息。但在审核阶段，存在发行人备案资料不符合要求导致备案期延期的情形：备案材料不完备或者不符合规定的，中国证监会在收到备案材料后5个工作日内告知发行人需要补充的材料。发行人应当在30个工作日内补充材料。

在备案过程中，中国证监会发现发行人存在下列情形的，可以征求国务院有关主管部门的意见：(1) 法律、行政法规或者国家有关规定明确禁止上市融资的；(2) 经国务院有关主管部门依法审查认定，境外发行上市可能危害国家安全的；(3) 境内企业或者其控股股东、实际控制人最近3年内存在贪污、贿赂、侵占财产、挪用财产或者破坏社会主义市场经济秩序的刑事犯罪的；(4) 境内企业因涉嫌犯罪或者重大违法违规行为正在被依法立案调查，尚未有明确结论意见的；(5) 控股股东或者受控股股东、实际控制人支配的股东持有的股权存在重大权属纠纷的。

（五）重大变化报告制度

发行人在境外发行上市后主要业务经营活动发生重大变化的，无须再次备案，但应当自相关变化发生之日起3个工作日内，向中国证监会提交专项报告及境内律师事务所出具的法律意见书，说明有关情况。

发行人在境外发行上市后发生如下四种重大事项的，应当自相关事项发生并公告之日起3个工作日内向中国证监会报告具体情况：(1) 控制权变更；(2) 被境外证券监管机构或者有关主管部门采取调查、处罚等措施；(3) 转换上市地或者上市板块；(4) 主动终止上市或者强制终止上市。

第三节　境内企业境外上市外汇管理法律制度

境内企业在进行境外上市的过程中，往往涉及资金的跨境流动，如境内企业在境外成功 IPO 上市后需要将境外所募集的资金调回境内，在境外间接上市中通常所采取的反向收购[①]则涉及大量的外汇资产流出问题。此外，境外上市的公司在实施股份回购、并购重组、增发股票、破产清算等资本运作行为时也往往涉及外汇管理问题。由于我国外汇管理相对较为严格，许多外汇资产通过非正常途径进出境，部分甚至出现违规操作，如通过并购、股权转让、资产置换等方式转移境内优质资产，导致国有资产的流失；或者通过出口不收汇、集团内关联交易等方式截留外汇，直接在境外支付巨额的资本运作费用等。为规范外汇资产的有序进出，维护境内经济的稳定，在保障境内企业境外上市顺利进行的同时避免境内资金的非法外逃，我国出台了一系列有关境外上市外汇管理的法律法规。

《外汇管理条例》、国家外汇局《关于境外上市外汇管理有关问题的通知》[汇发（2014）54 号]、“37 号文”，以及商务部等六部委《关于外国投资者并购境内企业的规定》（2009 年修改，商务部令 2009 年第 6 号，以下简称“6 号文”）等，构成了目前境内企业境外上市外汇管理的法律法规体系。

一、境外特殊目的公司及返程投资

通过境外特殊目的公司返程投资实现境外间接上市是境内企业最经常采用的方法，通常，境内企业向外汇局申请设立境外特殊目的公司，由该特殊目的公司作为并购主体，向境内企业所在地外商投资主管部门申请并购境内企业的资产或股权。在获得批准后，境内企业办理外商投资企业工商营业执照和外汇登记证，同时就企业资产注入特殊目的公司办理境外投资外汇登记增资变更。特殊目的公司获得境内的资产权益后，根据境外证券交易所的上市规则编制招股说明书，申请境外上市。

（一）境外特殊目的公司

2005 年“75 号文”允许境内居民通过特殊目的公司设立境外融资平台以利用境外融资满足企业发展的资金需要，并对“特殊目的公司”进行了定义，规定“特

① 反向收购，是指非上市公司股东通过收购一家壳公司（上市公司）的股份控制该公司，再由该公司反向收购非上市公司的资产和业务，使之成为上市公司的子公司，原非上市公司的股东获得大部分上市公司的控股权，从而达到间接上市的目的。

殊目的公司”是指境内居民法人或境内居民自然人以其持有的境内企业资产或权益在境外进行股权融资（包括可转换债融资）为目的而直接设立或间接控制的境外企业。根据该定义，境内居民，包括境内企业和自然人，可以合法地设立或控制境外特殊目的公司，并通过特殊目的公司实现股权包括可转债融资。但“75号文”并未对“股权融资”作出进一步解释。2009年“6号文”规定，“特殊目的公司”是指中国境内企业或自然人为实现以其实际拥有的境内企业权益在境外上市而直接或间接控制的境外公司。两相比较，“6号文”将特殊目的公司的设立目的限定为境外上市，其定义较“75号文”要更为狭窄。

在2014年“37号文”中，“特殊目的公司”是指，“境内居民（含境内机构和境内居民个人）以投融资为目的，以其合法持有的境内企业资产或权益，或者以其合法持有的境外资产或权益，在境外直接设立或间接控制的境外企业”。这一定义较为宽松，在一定程度上促进境外上市在内的境外投融资行为。

（1）境外特殊目的公司设立的目的不再局限于“境外融资”，而拓宽为“投融资”，增加了“投资”。这一调整极大地丰富了“特殊目的公司”的内涵，原则上境内居民（含境内自然人）可以通过境外特殊目的公司进行境外投资，从而为境内居民个人境外投资打开一条合法通路。

（2）境外特殊目的公司的设立，不仅可以利用“境内企业资产或权益”，还可以使用“境外资产或权益”。换言之，“37号文”允许境内居民以其合法持有的境外资产或权益设立特殊目的公司，无须注入境内企业权益。因此，只要境内居民在境外有合法权益或资产，就可以设立特殊目的公司，并完成外汇登记，而无须首先在境内设立或持股一家企业。

（二）返程投资

返程投资能够实现境内企业或个人在境外设立公司的目的，即将其境内企业变成外资企业，以享受外资企业的税收优惠政策和外汇管理等方面的便利。境内居民直接或间接通过境外特殊目的公司对境内开展的直接投资活动，即通过新设、并购等方式在境内设立外商投资企业，并取得所有权、控制权、经营管理权等权益的行为。

二、特殊目的公司外汇登记程序

境内居民境外融资然后返程投资的外汇管理包括以下两个环节：一是设立或控制境外特殊目的公司之前；二是返程投资之前。这两个环节都需要外汇管理部门的审批。此外，境内居民公司和境外特殊目的公司间其他的资金往来，如借款、支付利润、红利、转股等，也都涉及外汇管理问题。

1. 初始登记

根据“37 号文”，境内居民以境内外合法资产或权益向特殊目的公司出资前，应向外汇管理局申请办理境外投资外汇登记手续（“初始登记”）。在办理初始登记之前，境内居民个人可在境外先行设立特殊目的公司；在初始登记办理完成前，境内居民个人不得对特殊目的公司发生除支付注册费用外的其他出资。

“37 号文”没有对特殊目的公司在初始登记完成前的境外融资、股权变动或返程投资等实质性资本或股权变动行为予以禁止，这意味着在初始登记前可进行境外融资或其他股权变动行为。再则，“37 号文”明确了境内居民个人只需为直接设立或控制的（第一层）特殊目的公司办理登记，这意味着境内居民个人间接控制的其他层特殊目的公司（如常见的融资主体开曼公司以及下属的香港公司）可能无须进行登记。

2. 变更登记

根据“37 号文”，已登记的境外特殊目的公司发生境内居民个人股东、名称、经营期限等基本信息变更，或发生境内居民个人增资、减资、股权转让或置换、合并或分立等重要事项变更后，应及时到外汇管理局办理。

“37 号文”没有将特殊目的公司的融资、股权变动等明确列为变更登记事项，也取消了变更事项发生之日起 30 个工作日内申请办理登记的时效要求，以及境内居民从特殊目的公司获取的利润、红利及资本变动收入应于获得之日起 180 日内调回境内的时效要求。

第四节　境内企业境外上市外资并购法律制度

境内企业实施境外间接上市的，大多在境外设立“特殊目的公司”，通过返程投资反向并购境内资产或股权，以达到境外间接上市的目的。返程投资，从形式上看，属于外商投资的范畴。2019 年出台的《外商投资法》是规范外商投资的基本法，但境内居民以境外企业返程投资是否受《外商投资法》调整，《外商投资法》及其实施条例对此均未予以明确。目前，境内企业通过返程投资实现境外间接上市的主要法律依据是 2009 年“6 号文”。

一、境内企业境外上市外资并购的模式

（一）资产并购与股权并购

根据被并购主体和客体的不同，可将外资并购分为股权并购与资产并购。股权

并购是指“特殊目的公司”以协议购买境内企业股东的股权或认购境内企业增资，使该境内企业变更为外商投资企业。资产并购是指特殊目的公司设立外商投资企业，并通过该企业协议购买境内企业的资产且运营该资产，或特殊目的公司直接协议购买境内企业的资产，以该资产投资设立外商投资企业并运营该资产。

（二）现金并购与换股并购

根据境外特殊目的公司并购境内企业资产或股权时支付方式的不同，可将外资并购分为现金并购和换股并购两大类。

现金并购是指“特殊目的公司”支付一定数量的现金，以取得境内企业的资产或股权，包括：以现金购买境内企业股东的股权；以现金认购境内企业的增资；先在境内设立外商投资企业，然后以该外商投资企业的名义购买境内资产并运营该资产。

换股并购是指特殊目的公司将目标企业的股票按一定比例转换为本企业的股票，目标企业被终止，或成为特殊目的公司的子公司。根据“6 号文”，换股并购存在四种操作模式：一是境外企业的股东以其持有的境外企业股权作为支付手段购买境内企业股东的股权；二是境外企业的股东以其持有的境外企业股权作为支付手段认购境内企业增发的股份；三是境外企业以其增发的股份作为支付手段，购买境内企业股东的股权；四是境外企业以其增发的股份作为支付手段，认购境内企业增发的股份。

二、“特殊目的公司”并购的监管措施

（一）国家经济安全、反垄断问题的审查

特殊目的公司在反向并购时，如果涉及重点行业、存在影响或可能影响国家经济安全因素，或者导致拥有驰名商标或中华老字号的境内企业实际控制权转移的，当事人应就此向商务部进行申报。当事人未予申报，但其并购行为对国家经济安全造成或可能造成重大影响的，商务部可以会同相关部门要求当事人终止交易或采取转让相关股权、资产或其他有效措施，以消除并购行为对国家经济安全的影响。以房地产业为例：特殊目的公司不得以返程投资方式并购或投资境内房地产企业，不得以变更境内房地产企业实际控制人的方式，规避外商投资房地产审批。

特殊目的公司并购境内企业可能导致垄断情形，达到《国务院关于经营者集中申报标准的规定》规定的标准的，应就所涉情形向商务部申报。

（二）关联关系的审查

在多数情况下，特殊目的公司与境内企业存在关联关系。“特殊目的公司”在并

购与其存在关联关系的境内企业时，应报商务部审批。此外，外资并购当事人负有主动披露关联关系信息的义务，对并购各方是否存在关联关系进行说明，并向审批机关披露实际控制人，就并购目的和评估结果是否符合市场公允价值进行解释。

（三）明确出资期限

根据不同的并购模式，"特殊目的公司"支付对价的期限有所不同，并应符合我国有关法律和行政法规。如以现金认购境内企业增资的，出资时间应符合《公司法》、有关外商投资的法律和《公司登记管理条例》的规定。其他法律和行政法规另有规定的，从其规定。

（四）禁止资产变相转移

并购当事人应将资产评估机构对拟转让的股权价值或拟出售资产的评估结果作为确定交易价格的依据。禁止以明显低于评估结果的价格转让股权或出售资产，变相向境外转移资本。外国投资者并购境内企业，导致以国有资产投资形成的股权变更或国有资产产权转移时，应当符合国有资产管理的有关规定。

三、特殊目的公司并购的审批程序

（一）特殊目的公司设立核准与登记

境外设立特殊目的公司时，申请人应向商务部申请办理核准手续。在申请之前，申请人需完成上市商业计划，聘请并购顾问并做好股票发行价格评估等工作。获得境外投资批准证书后，申请人应向所在地外汇管理部门申请办理境外投资外汇登记手续。

（二）商务部并购初审

特殊目的公司换股并购境内企业时，不论特殊目的公司与该境内企业有无关联关系，均须经商务部审批。商务部初审同意并出具原则批复函后，该境内企业凭批复函向中国证监会申请境外间接上市。

（三）中国证监会境外间接上市审批

境内企业申请境外间接上市的，中国证监会主要就"特殊目的公司"以及境内资产/权益是否符合条件进行审查，如产权是否清晰，是否有完整业务体系和良好持续经营能力，是否具备健全的公司治理结构和内部管理制度，公司及其主要股东近三年有无重大违法违规记录等。此外，"特殊目的公司"境外间接上市的股票发行价总值，不得低于其所对应的经中国有关资产评估机构评估的被并购境内企业股权的价值。

（四）商务部颁发批准证书

境内企业获得中国证监会核准后，应向商务部申领批准证书。商务部向其颁发加注“境外特殊目的公司持股，自营业执照颁发之日起 1 年内有效”字样的批准证书。境内企业在取得无加注的批准证书之前，不得向股东分配利润或向有关联关系的公司提供担保，不得对外支付转股、减资、清算等资本项目款项。

（五）登记手续

在获得批准证书后，被并购的境内企业要办理境外投资开办企业变更核准手续、境外投资外汇登记变更和相关的变更登记，以取得外商投资企业营业执照和外汇登记证。此外，境内企业办理变更登记时，应预先提交旨在恢复股权结构的境内企业法定代表人签署的股权变更申请书、公司章程修正案、股权转让协议等文件。如境内企业在规定期限内未向商务部报告，境内企业的加注批准证书将自动失效，境内企业应将股权结构恢复到股权并购之前的状态并办理变更登记手续，境外公司不再继续持有境内企业的股份。

（六）报告和备案

境内企业自境外间接上市完成之日起 30 日内，应向商务部报告境外间接上市情况和融资收入调回计划，并申请换发未加注的外商投资企业批准证书。同时，应向中国证监会报告并备案，还应向外汇管理部门报送融资收入调回计划，由外汇管理部门监督实施。

（七）融资汇回

境外间接上市完成后，应将境外间接上市的融资收入按照已备案的调回计划调回境内使用，具体调回方式包括向境内企业提供贷款、在境内新设外商投资企业、并购境内企业等。

案例与思考

1. 综合案例

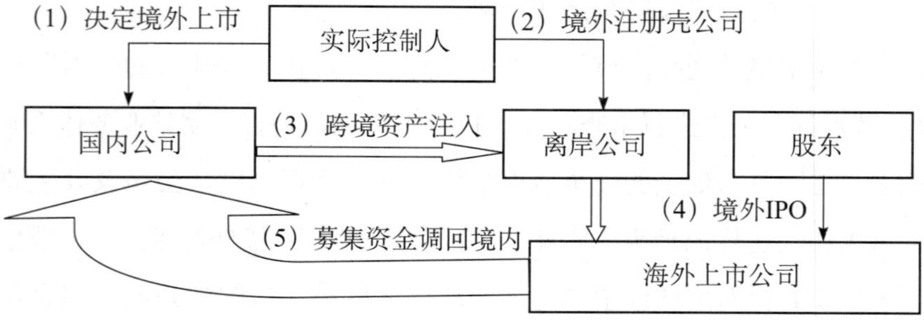

以上是某公司境外上市的流程示意图，请根据该示意图回答如下问题：

（1）该公司境外上市采取了何种模式？

（2）该种境外上市模式会面临哪些法律风险？

2. 思考题

（1）阐述境内企业境外上市转向备案管理模式的重要意义。

（2）试分析跨境换股并购的法律风险。

参考书目

1. 刘轶．境内企业境外上市监管问题研究．北京：经济管理出版社，2013.

2. 邢会强，申林平．中国企业境外上市法律实务．修订版．北京：法律出版社，2011.

3. 李海龙．境外企业跨境上市法律问题研究：以“红筹股”公司回归为切入点．北京：中国社会科学出版社，2018.

4. 刘菊．对返程投资中采用VIE结构运作模式的研究与思考．西部金融，2012（9）.

5. 李永森．境外上市制度改革与H股“全流通”．中国金融，2019（17）.

6. 胡俊伟，孙凯．民营企业“小红筹”上市的外汇管理问题探讨．金融纵横，2014（9）.

7. 李晓宇．VIE模式境外上市风险与防范．金融法苑，2013（2）.

8. 高岩．论我国红筹上市法律监管模式的选择．兰州学刊，2013（9）.

9. 武晋．境外公司在我国境内交叉上市的法治化路径探析：以红筹企业回归上市为视角．江汉学术，2019（2）.

第十七章 涉外金融监管法律制度的改革

本章要点

1. 我国涉外金融监管的目标选择
2. 晚近我国涉外金融监管法律制度改革的具体成就
3. 我国涉外金融监管法律制度存在的不足
4. 我国涉外金融监管法律制度的改革路径

第一节 金融全球化与我国涉外金融监管的目标选择

自20世纪90年代以来，金融全球化的进程迅猛发展。通常认为，金融全球化是指世界各国和地区放松金融管制、开放金融市场、放开资本项目管制，使资本在全球的金融市场内自由流动，最终形成全球统一金融市场、统一货币体系的趋势。①金融全球化突出表现为如下几点：国际资本规模的迅速增长和加速流动；国际金融市场的一体化；金融业务和金融机构的跨境发展与混业经营的趋势；区域通用货币全球化等。②

在金融全球化的过程中，以中国为代表的发展中国家普遍出现了金融体系规模迅速扩大、金融资产多样化、金融市场规范化的良好发展态势。但随着跨国资本流动规模的不断扩大和跨国金融业务的迅速扩张，自20世纪90年代以来，国际金融危机的传染性大大增强，往往爆发不久就像传染病一样迅速从最早爆发危机的国家或地区蔓延到其他国家或地区。然而，各国金融监管措施尚未得到相应的调整，其监管重心仍然限于境内的本国金融机构。此外，世界各国（地区）在金融监管方面

---

① 参见贺小勇：《论金融全球化趋势下的中国金融法律问题》，载《法学论坛》，2000（4）。
② 参见郑彦：《金融全球化进程中的金融风险和中国金融安全》，载《金融与经济》，2006（5）。

的合作仍有待进一步加强。

纵观各国涉外金融监管制度的发展历程，如何在扩大金融市场开放的同时有效地防范金融风险、维护本国金融安全，是各国（地区）金融监管机构所面临的重要问题。轻率地开放国内金融市场会导致整个国家金融经济体系的波动，甚至造成严重的金融危机。1993年，墨西哥宣布实行资本项目自由兑换，并于1994年彻底开放资本市场，允许51家外国银行、证券、保险和其他金融机构进入。金融市场的过早、过度开放导致其金融市场遭受短期投机性外国资本的巨大冲击，并酿成1994年12月的经济危机。与此形成鲜明对比的是，部分国家的涉外金融监管制度较为保守，通过限制金融机构的经营业务范围、控制金融产品的价格等方式强化对国内金融市场的管制。以日本为例：日本自于1964年承担《国际货币基金组织协定》第8条规定的开放经常账户义务以来，一直到1984年才修改《外汇及外贸管理法》，放松对资本项目的管制。迄今日本仍保留着许多限制外资进入以及对国内金融机构进行保护的措施。然而，过分强调金融安全以保护本国金融市场，使日本金融体系始终缺乏足够的竞争力。这是导致日本经济近年来停滞不前的主要原因。

金融安全与金融开放的价值取向并非截然对立的，两者都是金融发展不可或缺的重要组成部分，其本质目的都是实现金融资源优化配置，以服务于社会经济对资金融通的需求。只有建构于安全基础之上的金融开放，才能真正实现金融资源的优化配置；而只有能够促进金融开放的金融安全，才是真正富有生机并可持续发展的金融安全。只有兼顾金融安全与金融开放两者之间的关系，并在两者之间寻找最佳的利益平衡，金融监管才能有效应对金融全球化趋势的挑战，实现金融业快速、稳健地发展。以前，我国金融监管政策倾向于不断强化管制，金融市场没有得到应有的发育，金融机构的竞争力较弱。但在实施渐进式改革开放思想的指导下，我国稳步地推进涉外金融监管法律制度的改革。与墨西哥激进式的金融开放相比，我国所奉行的渐进式金融开放策略有效地控制住了对外开放过程中所暴露和释放出来的金融风险，而且在应对金融风险的过程中，金融机构的风险防范能力和金融监管机构的风险监管能力均逐步得到提高，从而有利于金融安全。但这种方式下金融市场开放历时较久，从而导致金融开放的不确定性增强。[①] 近些年来“逆全球化”趋势在国际贸易乃至国际金融领域的蔓延进一步加剧了金融开放的不确定性。党的二十大报告指出，我国要推进高水平对外开放，稳步扩大规则、规制、管理、标准等制度型开放。而金融业的高水平对外开放是我国对外开放格局的重要组成部分。面对全球金融业的激烈竞争和金融全球化的不可逆转趋势，我国金融监管机

① 参见潘淑娟：《涉外金融交易与金融市场开放研究》，载《财贸研究》，2003（4）。

构在制定和实施涉外金融监管法律制度的过程中，应采取灵活的监管政策和手段，在稳定的前提下，创造有利于竞争和金融创新的外部环境，达到安全与效率的最佳平衡。

第二节　我国涉外金融监管法律制度的改革实践

一、我国金融市场对外开放管理模式的转变

面对全球金融业的激烈竞争，我国实施了一系列应对金融全球化挑战的涉外金融监管制度改革。我国涉外金融监管呈现出“放松管制”（deregulation）的发展趋势，其中主要体现为金融服务业的对外放开，允许外国金融机构通过独资、合资、兼并等方式进入我国银行、证券、保险业以及其他金融服务业。其管理模式经历了由正面清单管理向负面清单管理转变的过程。

（一）加入世界贸易组织与我国金融市场对外的正面清单管理模式

2001年，我国加入世界贸易组织，正式启动了我国金融市场对外开放的进程。根据《服务贸易总协定》第三部分“具体承诺”，每个成员给予其他任何成员的服务和服务提供者的待遇，不得低于其承诺表中所同意和明确的规定、限制和条件。我国在加入世界贸易组织时分别对银行业、证券业、保险业等金融领域的对外开放作出了承诺。

1. 银行业的对外开放

在银行业对外开放方面，我国就其商业存在方式作出的承诺条件如下：（1）自我国正式加入世界贸易组织之日起，取消外资银行办理外汇业务的地域限制和客户限制。（2）加入后5年，逐步取消所有的外资银行经营人民币业务的地域限制和客户限制。（3）加入后5年，取消所有现存的对外资银行所有权、经营和设立形式，包括对分支机构和许可证发放进行限制的非审慎性措施。（4）提出申请前一年年末总资产超过100亿美元的外国金融机构可申请设立外商独资银行和合资银行；提出申请前一年年末总资产超过200亿美元的外国金融机构可申请设立外国银行分行。申请本币业务的外国金融机构的资格是：在中国营业3年，且在申请前连续2年盈利。其他无限制。（5）在国民待遇方面，除本币业务的地域和客户限制外没有其他限制。[①] 对于跨境提供的市场准入，我国承诺，允许提供和转让金融信息、金融数

① 参见石广生：《中国加入世界贸易组织知识读本（三）》，15页，北京，人民出版社，2002。

据处理以及其他金融服务提供有关的软件；允许对有关活动进行咨询、中介和提供其他附属服务。对以上承诺服务的提供，没有国民待遇限制。对于境外消费，我国没有市场准入和国民待遇限制。对于自然人流动方式下的市场准入和国民待遇，我国除水平承诺外，没有作出其他承诺。①

为履行承诺，我国先后颁布实施《外资金融机构管理条例》(已失效)、《境外金融机构投资入股中资金融机构管理办法》(已失效)、《外资金融机构管理条例实施细则》(已失效)、《外资银行管理条例》及其实施细则。其中，《外资银行管理条例》《外资银行管理条例实施细则》的实施标志着我国外资银行市场准入制度开始逐步走向规范化、国际化。

《外资银行管理条例》自 2006 年出台以来，历经三次修订，最近一次修订在 2019 年。从其修订的内容看，外资银行的市场准入门槛进一步放宽：(1) 放宽拟设外资银行的股东以及拟设分行的外国银行的要求。取消股东是拟设外商独资银行的唯一或者控股股东、拟设中外合资银行的外方唯一或者主要股东的条件，取消拟设分行的外国银行在提出设立申请前一年年末总资产达到一定数额的要求，取消拟设中外合资银行的中方唯一或者主要股东应当为金融机构的限制。(2) 放宽对外国银行在中国境内同时设立法人银行和外国银行分行的限制。允许外国银行在中华人民共和国境内同时设立外商独资银行和外国银行分行，或者同时设立中外合资银行和外国银行分行，以更好满足外国银行拓展在华业务的实际需要。(3) 进一步放宽对外资银行业务的限制。降低外国银行分行吸收人民币存款的业务门槛，将外国银行分行可以吸收中国境内公民定期存款的金额下限由每笔不少于 100 万元人民币改为每笔不少于 50 万元人民币。

2. 证券业的对外开放

在证券业对外开放方面，我国加入世界贸易组织时的承诺是：对于跨境提供方式下证券服务的市场准入，外国证券机构可直接从事 B 股交易；对准入的证券服务没有国民待遇限制。对于境外消费方式下的市场准入，我国没有限制。对于商业存在方式下证券服务的市场准入，承诺自加入世界贸易组织后，外国证券机构在中国的代表处可以成为所有中国证券交易所的特别会员。外国服务提供者设立合资公司，从事国内证券投资基金管理业务的，自加入世界贸易组织之日起外资所占比例最高可达 33%，3 年内可增至 49%。加入世界贸易组织 3 年后，外国证券公司可以设立合资公司，外资可拥有不超过三分之一的少数股权，合资公司可从事 A 股的承销、B 股和 H 股及政府债券和公司债券的承销与交易，以及基金的发行。我国对以上商

① 参见韩龙：《世贸组织与金融服务贸易》，25 页，北京，人民法院出版社，2003。

业存在方式下准入的证券服务没有国民待遇限制。对于自然人流动方式下的市场准入，我国除作出水平内容外，没有作出其他承诺。①

为履行中国在证券业对外准入方面的承诺，我国于 2002 年 11 月制定《合格境外机构投资者境内证券投资管理暂行办法》，实施 QFII 制度，规定外国投资者若要进入我国的证券市场，需要符合一定的条件，得到我国相关部门的审批后汇入一定额度的外汇资金并转换为当地货币，通过严格监管的专门账户投资境内证券市场。2016 年 2 月，外汇局进一步放宽 QFII 的准入条件，不再对单家机构设置统一的投资额度上限，而是将机构资产规模或管理的资产规模的一定比例作为其获取投资额度的依据。

在 QFII 制度的基础上，我国进一步启动 RQFII 制度，允许合格投资者，如基金公司、证券公司等，以预设的人民币额度投资境内股市或债市，以人民币通过在香港的中资证券公司及基金公司投资 A 股。2011 年 12 月 16 日，中国证监会、人民银行、外汇局联合发布《基金管理公司、证券公司人民币合格境外机构投资者境内证券投资试点办法》（已失效），允许符合条件的基金管理公司、证券公司的香港子公司作为试点机构开展 RQFII 业务。该业务初期试点额度约人民币 200 亿元，试点机构投资于股票及股票类基金的资金不超过募集规模的 20%。2013 年 3 月，中国证监会、人民银行和外汇局联合发布修订后的《人民币合格境外机构投资者境内证券投资试点办法》（已失效），允许更多境外金融机构将离岸筹集的人民币资金投资于境内资本市场，同时放宽对 RQFII 投资范围的限制。2020 年 9 月，中国证监会、人民银行、外汇局联合发布《合格境外机构投资者和人民币合格境外机构投资者境内证券期货投资管理办法》，全面取消了对合格投资者的投资额度限制。

3. 保险业的对外开放

在保险业对外开放方面，根据世界贸易组织有关协议，我国正式加入世界贸易组织后，对外资保险公司开放作出如下承诺。（1）在企业形式方面：1）加入时，允许外国非寿险公司在华设立分公司或合资公司，合资公司中外资比例可以达到 51%。加入后 2 年内，允许外国非寿险公司设立独资子公司，取消企业设立形式限制。2）加入时，允许外国寿险公司在华设立合资公司，外资比例不超过 50%，外方可以自由选择合资伙伴。3）允许所有保险公司按地域限制放开的时间表，设立国内分支机构。（2）在开放地域方面：1）加入时，允许外国寿险公司和非寿险公司在上海、广州、大连、深圳、佛山提供服务。2）加入后 2 年内，允许外国寿险和非寿险公司在北京、成都、重庆、福州、苏州、厦门、宁波、沈阳、武汉和天津提供

① 参见韩龙：《国际金融法》，132 页，北京，法律出版社，2007。

服务。3）加入后3年内，取消地域限制。（3）在业务范围方面：1）加入时，允许外国非寿险公司向在华外商投资企业提供财产险以及与之相关的责任险和信用险服务。加入后2年内，允许外国非寿险公司向外国客户和中国客户提供所有商业和个人非寿险服务。2）加入时，允许外国保险公司向外国公民和中国公民提供个人（非团体）寿险服务。加入后3年内，允许外国保险公司向外国公民和中国公民提供健康险、团体险和养老金/年金险服务。

为切实履行开放境内保险业的承诺，从2003年年底开始，我国取消外国非寿险公司在华设立形式的限制，外国非寿险公司在华设立营业机构的形式在原有的分公司和合资公司基础上增加了独资子公司；除有关法定保险业务外，对外资非寿险公司取消所有业务限制。2004年5月，中国保监会发布《关于外国财产保险分公司改建为独资财产保险公司有关问题的通知》，允许此前已经设立的外国财产保险公司分公司在符合一定条件的前提下，改建为独资保险公司。从2004年年底开始，外资保险公司可在任何城市申请设立分支机构，经营保险业务。从2004年底开始，除有关法定保险业务外，对外资寿险公司取消所有业务限制。2012年3月30日，修改后的《机动车交通事故责任强制保险条例》正式发布，于第5条第1款规定："保险公司经保监会批准，可以从事机动车交通事故责任强制保险业务"。这标志着我国正式向外资保险公司开放"交强险"市场。

2019年《外资保险公司管理条例》放宽了外资保险公司准入限制，对于申请设立外资保险公司的外国保险公司，取消"经营保险业务30年以上"和"在中国境内已经设立代表机构2年以上"的条件，鼓励更多有经营特色和专长的外国保险公司进入中国市场。同时，允许外国保险集团公司在中国境内投资设立外资保险公司，允许境外金融机构入股外资保险公司。这意味着中国保险业进入全面开放阶段。2019年12月，中国银保监会发布修订后的《外资保险公司管理条例实施细则》，在规定"外国保险公司与中国的公司、企业合资在中国境内设立经营人身保险业务的合资保险公司，其中外资比例不得超过公司总股本的51%"时，增加了"中国银行保险监督管理委员会另有规定的，适用其规定"，为全面取消外资占比限制预留了制度空间。自2020年1月1日起，中国银保监会正式取消了经营人身保险业务的合资保险公司的外资比例限制，合资寿险公司的外资比例可达100%。2021年12月，中国银保监会发布《关于明确保险中介市场对外开放有关措施的通知》，大幅取消外资保险经纪公司的准入限制，降低准入门槛；不再要求股东经营年限、总资产等条件，并允许外国保险集团公司、境内外资保险集团公司投资设立的保险中介机构经营相关保险中介业务。

（二）自贸区金融监管的负面清单管理模式

近些年来我国自贸区金融监管领域的改革创新意味着我国金融监管领域对外开放模式开始由正面清单管理模式转向负面清单管理模式。所谓负面清单管理模式，是指政府以清单方式明确列出在境内禁止和限制投资经营的行业、领域、业务等，并依法采取相应管理措施的一系列制度安排，负面清单以外的行业、领域、业务等，各类市场主体皆可依法平等进入。[①] 2013年，上海市人民政府发布《中国（上海）自由贸易试验区外商投资准入特别管理措施（负面清单）（2013年）》，率先将负面清单管理模式引入金融领域。2015年10月，人民银行、商务部、中国银监会、中国证监会、中国保监会、外汇局、上海市人民政府联合发布《进一步推进中国（上海）自由贸易试验区金融开放创新试点 加快上海国际金融中心建设方案》，明确提出要“对接国际高标准经贸规则，探索金融服务业对外资实行准入前国民待遇加负面清单管理模式”。

相比正面清单管理模式，负面清单管理模式在涉外金融监管领域的推行意味着我国金融市场对外开放程度的进一步提高，其难度主要体现在三个方面：一是在开放的范围上，正面清单管理模式下只开放承诺的内容，即不开放是常态，开放是例外；负面清单管理模式下除清单上的限制措施以外的领域全部开放，即开放是常态，不开放是例外。二是在谈判的举证上，正面清单管理模式下外国提出要求东道国开放的方案，并论证要求东道国开放这些领域的合理性；负面清单管理模式下东道国提出对哪些领域不予开放，并且论证不开放的理由。三是在承诺与立法的关系上，正面清单管理模式下承诺是边境前（准入前）承诺，负面清单管理模式下承诺是边境后（准入后）承诺，后者涉及的国内法开放在数量上要高于前者。[②]

目前我国涉外金融监管领域的负面清单管理模式包括两类内容：第一类是外商投资准入负面清单中的金融业准入限制措施。2015年4月，国务院办公厅印发《自由贸易试验区外商投资准入特别管理措施（负面清单）》（国办发〔2015〕23号），其中涉及金融业的有14条，涵盖银行业股东机构类型、资质、股比，外资银行、期货公司、证券公司、证券投资基金管理公司，保险机构设立、保险业务等方面。2018年开始，国家发展改革委、商务部每年发布全国版的《外商投资准入特别管理措施（负面清单）》，金融领域的限制措施从2018年的3条降至2021年的0条。第二类是跨境服务贸易负面清单中的金融业限制措施和金融服务业对外开放负面清单。2017年6月，上海市金融服务办公室、上海自贸区管委会制定《中国（上海）自由

① 参见《国务院关于实行市场准入负面清单制度的意见》（国发〔2015〕55号）。

② 参见王方宏、李振：《我国金融服务开放负面清单的实践与海南探索》，载《南海学刊》，2022（04）。

贸易试验区金融服务业对外开放负面清单指引（2017 年版）》，对 10 个类别作出 48 项特别管理措施，包括外资投资设立金融机构管理（市场准入限制）和外资准入后业务管理（国民待遇限制）两大部分，涉及股东机构类型、资产规模、经营业绩、资本金、股权结构限制以及业务范围、运营指标、交易所资格限制等方面。2018 年 9 月，上海市人民政府印发《中国（上海）自由贸易试验区跨境服务贸易特别管理措施（负面清单）（2018 年）》，其中，金融业限制措施包括货币金融、资本市场、保险业和其他金融业四大类，共 31 项，涵盖股东资质、经营业务范围、法人任职要求等方面。2021 年 7 月，商务部发布《海南自由贸易港跨境服务贸易特别管理措施（负面清单）（2021 年版）》（商务部令 2021 年第 3 号），共 70 项，其中金融服务 17 项，涉及银行、保险、证券、期货、支付、货币经纪、企业年金等领域。

二、资本项目对外开放与人民币国际化

自改革开放以来，我国资本项目对外开放经历了三个阶段。第一个阶段是从 20 世纪 90 年代开始的“摸着石头过河”时期。1996 年 12 月，中国接受了《国际货币基金组织协定》第八条，承诺解除经常项目下的外汇限制。1996 年我国实现经常项目可兑换之后，外汇管理体制改革的重点转向资本项目的进一步开放。此后，我国资本项目的开放一直在谨慎地、渐进地向前推进。自 2005 年 7 月 21 日起，我国开始以市场供求为基础，实施参考一揽子货币进行调节的、有管理的浮动汇率制度。

第二个阶段是 2008 年全球金融危机至 2015 年。党的十七大、十七届三中全会、十八大均强调“逐步实现人民币资本项目可兑换”；2013 年党的十八届三中全会明确提出“推动资本市场双向开放，有序提高跨境资本和金融交易可兑换程度，建立健全宏观审慎管理框架下的外债和资本流动管理体系，加快实现人民币资本项目可兑换”。

2008 年 8 月《外汇管理条例》进一步放松资本项目的外汇管理，为拓宽资本流出渠道预留了政策空间，如简化了企业和个人申请海外直接投资的审批过程，取消了企业必须将外汇收入出售给指定机构的规定，推进了人民币可自由兑换的进程。2009 年 7 月，外汇局发布了“30 号文”，精简了管理流程和手续，初步建立起以登记为核心的境外直接投资外汇管理框架。2012 年，外汇局进一步简化了境内机构境外直接投资的外汇管理流程。2014 年，外汇局将境内机构境外直接投资前期费用由 10万美元提升至 300 万美元，并将审核权限全部下放至分支局。2015 年 2 月，外汇局发布《关于进一步简化和改进直接投资外汇管理政策的通知》（汇发〔2015〕13 号），规定，境内投资主体可直接到银行办理境外直接投资项下相关外汇登记。由

此，境内机构境外直接投资外汇管理环节已无任何前置性审核，境内企业境外直接投资业务在获得相关主管部门批准后仅需到银行办理外汇登记手续及后续账户开立及购付汇业务。此举极大地推动了境内机构赴境外直接投资，参与国际竞争。

第三个阶段是 2015 年至今。人民币汇率市场化机制改革在这一阶段得到有序推进，为人民币国际化奠定了基础。2016 年 3 月公布的“十三五”规划明确要求“有序实现人民币资本项目可兑换，提高可兑换、可自由使用程度，稳步推进人民币国际化，推进人民币资本走出去。逐步建立外汇管理负面清单制度。放宽境外投资汇兑限制，改进企业和个人外汇管理”。2015 年 8 月 11 日，人民银行发布《关于完善人民币兑美元汇率中间价报价的声明》，决定要求完善人民币兑美元汇率中间价报价，增强人民币兑美元汇率中间价的市场化程度和基准性。2015 年 12 月，外汇交易中心发布 CFETS 人民币汇率指数，以一篮子货币为参考，采用考虑转口贸易因素的贸易权重法计算一篮子货币权重。2016 年，人民币加入 SDR，意味着国际货币基金组织的 190 个成员国都承认了人民币的官方储备货币特性，国际货币基金组织成员国的官方储备都可以名正言顺地持有该货币，而且还可以通过卖给国际货币基金组织获得流动性。2019 年以来受国际形势趋于严峻的影响，我国资本项目在持续推进开放的同时更加注重稳健。2021 年 3 月公布的“十四五”规划明确提出“稳慎推进人民币国际化，坚持市场驱动和企业自主选择，营造以人民币自由使用为基础的新型互利合作关系。完善出入境、海关、外汇、税收等环节管理服务”。2022 年党的“二十大报告”也明确提出要“有序推进人民币国际化”。

三、加强国际合作与协调

（一）证券业监管的国际合作与协调

1. 双边证券监管的合作与协调

截至 2022 年 12 月，中国证监会相继同美国、新加坡、澳大利亚、英国、日本等 67 个国家或地区的 77 家境外证券（期货）监管机构签署了监管合作备忘录。① 监管合作备忘录的内容包括：对当事人或机构的核查，既包括在请求国（地区）的我国当事人或机构，如境外中资公司，也包括在我国境内设立办事机构的境外机构，如境外证券公司或办事处。核查内容一般有：当事人或机构的背景资料、涉嫌违法违规情况、破产或接受调查情况、有关业务行为及跨境违规经营情况，并对其行为的真实性或合法性作出实质性判断；提供有关信息，包括提供有关法律或其他文件

① 参见证监会：中国证监会与境外证券（期货）监管机构签署的备忘录一览表（截至 2022 年 12 月），http：//www. csrc. gov. cn/csrc/c100214/c7073540/content. shtml。

资料，请求有关机构出具证明待查文件的真实性、合法性的材料，以及提供有关当事人或机构在该国的有关信息；协助调查，即一方证券监管机构应另一方监管机构的要求给予协助调查方面的合作，这是实质性监管合作与协调的精义所在。除此以外，我国的证券交易所等自律性监管组织加强了同境外证券自律性监管组织的监管合作：深圳证券交易所已先后与纳斯达克股票市场公司、伦敦证券交易所、东京证券交易所、纽约泛欧交易所集团等境外证券交易所签署了合作谅解备忘录；上海证券交易所也已与伦敦证券交易所、澳大利亚证券交易所、东京证券交易所、韩国证券交易所、纽约证券交易所等境外证券交易所签订了合作谅解备忘录。谅解备忘录的内容主要包括：两家交易所的市场信息分享；建立两家交易所的高层互访机制，促进对对方市场的了解；双方定期互派人员进行交流；定期就双方感兴趣的课题进行联合研究或举办专题研讨会等。

2. 多边证券监管的合作与协调

国际证监会组织（IOSCO）成立于1983年，是由各国、各地区证券期货监管机构组成的专业组织，是主要的金融监管国际标准制定机构之一。1995年7月，中国证监会加入IOSCO，现为IOSCO的正式会员。上海证券交易所、深圳证券交易所、中国金融期货交易所、中登公司、中国证券投资者保护基金有限责任公司、中国证券业协会、中国证券投资基金业协会是IOSCO的附属会员。理事会是IOSCO的最高决策机构，中国证监会为常任理事。理事会下设八个标准制定委员会，分别负责发行人会计、审计与披露（C1）、二级市场监管（C2）、中介机构监管（C3）、执法与信息共享（C4）、投资管理（C5）、信用评级机构（C6）、大宗商品衍生品市场（C7）、个人投资者（C8）等方面的标准制定工作。中国证监会已全部加入上述八个标准制定委员会。积极参与IOSCO的相关活动，大大促进了我国证券市场规范化水平的提高以及中国证监会与其他国家（地区）监管机构间的监管合作与协调。[①]

IOSCO于2002年5月制定了《关于咨询、合作与信息交换的多边备忘录》(Multilateral Memorandum of Understanding Concerning Consultation and Cooperation and the Exchange of Information，简称MMoU)。MMoU的主要内容包括可交换信息类型及交换信息流程、可以强迫的信息类型、允许使用的信息类型、强迫提供信息的权限、共享信息的权限等。MMoU规定了关于对所交换信息保密的具体要求。中国证监会于2007年加入了MMoU。IOSCO于2017年通过了增强版的多边备忘录（EMMoU），新增了5项跨境执法权限要求，分别为获取审计底稿、强制问

① 参见韩龙：《国际金融法》，507页，北京，法律出版社，2007。

询、冻结资产、获取互联网服务提供商记录、获取电话记录。目前中国证监会尚没有强制问询、获取互联网服务提供商记录和获取电话记录等执法权力，故其难以签署 EMMoU。

（二）银行业监管的国际合作与协调

1. 双边银行监管的合作与协调

截至目前，国务院银行业监管机构已与美国、英国、加拿大、德国、韩国、新加坡、吉尔吉斯斯坦、巴基斯坦、波兰、法国、澳大利亚、意大利、菲律宾、俄罗斯、匈牙利、哈萨克斯坦、西班牙、土耳其、泰国、乌克兰、白俄罗斯、卡塔尔、冰岛、迪拜、瑞士、荷兰、卢森堡、越南、比利时、爱尔兰等国家，以及我国香港特别行政区、澳门特别行政区的银行业监管当局签署了监管合作谅解备忘录，内容包括信息交换、市场准入和现场检查中的合作、人员交流和培训、监管信息保密、监管工作会谈等多项内容。监管合作谅解备忘录的签署有助于国务院银行业监管机构不断完善双边监管合作机制，提高跨境银行监管水平；有利于国务院银行业监管机构与有关国家、地区的金融监管机构进行信息沟通和交叉核实，及时了解互设机构的经营情况，及时发现问题或不良发展趋势，做到及时预警、及时惩戒，从而促进双边互设机构的合法、稳健经营。

2. 多边银行监管的合作与协调

尽管国务院银行业监管机构并非巴塞尔银行监管委员会（以下简称“巴塞尔委员会”）的成员，但国务院银行业监管机构一直积极加强与巴塞尔委员会的合作与交流，并积极参与巴塞尔跨国银行监管规则的制定与实施。在 2006 年《有效银行监管核心原则》《核心原则评价方法》的修订过程中，巴塞尔委员会在全球范围内征集修改意见，中国银监会就此广泛征集国内各银行针对《有效银行监管核心原则》《核心原则评价方法》之征求意见稿的修改建议，积极参与巴塞尔银行监管法规的修订，其中，涉及风险管理、监管方法、对有问题资产的处理、操作风险、跨境监管的意见得到采纳。

在银行监管实践中，国务院银行业监管机构以我国基本国情为基础，注重借鉴实施巴塞尔委员会制定的有关银行监管的标准与规范。2008 年全球金融危机爆发后，巴塞尔委员会通过了《巴塞尔资本协议Ⅲ》，旨在通过要求银行保持一定的杠杆比率和一定水平的储备来降低国际银行业的风险。2012 年，中国银监会颁布《商业银行资本管理办法（试行）》，要求国内银行统筹实施《巴塞尔资本协议Ⅲ》；并随即推出了四大监管工具，包括资本要求、杠杆率、拨备率和流动性要求。2019 年，中国银保监会启动《商业银行资本管理办法（试行）》的修订工作，并于 2023 年 2 月会同人民银行就《商业银行资本管理办法（征求意见稿）》公开征求意见。[①]

（三）保险业监管的合作与协调

1. 双边保险监管的合作与协调

截至目前，国务院保险业监管机构先后与新加坡、德国、美国、韩国、泰国等国家，以及我国香港、澳门、台湾地区的保险监管机构签署了保险监管谅解备忘录。双边保险监管谅解备忘录广泛涉及保险监管法规交流、信息支援、高层互访与合作等内容，目的在于完善高层对话机制，研讨双方保险市场的发展趋势和监管政策的制定，推动双方保险监管经验技术的交流，扩大双方分享的监管信息范围，以加强双边保险监管合作。

2. 多边保险监管的合作与协调

在区域性保险监管合作方面，2005 年 5 月，中国与印度、日本、约旦、韩国、新加坡等亚洲国家，以及我国香港特别行政区等的保险监督官通过了《亚洲区域保险监管合作北京宣言》（以下简称《北京宣言》）。《北京宣言》确定亚洲各国或地区的保险监督官通过签订保险监管谅解备忘录或合作协议等方式，加强保险市场信息交流，推动跨境保险监管合作，在合作机制框架内开展多层次、多领域的保险监管合作活动。亚洲区域的保险监管合作的内容主要包括：一是举行高层会议和工作组专家会晤，及时沟通情况，探讨研究亚洲国家和地区共同关注的问题；二是推动亚洲保险业界开展广泛交流，鼓励通过创新解决亚洲保险业特有问题，促进亚洲成熟市场与新兴市场的协调发展；三是开展区域保险监管合作，防范化解市场风险；四是在保险监管人员培训方面加强合作，提高亚洲国家或地区的保险监管水平。亚洲保险监督官论坛于 2006 年开始举办，采取轮流主办的形式，至 2023 年共举办了 18 届会议。中国（包括香港、澳门、台湾地区）先后共承办了其中 7 次。亚洲保险监督官论坛是国际金融界内首次由中国发起的区域保险监管合作机制，现已经成为国际保险监督官协会协调在亚太地区的保险监管的重要平台。

在全球性保险监管合作方面，中国积极加强与国际保险监督官协会（International Association of Insurance Supervisors，IAIS）的联系与合作。2000 年 10 月，中国保监会正式加入 IAIS，并于 2001 年 4 月参加了 IAIS 的 6 个分委员会，分别是新兴市场分委员会、会计分委员会、保险法规实践及标准分委员会、再保险分委员会、偿付能力及精算问题分委员会和电子商务及网络工作小组。自 2000 年起，中国

① 参见中国银保监会、中国人民银行：中国银保监会 中国人民银行关于《商业银行资本管理办法（征求意见稿）》公开征求意见的公告，2023 年 2 月 18 日，http://www.cbirc.gov.cn/cn/view/pages/ItemDetail.html?docId=1096426&itemId=951&generaltype=2

保监会持续参加了IAIS的年会，并于2006年10月承办IAIS第13届年会。作为IAIS最高决策机构的成员，中国有权参与关系国际保险监管的发展方向和监管原则等重大问题的决议过程，在更大范围内参与国际保险监管规则的制定并发挥积极作用；同时，通过与IAIS的合作，研究借鉴IAIS制定的对各国（地区）具有普遍指导意义的保险监管原则、标准和建议，并结合中国国情，探索既符合中国保险业实际又能与国际接轨的保险监管制度。2019年，IAIS发布了《保险业系统性风险整体框架》(以下简称《整体框架》)，基于保险监管核心原则和国际活跃保险集团监管共同框架提出监管要求，并从单个机构和行业整体两个维度监测评估全球保险业系统性风险。这一框架成为我国加强保险业风险管理的重要参考。

第三节　深化我国涉外金融监管法律制度改革的路径

一、目前我国涉外金融监管法律制度存在的不足

1. 涉外金融监管法律体系严重滞后于金融改革进程

在内部建构上，涉外金融监管法律制度存在诸多立法空白，如缺乏政策性金融立法和针对性的金融创新立法；立法层次低，现行金融监管法规范以部门规章和行业性文件为主体，权威性不强，监管内容过于原则，监管方法不便于操作，不利于监管目标的有效实现。在外部衔接上，涉外金融法律制度与世界贸易组织法律制度不协调，如与世界贸易组织国民待遇要求不协调，在监管法律制度设置、金融服务限制、国民待遇限制标准等方面对外资金融机构仍存在许多政策上的限制。

2. 金融监管方法存在不足

对于金融业市场准入、业务范围、财务账目、资本状况等是否符合法律法规的合规性监管，是目前我国金融监管的主要内容，而对金融机构日常经营的风险性监管尚不规范和完善。将监管资源过多地放在排查商业银行风险，而对其风险管理的方法和能力监管不够。强调从资本充足性和资本流动性方面进行监管，忽视对金融机构的经营能力、盈利能力和发展前景等的监管。风险监管中重传统存贷业务、轻表外业务及其他金融创新业务。风险监管中偏重于信用风险，而对金融机构经营中的利率风险和汇率风险及其他风险重视不够。

3. 金融混业监管初步形成，但监管机构间的协调仍显不足

随着我国金融领域的进一步放开，在外资金融机构带来的竞争压力下，我国在金融领域持续推进混业监管。为防范跨市场、跨行业经营带来的金融风险，2013年

8月，国务院成立“金融监管协调部际联席会议制度”，由人民银行牵头。但由于缺乏法律法规的有效支撑，也没有明确牵头单位的具体职责，这一制度的协调力度不够，无法解决金融监管各自为政的问题。2017年11月，国务院金融稳定发展委员会成立，作为统筹协调金融稳定和改革发展重大问题的议事协调机构。2018年3月，中国银监会和中国保监会合并，组建中国银保监会。2023年3月，国务院金融稳定发展委员会被提升到中共中央层面，更名为中央金融委员会；在中国银保监会基础上国家金融监督管理总局组建成立，统一负责除证券业之外的金融业监管。自此我国金融监管体系更趋完善，我国金融监管体制正式形成“一委一行一会一总局”的新模式。然而，这种改革并不彻底，证券监管与银行、保险监管的职责仍然分属于中国证监会与国家金融监督管理总局，证券与银行、证券与保险的混业经营无法得到有效的综合监管。

4. 我国有关金融监管的合作多以签订谅解备忘录的形式进行

就其内容而言，主要强调发达国家对我国金融监管领域的技术援助，而对有关金融监管法律实施的合作与磋商只限于原则性的规定，具备可操作性的规定极少，关于如何加强东道国与母国金融监管机构对跨国金融机构的监管合作与协调的内容较为欠缺。再者，谅解备忘录的法律效力较为有限，通常被称为“君子协定”“无法律约束力的协议”“事实性协议”“非法律协议”，参加方只是表明就其关心的某一方面达成谅解，而不是创设一项权利义务关系，对参加方无实际法律约束力。

二、我国涉外金融监管法律制度深化改革的路径

1. 进一步改变单向内调的管理策略，采取综合性、国际性的监管策略、政策和手段

（1）监管政策的覆盖面应包括国内金融业、国内金融业的国外分支机构和本国境内的外国金融机构。我国应该本着法制统一、非歧视和透明原则，全面清理现行金融监管法规，及时修改、废除与世界贸易组织体系不符的银行业法律法规，制定与世界贸易组织基本原则、《服务贸易总协定》、巴塞尔协议等国际规则相符的监管法律法规和实施细则。

（2）持续推进金融混业监管改革，实行功能性金融监管体制，即基于金融体系基本功能实施跨产品、跨机构、跨市场协调的监管，设立一个统一的监管机构来对金融业实施整体监管。

（3）应严格我国金融机构在境外设立分支机构的审批制度，对境外设立分支机构进行全面评估，同时加强对国内金融机构总部的监管，促使其对国外的分支机构

进行有效控制和管理；针对在我国的外资金融机构，我国应借鉴国外先进的金融监管规则如《巴塞尔协议Ⅲ》，建立科学的监测指标体系和外资金融机构资信等级的评定标准。

2. 进一步加强对金融风险监管的国际协调与合作。

随着金融业在全球化进程中越来越走向无边界的“国际存在”，为控制金融风险，我国金融监管机构应加强金融监管的双边和多边国际协调与合作，完善谅解备忘录的内容，集中关注国际金融机构的最低监管标准、母国和东道国在监督国际金融机构经营方面的责任划分、各国（地区）金融监管机构之间的信息交流等，构建司法部与各国（地区）金融监管机构之间的信息共享和合作机制，拓宽与境外司法机构的合作等途径，充分发挥司法互助条约在国际金融监管合作方面的作用；同时，加强与各国际金融组织的联系，积极参与国际性或区域性金融监管组织如巴塞尔委员会、国际货币基金组织等的活动辩证地采纳和借鉴国际金融组织制定、发布的决定、准则、报告、指南等，推动我国金融监管向国际标准靠近，加强对金融业的有效监管。

案例与思考

1. 综合案例

2018 年 1 月，中国证监会与中国香港证监会双方正式签署《有关期货事宜的监管及执法合作备忘录》。社会各界普遍认为，该备忘录的签署有利于促进内地与香港期货市场的监管和执法合作，有利于加强双方在跨境衍生品、期货交易所、期货经营机构及从业人员等方面的监管协作、执法合作及信息交流，有助于推动内地与香港期货市场的健康发展。

请根据这一事件回答如下问题：

（1）如何看待该备忘录的法律性质？

（2）你认为该备忘录对于促进内地与香港期货市场的监管与执法合作具有多大的意义？

2. 思考题

（1）在金融全球化背景下，我国涉外金融监管的价值取向应如何选择？

（2）改革我国涉外金融监管法律制度应从哪些方面入手？

参考书目

1. 张瑾．国际金融监管法制化研究．上海：上海人民出版社，2014.

2. 廖凡．跨境金融监管合作：现状、问题和法制出路．政治与法律，2018（12）.

3. 孙美芳．强化金融混业的功能监管．中国金融，2016（05）.

4. 王兆星．后危机时代国际金融监管改革探索．北京：中国金融出版社，2013.

5. 潘文彪，路洲臣．次贷危机后十年国际金融监管改革：成昊、趋势与我国应对之策．国际经济合作，2018（11）.

6. 禹钟华，祁洞之．对全球金融监管的逻辑分析与历史分析．国际金融研究，2013（2）.

7. 周仲飞．全球金融法的诞生．法学研究，2013（5）.

8. 郭卫东．全球金融监管改革及发展趋势．经济体制改革，2013（6）.

9. 王兆星．国际金融监管改革的内在逻辑与理念平衡．金融监管研究，2015（1）.

10. 肖奎，彭中，关梅．国际金融监管趋势及中资银行境外发展的对策建议．农村金融研究，2019（4）.

11. 何宏涛，戴维．国际金融监管及风险应对的协同防治研究．特区经济，2022（2）.

12. 李彤玥，朱太辉．如何重塑金融韧性?：危机后国际金融监管改革的分析框架．金融监管研究，2019（3）.

《　　　　　　　》※任课教师调查问卷

为了能更好地为您提供优秀的教材及良好的服务，也为了进一步提高我社法学教材出版的质量，希望您能协助我们完成本次小问卷，完成后您可以在我社网站中选择与您教学相关的 1 本教材作为今后的备选教材，我们会及时为您邮寄送达！如果您不方便邮寄，也可以申请加入我社的**法学教师 QQ 群：436438859（申请时请注明法学教师）**，然后下载本问卷填写，并发往我们指定的邮箱（cruplaw@163.com）。

邮寄地址：北京市海淀区中关村大街 31 号中国人民大学出版社 806 室收

邮　　编：100080

再次感谢您在百忙中抽出时间为我们填写这份调查问卷，您的举手之劳，将使我们获益匪浅！

基本信息及联系方式：※

姓名：＿＿＿＿＿＿ 性别：＿＿＿＿＿＿ 课程：＿＿＿＿＿＿＿＿＿＿

任教学校：＿＿＿＿＿＿＿＿＿＿＿＿＿＿ 院系（所）：＿＿＿＿＿＿＿＿

邮寄地址：＿＿＿＿＿＿＿＿＿＿＿＿＿＿ 邮编：＿＿＿＿＿＿＿＿＿＿

电话（办公）：＿＿＿＿＿＿ 手机：＿＿＿＿＿＿ 电子邮件：＿＿＿＿＿＿

调查问卷：※

1. 您认为图书的哪类特性对您选用教材最有影响力？（　　）（可多选，按重要性排序）

   A. 各级规划教材、获奖教材　　B. 知名作者教材

   C. 完善的配套资源　　D. 自编教材

   E. 行政命令

2. 在教材配套资源中，您最需要哪些？（　　）（可多选，按重要性排序）

   A. 电子教案　　B. 教学案例

   C. 教学视频　　D. 配套习题、模拟试卷

3. 您对于本书的评价如何？（　　）

   A. 该书目前仍符合教学要求，表现不错将继续采用

   B. 该书的配套资源需要改进，才会继续使用

   C. 该书需要在内容或实例更新再版后才能满足我的教学，才会继续使用

   D. 该书与同类教材差距很大，不准备继续采用了

4. 从您的教学出发，谈谈对本书的改进建议：＿＿＿＿＿＿＿＿＿＿＿＿

＿＿＿＿＿＿＿＿＿＿＿＿＿＿＿＿＿＿＿＿＿＿＿＿＿＿＿＿＿＿＿＿＿＿

＿＿＿＿＿＿＿＿＿＿＿＿＿＿＿＿＿＿＿＿＿＿＿＿＿＿＿＿＿＿＿＿＿＿

选题征集：如果您有好的选题或出版需求，欢迎您联系我们：

联系人：黄　强　联系电话：010-62515955

索取样书：书名：＿＿＿＿＿＿＿＿＿＿＿＿＿＿＿＿＿＿＿＿＿＿＿＿

书号：＿＿＿＿＿＿＿＿＿＿＿＿＿＿＿＿＿＿＿＿＿＿＿＿＿＿＿＿＿＿

备注：※ 为必填项。